인사행정과 정책

PERSONNEL ADMINISTRATION and POLICY

조경호

김정인

전소희

최상옥

최예나

황은진

박영사

머 리 말

　L. Gulick 교수와 L. Urwick 박사가 편저한 행정학의 고전 *Papers on the Science of Administration*을 다시 꺼내 읽었다. 이들은 193페이지 상단에서 행정학의 학문적 그리고 실제적 의미를 잘 정리해 주고 있다. 즉, 행정학의 기본선은 능률성에서 찾을 수 있지만 그 능률성이 빛을 발하기 위해서는 국민의 눈높이에서 바라본 행정의 정치적 정합성이 있어야 한다는 것이다.

　H. G. Rainey 교수도 *Understanding and Managing Public Organizations*에서 공공조직을 비효과적으로 관리함으로써 발생하는 피해는 결국 국민이 지게된다고 하면서 인사, 조직, 재무 등 다양한 관리 분야에서 공무원의 정책적 그리고 관리적 역량개발이 필요하다고 역설한다. 인사행정의 새 교과서를 쓰기로 결심하고 난 후 가장 염두에 두고 붙잡은 두 논리이다. 두 가지 측면에서 「인사행정과 정책」은 인사행정 교과서의 새로운 접근을 시도한다.

　하나는 인사행정의 학문적 그리고 실제적 구성을 인사행정의 궁극적 목표또는 존재 이유 중심으로 이해하고 설명하려 하였다는 점이다. 본서는 인사행정의 첫 번째 목표를 국민의 행정 서비스 만족도 제고란 관점에서 찾으려 했고, 인사행정의 두 번째 목표를 공무원의 삶의 질과 역량 증진을 중심으로 파악하였다. '인사가 만사'란 말도 인사행정이 국가 행정 수준 평가의 기준이 되며, 나아가 공무원의 삶과 업무 수행 역량을 결정짓는 매우 중요한 요소가 된다는 의미에서 여기저기서 자주 거론된다.

　다른 하나는 인사행정의 주제 탐구가 공무원 사회가 안고 있거나 새로이 관심을 가져야 하는 다양한 문제나 가치와 관련된 새로운 정책 이슈로 확장되어야 한다는 데 있다. 그간 인사행정이 한국 행정학 발전에 지대한 기여를 해 왔음에도 불구하고 한 가지 아쉬웠던 부분이 바로 여기에 있다. 본서는 인사행정이 공무원 사회 내외부의 다양한 문제를 해결하기 위해 적극적인 역할을 하여야 한다는 관점에서 인사행정의 어떤 주제가 가장 추구할 가치가 있는 것인가에 대해 고민하고 있다. 개방형 임용, 경력 경쟁 채용, 연금 개혁, 보수 체계 개편, 부패 근절 등이 대표적인 인사정책 이슈들이다.

　본「인사행정과 정책」은 이와 같은 집필 취지에 동감해 주었던 중진 그리고 신진 인사행정 학자들의 적극적인 참여로 이룬 결실이라 할 수 있다. 본서는 인사행정의 기본 제도에 기반을 두고 인사행정의 관리적 수단에 해당하는 주제들을 다루고 있고, 주요 이슈 중심으로 인사정책 부분을 설명해 나가고 있다. 이 점에서 본서는 인사행정을 연구하는 학생과 학자, 실무에서 인사행정을 직접 다루는 공직자들에게도 도움이 되겠지만, 공직사회의 다양한 문제들과 씨름하고 있는 행정부, 입법부, 사법부 등 주요 헌법기관의 정책결정자들도 관심을 가질만한 사항들을 포함하고 있다.

　제1부 인사행정의 기본 제도에서는 인사행정의 기본 개념과 의의를 필두로 실적제, 엽관제, 직업공무원제, 공직 분류, 중앙인사기관, 인적자원계획과 전략적 접근 등의 주제들이 기술되고 있다. 제2부 인사행정의 관리적 수단은 역량개발, 동기부여, 권익 보호, 성과 제고의 4개 큰 주제 프레임을 중심으로 다양한 주제들을 포함하여 설명하고 있다. 역량개발에서는 교육훈련과 역량평가, 경력개발 등을, 동기부여에서는 공무원 복지와 일 가정 양립 등을, 권익 보호에서는 공무원 단체활동, 소청 심사, 고충 처리 등을, 성과 제고는 근무성적평정의 핵심 이슈 등을 상세히 다루고 있다. 제3부 인사정책은 채용, 보상, 윤리 등 대표적인 인사정책 이슈들을 설명하고, 현시점에서 중점 다루어야 하는 주제들을 추가로 서술하였다.

　　인사행정 분야 중점 이론과 새로운 연구 경향이나 사례를 성실하게 설명하려 노력했지만, 이 책도 다른 교재들처럼 한계를 가지고 있음을 부인하지는 않는다. 앞으로, 독자들의 따끔한 질책과 비판에 힘입어 이 책이 수정판을 거듭할수록 더욱 질적으로 내용이 충실해질 수 있기를 기대해 본다.

　　마지막으로 이 책의 출간을 위해 오랜 기간 함께 고민하고 서로 격려해 주었던 최상옥 교수님 외 집필진 모두에게 큰 감사를 드린다. 아울러 이 책이 나오기까지 인내를 가지고 원고작업을 독려해 주신 박영사 안상준 대표와 조성호 이사에게도 심심한 감사의 말씀을 드린다.

2024년 7월
필자들을 대신하여
국민대 조경호 교수

차 례

제 1 부

인사행정의 제도적 기초

제 2 부

인사행정의 관리적 수단

제 3 부

인사정책

제 1 부

인사행정의 제도적 기초

제 1 장

인사행정의 개념과 의미

생각해보기

• 공공분야에서 인적자원관리는 어떠한 점에서 중요한가?

• 공공분야의 인적자원관리는 민간영역의 인적자원관리와 어떠한 점에서 차이가 있는가?

• 인사행정에서 최근 강조되고 있는 공공가치는 무엇인가? 그러한 공공가치가 강조되는 이유는 무엇인가?

• 전략적인 인사행정은 왜 중요하며 어떠한 의의가 있는가?

• 신기술의 발달은 인사행정에 어떠한 변화를 가져왔는가? 부정적인 영향이 존재하는가?

토론해보기

• "최근 인사행정에서 서로 충돌할 수 있는 공공가치에는 어떤 것이 있는가"에 대한 토론

• "전략적 인사행정이 되기 위해 어떠한 요소들이 필요한가"에 대한 토론

• "향후 새로운 기술은 인사행정의 어떠한 부분에 도입되는 것이 필요한가"에 대한 토론

• "신기술분야의 전문인력을 확보하기 위해 채용정책에서 어떠한 변화가 필요한가?"에 대한 토론

제1절 인사행정의 개념과 의의

1. 인사행정의 개념

인사행정(public personnel administration)이란 행정에서 사람과 관련된 부분으로 공공부문의 인적자원관리(public human resource management)를 의미한다. 구체적으로는 정부 등 공공부문에서 조직의 목표를 달성하기 위해 인적자원을 관리하는 것으로 조직활동에 필요한 인적자원을 충원 및 유지하고 업무관련 동기를 부여하며 업무결과 평가, 적절한 보상 제공과 퇴직관리 등 다양한 인적자원관리활동 및 체제를 의미한다(강성철 외, 2018; 이종수 외, 2022).

인사행정의 개념과 관련하여 인사행정의 범위와 성격을 살펴보는 것이 필요하므로 먼저 범위를 살펴보면 다음과 같다. 인사행정의 범위를 넓게 보는 경우 인사행정은 공공부문(public sector)을 대상으로 하고, 인사행정의 범위를 좁게 보는 경우에는 인사행정의 대상을 정부부분(government)으로 한정짓는다. 이때 공공부문은 넓은 범위와 좁은 범위가 있으나[1] 대표적으로 '공공기관의 운영에 관한 법률'에서 규정하는 '공공기관'으로 이해한다. 이들은 정부의 출자 또는 예산 지원 등을 받고 정부의 업무를 대신 처리함으로써 공공가치를 실현시키는 데 기여하고 있는바, 공공부문의 역할을 담당하기 때문이다. 외국에서는 이러한 조직의 공적 측면의 역할을 중시하여 인사행정 저널의 연구대상으로 이들 조직을 포함하고 연구대상 범위를 폭넓게 인정하고 있다. 이에 비해 한국은 현실 운영상 제약[2]을 고려하여 인사행정의 범위를 정부에 국한시키는 경향이 강하다(강성철 외, 2018).

---

1) 공공부문을 넓게 정의한다면 공공의 목적과 이익을 달성하는 것을 목적으로 하는 모든 정부기관과 비정부기관을 포함하고, 좁게 정의한다면 공식적인 정부조직은 아니지만 정부의 업무(예산 지원, 투자, 출자 등)를 대신 처리하는 기관을 의미한다(강성철 외, 2018).
2) 현재 중앙인사기관의 관리대상이 공무원으로 한정되어 있으며, 공공기관을 관리하는 기관인 기획재정부에서는 공공기관의 인적자원을 관리하기 위한 체계적인 인사시스템이 갖춰져 있지 않은바 현실적인 관리·운영 측면에서 제약이 존재한다(강성철 외, 2018).

그리고 인사행정의 성격은 다음과 같이 설명할 수 있다. 첫째, 행정의 하위 요소이다. 행정은 정부가 사회의 공공가치를 실현하기 위하여 인적·물적 자원을 확보 및 관리하여 국민들에게 필요한 공적 재화와 공공서비스를 제공하는 정책 활동과 공공자원 관리활동이다(유민봉, 2012: 6). 따라서 행정의 핵심적인 활동은 공적 차원의 재화와 서비스를 생산·제공하는 정책활동과 공공자원 관리활동이 며, 공공자원 관리활동의 대상에는 공공조직 운영과 정부의 정책활동을 위해 필요한 재정자원, 인적자원, 정보자원 등이 있다. 인사행정은 이러한 행정의 하위 요소로서 인적자원에 대한 관리와 인적자원에 대한 정책 추진이 주요 활동이 된다.

둘째, 인적자원에 대한 효과적인 관리활동과 정책결정, 제도설계 활동이다. 인사행정의 내용을 구체적으로 살펴보면 인사행정은 인적자원을 효과적으로 관리하는 활동으로 채용관리, 동기부여, 성과관리, 교육훈련, 순환배치 등이 해당된다. 또한, 인사에 관한 정책으로 인적자원 확보, 인적자원 개발, 공무원 보수, 연금 및 복지, 퇴직관리 등에 관한 정책 개발 및 추진을 포함한다. 그리고 인사 관련 제도로 인사행정 원리, 공직구조, 공직분류, 중앙인사기관 등을 설계하는 활동이 해당된다.

2. 인사행정의 의의

사람들은 모든 일이 사람에 의해 이루어진다는 의미를 가진 '인사는 만사'라는 말을 자주 언급한다. 이는 어떠한 일을 추진할 때, 사람이 가장 중요하다는 것을 잘 보여주고 있다. 예를 들어 조직에서 일이 잘 진행이 안 되는 경우 많은 사람들이 문제의 원인을 인사문제에서 찾으려고 한다. 이러한 인식은 공공부문에도 동일하게 적용되고 있다. 새로운 정부가 들어설 때마다 많은 국민들이 인사청문회에 관심을 보이며, 정부에 대해 비판하는 경우에도 많은 내용이 잘못된 인사에 기반한 것임을 알 수 있다. 또한 우리는 언론에서 정실인사(cronyism), 밀실인사(closed door), 불공정인사(unfairness), 회전문인사(revolving) 등 잘못된 인사를 비판하는 다양한 단어를 접할 수 있는데, 이것 역시 인사의 중요성과 인사에 대한 많은 관심을 단적으로 잘 보여준다.

정치적 체계와 민주주의의 기반이 체계적으로 마련되기 전에는 인사의 중요성이 간과되는 경우가 많아 인사행정에 대한 지식 보유 여부와 상관없이 인사업무를 담당하는 사람들을 결정하는 경향이 종종 있었다. 그러나 조직의 규모가 커지고 업무가 복잡해지는 등 체계적인 조직운영의 필요성이 증대되면서 인사의 중요성이 강조되고 인사영역의 전문화가 확대되는 모습이 나타나게 되었다. 우리나라에서도 노무현 정부 때 인사수석실을 신설하여 대통령의 인사권을 보좌하는 기능을 전문화하였고, 일반공무원 인사를 관장하는 기관으로 중앙인사기관을 설립 및 수차례의 변화를 거쳐 전문화된 중앙인사기관의 면모를 갖추고자 노력하였다(김판석 외, 2021). 그리고 2015년에는 공무원임용령을 개정하여 행정직렬에 '인사조직' 직류를 신설하고 5급과 7급의 공개경쟁채용시험에서 인사조직론을 필수과목으로 지정하는 등 인사업무 담당인력의 전문성을 강화하기 위해 노력하였다.

인사행정의 중요성을 구체적으로 살펴보면 다음과 같이 설명할 수 있다. 첫째, 환경의 변화에 대응하기 위한 전략적 요소이다. 행정은 사회의 공적 문제들을 해결하려는 목적을 지니므로 외부 환경과 지속적으로 상호작용을 하게 된다. 특히 정치·경제·기술·국제 등 다양한 환경요인들이 행정을 둘러싸고 사안에 따라 적절한 대응을 끊임없이 요구하고 있다. 공공조직이 이러한 환경에 적극적으로 대응하기 위해서는 적절한 수단과 방법을 갖추는 것이 필요한데, 그 중 하나가 변화역량을 가진 인재를 확보하는 것이다. 즉 환경의 변화를 주도할 수 있는 인재를 확보 또는 양성함으로써 정부가 직면한 문제를 해결하고 조직의 경쟁력을 갖출 수 있다.

둘째, 정부의 성과를 결정하는 요인이다. 사회가 빠르게 변화하면서 새로운 문제들과 요구사항이 점점 더 증가하고 정부는 사회의 공공가치를 실현하기 위해 이러한 문제에 대한 해결력을 갖춘 창의적인 인재가 필요해지고 있다. 특히 공공조직의 업무는 '자본'과 '기술'보다는 '지식'과 '판단'이 중요한 지식기반 노동의 성격이 강하여 인력의 질이 조직의 성과에 많은 영향을 미치게 된다. 예를 들어 정책을 수행하여 다양한 가치를 균형있게 배분하고 새로운 기술과 자본을 개발·공유하며 행정서비스를 효율적으로 전달하기 위해서는 공무원의 역할이 중요하다(이창길, 2022). 따라서 인사행정은 우수한 역량을 가진 인재를 선발하고 이들의 업무능력을 높여 다양한 사회문제를 해결할 수 있는 인재를 확보함으로써 정부의 성과를 높이는 역할을 하게 된다.

셋째, 조직구성원의 삶의 질을 결정하는 요인이다. 조직은 조직구성원으로 이루어져 있으며 각 개인은 조직의 인적자원 관리방식으로부터 많은 영향을 받는다. 예를 들면 인사행정을 통해 개인의 역할과 기능이 결정되고 업무평가 결과에 따라 심리적 만족감 및 근로동기를 얻을 수 있다. 또한 근무처와 거주지 간 거리, 가정생활 등 개인적인 목적에 사용할 수 있는 시간, 급여, 복지혜택 등 개인의 삶을 이루는 다양한 요소들이 인적자원 관리에 의해 결정된다. 그 외에도 개인이 가진 다양한 목표와 가치가 성취될 수 있도록 인사관리가 이루어진다면 삶의 보람, 행복, 소명의식 등에 긍정적인 영향을 미치면서 해당 공무원의 삶의 질이 높아질 것이다.

공무원의 행복수준을 높이기 위한 인사행정 개선사례

한국행정연구원에서 2022년 공직생활실태를 조사한 결과에 따르면 '기회가 된다면 이직할 의향이 있다'고 응답한 중앙·광역자치단체 공무원이 45.2%, 기초자치단체 공무원이 46.8%로 나타나 중앙정부와 지방자치단체 모두 공무원의 이직문제가 심각한 상황이다.

2023년 서울시 구로구에서는 이러한 문제를 해결하기 위해 조직구성원들의 근무 만족도를 높이고자 다양한 인사정책을 시도하게 되었다. 예를 들면 직원들에게 다양한 경험과 성장의 기회를 제공하기 위해 국내외 배낭연수를 확대하였다. 예를 들어 지원 요건을 3년 이상 근무자에서 2년 이상 근무자로 완화하고 1인당 지원금을 최대 150만원으로 상향하였다. 또한 근무기간에 따라 부여하던 장기 재직 특별휴가 대상기준을 완화하면서 휴가기간을 확대하였다.

그 외에도 국·과장이 하던 보고를 실무 주무관이 함께 할 수 있도록 보고방식을 개선하여 수평적인 조직문화를 확산하고 하부 공무원의 업무 권한을 강화하였다. 또한 구청장은 매달 직원들과 함께 경조사 등을 축하하며 조직 내 소통을 활성화하기도 하였다. 이러한 노력은 조직구성원들의 행복이 커질 때 업무 효율 역시 높아질 수 있다고 믿기 때문이다. 이와 관련하여 한국행정연구원(2017)에서는 공무원의 삶의 질이 높아질 때 업무성과가 증가하는 결과를 보여주었다.

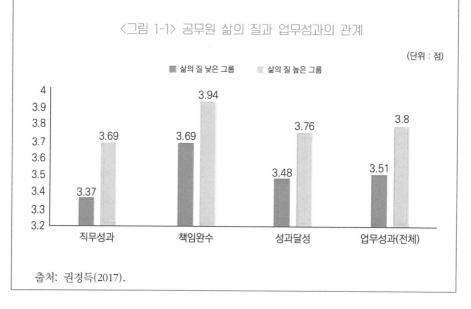

<그림 1-1> 공무원 삶의 질과 업무성과의 관계

(단위 : 점)

출처: 권경득(2017).

제2절 인사행정의 체계, 특징 및 주요 가치

1. 인사행정의 체계

인사행정의 구성체계는 학자들마다 차이가 존재한다. 임도빈·유민봉(2019)은 인사행정의 체계를 인적자원의 관리과정에 기반하여 인적자원의 확보-개발-이동-평가-보상의 순으로 설명하였다. 그리고 Llorens, Klingner & Nalbandian(2017)은 인사행정의 체계를 기획(planning), 획득(aquisition), 개발(development), 제재(sanction)로 서술하였다. 또한 Fornburn, Tichy and Devanna(1984)는 인적자원과정 모형에서 선발-성과관리-보상/훈련개발-최종성과의 단계와 각 단계들의 관계로 인사행정의 체계를 설명하였다(이창길, 2022). 인적자원과정 모형의 각 단계들을 구체적으로 살펴보면 첫 번째 단계는 인적자원의 선발로 활용할 수 있는 인적자원을 적절한 직무와 매칭하는 것이다. 두 번째 단계는 성과관리로 인적자원이 직무를 수행한 결과를 평가하는 것이다. 세 번째 단계는 보상시스템으로 직무를 수행한 결과를 기반으로 업무수행자에게 보상하는 것이며 특히 단기 성과뿐만 아니라 장기 성과에 대해서도 보상하는 특징이 있다. 네 번째 단계는 조직구성원의 능력개발로 조직구성원이 향후에 더 좋은 성과평가를 얻을 수 있도록 부족한 역량을 개발하는 교육훈련을 실시하는 것이다. 또한 이 모형에서 세 번째 단계의 보상과 네 번째 단계의 훈련개발은 최종성과에 영향을 미친다.

<그림 1-2> 인적자원과정 모형

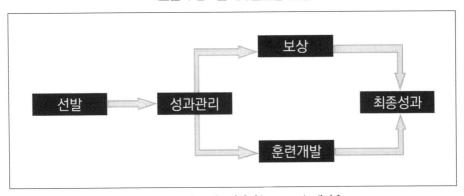

출처 : Fornburn, Tichy and Devanna(1984), 이창길(2022: 35) 재인용.

많은 교과서들은 과정적·절차적 접근방법을 기반으로 '인력선발 – 인력개발 – 업무평가 – 평가결과에 따른 보상 등'의 단계로 이론과 제도를 설명하고 있다. 본서에서도 기존의 연구(Llorens, Klingner & Nalbandian, 2017; Condrey, 2010; Fornburn, Tichy and Devanna, 1984; 강성철 외, 2018; 이창길, 2022)들을 바탕으로 인사행정 구성체계를 인사행정 목표 – 인적자원 계획 – 인적자원 선발 – 교육훈련 등 능력발전 – 성과관리 – 성과평가 및 보상 순으로 구성하여 살펴본다.

<그림 1-3> 인사행정 구성체계

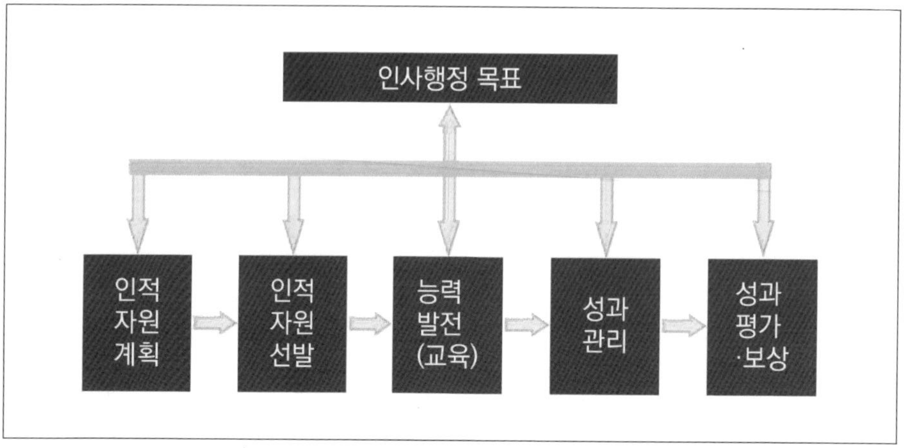

출처: 강성철 외(2018), 이창길(2022) 재정리.

또한 본서는 인사행정의 목표를 핵심 이해관계자 중심으로 파악하여 인사행정의 체계를 정립하려 노력하였다. 인사행정의 궁극적인 목표를 국민에게 제공되는 국가 서비스의 질 제고에 있다고 보고, 이를 위해 공무원의 삶의 질이 증진되고, 공무원의 공직 수행 역량 제고가 필요하다는 관점에서 접근한다(Rainey, 2003: 11-12). 이와 같은 구도를 염두에 두고 본서는 인사행정의 체계를 주요 이해관계자의 변화를 중심으로 전개한다. 인사행정의 첫 번째 목표는 국민의 국가서비스 만족도 제고에 있어야 하고 이를 위해 인사행정의 두 번째 목표인 공무원의 삶의 질이 증진되고 국가서비스 역량이 제고되어야 한다는 점을 강조한다. 이와 같은 인사행정의 양대 목표를 효과적으로 달성하기 위해 인사행정의 제도적 기초 위에 인사행정의 관리적 수단을 효과적으로 다루어야 하고, 변화하는 환경변화에 대응한 행정 현장의 문제해결력을 길러야 한다는 점을 강조한다(<그림 1-4> 참조).

본서가 중요하게 다루는 인사행정의 제도적 기초는 실적주의와 직업공무원제를 중심으로 발전하고 있는 기본 제도와 공직 분류, 인사기관, 인적자원 계획과 전략적 접근이다. 아울러 인사행정의 관리적 수단은 역량개발, 동기부여, 권리보호, 성과 제고의 틀을 중심으로 발전하고 있는 다양한 관리 주제들을 포괄

한다. 마지막으로 인사정책은 채용을 기본 정책을 포함하여 개방과 교류 중심의
다양한 인사 정책적 이슈를 설명하고, 보상의 기본 정책을 포함하여 연금과 직
무급 전환 정책 등을 다루며, 공직 윤리와 부패근절 정책 등을 제시한다.

<그림 1-4> 본서의 인사행정 기본 체계

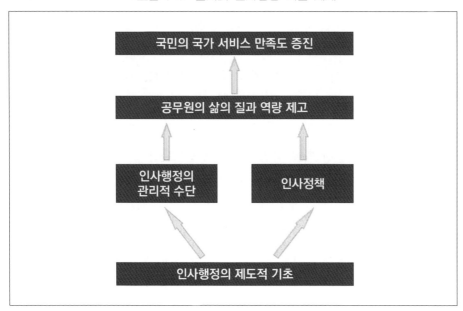

2. 인사행정의 특징

인사행정은 인적자원을 관리하는 측면에서 기업의 경영관리와 유사하지만,
공공부문의 인적자원관리라는 점에서 민간부문과 차이점이 존재한다. 공공부문
은 공공가치 등 공익을 실현하는 것을 목적으로 하는 반면, 민간부문은 사익을
추구하는 목적을 가지고 있기 때문이다(Murray, 1975). 추구하는 목적에 차이가
존재하여 정부의 인사행정은 운영과정, 리더십, 의사결정방식, 동기부여 요인 등
다양한 부분에서 민간영역의 인적자원관리와 차이를 보인다(Allison, 1979; Anderson,
2010; Stark, 2011). 이러한 차이점을 중심으로 인사행정의 특징은 다음과 같이 설
명될 수 있다(이창길, 2022).

첫째, 정치 및 법적 영향 측면이다. 공공부문의 인적자원관리는 행정의 특성과 관련하여 외부 환경의 영향을 받는다. 대표적인 외부 환경으로 먼저 법률과 규정이 있다. 인사행정의 경우 합법성을 강조하여 국가공무원법과 공무원임용령 등의 관련법에 근거하여 업무가 이루어진다. 이는 인사에 대한 국민의 신뢰도를 높이기 위한 것이며 이와 같이 인사제도가 법적 근거 하에 만들어지기 때문에 경직적인 성격을 띠게 된다(Rainey, Backoff & Levine, 1976). 그리고 정치적 영향이 존재한다. 대표적으로 정부는 국민의 세금으로 공무원의 급여를 지불하기 때문에 공무원의 선발 및 퇴직 등 인력규모를 결정할 때 국회의 통제를 받게 된다. 또한 인사행정에는 국민의 의사가 반영된다. 행정활동의 궁극적인 주인은 국민이고 국회가 국민을 대표하여 제정한 법률에 기반하여 인사행정이 이루어지는만큼 조직의 의사결정 외에 국민의 의사가 반영된다.

둘째, 민주성 및 사회적 형평성 강조이다. 공공부문의 인적자원을 관리하는 인사행정은 목표와 가치 등에서 민간부문과 차이가 존재한다. 공공부문은 공익과 공공성을 추구하고 사회에서 추구하는 가치를 지향하기 때문에(Meier & O'Toole, 2012) 조직차원의 목표와 성과를 중시하는 민간영역과 다소 차이가 있다. 공공조직은 조직성과를 높이기 위해 효율적으로 인사관리를 하는 동시에 공정하고 합리적으로 인력을 관리해야 한다. 또한 정부의 인력관리는 모든 국민들에게 동일한 기회를 균등하게 제공해야 한다. 특히 사회 분야와 계층별로 차별이 존재하지 않도록 대표성을 반영하여 인력을 선발해야 한다. 이러한 목표 아래 우리나라에서는 장애인·여성·저소득층 등 사회적으로 약자에 속하는 계층의 인력들에 대해 적극적 우대정책을 실시하고 있다.

셋째, 직무적 특성과 보상 측면이다. 공공부문의 인력이 담당하는 직무는 공공성의 성격을 지니며 시장에서 거래되는 상품을 생산하는 것이 아니므로 노동가치를 산출하는 것이 어렵다. 또한 공공부문의 인력은 업무의 특수성으로 인해 자신의 업무경험을 민간에서 활용하기가 쉽지 않다. 이와 같이 직무의 가치를 비교할 대상이 없고 성과를 측정하기도 용이하지 않아 각 구성원의 직무결과를 평가하거나 평가기준을 찾기가 어렵다. 이와 같이 공공분야의 성과평가가 곤란함에 따라 성과에 근거한 보상을 제공하는 것 역시 어려운 점이 있다. 예를 들어 정책을 개발하거나 집행하는 업무 또는 경찰 및 소방, 민원처리 업무 등은 시장원리에 기반하여 급여를 결정하기 어렵다. 따라서 공공부문의 인력에 대한 보상은 생계비나 근무연한 등 성과와 무관한 기준에 기반하여 결정되는 측면이 강하다. 그리고 퇴직을 결정하는 요인도 성과평가에 근거하기보다는 정년에 기반하여 실시되고 있다.

넷째, 도덕성 및 윤리성의 강조이다. 정부조직의 구성원들은 다양한 능력과 책임이 요구되는데 민간부문과 비교시 직무역량과 관리역량 외에도 도덕적 역량이 강조되는 특징이 있다. 이러한 도덕적 역량에는 인간관, 국가관, 공무원의 자세와 사명감 등이 포함된다. 공공조직에 근무하는 경우 공공가치의 실현을 주요 목표로 추진하기 때문에 공공인력은 도덕적인 업무태도가 필요하다. 만약 공무원이 공직윤리를 갖추지 못한다면 직무수행과정에서 합리적이고 공정하게 공공의 가치를 실현할 수 없을 것이다. 따라서 장관 등 일부 고위공직자들은 국회청문회를 거치거나 재산을 공개하는 등 높은 수준의 도덕성을 요구받기도 한다.

다섯째, 공공성에 기반한 인적자원 관리이다. 공공부문에서는 공익을 추구하는 것이 매우 중요하므로 인적자원 관리 전반에 공공성을 반영하고 있다. 예를 들어 군인·경찰·소방 등에는 공적인 목표가 중요하고 민간에 존재하지 않는 업무가 많아 공공성을 갖춘 인재를 찾기 위해 개방형3)으로 인력을 모집하기 어렵다. 또한 공공분야에서 조직성과와 조직성과에 대한 기여도를 측정하기 어려우므로 성과를 기반으로 유능한 인재를 선발하기 어렵다면 채용과정에서 객관성을 확보하기 위해 노력해야 한다. 그리고, 인력 개발 및 활용의 기회도 형평성에 부합하도록 제공되어야 하며, 업무를 평가하는 경우에는 평가결과뿐 아니라 공정하고 합리적인 절차와 과정을 유지하는 것이 매우 중요하다.

---

3) 개방형 채용은 공공과 민간의 인력풀을 통합하여 우수한 인재를 찾는 방법으로, 공직에 우수한 인재를 확보하기 위해 도입된 채용방법이다.

3. 인사행정의 주요 가치

인사행정은 공공가치를 지향하는 행정의 하부요소로서 다양한 사회적 가치를 추구하고 있다. 우리나라 국가공무원법 제1조는 이러한 인사행정의 가치와 관련하여 국가공무원에게 적용할 인사행정의 근본 기준을 마련하여, 공정을 기하고 국가공무원이 국민 전체의 봉사자로서 민주적이며 능률적인 행정운영을 할 것을 규정하고 있다. 이와 같이 인사행정은 다양한 공공가치를 추구하는데 이 경우 서로 다른 성격의 가치를 함께 추구하기 위해서는 가치 간 충돌을 피하고 서로 조화시키는 방안을 고려해야 할 것이다. 이를 위해 인사행정에서 요구하는 공공가치들의 내용을 살펴보면 다음과 같다(김판석 외, 2021).

1) 효율성

효율성(efficiency)이란 총 투입물에 대한 총 산출물의 비율로서 최소한의 자원을 투입하여 최대한의 결과를 도출하는 정도를 나타낸다. 행정에서 추구하는 효율성의 의미는 생산에 필요한 요소들을 낭비없이 사용하여 정부가 높은 성과를 거두는 것을 의미한다. 공공분야에서 효율성을 높이기 위해서는 인사행정에서 유능한 공무원을 선발하고 직무에 필요한 능력을 교육 및 개발하여 인적자원의 질을 높이는 한편, 이들에 대해 적절한 관리를 하는 것이 필요하며 이를 통해 직무 성과를 높일 수 있을 것이다.

이와 유사한 가치로서 효과성(effectiveness)과 경제성(economy)이 있는데 효과성은 추구하고자 하는 목표를 달성한 정도로서 투입과 비용에 대한 개념이 포함되지 않는다. 그리고 경제성은 자원을 절약하고 효율적으로 사용하는 의미를 내포한다. 효율성이 목표를 이루는 과정에서 투입과 결과 등의 경제적 측면을 나타낸다는 점에서 효율성과 경제성은 유사한 의미를 지닌다. 효율성은 적은 비용으로 많은 결과를 얻는다는 점에서 민간과 행정에서 모두 중요한 가치이며 기타 공공가치와 다소 충돌하는 면이 발생할 수 있으므로 조화로운 균형이 필요한 가치 중 하나이다.

2) 공정성

공공분야에서 강조되는 가치 중에는 공정성(fairness)이 있다. 공정성이란 특정한 측면에서 편파적인 태도를 지니거나 사사로운 관계에 기반하지 않고 모두를 균형잡히게 대우하는 것을 말한다. 인사행정에서도 인적자원을 접하고 관리하는 과정에서 공정성이 매우 중요하다. 예를 들어 인력을 선발할 때 공정한 기회를 제공해야 하며 우리나라에서는 공정경쟁을 위해 공개경쟁채용시험제도를 시행하고 있다.

우리나라는 과거부터 기회의 공정성을 강조하였다. 이는 인사과정의 부패를 막기 위한 것으로 대표적으로 채용 비리를 막기 위해 다양한 노력을 하고 있다. 예를 들면 인사혁신처에서는 공기업과 공공기관을 포함한 공공분야의 채용비리를 막기 위해 공정채용 가이드북을 발간하였으며, 채용시 규칙에 기반으로 진행함으로써 인사담당자의 자의성을 배제하고 공정성을 보장하고자 하였다. 이와 같이 공정한 기회를 제공하는 것은 공공분야의 부정부패를 예방하고 우수한 인재를 선발하는 데 도움을 줄 수 있으며, 합리적인 인사행정의 발판을 마련하는 데 기여할 것이다.

3) 사회적 형평성

사회적 형평성(social equity)은 1960년대 미국에서 시민권에 대한 요구와 인종 차별에 대한 거부감에서 시작된 것으로 모든 사람들이 공정하고 동등하게 대우받는 것을 의미한다. 아리스토텔레스는 형평을 개인들에게 사물을 적절하고 마땅하게 배분하는 것으로 정의하였고 돌바크(P. H. d'Holbach)는 형평을 각자의 재능과 업적에 따라 대우하는 것으로 설명하며 정의가 곧 형평이라고 주장하였다(이종수 외, 2022). 그리고 행정학자인 조지 프레드릭슨(H. George Frederickson, 1990)은 행정을 수행할 때 사회적 형평성이 중요함을 강조하면서, 인사관리자는 정책과 프로그램이 누구를 위해 작동되는지 살펴보아야 한다고 설명하였다.

사회적 형평성은 동등한 것은 동등하게, 다른 것은 서로 다르게 취급하는 것을 전제로 하며 정당한 불평등의 개념을 내포한다. 따라서 분배적 정의 측면에서 어떠한 불평등이 용인될 수 있는 것인지를 정하는 것이 중요하다. 신행정론은 1960년대 이후 미국 사회의 악순환이 정치·경제적으로 소외받는 소수집단에 대한 무관심에서 비롯된다고 설명하고 행정가들이 적극적으로 사회적 형평을 실현해야 한다고 주장하였다. 인사행정에서도 사회적 형평성이 강조되면서 인종, 성별, 경제적 지위, 장애 등 다양한 사회경제적 요인을 고려하여 누구나 공정하게 대우받고 의사결정 등에도 동등하게 참여할 수 있도록 기회를 보장하고자 한다. 예를 들어 우리나라는 공직에서 대표관료제를 도입하고 포용사회를 구현하면서 공무원의 인적구성을 다양화하고 있다.

4) 민주성

민주성(democracy)은 민주주의에 기초한 가치로 행정에서는 국민과의 관계와 조직 내부의 의사결정과정 두 가지 측면과 밀접한 관련이 있다. 먼저 국민과의 관계에서 행정의 민주성은 국민의 요구를 반영하여 필요한 공공서비스를 제공하는 등 대응성 있는 행정으로 국민에 대해 책임지고, 국민 전체를 위한 행정을 의미한다. 인사행정에서 이러한 민주성을 보장하기 위해서는 공무원의 행정윤리가 중요하며 책임행정을 수행할 수 있도록 적절한 통제장치가 필요하다. 예를 들어 국민들이 공무원의 직무결과를 평가하는 과정에 참여할 수 있거나, 국민과 공무원이 직접 의사소통할 수 있는 제도적 장치를 마련해야 한다.

그리고 행정조직 내부에서 작용하는 민주성 개념은 조직 내 인간관계 및 조직구성원에 대한 관점과 관련이 있다. 조직구성원을 기계나 경제적 존재가 아닌 감정적·사회심리적인 존재로 이해하고 상하관계보다 수평적 관계를 지향한다. 즉 관료조직 내에서 구성원들 간 상의하달식으로 의사소통하는 것이 아니라 계급과 권한에 구속받지 않고 구성원들 간 자유로운 의사소통을 선호한다. 인사행정에서도 민주성을 강화하기 위해 자발적인 의사결정과 자아실현의 욕구 충족, 능력발전 기회의 확대 등을 중요시해야 한다.

제 3 절 인사행정의 기능변화와 새로운 과제

1. 인사행정의 기능변화

1) 인사행정의 기능

인사행정은 기능을 중심으로 사무적 기능, 운영적 기능, 전략적 기능으로 구분할 수 있다. 각 기능의 역할을 살펴보면 다음과 같다(김판석 외, 2021).

첫째, 사무적 기능으로 각종 행정절차와 그에 따른 서류 등을 관리하는 것이 해당된다. 인사행정에서 인사사무의 비중은 상당히 크며 최근에는 임용에서 퇴직까지 다양한 신상정보와 인사기록 등을 전자인사관리시스템으로 처리하고 있다. 둘째, 운영적 기능으로 정부 인사발령이나 인사심사 및 인사관련 통계분석 등이 이에 해당한다. 이 부분도 전자인사관리시스템과 연동되어 업무효율성이 개선되었으나, 인사발령 등에서 관련조직과 여러 단계의 회의 진행 및 업무협의가 남아 있고, 통계분석에서 의견수렴 등 기타 과정이 존재한다. 셋째, 전략적 기능으로 인사행정조직 및 인사관리의 목표와 전략계획을 조직 임무에 따른 조직목표 및 전략계획과 연계하고 적극적으로 행정수요에 대응 및 정책을 개발하는 기능을 말한다. 전략적 기능은 아직까지 다소 미진하다는 평가가 있으며 향후에 더욱 활성화해야 할 부분이다.

2) 전략적 인사행정

최근의 환경변화에 유연하게 대응하기 위해서는 인사행정의 전략적 역할이 중요하다. 특히 조직의 경쟁력을 강화하기 위해 인적자원의 역할이 커지면서 공공부문과 민간부문 모두 전략적 인적자원관리(Strategic Human Resource Management: SHRM)에 주목하고 있다. 전략적 인적자원관리는 조직의 총체적인 전략과 이에 연계되는 인적자원관리 전략의 개발을 강조하는 것으로 조직의 성과를 높이고

혁신과 경쟁력, 유연성을 강화하는 조직문화를 개발하는 것을 주요 목적으로 한다. 따라서 전략적 인적자원관리는 전체적으로 계획된 체계를 기반으로 전략적 적합성(strategic fit)을 높여 조직의 장기 목표를 지원하는 인력관리 방식이다.

이를 위해서는 조직의 경쟁력을 높이는데 필요한 우수한 직원을 확보하여 전략적 역량을 갖추는 인적자원관리가 필요하다. 또한 사회수요의 변화에 발맞추어 새로운 영역에 필요한 인력들을 확보하고, 조직구성원들을 배치할 조직구조, 행정과 정책의 품질 등에 관심을 두며, 사회 문화 및 공공가치 등에 적극적으로 대응해야 한다. 그리고 조직의 목표에 따라 채용, 인력배치, 교육, 보상계획 등을 전략적으로 개발하는 것이 중요하며 직원의 동기와 성과를 향상시킬 수 있는 효과적인 전략을 계획하고 실행하는 활동도 필수적이다. 이러한 전략적 인적자원관리의 개념과 전략에 대한 내용은 학문적으로 아직 명확하게 합의되지 않았으나, 외부의 환경과 도전에 대해 전략적 목표와 인적자원관리를 연계하는 것이 중요하다는 의견이 지배적이다.

2. 기술변화와 인사행정의 새로운 과제

1) 신기술의 도입과 인사행정시스템 구축

4차 산업혁명으로 인해 신기술이 급격하게 발전하면서 경제, 산업, 문화 등 사회 각 분야에서 다양한 변화가 나타나고 있다. 대표적인 신기술에는 사물인터넷, 빅데이터, 인공지능, 자율주행자동차, 드론, 3D 프린팅 등이 있으며(Kim & Hong, 2017) 이러한 기술은 공공영역에도 도입되고 있다. 정부는 신기술의 활용을 촉진하여 국가경쟁력 및 산업경쟁력을 높일 수 있기 때문에 신기술분야의 정책을 개발 및 집행할 필요성이 크다. 최근에는 이러한 환경변화에 대해 전략적으로 대응하기 위하여 기술직군의 직렬과 직류의 변화 및 신설에 대한 요구가 커지고 있다.

정부는 신기술을 활용하여 더욱 앞서가는 국가가 되기 위해 혁신적이고 효율적인 디지털 정부(Digital Government) 또는 지능형 정부(Intelligent Government)
를 추구하고 있다(정충식 외, 2021). 그리고 이를 위해 행정의 각 분야에 적합한
전자시스템을 개발하고 이를 활용하고자 노력하고 있다. 대표적인 전자시스템으
로는 디지털예산회계시스템이 있으며 재정의 모든 과정을 온라인으로 수행하고
여러 기관의 재정시스템을 연계하여 유용한 정보를 산출하는 역할을 하고 있다.
인사행정부문에서도 전자인사관리시스템(electronic Human Resource Management
System)에 관한 논의가 2000년에 등장하였으며 2001년도에는 4개 부처에 시범적
으로 적용되면서 시스템이 확산·발전하게 되었다(김판석, 2021). 그리고 2002년
도에는 전자인사시스템의 법적 근거로서 국가공무원법이 개정(2002.1.19. 개정, 법
률 제6622호)되고 관련 조항(19조의2)이 추가되면서 '인사관리의 전산화'가 제도화
되었다. 그 외에도 2023년에 정부 인사행정을 디지털 기반으로 전환하는 내용의
디지털인사관리규정[4]이 제정되어 인사처장이 매년 디지털인사관리기본계획을
수립하고, 인사관리 업무처리 절차와 방법 등을 디지털 방식으로 재설계할 것으
로 기대된다.

인사업무에 전자인사관리시스템(e-HRMS)이 도입되면서 공무원들의 수작업
으로 인해 업무속도가 저하되는 문제와 오류가 발생하는 부분이 개선되었다. 또
한 다수의 기관에서 개별적으로 업무를 수행함에 따른 비효율성이 개선되었고
체계적인 보수관리로 부정이 발생할 여지가 감소되었다. 그리고 채용, 승진, 전
보, 인건비 등에 대한 자료를 제공하여 증거기반 인사정책이 가능하게 된 발판
을 제공하였다.

2) 신기술 분야의 전문인력 확보

정부는 신기술 분야를 활성화시키기 위해 해당 직무를 담당할 수 있는 전문
인력 확보방안을 마련하고자 하였다. 2014년 안전행정부는 사이버 침해를 예방

---

[4] 2023년 말 시행 예정인 '디지털인사관리규정'은 인사혁신처장이 매년 디지털 기반의 인사
관리 기본 방향과 관련 법령·제도 정비, 시스템 발전·운영 등에 관한 '디지털인사관리기
본계획'을 수립·시행하도록 규정하였다.

및 위험에 대응하고자 정보보호 분야의 전문인력을 확보하기 위해 공무원임용령
을 개정(2014.6. 30.)하고 기술직군 전산직렬에 '정보보호 직류'를 신설하였다. 그
리고 신기술의 발전에 따른 미래수요에 대비하고자 2018년 전산직렬의 추가적
인 개편을 검토하였다. 그 후 관련 부처와의 협의를 거쳐 2020년에 공무원임용
령과 공무원임용시험령을 개정하면서 기술직군 전산직렬에 '데이터 직류'를 신설
하였다(공무원임용령, 공무원임용시험령 개정, 2020.9.22.). 한편, 정부가 데이터 직류
를 신설하면서 교육기관에서는 관련 내용을 반영한 교육과정이 등장하게 되었
다. 예를 들어 대학 교육과정 및 대학원 교육과정에서 AI는 물론 빅데이터, 데이
터 사이언스 과정 등을 신설하였으며 상호융합적인 교과목 구성이 증가하고 있다.

　　이와 같은 변화는 새로운 환경변화에 대응하고 정부의 경쟁력을 높이는 데
도움을 줄 것으로 기대된다. 다만 이러한 기술직군의 직류 변화로 필요한 인재
를 충분히 확보하기에는 다소 어려움이 존재한다. 따라서 4차 산업혁명에 능동
적으로 대응할 수 있는 정부 역량을 갖추기 위해서는 전산직렬을 추가로 개편하
거나 '지능정보 직렬'을 신설하는 등 새로운 전문인력 충원방안이 수립되어야 할
것이다(김판석 외, 2021). 예를 들어 행정직렬과 전산직렬의 업무를 통합적으로 수
행할 수 있는 전문인력이 필요하므로 이러한 역량을 갖춘 인력을 선발할 수 있
는 채용전략이 필요하다.

3) 신기술 관련 교육훈련 강화

　　최근 신기술 중에서도 인공지능에 대한 관심이 증대되면서 공공분야의 다
양한 영역에 인공지능 기술이 도입되는 추세이다. 정부는 2019년 과학기술정보
통신부를 비롯하여 전 부처가 함께 참여한 '인공지능(AI) 국가전략'을 발표하였으
며 'AI 강국'으로의 비전을 설정하였다. 인공지능은 인지·학습·추론 기능 등을
통해 범죄 대응·노인 돌봄·재난 예방 등에서 맞춤형 서비스를 제공할 수 있게
되면서, 사회문제 해결을 위한 새로운 대안으로 부각되었다(과학기술정보통신부,
2019). 그리고 이러한 범정부적인 인공지능 국가전략을 성공적으로 실현하기 위
해서는 이러한 역할을 수행할 수 있는 AI 인재를 양성하는 것이 중요하다. 예를

들면 일반 공무원들의 인공지능에 대한 이해를 증대시키고 관련 기술을 습득할 수 있는 재교육이 필요할 것이다.

기존 공무원들에 대해 인공지능 분야 재교육 방향은 다음과 같다(정충식 외, 2021). 첫째, 인공지능에 대한 이해 증진을 위한 교육이 필요하다. 국가전략에서는 신규 임용자와 승진자에게 AI 소양교육을 필수화하여 공직사회의 AI 감수성을 높이고자 하였다. 이를 위해서 'AI 관련 기술 활용과 소프트웨어 실습교육' 등 새로운 프로그램을 신설하고 '지능정보사회기본법'을 새롭게 제정하여 실천가능성을 높일 필요가 있다(정충식 외, 2019).[5]

둘째, AI 국가전략 차원에서 디지털 정부혁신에 대한 학습이 필요하다. 현재의 법과 제도하에 지능정보사회의 국가전략을 추진한다면 도입과정 중에 많은 혼란을 겪을 수 있다. 따라서 새로운 기술을 도입하는 과정에서 현재 운영되는 규제와 충돌하지 않도록 관련 업무를 담당하는 공무원들이 AI에 적합한 환경에 대해 교육받을 수 있는 기회를 제공해야 한다. 셋째, 인공지능과의 협업 마인드 정립 교육이 필요하다. 인공지능 국가전략을 실시하기 위해서는 여러 부처 간 협업이 중요하다. 따라서 과거 디지털 협업에서 인공지능 협업으로 발전·대응할 수 있는 마인드가 필수적이다. 향후 로봇업무 자동화(Robotic Process Automation: RPA) 기반 정부에서 더욱 부각될 협업기반 정책을 위해 기존 교육프로그램을 개편할 필요성이 있다.

넷째, 인공지능과 인간의 협업을 촉진하는 업무 관행을 개발해야 한다. 인간 중심의 AI 활용방안도 중요하지만, 향후에는 인간과 AI의 협업, 인간-기계 간 파트너십을 기반으로 하는 업무가 증가할 것이다. 따라서 인간과 AI의 협업이 필요한 업무를 개발하는 동시에 이를 수행할 수 있는 인력 확보 및 인력 양성 프로그램 개발이 필요하다. 다섯째, 실질적인 교육수요를 반영하여 신기술 활용

---

5) 정부는 2001년 '전자정부법'을 제정하여 공무원이 '공무원의 책무'로서 정보통신기술 활용 능력을 배양할 것을 강조하였다. 당시 전자정부법 제5조에는 (1) 공무원이 담당 업무를 전자적 처리에 적합하도록 개선하고 (2) 담당 업무를 위해 정보통신기술 활용 능력을 갖추며, (3) 전자적으로 업무를 처리하여 국민의 편익을 우선적으로 고려하도록 규정하고 있다 (정충식 외, 2021).

교육훈련프로그램을 설계해야 한다. 실무에 유익한 디지털화 또는 지능화 교육
프로그램을 마련하여 그 효과성을 높이기 위해서는 실무에서 필요로 하는 교육
내용을 조사 및 관련 교과목을 개설하는 것이 필요하다. 예를 들면 최근 AI와 빅
데이터 등을 활용한 융합기술과 IoT 사용이 증가하면서 관련 교육에 대한 수요
가 증가하고 있다. 따라서 AI 교육 심화과정, IoT 보안과정, 데이터 기반 정책기
획과정 등을 마련하여 공무원의 지능화 역량을 높여야 할 것이다.

참고문헌

강성철 외. (2018). 「인사행정론」. 서울: 대영문화사.

과학기술정보통신부. (2019). 「IT 강국을 넘어 AI 강국으로: AI 국가전략 발표 보도 자료(관계부처 합동)」. 세종: 과학기술정보통신부.

권경득. (2017). 공무원 삶의 질과 공직 생산성. 「KIPA 조사포럼」, 21:24－31.

김판석 외. (2021). 「인사행정론」. 서울: 법문사.

유민봉. (2012). 「한국행정론」. 서울: 박영사.

이종수 외. (2022). 「새행정학3.0」. 서울: 대영문화사.

이창길 (2022). 「인적자원행정론」. 서울: 법문사.

임도빈·유민봉. (2019). 「인사행정론」. 서울: 박영사.

정충식 외. (2019). 「지능정보 전문인력의 공공분야 채용을 위한 방안 마련 연구」. 4차산업혁명위원회 연구용역보고서.

정충식 외. (2021). 「지능형 정부의 정책이슈」. 서울: 윤성사.

이동환. 「'인사행정 디지털전환' 입법예고…"아날로그 업무 관행 제거"」, 연합뉴스 (2023.07.17).

Allison, J. T. (1979). Public and Private Management: Are They Fundamentally Alike in All Unimportant Respects? In Perry, J. L. & Kraemer, K. L.(Eds.), *Public Management: Public and Private Perspectives.* Palo Alto, CA : Mayfield Publishing Co.

Anderson Jr, J. A. (2010). Public Versus Private Managers: How Public and Private Managers Differ in Leadership Behavior. *Public Administration Review,* 70(1):131－141.

Condrey, S. E. (2010). Handbook of Human Resources Management in Government. 3rd Edition, Jossey－Bass..

Fornburn, C. J., Tichy, N. M. & Devanna, M. A. (1984) Strategic Human Resource Management. New York: Wiley.

Frederickson, H. G. (1990). Public Administration and Social Equity. Public Administration Review, 50(2): 228－237.

Kim, P. S., & Hong, K. P. (2017). Debate: Humanized Robotic Agents in Government: The Emergence of the 'Hubogent'. *Public Money & Management*, 37(2): 131−132.

Llorens, J. J., Klingner, D. E., & Nalbandian, J. (2017). Public Personnel Management: Contexts and Strategies, 7th edition. Prentice−Hall.

Meier, K. J., & O'Toole Jr, L. J. (2012). Comparing Public and Private Management: Theoretical Expectations. *Journal of Public Administration Research and Theory*, 22(3): 623−624.

Murray, M. A. (1975). Comparing Public and Private Management: An Exploratory Essay. *Public Administration Review*, 35: 467−472.

Rainey, H. G., Backoff, R. W., & Levine, C. H. (1976). Comparing Public and Private Organizations. *Public Administration Review*, 36(2): 233−244.

Rainey, H. G. (2003). *Understanding and Managing Public Organizations.* (3rd ed.). Jossey−Bass, San Francisco, CA.

Stark, A. (2011). The Distinction between Public, Nonprofit, and For−Profit: Revisiting the "Core Legal" Approach. *Journal of Public Administration Research and Theory*, 21(1): 3−26.

제 2 장

인사행정의 기본 제도

생각해보기

- 행정이념적 측면에서 각 인사행정 제도의 의의는 무엇인가?
- 각 인사행정 제도의 장단점은 무엇인가?
- 행정혁신 혹은 인사개혁을 위해 각 제도의 어떤 요소를 도입할 수 있는가?
- 한국 실적주의의 개선방안은 무엇인가?

토론해보기

- "행정민주화의 일환으로 정부 내 정치적 선출직을 늘려야 한다"에 대한 찬반 토론하기
- 마이클 샌델의 '정의란 무엇인가'와 '공정하다는 착각'을 읽어보고 "능력주의는 공정하다"에 대한 찬반 토론하기
- "사회적 약자의 공직 임용은 공직 내 차별 없이 능력을 발휘할 수 있는 기회를 제공하고 궁극적으로 사회통합을 실현할 수 있기 때문에 제도운영을 확대 및 강화해야 한다"에 대한 찬반 토론하기

제1절 엽관제도

1. 개념 및 성립과정

　　미국에서 발달한 엽관제도(spoils system)는 전쟁에서 적으로부터 빼앗는 전리품을 의미한다. 상원의원 마시(Marcy)가 전리품(戰利品)은 승리자의 것(To the victor belong the spoils of the enemy)이라고 표현한 것에서 유래한다. 선거에서 승리한 쪽이 관직을 전리품으로 차지하고, 선거 기여도나 충성도와 같은 정치적 요인(정파성)으로 관직을 배분한다는 의미를 내포하고 있다.

　　엽관제도의 성립과정을 살펴보면 제도의 특성을 알 수 있다. 제3대 대통령 제퍼슨(Jefferson)이 엽관제도를 부분적으로 활용하면서 시작되었다. 제5대 대통령 몬로(Monroe)는 관직의 임기와 대통령의 임기를 같이 4년으로 한정하는 4년 임기법(Four Year's Law)을 제정하여 교체임용주의(doctrine of rotation) 형태로 운영되었다. 교체임용주의는 정권이 바뀌면 기존의 관료들은 자리를 내놓는다는 관념이다. 나아가 제7대 대통령 잭슨(Jackson)은 엽관제도를 인사의 기본원칙으로 삼으며 민주주의의 실천적 정치원리라고 선언하였다. 당시 동부 귀족 세력이 공직을 독점하고 있었던 것을 문제시 생각하고 공직을 대중에게 개방하여 교체하는 것이 민주주의를 실현하는 방법이라고 주장하였다. 그의 통치 철학에 따르면 공직을 대중에게 개방하면 국민의 의사를 국정에 반영할 수 있을 것이고 이는 행정의 민주화를 높이는 요인이라고 설명하였다. 그가 의회에 보낸 연두교서에서 "모든 공무원의 직무는 이해력이 있는 사람이라면 누구나 그것을 용이하게 수행할 자격이 있을 정도로 간단하고 평이(plain and simple)하므로 공직을 오래 보유하면 일반적으로 경험에 의하여 얻을 수 있는 것 이상을 잃게 된다는 것을 굳게 믿어 의심치 않는다"라고 밝혔다(정일섭, 2018: 32). 즉, 공직은 건전한 상식을 갖춘 사람이면 누구나 수행할 수 있을 정도로 단순하기 때문에 대중에게 개방해도 무방하다는 것이다. 또한 공직업무의 단순함을 주장하기 때문에 공직을 장기점유하면 순기능보다 역기능이 더 크다고 주장하였다. 이를 계기로 엽관제도는 더욱 발달하게 되었다. 이후 제16대 대통령 링컨(Lincoln)은 역대 최대 규모의 엽관주의적 인사를 단행하면서 엽관제도를 가장 효과적으로 활용한 것으로 평가된다(정일섭, 2018).

엽관제도가 발달할 수 있었던 것은 그 시대적 특징이 있기 때문이다. 잭슨의 연두교서에서 보듯이 당시 미국은 초기 입법국가시대로 특수한 사회적·경제적 환경요인이 행정업무를 단순하게 가정하고 엽관제도의 수용을 보다 적극적으로 할 수 있게 하였다.

2. 엽관제도의 장·단점

엽관제도의 장점은 다음과 같다. 첫째, 관직을 대중에게 개방하여 많은 사람에게 공직 참여의 기회를 제공한다. 즉, 공직을 대중에게 공개하여 민주정치의 발달에 기여한다. 둘째, 선거를 통해 결정된 집권당에 정부관료를 예속시켜 정부관료제가 특권 집단화되는 현상을 방지하고 국민에 대한 대응성(responsiveness)이 향상된다. 관료에 대한 민중통제가 이루어지므로 행정의 민주화가 가능하다고 할 수 있다. 셋째, 정당에 대한 공헌도나 충성도가 임용기준으로 관료의 적극적인 충성심을 확보할 수 있다. 집권당과 관료조직의 동질성이 확보되어 공약의 충실한 이행이 가능하다. 정치지도자의 국정철학에 따라 중대한 정책변동이 필요한 경우 정책실현에 강한 추진력을 받을 수 있다. 즉, 행정과 정치의 일원성을 확보하여 국정지도력을 강화시킬 수 있다. 넷째, 선거가 끝난 후, 승리한 대통령은 공직의 경질을 통해 관료집단의 특권화 현상을 방지할 수 있으며 관료제의 침체를 방지할 수 있다. 따라서 엽관제도는 정당정치의 발달에 공헌한다.

반면, 엽관제도의 단점은 다음과 같다. 첫째, 능력과 실적 위주의 임용보다 정치적 요인을 임용기준으로 하는 엽관제도는 행정환경의 급변, 행정수요의 다양화, 복잡한 정책문제 등의 요구에 적절하게 대응하기 힘들어 행정의 비능률성을 야기한다. 또한 무능한 비전문가가 공직에 임용될 가능성이 있어 낭비초래와 무분별한 행정질서의 문제가 야기될 수 있다. 나아가 정치적 논리에 의해 불필요한 관료를 임명하는 경우 국가 예산 낭비로 국민부담이 가중될 수 있다. 둘째, 정권교체시 대규모 정부관료의 인력교체가 이루어지면 행정의 안정성, 계속성, 일관성을 저해할 수 있다. 셋째, 공직의 임명은 소속정당이나 집권자에 대한 충성도에 의해 이루어지기 때문에 공직 임명의 공정성이 확보되지 않으며 이들은 행정의 정치적 중립성을 유지하기 힘들다. 넷째, 공직 유지를 위해 특정 정당 혹은 소수 간부의 이익을 위하여 일하는 경우 국민 전체의 이익을 대변하기 힘들다. 공무원이 정당의 사병화되어 국민을 위해 일하기보다 정당을 위해 봉사하는 현상이 발생하기도 하였다.

3. 엽관제도의 의의

엽관제도는 공직을 전리품으로 취급하여 선거에서 승리한 정당이 공직을 교체하는 인사제도로 민주성, 정치적 대응성, 형평성을 제고하고자 하였다. 첫째, 엽관제도는 정당정치의 발달과 밀접하게 연관되어 있다. 정당원들의 공헌도, 정치적 충성심에 따라 공직을 배분하여 국민과 공약한 정치이념을 구현하고자 하였다. 집권한 정당을 관료로 예속하여 국민의 지지를 받는 공약 혹은 정책의 집행을 실현시기에 용이하다. 따라서 정치적 대응성을 확보하고자 하였고, 이에 따라 민주성이 제고되었다. 또한, 엽관제도가 추구하는 가치는 형평성이다. 잭슨 대통령은 국민을 잘 대표할 수 있는 많은 대중에게 공직을 널리 개방하여 공직의 입직에 형평성을 높였다.

4. 영국의 정실제도

엽관제도와 유사한 개념으로 영국은 정실제도(patronage system)가 발달하였다. 정실제도는 개인적인 친분, 학연, 지연, 혈연, 등의 요인으로 관직을 임용하는 제도이다. 영국은 정권교체에 따른 행정 혼란을 막기 위하여 관료의 지위가 보장되는 종신고용제 형태로 운영되었다. 정실제도는 크게 두 가지 형태로 나뉘었다. 초기의 정실제도는 국왕이나 의원에 대한 충성도에 따라 공직을 임용하는 은혜적 정실제도이다. 반면 후기의 정실제도는 내각책임제 발전으로 인하여 다수당 지지자를 관직에 임용하는 정치적 정실제도이다. 은혜적 정실제도는 의회 유력 정치가에 의해 정치적 정실제도로 변화하였고, 이는 양당제도와 의회주의 확립에 기여하였다.

미국의 엽관제도와 영국의 정실제도를 비교하면 다음의 특징으로 정리할 수 있다. 첫째, 미국 엽관제도의 인사는 정당차원에서 이루어져 당파성이 나타났지만 영국 정실제도의 인사는 정치성 이외의 학벌, 지연, 혈연 등 정치인 개인차원으로 이루어졌다. 둘째, 정권교체시, 미국은 관료의 대량교체가 이루어지지만 영국은 소규모의 경질만 이루어졌다. 영국의 정실제도는 기득권 존중, 정권교체에 따른 혼란을 방지하는 것에 초점을 두고 있다(박연호, 1983). 따라서 영국의 정실제도는 종신고용을 기본으로 하지만 미국의 엽관제도는 4년 임기법에 따른 단기고용 특징을 보인다. 미국의 엽관제도와 영국의 정실제도의 특징을 비교한 내용은 아래의 표와 같이 정리할 수 있다.

<표 2-1> 엽관제도와 정실제도 비교

	미국의 엽관제도	영국의 정실제도
임용기준	정당 차원(정치성, 당파성)	개인 차원(학벌, 지연, 혈연 등)
정권교체	대규모 경질	소규모 경질
신분보장	단기고용(4년 임기법)	종신고용

과거 우리나라도 정실제도와 비슷한 성격의 제도가 있었다. 바로 고려시대 음서제도이다. 음서제도는 조상이 나라를 위해 공을 세웠거나 부모가 5품 이상이면 그 자손들을 시험을 치지 않고 관직에 채용하는 제도이다. 고려 제6대 왕 성종 때 문신(文臣)인 최승로가 임금이 중요하게 해야 하는 일 28가지인 '시무(時務) 28조'를 보냈는데, 그 중 음서제를 담은 내용이 있었다. "청컨대 여러 차례

공신(功臣)의 자제들에게 은혜를 내리신 대로 그들 공신의 등급에 따라 그 자손들을 채용하고 ….” 이에 성종은 5품 이상 관직을 대상으로 친가, 외가 자손에게까지 적용하여 음서제도를 실행한 바 있다. 특히 3품 이상의 관직을 대상으로 양자, 사위, 조카에게 그 혜택이 주어졌었다(지호진, 2018)

5. 엽관제도의 쇠퇴

잭슨 대통령 이후 1800년대 중반부터 본격적으로 엽관제도가 확대됨에 따라 공직의 잦은 교체, 비전문성의 공직자 증가, 공직의 정치화, 매관매직 등 엽관제도의 병폐가 지속되었다. 이에 엽관제도는 조금씩 쇠퇴하게 되는데 엽관제도의 결정적인 쇠퇴에 영향을 미친 요인들은 다음과 같다.

1) 가필드 대통령 암살사건

1881년 제20대 대통령 가필드(Garfield)가 암살되었다. 가필드는 하원에서 9선을 마친 후, 대통령 선거를 치뤘다. 당시 대선을 앞두고 여럿에게 공직을 대가로 선거자금을 지원받았다. 가필드는 대통령으로 당선되었으나 선거자금 지원과 관련한 약속을 이행하지 않았다. 그 중 기토(Charles J. Guiteau) 변호사는 분노하여 워싱턴역으로 가는 가필드 대통령을 총격하여 사망에 이르게 하였다. 이에 매관매직과 엽관제도를 비난하는 여론이 거세지게 되었다.

2) 미국의 펜들턴법(Pendleton Act)과 영국의 추밀원령(Order in Council)

엽관제도의 폐해가 극심해지자 비판운동이 일어났다. 이 시기에 펜들턴 개혁입법안이 통과하게 된다. 펜들턴법은 엽관제도의 요소들을 청산할 수 있는 개혁안들을 담고 있다. 공무원 임용기준은 개인의 능력, 자격에 초점한 실적에 맞추고, 공직의 정치적 중립성을 지켜야 한다는 규정을 담고 있다. 한편, 영국의 경우 1854년 하원에 제출한 노스코트－트레빌리언(Stafford Northcote and C. E. Trevelyan: The Organisation of the Permanent Civil Service. Parliamentary Papers) 보고서에 따르면 공직자는 공개경쟁시험을 통해 선발되어야 하며, 선발시험은 독립 기관에서 주관해야 하며 승진은 연공서열보다 실적에 우선해야 한다는 내용을 담고 있다. 이를 계기로 공개경쟁시험, 독립적 인사위원회 설치를 하게 되었다. 미국의 펜들턴법과 영국의 추밀원령은 엽관제도의 쇠퇴를 가속화하였고 실적제 도의 기초를 확립하게 되었다.

3) 윌슨(Wilson)의 행정의 연구(The Study of Public Administration, 1887)

윌슨의 에세이 행정의 연구에서 미국의 행정은 정치와 밀접하게 연계되어 있기 때문에 나타나는 엽관제도의 폐해에 휩싸여 있으며 부패에 물들어 있다고 주장하였다(Wilson,1887:201). 그는 엽관제도의 폐해로부터 행정의 독자성을 확보 하기 위해 정치행정이원론을 주장하였다. 즉, 정치와 행정을 분리하고 효율적인 정부 운영을 위한 행정의 독자성을 확보해야 한다고 주장한다. 헌법 제정에 초 점을 두던 초창기 정부기능은 단순했기 때문에 행정의 기능이 그리 중요하지 않 았지만 인구증가, 기업의 출현, 산업화 등의 복잡한 문제가 발생하면서 행정의 기능이 중요하게 되었다고 주장한다. 정치는 거시적이고 보편적인 국가적 작용 인 반면 행정은 협소하고 개별적인 작용이라고 설명하면서 정치와 행정의 관계 를 구분하였다. 윌슨의 에세이를 통해 정치와 행정의 관계를 재정립하게 되면서 엽관제도의 쇠퇴에 영향을 미쳤다.

6. 미국의 엽관주의적 인사

미국의 엽관주의적 인사는 미국 정부 정책과 지원 직책(The United States Government Policy and Supporting Positions)이라는 지침서를 보면 알 수 있다. 이 지침서는 정치적으로 임용하는 알짜배기 자리(plum positions)를 담은 책 또는 책 표지 색이 자주색(plum)이라 플럼북(Plum Book)이라는 명칭으로 불린다.

플럼북은 대선 직후 미 상·하원과 인사관리처(Office of Personnel Management, OPM)가 협력하여 공직 명부를 작성하는 인사 지침서이다. 제34대 대통령 드와

이트 아이젠하워(Dwight D. Eisenhower)가 1952년 대통령으로 당선된 당시 22년 만에 민주당에서 공화당으로 정권이 교체된 시기였다. 이때 대통령 본인이 행사할 수 있는 인사권의 범위를 제대로 파악하기 위하여 플럼북이 만들어졌다.

플럼북은 당선된 새 대통령이 인사권을 행사할 수 있는 공공기관 및 국가 주요직 약 9,000여 개의 직책, 임기, 자격, 급여 등을 규정하고 있다. 즉, 대통령 선거가 있는 매 4년마다 플럼북을 발행하여 대통령 인사권 범위를 규정하고 임용된 공직자의 직책, 임기, 자격, 급여 등의 정보를 투명하게 공개하고 있다. 플럼북은 대통령이 인사권을 행사할 수 있는 공직을 명확하게 규정하고 있어 대통령 무분별한 인사권 남용을 방지하고 있다.

7. 한국의 엽관주의적 인사

한국은 정무직 임용에 있어 대통령의 정책이념과 유사한 인물을 임용하거나 선거에 공로가 높은 측근을 임용한다. 다만, 과거의 엽관제도가 행정업무의 단순성에서 이루어졌다면 현재는 복잡·다양화된 환경에 맞추어 활용되고 있다.

이에 대하여 법적으로 규정하고 있다. 헌법 제87조 "① 국무위원은 국무총리의 제청으로 대통령이 임명한다"를 비롯하여 국가공무원법 제2조(공무원의 구분)에 따르면 "② 국가공무원(이하 "공무원"이라 한다)은 경력직 공무원과 특수경력직 공무원으로 구분한다. ③ "특수경력직 공무원"이란 경력직 공무원 외의 공무원을 말하며, 그 종류는 다음 각 호와 같다." 정무직 공무원은 "가. 선거로 취임하거나 임명할 때 국회의 동의가 필요한 공무원, 나. 고도의 정책결정 업무를 담당하거나 이러한 업무를 보조하는 공무원으로서 법률이나 대통령령(대통령비서실 및 국가안보실의 조직에 관한 대통령령만 해당한다)에서 정무직으로 지정하는 공무원"을 의미하고, 별정직 공무원은 "비서관·비서 등 보좌업무 등을 수행하거나 특정한 업무 수행을 위하여 법령에서 별정직으로 지정하는 공무원"을 의미한다. 이렇게 특수경력직 공무원은 국회의 동의가 필요하거나 대통령이 임명하고 있다.

제 2 절 실적제도

1. 개념 및 대두배경

실적제도(merit system)는 엽관제도와 정실제도에서 나타나는 정치적 간섭을 배제하고 능력 혹은 실적이 인사의 기준으로 삼는 임용제도이다. 실적제도 등장의 이유는 앞서 엽관제도에 대한 반성과 사회·경제적 여건 변화에 있다. 첫째, 엽관제도는 집권당과 관료조직의 동질성으로 인한 정책의 추진력, 대응성 강화 등의 목적으로 활용되었으나 점차 규모가 확대되고 소수의 간부에 의해 공직이 상품화되면서 국민의 요구에 대한 대응성도 약화되는 등의 변화가 있었다(강성철 외, 2018). 이에 따라 관료를 정당으로부터 분리하고 사회·경제적 환경의 변화에 따라 복잡한 사회문제를 해결할 수 있는 전문직업인으로서 국민의 요구를 대응할 수 있도록 제도의 전환 요구가 증대하였다. 이에 미국의 펜들턴법(Pendleton Act, 1883), 퇴직법(Retirement Act, 1920), 분류법(Classification Act, 1923), 해치법(Hatch Act, 1933), 공무원개혁법(Civil Service Reform Act, 1978) 등의 실적제도 제반의 원칙이 정립되었고, 영국에서도 노스코트－트레빌리언 보고서, 1·2차 추밀원령 등의 움직임이 나타났다. 둘째, 산업화가 급속하게 진전되고 자본주의 사회가 도래하면서 전문성 및 효율성이 향상되었다. 산업자본가인 중산계급층이 늘어나고 정치의식이 높아지면서 행정기능의 전문화에 대한 요구가 대두되었다. 특히, 1900년대는 테일러(Frederick Taylor)를 중심으로 한 과학적 관리운동(scientific management) 철학이 영향을 미치는 시기였다. 테일러의 과학적 관리법에는 네 가지 의무가 따른다. 첫째, 가장 효율적인 방식으로 일을 수행해야 한다. 주먹구구식의 방식을 대체하고 각 노동 요소에 과학적 방법을 적용하여 능률적으로 업무를 수행해야 한다는 것이다. 둘째, 능력과 동기부여를 바탕으로 근로자를 직무에 매칭하고 효율적 작업을 위한 훈련을 제공해야 한다. 업무 수행능력을 갖춘 근로자를 선발하여 교육하고 역할을 수행하는 데 효율성을 높여야 한다. 셋째,

과학적 원칙을 상호 공감해야 한다. 과학적 관리법 적용을 하기 위해 직원의 성과를 모니터링하고, 지침과 감독을 제공한다. 넷째, 관리자가 직원간 업무할당, 계획 및 교육 스케줄 제공을 포함한다. 직급에 따라 각자가 맡은 역할이 있고, 그 역할을 충실하게 수행하기 위해 객관적 지표를 원칙으로 세워야 한다.

이러한 사회·경제적 여건 변화와 과학적 관리운동 철학의 대두는 정부의 공공 관리에도 영향을 미쳤다. 특히 인사행정 과정에 공직 임명에 정실 개입은 전문성과 효율성을 저해하고 오히려 정치권력의 남용으로 이어질 수 있다는 인식이 높아졌다. 따라서 실적제도가 가미된 능률적 정부를 기대하게 됨에 따라 인사행정 전반의 과정에 능률성을 추구하게 되었다.

2. 개혁운동 전개

1853년 노스코트-트레베란 보고서(Northcote-Trevelyan Report)는 기존의 공무원 제도에 대한 비판을 하면서 고급 업무를 단순 반복 행정업무에서 분리할 것을 권고하였다. 이러한 권고는 추밀원령으로 이어졌다. 1855년 제1차 추밀원령(Order in Council)과 1870년 제2차 추밀원령에 의해 실적제도의 기초가 확립되었다(박연호, 1983). 제1차 추밀원령은 부처의 장관이 지원자의 추천권을 행사하고 임용 자격기준도 부처의 협의로 결정되는 등 정실제적 요소가 많이 남아있었지만 독립적 인사위원회 설치와 자격증 제도를 제안하고 있다. 반면 제2차 추밀원령은 독립적인 시험관장위원회(a central Board of Examiners)를 설립하고 정기적 시험을 실시하여 공개경쟁채용시험을 치르도록 명시하고 있다. 이러한 노력으로 영국의 실적제도와 공무원제도의 발전에 많은 영향을 미쳤다.

추밀원령의 주요 내용을 정리하면 다음과 같다(O'Toole, 2006). 첫째, 공무원은 공개경쟁채용시험을 통해 임용되고, 시험은 일반 교양과목으로 한다. 둘째, 서기직은 제1계급, 제2계급으로 분류한다. 제1계급은 최고직위까지 승진이 허용되는 행정적·지도적인 일을 담당하고, 제2계급은 반복적·기계적인 일을 담당한다. 그리고 채용시험은 계급별로 구분하여 시행한다. 셋째, 인사위원회(Civil Service

Commission)는 지원자 자격, 응시료, 채용인원, 시험 일시, 채용 직위 등과 같은 시험의 표준에 관한 결정을 하고, 재무부는 이러한 결정에 대한 동의권과 인사행정상의 관련 통제권을 갖는다. 이후 영국의 풀턴위원회(Fulton Committee)가 발행한 보고서를 통해 관리(management)의 중요성을 지적하면서 공무원제도의 개혁안을 제시하였다. 새로운 인사기관으로 인사성(Civil Service Department, 人事省)과 공무원 대학(Civil Service College)을 설립하고 모집제도와 공직분류 제도를 개혁하고자 하는 등 공무원제도를 현대화하고자 하였다. 즉, 영국 공무원사회를 전문직업인으로서의 관리전문가들로 구성하고자 하였다(Johnson, 1985:419-420).

한편, 미국은 엽관제도의 폐해를 극복하기 위한 다양한 노력이 있었다. 1865년 젠키스 하원의원이 공무원제도의 개혁에 관한 법률안을 제출하였으나 받아들여지지 않았다. 이어 1871년 커티스와 슐츠의 연방 공무원 모집과 채용에 관한 법률안이 만들어졌으며 이를 바탕으로 인사위원회를 설립되었으나 곧 해체되었다. 이러한 일련의 노력은 펜들턴법을 제정하는 데 주요 역할을 하였다. 펜들턴법(Pendleton Civil Service Act)은 1883년 제정이 되었고 이를 통해 실적제도가 확립되었다.

펜들턴법이 포함하고 있는 내용은 다음과 같다(강성철 외, 2018). 첫째, 공무원의 임명에 정치적 개입을 방지하기 위하여 인사위원회(Civil Service Commission)를 설립한다. 영국의 인사위원회와는 다르게 인사 전반의 기능을 수행하는 독립성이 보장된 중앙인사기관으로 설립되었다(한인근, 2010). 인사위원회는 대통령이 임명하고 3인으로 구성된 합의제 기관으로 3인의 위원 중 2인 이상은 동일정당에 소속할 수 없다. 둘째, 관련 업무를 원활하게 수행할 수 있는 능력이 있는지를 평가하는 공개경쟁시험을 통해 공무원을 임용한다. 셋째, 시험에 합격한 공무원에게 임명 과정의 일부로 시보 기간(probation term)을 둔다. 넷째, 공무원의 정치헌금, 정당 자금 공급 등의 정치활동은 금지한다. 다섯째, 인사위원회는 인사행정 개선을 위한 조사권을 가지며 이와 관련한 조사 결과를 연례보고서로 작성하여 대통령, 의회에 제출한다.

펜들턴법의 제정 후 공무원개혁법(Civil Service Reform Act)을 제정하고 실시하였다. 공무원개혁법은 실적제도 기반의 인사정책 수립과 집행에 대한 제도적 장치이다. 공무원개혁법의 주요 내용은 공정한 공개경쟁으로 공직취임의 기회균등, 인사행정상의 차별금지와 기본권의 보장, 민간과의 형평을 고려한 동일 직무 동일 보수 및 성과급의 원칙, 정부 인력관리의 효율성 원칙, 공직자 능력개선의무와 실적에 따른 공직 퇴출 가능성, 능력향상을 위한 교육훈련 프로그램의 제공 등이다.

또한, 공무원개혁법에 따르면 인사위원회(Civil Service Commission)를 폐지하고 대통령 직속의 인사관리처(Office of Personnel Management)와 초당파적 3명의 위원으로 구성된 실적제 보호위원회(Merit System Protection Board: MSPB)를 설립하도록 명시하였다. 특히나 실적제 보호위원회는 실적제도에 대하여 위반되는 인사관행이 있는지 발견하고 막을 책임을 지니고 있다. 나아가 실적에 따른 인사조치가 아닌 부당한 인사조치로부터 공무원을 보호하는 기능도 있다. 인사관리처는 공무원의 성과 및 실적을 근무성과평정제도, 교육훈련, 해고, 보상의 근거로 사용하고 있다.

3. 실적제도 장·단점

실적제도의 핵심은 공개경쟁에 의한 채용시험 실시, 공무원의 정치적 중립과 신분보장, 정당의 영향력으로부터 중립적인 인사행정관리기관의 설치이다. 이에 따른 장점은 다음과 같다(강성철 외, 2018). 첫째, 공직 임용은 정실요소를 배제하고 객관적인 채용기준과 시험을 통해 진행한다. 즉, 실적제도는 공직 임용에 인종, 종교, 학벌, 지역 등의 이유로 차별받지 않아 공직 임용 기회의 형평성을 구현하고자 한다. 둘째, 공무원의 정치적 중립을 추구한다. 공무원이 특정 정당의 이익을 표출하거나, 정당의 이익을 반영하여 정책을 추진하는 등의 행동을 삼가야 한다. 이로써 국민의 목소리에 부응하고 공익을 위해 봉사하는 역할에 충실할 수 있다. 나아가 정권교체에 따른 대량경질로 인해 발생하는 행정의 안정성을 확보할 수 없었던 엽관제도와는 다르게 실적제도는 공무원의 신분보장을 통해 행정의 계속성과 안정성을 보장할 수 있다. 셋째, 정치로부터 중립적이고 독립적인 인사행정기관을 설치하여 인사행정 기준을 객관화한다. 공무원 임용에 있어 개인의 능력, 자격, 적성, 실적, 태도를 바탕으로 평가하기 때문에 자질을 갖춘 공무원이 임용되어 업무능률 향상을 기대할 수 있다. 이는 행정의 전문성을 키울 수 있어 능률성을 높일 수 있게 한다. 나아가 공정한 인사기준은 엽관인사의 폐단을 방지하고 공직 내 도덕적 분위기를 조성하여 투명하고 공정성이 보장된 인사관리가 가능하다.

한편, 실적제도의 효용에도 제도의 성격에 따른 단점이 있다. 첫째, 실적제도의 과잉추구는 세부적인 인사행정기준을 현실과 괴리시켜 형식주의를 야기할 수 있다. 실적제도 인사운영은 평가기준의 명확성으로 세세한 기준에 매몰되어 인사운영에 경직성이 초래될 수 있다. 채용시험은 우수한 인재의 적극적인 채용이라기보다 부적격자 혹은 점수 미달자를 배제하는 데 치중하게 되기 때문에 소극적인 채용에 그칠 수 있다. 둘째, 행정의 대응성과 책임성이 저하될 수 있다. 펜들턴법과 추밀원령이 내포하는 실적제도의 내용 중 공무원의 정치적 중립성은 정책방향이나 국민의 요구에 민감하게 대응하기 힘들다. 셋째, 과도한 신분보장은 관료주의화와 무사안일, 도덕적 해이(moral hazard)를 야기한다. 공무원의 신분보장을 법률에 의해 구체화하고 있기 때문에 정년이 보장된다. 즉, 개인의 자기계발 혹은 적극적 업무수행이 이루어지지 않더라도 신분이 보장된다. 이는 공무원의 무사안일 의식과 복지부동 등의 직무태만으로 연결될 수 있다. 마지막으로 실적제도는 명확한 실적을 중심으로 인사행정 기준을 삼고 있기 때문에 소수인종, 여성, 저소득층 등의 공직진출이 상대적으로 줄어들게 되었다. 사회전체 인적 구성비를 적절하게 대표하지 못한 공직사회는 편향적일 수 있다는 문제점이 제기되었다. 이는 이후에 살펴볼 대표관료제(representative bureaucracy) 도입 필요성에 대한 논의와 연결된다.

4. 실적제도의 의의

실적제도는 엽관제도에 대한 반성으로 제기되었다. 실적제도는 엽관제도로 인한 비전문성, 부패, 비효율에 대한 대안이 될 수 있는 제도이다. 실적제도는 능력에 의한 임용의 기회균등, 정치적 중립, 신분보장의 내용을 포함하고 이 내용들은 서로 밀접한 연관성이 있다. 능력에 의한 임용의 기회는 당파성 혹은 정실에서 인사행정 기준을 정립하는 것이 아니라 중립적이고 객관화된 기준을 근거로 인사행정 기준을 세우는 원리이다. 즉, 업무성과 성적 및 자격 등의 능력을 인사행정 기준으로 세우기 때문에 공직사회의 전문화, 능률화, 객관화, 효율화를 추구한다. 나아가 능력을 인사행정의 기준으로 삼기 때문에 자격 및 능력을 갖춘 누구나 공직에 입직할 수 있는 기회균등 원리가 실현된다. 또한 선거 관여 금지, 특정 정당 가입 금지 등을 규정하여 정치적 중립성을 요구하는 것은 정치 세력의 간섭으로부터 공무원의 신분을 보호하는 것이다.

5. 한국의 실적제도적 인사

공직에 기회균등과 관련하여 국가공무원법 제26조(임용의 원칙)에 따르면 "공무원 임용은 시험성적, 근무성적, 경력평정, 그 밖의 능력의 실증(實證)에 따라 한다"고 하여 실적제도를 명시하고 있다. 특히, 제26조의6(차별금지) 조항에서 "국가기관의 장은 소속 공무원을 임용할 때 합리적인 이유 없이 성별, 종교 또는 사회적 신분 등을 이유로 차별해서는 아니 된다"라고 규정하고 있다. 나아가 국가공무원법 제28조(신규채용)에 따르면 "공무원은 공개경쟁 채용시험으로 채용한다"고 명시하고 있다. 또한 제35조(평등의 원칙)에 따라 "공개경쟁에 따른 채용시험은 같은 자격을 가진 모든 국민에게 평등하게 공개하여야 하며 시험의 시기와 장소는 응시자의 편의를 고려하여 결정한다"고 규정한다.

정치적 중립성과 관련하여 헌법 제7조 "① 공무원은 국민전체에 대한 봉사자이며, 국민에 대하여 책임을 진다. ② 공무원의 신분과 정치적 중립성은 법률이 정하는 바에 의하여 보장된다"고 규정하고 있다. 또한 국가공무원법 제65조(정치 운동의 금지)에 따르면 "공무원은 정당이나 그 밖의 정치단체의 결성에 관여하거나 이에 가입할 수 없다," "공무원은 선거에서 특정 정당 또는 특정인을 지지 또는 반대하기 위한 다음의 행위를 하여서는 아니 된다. ① 투표를 하거나 하지 아니하도록 권유 운동을 하는 것, ② 서명 운동을 기도(기도)·주재(주재)하거나 권유하는 것, ③ 문서나 도서를 공공시설 등에 게시하거나 게시하게 하는 것, ④ 기부금을 모집 또는 모집하게 하거나, 공공자금을 이용 또는 이용하게 하는 것, ⑤ 타인에게 정당이나 그 밖의 정치단체에 가입하게 하거나 가입하지 아니하도록 권유 운동을 하는 것"의 제한을 규정하고 있다.

신분보장과 관련하여 헌법 제7조 "② 공무원의 신분과 정치적 중립성은 법률이 정하는 바에 의하여 보장된다"고 규정하고 있다. 더불어 국가공무원법 제2조(공무원의 구분) 제2항에 따르면 "경력직공무원이란 실적과 자격에 따라 임용되고 그 신분이 보장되며 평생 동안(근무기간을 정하여 임용하는 공무원의 경우에는 그 기간 동안을 말한다) 공무원으로 근무할 것이 예정되는 공무원을 말하며 …"라고 규정하고 있다. 또한, 국가공무원법 제68조(의사에 반한 신분 조치)에 따르면 "공무원은 형의 선고, 징계처분 또는 이 법에서 정하는 사유에 따르지 아니하고는 본인의 의사에 반하여 휴직·강임 또는 면직을 당하지 아니한다"고 규정하여 공무원 신분은 법률이 정하는 바에 의해 보장됨을 규정하고 있다. 마지막으로 국가공무원법 제74조(정년)에 따르면 "① 공무원의 정년은 다른 법률에 특별한 규정이 있는 경우를 제외하고는 60세로 한다"로 규정한다.

능력제도와 관련하여 국가공무원법 제40조(승진)에 따르면 "승진임용은 근무성적평정·경력평정, 그 밖에 능력의 실증에 따른다"고 규정하고 있다. 또한 제51조(근무성적의 평정)에 따르면 "각 기관의 장은 정기 또는 수시로 소속 공무원의 근무성적을 객관적이고 엄정하게 평정하여 인사관리에 반영하여야 한다"고 규정한다.

마이클 샌델의 '정의란 무엇인가,' '공정하다는 착각'

흔히들 기회가 동등하면 결과도 정당하다고 생각한다. 기회가 동등하게 주어졌을 때, 결과가 다르다면 '개인의 능력 차이' 때문이다. 개인의 능력을 향상시키기 위해 개인은 노력한다. 그리고 개인의 노력으로 능력(실적)이 향상되면 그에 상응하는 보상을 받는 것은 공정하다고 생각한다. 이렇듯 당연시 되었던 통념에 대하여 마이클 샌델은 질문을 던진다.

능력에 따른 분배가 정의로우려면, 먼저 능력을 기를 기회가 동등해야 한다. 우리 사회는 능력을 기를 기회를 동등하게 제공하는가? 능력을 기르는 데 기회의 차이를 제외하고 다른 요인은 영향을 미치지 않는가?

하버드대학교에서 정치철학을 가르치는 마이클 샌델은 그의 강의실에서 3/4 이상이 형제 출생 순서에서 첫째임을 확인하였다. 그리고 심리학자의 연구 결과인 "형제의 출생 순서가 노력에 영향을 미친다." 그리고 "대개는 첫째가 동생보다 노동윤리가 더 강하고 돈도 더 많이 벌고, 전통적 의미의 성공도 더 많이 거둔다"는 분석을 인용하여 설명하였다. 형제 중 첫째로 태어난 것이 노력의 결과라고 말하기는 어렵다. 또 다른 예로 연간수입이 약 천억 원이 넘는 농구선수 르브론 제임스를 설명한다. 제임스만큼 우리가 열심히 연습한다고 그들처럼 성과를 낼 수 있는가. 그는 이미 신체적으로 우리와 다르다고 설명한다. 또한 농구를 잘한다고 두둑한 성과를 주는 현대의 사회에 태어난 르브론 제임스가 만약 이탈리아 르네상스 시대에 태어났다면 지금과 같은 보상을 받을 수도 없을 것이다. 오히려 르네상스 시대에는 화가의 작품에 더 관심이 많고 보상을 받을 것이다. 이런 식으로 출생이나 환경 같은 우연적 요소가 노력에 영향을 미친다면, '노력에 따른 혹은 능력에 따른 분배의 정당성이 과연 공정한 것인가'라고 지적한다.

마지막으로 마이클 샌델은 능력주의는 승자에게 오만을 패자에게 굴욕을 주는 불평등을 심화하고 있다고 주장한다. 이에 능력주의가 팽배한 우리 사회에서 '일의 존엄성'에 대한 회복이 필요하다고 지적한다. 우리 사회의 공동선에 대한 기여, 사회적 가치, 다양성 등을 인정할 때 능력주의가 갖는 한계를 일부 극복할 수 있다고 주장한다.

제 3 절 직업공무원제도

1. 개념 및 특징

직업공무원제도(career civil service system)는 우수하고 젊은 인재를 공직에 유치하고, 그들이 공직에 근무하는 것을 보람 있는 생애의 일로 인식하며, 퇴임까지 장기간으로 성실하게 근무하도록 하는 임용제도이다. 직업공무원제도는 젊은 인재를 최하위 계급으로 임용하여 승진시킨다. 이에 공직에 입문하려는 응시자의 연령과 학력을 제한하고, 전문적 직무수행 능력보다 장기간 근무에 발전가능성이 중요시한다. 상위계급은 내부 구성원의 승진에 의해 충원되며 외부로의 유입은 매우 드물다. 따라서 직업공무원제도는 계급제와 폐쇄형(closed system) 임용체계를 특성으로 한다(강성철 외, 2018).

직업공무원제도의 특징은 다음과 같다(Mosher, 1982; Lee, 1993). 첫째, 직업공무원제도는 젊고 유능한 인재를 공직에 유치하고자 한다. 공직은 사회의 공익을 위해 일하는 막중한 업무를 수행하기 때문에 유능한 인재의 입직을 유도한다. 둘째, 직업공무원제도는 공무원의 장기 근무를 장려하기 때문에 공무원 채용시, 당시 직무수행 능력보다 장기적 발전가능성과 잠재력을 중요시한다. 장기적 발전가능성을 중요시하기 때문에 자기 성장이나 승진을 할 수 있도록 능력발전의 기회를 충분히 제공하여 공직에 대한 보람과 자긍심을 고취시킨다. 셋째, 직업공무원제도는 장기간 공직에 근무하고 업무에 대한 보람과 자긍심을 갖기 때문에 직업적 충성심과 연대 의식을 갖는다. 넷째, 직업공무원제도는 장기 근무를 통해 다양한 업무를 경험할 수 있는 제도이다. 다양한 시각에서 넓은 안목을 바탕으로 바른 판단을 내릴 수 있는 일반행정가(generalist) 양성을 할 수 있다. 다섯째, 직업공무원제도는 폐쇄형 임용체계를 바탕으로 내부 구성원의 상위계급 승진이라는 특성을 갖는다. 따라서 신규 채용시 최하위 계급으로 임용하여 장기간에 걸쳐 승진을 통해 구성원을 구성하는 것을 원칙으로 한다. 여섯째, 직업공무원제도는 당파적 이익 혹은 정권의 교체에 영향받지 않도록 신분을 보장한다. 신분보장은 당파적 이익보다 국민 전체의 이익을 먼저 생각할 수 있도록 정치적 중립을 요구한다. 이로써 직업의 안정성과 행정의 안정성 및 일관성을 확보할 수 있다.

2. 직업공무원제도의 성립요건

직업공무원제도가 성립되기 위해 몇 가지 요건이 필요하다(강성철 외, 2018). 첫째, 공직에 대한 높은 사회적 평가가 이루어져야 한다. 정부에 대한 신뢰가 높을 뿐 아니라 공직에 근무하는 것이 국가 발전에 대한 공헌을 하는 것이라는 인식이 높아지면 공공봉사에 대한 가치를 높게 평가하는 사회 분위기가 조성되고 결국 공직에 근무하는 것이 가치 있는 일이라고 인식될 것이다. 둘째, 직업공무원제도는 당시 직무수행 능력보다 장기적 발전가능성을 바탕으로 인재를 채용하기 때문에 이에 적절한 채용제도가 마련되어야 한다. 잠재력을 갖춘 유능한 인재를 선별할 수 있고 우수한 젊은 인재가 공직에 관심을 갖도록 하는 제도를 마련해야 한다. 젊은 인재를 채용하여 일생을 공직에 근무하여 상위직으로 승진하게 함으로써 직업적으로 전문성(profession)을 기를 수 있도록 한다. 셋째, 훈련, 전보 등을 통한 능력발전이 제공되어야 한다. 많은 사람들이 공직가치를 높게 평가하면 공무원은 보람과 자부심을 느낄 수 있고, 이는 젊은 인재의 유치와 장기 근무로 연계될 수 있다. 젊고 유능한 인재를 채용하여 꾸준히 경력을 발전시킬 수 있도록 지원해야 한다. 다양한 경력을 쌓을 수 있도록 경력발전 경로를 제공하고, 전문교육훈련을 통해 행정환경의 변화와 행정수요의 다양화에 따른 인적자원개발 기회를 부여한다. 이를 통해 개인 역량 개발, 전문성 향상, 직무수행 능력 향상, 공직사회로 새로운 지식 도입, 조직의 생산성 향상 등을 꾀할 수 있다. 넷째, 충분한 유인기제가 필요하다. 즉, 보수가 적정하고 연금제도가 보장되어야 한다. 경력과 호봉에 따른 보수상승과 퇴직 후 연금이 보장된다는 기대가 있어야 한다. 또한 부당한 정치적 외압으로부터 권익을 보호하기 위해 신분보장해야 한다. 오랜 기간 동안 공직에서 근무할 수 있도록 정치적 외압으로부터 보호하여 안정적인 근무여건을 조성할 수 있도록 해야 한다.

3. 직업공무원제도의 장·단점

직업공무원제도의 장점은 다음과 같다. 첫째, 직업공무원제도는 공직의 장기 근무를 유도하기 때문에 경험축적을 통한 전문성(profession)을 키울 수 있다. 이때, 특정 분야의 전문가(specialist)와는 구분해야 한다. 둘째, 직업공무원제도는 다양한 업무경험을 통해 조직 전반의 폭넓은 이해와 능력발전을 할 수 있어 정책결정을 하는 고위직 공무원을 양성하는 데 도움이 된다. 셋째, 공직에 대한 자부심과 일체감을 통해 수준 높은 봉사정신을 발휘할 수 있다. 넷째, 젊은 인재를 채용하여 퇴직 전까지 공직에서 일을 하기 때문에 행정의 계속성, 안정성, 일관성을 유지할 수 있다. 반면 직업공무원의 단점은 다음과 같다. 첫째, 폐쇄적 임용체계를 특징으로 하기 때문에 보수적·폐쇄적 문화가 발달하기 쉽다. 둘째, 공무원 신분보장은 변화하는 외부환경에 민감하게 대응하기 힘들고, 무사안일에 빠지기 쉽다. 셋째, 일반행정가 양성은 행정의 전문화를 어렵게 하고 나아가 공직사회의 질 저하를 유발할 수 있다.

4. 직업공무원제도와 실적제도

직업공무원제도와 실적제도는 특성이 다르기 때문에 구별할 필요가 있다. 직업공무원제도는 보통 계급제를 바탕으로, 실적제도는 직위분류제를 기반을 발달하기 쉽다. 직업공무원제는 젊고 유능한 인재를 공직에 유인하기 위한 주목적으로 신분보장을 하고, 실적제도는 당파적 이익 혹은 정권의 교체에 영향 받지 않기 위하여 신분보장을 한다는 데 목적이 상이하다. 또한, 직업공무원제는 전통적으로 폐쇄형 임용을 통한 계급제의 형태로 일반행정가(generalist)를 양성하지만 실적제도에 기반한 미국의 경우 개방형 임용을 통한 직위분류제 및 전문행정가(specialist)를 양성한다. 직업공무원제도를 운영하고 있는 국가는 영국, 독일, 프랑스, 일본 등이고 실적제도를 운영하는 대표적인 국가는 미국이다.

<표 2-2> 직업공무원제도와 실적제도 비교

	직업공무원제도	실적제도
공직분류	계급제	직위분류제
신분보장	우수한 인재 확보를 위해 신분보장	정치적 중립성 확보를 위해 신분보장
승진	폐쇄형	개방형
중점(급여)	생애성(생활급)	업적성(직무급)
인사배치	탄력적	비탄력적
행정인	일반행정가(generalist)	전문행정가(specialist)
국가	영국, 독일, 프랑스, 일본	미국

실적제도는 정치적 중립을 포함하고 있지만 직업공무원제도는 반드시 정치적 중립을 요구하지 않는다. 직업공무원제도는 실적제도를 기반으로 하지만, 실적제도가 반드시 직업공무원제도를 동반하는 것은 아니다. 직업공무원제도는 젊고 유능한 젊은이들에게 공직이 개방될 것을 필요요건으로 하지만 실적제도는 그렇지 않다.

한편, 현대의 직업공무원제도는 대체적으로 실적주의에 입각하여 운영된다. 실적주의 기초 없이 직업공무원제의 원활한 운영을 기대할 수 없다. 따라서 직업공무원제는 실적주의를 전제로 한다. 실적주의는 직업공무원제가 잘 운영되기 위한 요소인 것이다. 하지만 실적제도의 확립이 직업공무원제의 확립으로 단정지어 설명할 수 없다. 즉, 모든 직업공무원제가 실적주의를 의미하는 것은 아니다.

5. 한국의 직업공무원제도

한국의 직업공무원제도는 1949년 국가공무원법 제정으로 제도적 근간을 마련하였다. 공무원의 정치적 중립, 신분보장, 공무원 임용의 기회균등원칙, 실적제도에 근간한 인사행정제도가 수립되었다. 이어 1963년 국가공무원법 개정으로 공무원시험제도가 도입되어 경쟁시험, 공무원의 교육 및 훈련, 신분보장 강화, 보수 인상 및 연금제도 개선이 이루어졌다. 이를 시작으로 직업공무원제도의 확립을 위한 각 정부별 노력 및 성과를 살펴보면 아래와 같다.

박정희 정부는 공무원 임용제도를 채용시험제로 전환하였다. 1960년은 공무원법 제정, 1963년 연금제도 현실화 등을 통해 공무원 권익보장을 위한 노력을 하였다. 또한 1973년 공무원교육훈련법을 제정하여 젊고 유능한 인재들이 지속적으로 역량개발을 할 수 있도록 훈련제도를 강화하였다. 전두환 정부에서는 실적과 자격에 의해 임용되는 경력직 공무원과 특수경력직 공무원으로 구분하였다. 또한 고충처리제도를 도입하여 공무원 근무조건 향상을 위해 노력하였고, 승진임용이 능력과 경력 등의 일정 기준에 의해 운영되도록 승진제도를 개선하였다. 노태우 정부는 공무원 권익보호를 위해 각종 제도를 개선하였다. 소청심사 기간 연장, 고충 심사청구 대상 확대 등의 노력이 있었다. 김영삼 정부에는 신자유주의 흐름에 따라 목표관리제 도입, 근무평정제도 강화, 성과급제 강화 등 성과주의 인사개혁이 이루어지고 개방형 직위제를 도입하였다. 노무현 정부에서는 다면평가제, 직무성과계약제를 도입하여 성과제도를 강화하는 한편, 고위공무원단 제도를 도입하여 직업공무원제도가 갖는 한계점을 보완하였다. 나아가 가족친화적 복지제도를 확충하였다. 이명박 정부에서는 공직에 적합한 인재선발을 위해 지역인재 추천채용제를 신설하였다. 또한 성과 및 역량 중심의 인사관리를 위해 성과우수자에 대한 차별적 인센티브 제공, 역량평가 인증제 도입 유연근무제 활성화 추진하였다. 특히 고위공무원의 성과평가를 강화하였다. 박근혜 정부에서 인사혁신처가 출범되었고 연금개혁에 대한 논의를 하였으며 성과급제 확대, 공직 민간 개방 등의 노력이 있었다. 문재인 정부는 적극행정 운영 규정 제정, 개방형 공무원 채용제도 활성화, 공무원 노조법의 개정을 위한 종합대책 마련, 공무원 재해보상법 제정 등을 추진하였다.

제 4 절 대표관료제도

1. 개념 및 특징

대표관료제도(representative bureaucracy)라는 용어는 Kingsley가 처음으로 사용하였다. 그는 1944년에 발표한 대표관료제도: 영국관료제의 해석(Representative Bureaucracy: An Interpretation of the British Civil Service)에서 대표관료제도를 "사회 내 지배적인 세력들을 그대로 반영하는 관료제"로 정의하면서 사회 다양한 집단을 대표하게 구성함으로써 다양한 사회계층 요구와 이해가 관료제 내에 반영되어야 한다고 하였다. 대표관료제도는 이질성이 높은 인종, 종교, 문화로 사회 구성원 간 갈등이 높은 다민족, 다문화 국가에서 중요한 관심 영역이 되었다.

대표관료제도는 다양성과 형평성의 특징을 갖는다. 대표관료제도는 정부관료의 인적구성이 그 사회의 다양한 인적구성을 반영하여 대표성을 확보한다. 즉, 인종, 성별, 계층, 지역 등 다양한 개인적 특성이 인구비율에 따라 분포된 관료제를 구성하기 때문이다(정일섭, 2018; 오석홍, 2013). 또한 개인의 능력만 중시하는 실적제도 중심의 인사가 아닌 사회구성원의 다양한 집단에게 평등한 기회를 부여한다는 점에서 형평성을 확보한다.

대표관료제도는 크게 소극적 대표성(passive representation)과 적극적 대표성(active representation)으로 나뉜다(Mosher, 1968). 소극적 대표성은 성별, 지역, 인종, 계층 등 다양한 측면에서 사회의 인적구성 비율에 따라 관료제를 구성하는 것을 의미한다. 적극적 대표성은 인적구성의 대표성을 확보한 관료들이 자신이 속한 집단의 이익을 대변하기 위해 정책과정에서 적극적으로 행동하는 것을 의미한다. 대표관료제도는 소극적 대표성이 자동적으로 적극적 대표성을 보장한다는 가정을 하고 있지만, 현실에서는 소극적 대표성이 확보되었다고 해서 적극적 대표성이 보장되지 않는다는 비판을 받는다.

한편, 라이퍼(Paul P. Van Riper)는 대표관료제도의 개념을 확대하여 사회적 특성(직업, 계층, 지역 등)과 사회적 가치까지 대표관료제도의 요소로 포함시키고 있다. 또한, 크랜츠(H. Kranz)는 대표관료제도의 개념을 비례대표(proportional representation)로 확대하였다. 공직사회 인적구성을 총 인구 비율뿐만 아니라 관료제 내 모든 직무분야, 계급의 구성비율도 총 인구 비율에 상응하게 분포되어야 한다고 주장하기도 하였다.

2. 대표관료제도의 장·단점

대표관료제도의 장점은 크게 네 가지로 나누어볼 수 있다. 첫째, 대표관료제는 다양한 이해관계의 반영이 가능하여 다양성을 확보할 수 있다. 의사결정 과정에서 사회의 다양한 집단의 가치와 이해를 반영하여 편향된 정책을 방지하고 특정 집단이 아닌 사회의 폭넓은 다양한 이해와 요구에 대응할 수 있어 국민의 요구에 대한 민주적 대응성이 향상된다. 둘째, 소외집단이나 소수집단의 공직취임 기회균등을 보장하여 사회적 형평성을 높이며, 소외집단의 인적자원을 통해 소외집단의 반사회적 행위를 감소시키고 관련 정책집행을 용이하게 하여 정부활동의 능률성을 향상시킬 수 있다. 셋째, 내부통제가 강화된다. 대표관료제도는 다양한 사회계층의 이해가 반영된 인적구성으로 이루어져 관료 상호간의 견제를 통해 권력이 집중되는 것을 방지할 수 있어(오석홍, 1999), 국민의 신뢰를 향상시킬 수 있다. 넷째, 대표관료제도는 실적제도의 한계를 보완할 수 있다. 실적제도는 능력과 실적에 따라 인재를 등용하는 제도이다. 하지만 그 능력과 실적을 갖출 수 있는 기회가 모든 사람에게 고르게 주어지지 않을 수 있다(정일섭, 2018).

한편, 대표관료제의 단점은 다음과 같다. 첫째, 능력과 자격을 임용의 기준으로 삼는 실적제도와 대치되는 개념이기 때문에 대표관료제도는 행정의 능률성과 전문성을 약화시킬 우려가 있다. 지나치게 대표관료제가 확대되는 경우, 형평성이 지나치게 중요시 될 수 있어 전문적 인력이 공직에 채워지는 것이 아니라 집단 대표성을 위주로 충원될 수 있다. 또한 정책과정에서 이익집단의 주장이 영향을 미치게 되어 행정의 효율성이 저하될 수 있다. 둘째, 역차별(reverse discrimination)의 문제가 발생할 수 있다. 대표성 확보과정에서 실력 우수자 혹은 더 나은 역량을 갖춘 인재가 선발이나 승진 기회를 박탈당할 수 있기 때문이다. 셋째, 대표관료제는 관료문화의 재사회화(re-socialization)를 고려하지 않고 있다. 대표관료제는 공무원 임용 전과 후의 행태가 동일하다고 가정한다. 하지만 특정 집단을 대표하여 공무원 임용이 되었다고 하더라도, 임용 후의 공무원은 공직사회에서 재사회화될 수 있기 때문에 자신이 속한 집단의 대표성을 상실할 수도 있다.

3. 대표관료제도의 의의

사회의 다원화 및 복잡화에 따라 국민의 행정수요의 다양성이 증가하게 됨에 따라 정책결정의 전문성이 필요하게 되었다. 이에 능력 및 전문성이 높은 관료사회를 구성하기 위해 실적제도에 근거한 인사행정이 이루어졌다. 하지만, 실적주의에 입각한 관료제는 대표성, 민주성, 대응성 측면에서 한계점이 있었다. 즉, 사회의 각계각층의 이익을 대표할 수 있는 목소리가 부족하다는 문제점이 지적되었다. 사회 각 계층의 목소리를 대변하기 위해 대표관료제 논의가 대두되었다. 따라서 대표관료제는 정책과정에 참여하지 못한 소수집단의 이익이 투영될 수 없다는 한계를 보완할 수 있다는 점에서 의의가 있다. 미국을 비롯한 서구에서는 인종, 성별 등에 대한 공직 기회를 확대하기 위해 적용되고 있으며 한국은 지역, 장애인 등의 집단에 중점하여 활용되고 있다.

4. 한국의 대표관료제도 인사

인사혁신처는 2005년 국가공무원법 제26조, 제26조의4를 개정하여 사회적 소수의 공직 진출을 구현하기 위한 적극적 우대정책을 실시할 수 있도록 법적 근거를 마련하였다. 2007년에는 지방공무원법 제25조를 개정하여 균형인사 정책추진의 근거를 마련하였다. 관련법을 살펴보면 다음과 같다. 헌법 제34조 "③ 국가는 여자의 복지와 권익의 향상을 위하여 노력하여야 한다. ⑤ 신체장애자 및 질병·노령 기타의 사유로 생활능력이 없는 국민은 법률이 정하는 바에 의하여 국가의 보호를 받는다"로 규정하고 있다. 또한, 국가공무원법 제26조(임용의 원칙)와 지방공무원법 제25조(임용의 기준)에 따르면 "공무원의 임용은 시험성적·근무성적, 그 밖의 능력의 실증에 따라 행한다. 다만, 국가기관의 장은 대통령령 등으로 정하는 바에 따라 장애인·이공계전공자·저소득층 등에 대한 채용·승진·전보 등 인사관리상의 우대와 실질적인 양성 평등을 구현하기 위한 적극적인 정책을 실시할 수 있다"로 규정하고 있다. 국가공무원법 제26조의4(지역인재의 추천 채용 및 수습근무)와 지방공무원법 제25조의4(우수 인재의 추천 채용 및 수습근무)에 따르면 "① 임용권자는 우수한 인재를 공직에 유치하기 위하여 학업성적 등이 뛰어난 고등학교 이상 졸업자나 졸업 예정자를 추천·선발하여 3년의 범위에서 수습으로 근무하게 하고, 그 근무기간 동안 근무성적과 자질이 우수하다고 인정되는 자는 6급 이하의 공무원으로 임용할 수 있다"로 규정하고 있다.

또한 2008년 균형인사지침과 지방공무원 균형인사 운영지침을 제정하여 정책의 구체적 가이드라인을 제시하고 이를 근거로 운영하고 있다. 균형인사지침의 목적은 "공직 내 실질적 양성평등의 실현과 장애인·지역인재·이공계전공자·사회통합형 인재 등 사회적 소수집단의 공직 임용을 지원하고, 다양한 인재가 공직 내에서 차별 없이 능력을 발휘할 수 있는 근무여건 조성을 위한 채용·승진·보직관리 등 인사관리의 기본 방향을 제시하여 공직 내 형평성과 공정성 등 사회적 가치를 실현하기 위함"으로 "① 인사혁신처장은 5년마다 균형인사기본계획을 수립하고, 중앙행정기관 및 각급 정부기관은 기본계획에 따라 연도별 시행계획을 수립·시행하여야 함, ② 인사혁신처장은 이 지침의 시행이나 추진상황 점검을 위해 필요한 각종 통계 자료 등을 중앙행정기관 등에 요청할 수 있으며, 중앙행정기관 등은 특별한 사유가 없는 한 이에 응하여야 함, ③ 인사혁신처장은 양성평등·장애인·지역인재·이공계전공자·사회통합형 인재 등 소수집단의 공직 임용 확대 및 차별없는 인사관리와 근무여건 조성을 위하여 매년 중앙행정기관 등의 균형인사 시행계획의 이행 여부 및 균형인사 현황을 점검하고, 필요시 이를 정부업무평가에 반영하여야 함, ④ 인사혁신처장은 중앙행정기관 등에 기관별 균형인사 현황 조사를 위한 관련 자료의 제출 등 협조를 요청할 수 있고, 협조 요청을 받은 자는 특별한 사유가 없으면 이에 따라야 함, ⑤ 인사혁신처장은 필요시 기관별 균형인사 현황을 공개할 수 있음"으로 행정사항을 제시하고 있다.

한국의 균형인사 정책의 이론적 토대는 대표관료제도이다. 공직의 대표성 확보를 위해 사회의 구성론적 특성인 성별·지역·계층 등의 비율과 유사하게 공직을 구성하고 있다. 현재는 여성·장애인·이공계·지역·사회통합형 인재 등 5개 정책 부문으로 제도화하여 운영하고 있다(인사혁신처 홈페이지).

1) 양성평등 채용목표제

한국은 1996년 여성공무원 채용확대를 위한 '여성채용목표제'를 시행하였고, 2003년부터는 공직 내 성비균형을 고려한 '양성평등채용목표제'로 전환되어 시행되고 있다. 양성평등 채용목표제는 채용시험에 공직의 성별 불균형해소를 위하여 도입된 제도로 2002년 12월 '공무원임용시험령' 등을 개정하고 '양성평등채용목표제실시지침'을 수립하여 2003년부터 본격적으로 적용되었다. 선발예정인원이 5명 이상인 행정, 외부, 기술고등고시 및 7급, 9급 공채시험을 대상으로 응시자의 한쪽 성의 합격자 비율이 30% 미만일 때, 해당 성별의 응시자를 추가적으로 합격할 수 있도록 하고 있다. 한국 전체 공직 내 여성의 비율은 지속적으로 늘어나고 있다. 2009년부터 2021년까지 여성공무원의 현황은 다음의 표와 같다.

<표 2-3> 연도별 전체 여성공무원 현황

(단위: 명, %)

구분	2009년	2010년	2011년	2012년	2013년	2014년	2015년	2016년	2017년	2018년	2019년	2020년	2021년
전체 공무원 수	978,087	987,754	989,138	994,291	1,001,272	1,016,181	1,026,201	1,046,487	1,060,632	1,085,849	1,113,873	1,134,995	1,156,326
여성 공무원 수	400,571	412,800	413,248	424,757	429,042	446,417	457,540	473,006	488,387	507,027	526,700	543,151	562,018
비율	41.0%	41.8%	41.8%	42.7%	42.8%	43.9%	44.6%	45.2%	46.0%	46.7%	47.3%	47.9%	48.6%

출처: 인사혁신처(2022).

여성의 공직진출이 활발해지면서 2021년 국가직 공무원 여성비율은 약 48.6%까지 증가하였다. 이에 반하여 중앙부처 고위직 여성의 비율은 2021년 약 10%로 여전히 저조한 편이다.

<표 2-4> 여성관리자 임용목표관리

(단위: 명, %)

구분			2014년	2015년	2016년	2107년	2018년	2019년	2020년	2021년
중앙부처	고위 공무원	전체	1,502	1,456	1,490	1,503	1,514	1,539	1,544	1,600
		여성 비율	4.5%	4.8%	5.8%	6.5%	6.7%	7.9%	8.5%	10.0%
	본부 과장급	전체	–	–	–	1,775	1,778	1,789	1,867	1,928
		여성 비율	–	–	–	14.8%	17.5%	20.8%	22.8%	24.4%
	4급 이상	전체	8,639	8,841,	9,167	9,355	9,463	9,648	9,746	10,047
		여성 비율	11.1%	12.1%	13.5%	14.8%	16.2%	18.0%	19.5%	21.5%
	5급 이상	전체	23,699	24,520	25,246	26,378	26,531	27,181	27,687	28,366
		여성 비율	16.6%	18.0%	19.4%	20.7%	21.8%	23.3%	24.7%	26.4%
지자체	5급 이상	전체	21,805	21,787	22,083	22,527	23,305	24,269	24,834	25,431
		여성 비율	11.6%	11.6%	12.6%	13.9%	15.6%	17.8%	20.8%	24.3%

6급 이상	전체	87,836	91,498	93,910	97,895	101,928	105,456	107,782	109,816
	여성비율	23.2%	25.5%	27.5%	30.0%	32.0%	34.3%	36.9%	39.4%

출처: 인사혁신처(2022).

정책과정에서 실질적 의사결정권한을 가진 직위에 여성 비율을 높이고자 '여성관리자 임용현황 관리'를 지속적으로 추진하고 있다. 더불어 2017년 말「균형인사지침」을 개정하여 중앙부처별 핵심기능을 수행하면서 직무의 중요도와 난이도가 높은 주요 직위를 지정하여 양성평등한 임용노력을 의무화하였다. 이에 과소대표된 여성관리자 비율을 개선하기 위하여 여성관리자 임용 목표관리를 한시적으로 운영하고 있다.

<표 2-5> 여성관리자 임용목표관리

(단위: %)

구분		2018년	2019년	2020년	2021년	2022년
중앙부처	고위공무원	6.8%	7.2%	8.2%	9.6%	10.2%
	본부과장급	15.7%	18.4%	21.0%	23.0%	25.0%
지자체	과장급 (5급 이상)	13.9%	15.9%	18.6%	21.5%	24.5%
공공기관	임원	13.4%	18.4%	21.8%	22.4%	23.0%

출처: 인사혁신처(2022).

2) 장애인 채용제도

장애인 고용정책은 장애인의 사회참여를 통한 소득보장의 기회 제공이라는 측면에서 중요한 역할을 한다. 신규 채용시 장애인 구분모집제, 중증장애인 경력경쟁채용 등 다양한 정책수단을 통해 장애인의 공직진출을 장려하였다. 2021년 중앙행정기관 장애인 고용률은 약 3.68%로 법정 의무고용률을 초과하였다.

<표 2-6> 연도별 장애인 고용 현황

(단위: 명, %)

구분		2014년	2015년	2016년	2107년	2018년	2019년	2020년	2021년
중앙부처	인원	4,832	5,000	5,014	5,107	5,184	5,697	5,862	6,034
	고용률	3.26%	3.41%	3.44%	3.47%	3.43%	3.56%	3.56%	3.68%
지자체	인원	8,653	8,972	9,235	9,450	9,412	9,694	9,869	9,942
	고용률	3.90%	4.00%	4.08%	4.08%	3.95%	3.99%	4.01%	3.92%
공공기관	인원	10,604	10,934	11,444	12,131	13,564	15,102	16,968	18,505
	고용률	2.91%	2.93%	2.96%	3.02%	3.16%	3.33%	3.52%	3.78%
민간	인원	120,910	125,230	127,926	133,169	135,273	152,834	147,584	148,670
	고용률	2.45%	2.51%	2.56%	2.64%	2.67%	2.79%	2.97%	2.89%

출처: 인사혁신처(2022).

3) 이공계 채용제도

최근 신기술분야의 발달로 과학적 전문성을 바탕으로 하는 정책 수요가 증가함에 따라 과학기술 전문지식을 지닌 전문인력 확보를 하고 있다. 인사혁신처는 「균형인사 기본계획」을 통해 5급 국가공무원 신규 채용시 40%를 이공계 공무원[6]으로 채용하도록 하도록 권고하고 있다. 나아가 지방자치단체의 경우 2013년부터 5급 이상 이공계 공무원 임용목표제를 도입하여 공무원의 40% 이상을 이공계 공무원으로 임용토록 하고 있다.

---

6) 이공계 공무원이란 ① 기술직군, ② 행정직군 중 이공계 분야 학위를 소지한 사람, ③ 행정직군 중 이공계 분야 자격증을 소지한 사람을 의미한다(인사혁신처, 2022).

<표 2-7> 연도별 이공계 공무원 임용목표 및 선발 현황

(단위: %)

구분			2014년	2015년	2016년	2107년	2018년	2019년	2020년	2021년
중앙부처	고위공무원	목표	30.0%	30.0%	30.0%	30.0%	30.0%	30.0%	30.0%	30.0%
		실적	24.8%	22.1%	21.0%	20.8%	22.1%	22.5%	23.5%	24.1%
	5급 신규 채용	목표	40.0%	40.0%	40.0%	40.0%	40.0%	40.0%	40.0%	40.0%
		실적	39.0%	37.3%	35.6%	33.2%	32.3%	32.7%	33.7%	37.5%
지자체	5급 이상 관리자	목표	40.0%	40.0%	40.0%	40.0%	40.0%	40.0%	40.0%	40.0%
		실적	39.0%	39.5%	40.2%	41.2%	43.8%	45.0%	47.3%	48.1%

* 일반직(연구·지도직 제외) 공무원 대상(중앙부처의 경우 2017년 이전까지는 임기제 제외)
출처: 인사혁신처(2022).

4) 지방인재 채용목표제

정부는 지방인재의 공직진출을 지원하고자 5급 및 7급 국가공무원 공채시험에 지방인재 채용목표제를 도입하였다. 선발예정인원이 10명 이상인 시험에서 서울시를 제외한 지방소재 학교 출신의 인재가 일정비율에 미달하는 경우, 선발예정 인원 외에 추가로 선발하는 제도이다. 인사혁신처는 2007년부터 5급 국가공무원 공채시험에 지방인재 채용목표제를 도입하고, 2015년부터는 7급 국가공무원 공채시험으로 확대하여 운영하고 있다. 지방인재 채용목표제는 한시적 제도였으나 우수한 지방인재의 지속적 선발을 위하여 균형인사지침을 개정하면서 적용기간을 연장[7] 적용하였다.

---

7) 5급 공채의 경우 2007년부터 2021년까지 시행(1차:'07~'11년/2차: '12~'16년/3차: '17~'21년)하였으며, 7급 공채의 경우 2015년부터 2019년까지 1차시행하고 2020년부터 2024년까지 2차로 적용 기간을 연장하였다(인사혁신처, 2022).

<표 2-8> 연도별 지방인재 선발 현황

(단위: 명, %)

구분		2013년	2014년	2015년	2016년	2107년	2018년	2019년	2020년	2021년
5급 공채 및 외교관 후보자	전체 합격인원	325	317	353	293	277	296	265	253	244
	지방인재 합격인원(비율)	11.4%	9.8%	6.5%	8.5%	7.2%	9.1%	6.4%	8.7%	5.3%
	당초합격	26	22	6	13	13	15	13	12	9
	추가합격	11	9	17	12	7	12	4	10	4
7급 공채	전체 합격인원			721	840	752	743	742	744	817
	지방인재 합격인원(비율)			18.7%	23.2%	22.1%	23.7%	25.1%	22.0%	24.5%
	당초합격			112	171	157	156	174	115	185
	추가합격			23	24	9	20	12	49	15

* 지방인재 채용목표제 적용대상 시험단위(선발예정인원 10명 이상) 합격인
출처: 인사혁신처(2022).

5) 지역인재 추천채용제

지역인재 추천채용제는 지역의 우수한 인재를 발굴하고 공직진출을 지원하는 균형인사 제도이다. 한국은 2005년부터 인턴제 방식의 채용제도로 지역인재 추천 채용제도를 도입하였다. 제도 도입 초기에는 학과과정을 성실히 수행한 지방대와 고교 졸업생들에게 공직문호를 개방하자는 취지로 6급에 도입되었다. 이후 지역인재 7급과 9급으로 규모가 확대되었다. 7급은 4년제 대학 졸업(예정)자를 추천으로 선발되어 1년 수습근무를 하고, 9급은 특성화고 혹은 마이스터고 등 졸업(예정)자를 대상으로 6개월 수습근무를 하는 방식으로 진행되고, 수습근무 후 근무성적평가를 통과하면 최종 채용된다. 시험만능주의를 타파하고 다양한 입직경로를 확대하여 공직사회 대표성을 높일 수 있다는 평가를 받는다. 공무원 지역인재추천채용 인원 추이는 지속적으로 증가하는 추세이다.

<표 2-9> 연도별 지역인재 선발 현황

(단위: 명)

구분	2005년-2013년	2014년	2015년	2016년	2107년	2018년	2019년	2020년	2021년
합계	773	240	255	269	290	310	350	389	476
7급	550*	100	105	110	120	130	140	145	160
9급	223	140	150	159	170	180	210	244	316

* 2005년부터 2009년까지는 6급으로 선발.

6) 사회통합형 공무원 채용제도

정부는 저소득층에 대한 사회적 기회 불평등을 완화하고, 양극화 해소를 통한 사회통합을 이루고자 9급 공개경쟁채용 시험 및 경력경쟁채용 시험 중 일부 도입하여 운영하고 있다. 저소득층 구분모집 대상자는 국민기초생활 보장법과 한부모가족지원법에 따라 선별하며 선발 비율을 확보하고 있다. 선발예정인원은 국가직과 지방직 모두 지속적으로 증가하는 추세이다.

<표 2-10> 연도별 저소득층 구분모집 선발 현황

(단위: 명, %)

구분		2014년	2015년	2016년	2107년	2018년	2019년	2020년	2021년
중앙부처	선발예정비율	2.7%	2.7%	2.7%	2.7%	2.7%	2.7%	2.7%	2.8%
	선발예정인원	80	100	113	133	134	136	138	159
	선발인원	75	97	112	134	137	133	119	150
지자체	선발예정비율	2.5%	2.7%	2.8%	3.5%	3.7%	3.6%	3.9%	3.9%
	선발예정인원	467	537	668	670	799	812	864	831
	선발인원	353	460	475	607	592	605	582	598

출처: 인사혁신처(2022).

컴퓨터만큼 계산 잘하는데, 흑인 여성이라 안된다?…
차별·편견 날려보내자 '우주 가는 길'이 열렸다

1960년대 미국은 조급했다. 러시아에 맞서 우주 개발 경쟁을 벌이고 있었지만 한 발짝 뒤에서 쫓아가기 바빴다. 러시아가 유리 가가린을 태운 유인 우주선을 쏘아 올리는 동안 미국의 우주선은 대기권도 뚫지 못하고 불덩이가 됐다. 컴퓨터도 없던 시절. 미국 항공우주국(NASA) 직원들은 우주선을 쏘아 올리기 위해 손으로 수많은 계산을 해야 했다. 대다수를 차지하는 백인 남성 직원들이 우주선의 궤적을 그리고 계산을 하면 백인과 흑인 여성들이 계산을 복기했다.

영화 '히든피겨스'는 사람이 우주에 가는 것보다 흑인과 백인이 한 교실에서 수업을 받는 게 더 어려워보이던 시절, NASA에서 계산을 담당하던 흑인 여성 세 명을 주인공으로 내세운다. 능력 밖의 이유로 차별받던 주인공들이 각자의 방식으로 능력을 펼치게 되는 게 핵심 줄거리다. 1958년부터 1963년까지 진행된 나사의 유인 우주선 프로젝트인 머큐리 계획에 크게 기여한 사람들의 실화를 바탕으로 한 영화다.

영화는 소수자가 노동시장에서 받는 직간접적 차별을 그렸다. 세 주인공은 흑인이라는 이유로 버스 뒤칸에 앉아야 하고, 사무실 커피포트조차 백인과 같이 쓸 수 없다. 여성이라는 이유로 무릎까지 내려오는 치마와 굽 높은 구두를 신어야 하고 정부 관료가 참석한 주요 회의에는 참석할 수 없다. 주인공 중 한 명인 캐서린이 건물 밖에 있는 유색인종 여자 화장실을 쓰려고 빗속을 달리는 장면은 흑인 여성이 시달렸던 겹겹의 차별을 상징적으로 드러낸다. 세 주인공에 대한 차별은 직접적일 때도 있지만 간접적으로도 이어졌다. 간접 차별은 인종 및 성별을 기준으로 하지는 않지만 결과적으로 특정 집단에 불이익을 야기하는 차별을 의미한다. 엔지니어 팀장이 전직을 권할 정도로 자질이 있는 메리는 엔지니어를 꿈꾸지 못한다. NASA에서 엔지니어로 일하려면 버지니아대와 햄프턴고 학위가 필요해서다. 언뜻 성별, 인종과는 무관하게 보이는 공정한 학력 조건이지만 알고 보면 두 곳 모두 흑인의 입학을 받아준 적이 없는 학교다. 메리는 햄프턴고에 들어가기 위해 법원에 청원을 내고, 이 학교 최초의 흑인 여학생이 된다.

노동시장에서 인종과 성에 따른 차별은 다양한 모습으로 나타난다. 고용 인원의 차이가 대표적이다. 영화 속 NASA 우주임무본부 사무실엔 수십 명의 직원이 일하지만 여성은 둘뿐이다. 본부장 업무를 보조하는 백인 비서와 계산실에서 뛰어난 수학능력을 인정받아 임시 발령을 받은 주인공 캐서린이 전부다.

집단에 따라 맡는 일이 다른 '직종분리 현상'도 드러난다. 직종분리는 중요도가 낮고 미래가 밝지 않은 직업에 소수자가 몰리는 현상을 뜻한다. 영화 속 NASA에서 전체 직원 가운데 흑인 여성의 비중은 낮지만, 계산을 검토하는 부서만큼은 흑인 여성 비중이 압도적으로 높다. 계산실은 기술 발전에 따라 사라질 가능성이 높은 단순업무직이다. 영화 중반 최초의 IBM 컴퓨터가 NASA에 도입되면서 계산실 직원들은 단체로 해고될 위기에 처하기도 한다.

직종 분리현상은 '붐빔현상'으로 이어진다. 직업의 기회가 제한된 소수자들이 특정 직업군에 몰리면서 실업률은 올라가고 평균임금은 떨어지는 현상이다. 경제학자들은 성별 임금 격차, 인종 간 임금 격차를 설명할 때 붐빔현상을 주요 원인으로 꼽는다. 2018년 기준 미국 여성(평균)은 미국 남성 임금의 83% 수준만 받는다. 영화의 배경인 1960~1970년대로 거슬러 올라가면 이 비중은 60%대로 떨어진다.

영화 속 캐서린의 한마디는 그가 노동시장에서 겪은 차별과 임금 격차를 집약해서 드러낸다. "그거 알고는 있었나요? 저는 화장실에 가기 위해 하루 800m를 걸어야 해요. 무릎 밑까지 오는 치마에 힐도 신어야 하고, 그리고 진주목걸이라뇨? 전 진주목걸이가 없어요. 흑인한테는 진주를 살 만큼의 급여를 주지 않으니까요."

한경일보, 2021년 12월 13일

출처: https://sgsg.hankyung.com/article/2021121090171

제5절   소결

엽관제도, 실적제도, 직업공무원제도, 대표관료제도를 등장배경, 인사기준, 장·단점, 행정가치의 측면에서 비교분석하여 정리하도록 한다. 엽관제도는 공직의 독점을 방지하기 위해 활용한 제도로 정당에 대한 공헌도와 충성도가 인사기준이다. 대중에게 관직을 개방함으로써 관료집단의 특권화를 방지하고 국민의 요구에 대응함으로써 선출직 공직자의 책임성을 확보할 수 있는 민주정치가 발달할 수 있다는 특징이 있다. 따라서 엽관제도가 추구하는 행정이념은 민주성, 정치적 대응성, 형평성이다. 반면 정치의 과도한 개입으로 부패와 비효율의 한계점이 나타났고, 정권교체시 관직 대량 교체 등으로 신분 불안 등이 야기되었다.

실적제도는 엽관제도의 폐해인 부패와 비효율을 보완하고자 활용되었다. 더욱이 이 시대는 과학적 관리운동이 영향을 미치는 시기였다. 따라서 인사행정에 정실개입이 아닌 적성, 능력, 시험, 자격을 인사기준으로 삼는다. 펜들턴법과 추밀원령을 바탕으로 공개경쟁에 의한 채용시험 실시, 정치적 중립과 신분보장, 독립적인 인사행정관리기관의 설치를 제시하였다. 이로써 행정의 전문성과 능률성이 제고되었다. 하지만 엄격한 기준 설정으로 인사행정의 경직성이 초래되었으며, 정치적 대응성 및 책임성 확보는 한계가 있었다.

직업공무원제도는 젊고 유능한 인재를 유치하여 국민에 대한 봉사를 보람으로 알고 공직을 일생의 본업으로 삼아 일할 수 있도록 도입되었다. 원칙적으로 젊은 인재를 최하위 직급으로 임용하여 장기간 근무하게 하는 것이다. 따라서 장기적인 가능성과 잠재력을 인사기준으로 임용을 세우고 있다. 직업공무원제도의 특징은 우수한 인재 확보를 위해 신분보장을 해주고, 신분보장은 공직의 안정성을 확보할 수 있다는 것이다. 또한 장기간 근무는 다양한 경험의 축적을 가능하게 하기 때문에 일반행정가 양성에 유리하고, 이는 폐쇄형, 계급제에서 작동한다. 공직을 일생의 본업으로 유지할 수 있도록 신분보장을 원칙으로 삼기 때문에 행정의 안정성, 일관성을 확보할 수 있다. 또한 정치권의 부당한 개입 및 정치적 부패로부터 공무원을 보호하고 직업윤리를 확보할 수 있다. 한편, 공직침체와 무사안일, 저성과 등의 한계점이 있다.

대표관료제도는 다양한 사회계층 요구와 이해의 필요성에 의해 등장하였다. 따라서 사회 인적구성에 따른 인사기준을 삼고 있다. 이에 소외집단도 공직취임에 대한 기회를 얻을 수 있으며, 다양한 이해와 요구에 대응할 수 있다는 특징이 있다. 이에 사회 인적구성의 대표성을 통해 공직의 인적구성의 다양성을 확보하고 소외집단의 공직취임을 통해 사회적 형평성을 확보하는데 기여하였다. 반면 소외집단의 공직취임은 능력이 뛰어난 인재에 대한 역차별 발생으로 행정의 능률성 및 전문성이 저하된다는 한계점이 있다.

<표 2-11> 인사행정 제도 비교

	엽관제도	실적제도	직업공무원제도	대표관료제도
등장 배경	공직의 독점 방지	공직의 상품화, 과학적 관리운동	젊고 유능한 인재	다양한 사회계층 요구와 이해
인사 기준	정당에 대한 공헌도, 충성도	적성, 능력, 시험, 자격	장기적 발전 가능성, 잠재력	사회 인적구성
특징	− 관료집단 특권화 방지 − 민주정치 발달	− 공개경쟁에 의한 채용시험 − 정치적 중립과 신분보장 − 독립적인 인사행정관리기관의 설치	− 신분보장 − 공직의 안정성 − 일반행정가 − 폐쇄형 계급제	− 소외집단의 공직 취임 보장 − 다양한 이해와 요구에 대응
행정 이념	민주성, 정치적 대응성, 형평성	전문성, 능률성	일관성, 윤리성	다양성, 형평성
폐단	− 행정의 비능률성, 비전문성 − 정치적 부당개입	− 인사행정 경직성 − 대응성 및 책임성 저하	− 무사안일, 도덕적 해이 − 저성과	− 역차별 발생 − 행정의 능률성 및 전문성 저하

참고문헌

강성철 외. (2018). 새인사행정론. 대영문화사.

강국진(2022) '시험 만능' 깬 지역인재추천제, 올해 채용 545명까지 늘린다, 서울신문, 2022년 03월 15일 retrieved from https://www.seoul.co.kr/news/newsView.php?id=20220315009011.

박연호. (1983). 인사행정신론. 법문사.

오석홍. (1999). 인사행정원리의 이해와 오해, 행정논총, 37(2), 255−270.

오석홍. (2013). 인사행정론. 박영사.

인사혁신처. (2022). 2022 균형인사 연차보고서. 인사혁신처 발간보고서.

정일섭. (2018) 한국인사행정론. 윤성사.

한인근. (2010). 영·미 고위공무원단 설립의 역사적 배경에 관한 연구, 한국인사행정학회보, 9(1), 59−82.

Mosher, F. (1968). Representative bureaucracy, Yellow Springs, OH: Antioch Press.

Mosher, F. (1982). Democracy and the public service. 3nd ed. New York: Oxford University Press.

O'Toole, B. (2006). The Ideal of Public Service: Reflections on the higher civil service in Britain. Routledge.

Johnson, N. (1985). Change in the civil service: Retrospect and prospects. *Public Administration*, 63(4), 415−433.

기타

국가공무원법 타법개정 2023. 3. 4. [법률 제19228호, 시행 2023. 6. 5.]

인사혁신처 홈페이지(https://www.mpm.go.kr/mpm/info/infoJobs/jobsBalance/jobsBalance01/)

지호진. (2018). [뉴스 속의 한국사] 부모가 관료면 자식도 자동등용…'문벌귀족'만 들었죠, 조선멤버스, 2018년 3월 28일. retreived from http://newsteacher.chosun.com/site/data/html_dir/2018/03/26/2018032602877.html

제 3 장

공직분류제도

생각해보기

- 공무원 사회에서 공직 분류가 왜 중요한지 생각해보자.
- 우리나라 공무원 사회를 둘러싸고 변화하는 환경을 거시적 그리고 미시적 차원에서 살펴보고 공직 분류 개선점을 제시해 보자.
- 우리나라 공무원 사회는 계급제를 기반으로 직위분류제를 가미하고 있다. 우리나라 공무원 사회에서 직위분류제 요소를 적극적으로 활용하기 위해 조직적 그리고 인사제도적 차원에서 보완해야 할 정책이나 프로그램을 제시해 보자.
- 우리나라 일반직 공무원 직급표를 보고 개선점을 제시해 보자.

토론해보기

- "직렬은 되도록 세분해야 한다"에 대한 찬반 토론하기
- "공무원 사회에서 계급제는 되도록 없애야 한다"에 대한 찬반 토론하기
- "기능직 공무원을 부활해야 한다"에 대한 찬반 토론하기

　　공직의 분류는 행정조직 속의 직위(일, 직무)를 일정한 기준에 따라 구분하여 작업구조를 질서 있게 배열하는 것을 말한다. 공무원은 다양한 기준에 따라 분류되는데 대표적인 기준이 임용시 경쟁성 적용 여부, 근무시간, 직급, 계급 등이다. 이러한 분류에 의해 공직구조가 형성되고 인사행정의 기준과 방향이 정해진다. 정부가 유능한 공무원을 확보하는 동시에 그들을 활용하고 평가하는 일련의 인사활동은 공직이 어떻게 분류되었는가에 의해 지대한 영향을 받게 된다. 즉 공직의 분류는 공무원의 채용, 승진 및 인사이동의 경로 등 인적자원의 효율적 관리와 관련된 모든 활동에 직·간접적으로 영향을 미치며, 보상의 공평성을 확보하는 주요 잣대가 된다. 아울러, 공직의 분류 조직개편을 통하여 직위나 기구를 재편하는 작업의 토대가 되기도 한다.

　　"… 지난 2017년 도입된 전문직공무원 제도는 정부 기능 및 역할 중에서 고도의 전문성과 장기 재직이 필요한 분야를 중심으로 전문 분야를 설정하고 있습니다. 그동안 민간 전문가도 전문직 공무원으로 채용할 수 있게 해달라는 현장의 목소리가 있어 왔습니다. 제도 도입 4년차를 맞아 공직 외부의 유능한 인재를 전문직으로 직접 영입할 수 있는 기반을 마련하게 된 것입니다 (2021. 4.14. 인사혁신처)."

　　우리나라도 계급제에 기반을 두고 공직을 분류해 오고 있는 나라에 해당하지만 2006년 고위공무원단 제도, 2015년 경력개방형 직위 제도, 2017년 전문직공무원 제도 등을 도입하여 오면서 공직의 구조를 전문화하기 위한 변신을 거듭해 나가고 있다. 특히 전문직공무원 제도는 공무원의 전문성과 정책 역량을 높이기 위한 기반을 마련하고 공직 내 전문가를 전략적으로 양성하기 위하여 도입된 것으로 최근까지 제도 개선이 꾸준히 이루어지고 있기도 하다.

　　어떤 조직이든 직위가 있고 그 직위를 수행하는 사람이 있다. 그러나 국가마다, 그리고 조직마다 직위와 사람을 짝짓는 작업을 서로 다르게 한다. 즉 국가마다 채택하고 있는 공직 분류의 체계가 다르다. 직무의 특성에 따라 사람을 뽑는 국가가 있는가 하면, 뽑을 사람의 신분과 자격에 맞는 직위를 먼저 만들고 난후 사람을 채용하는 국가도 있다. 전자의 인사제도는 "위관택인"(爲官擇人)을 중시하는 직위분류제 공직 분류에 가깝고, 후자의 인사제도는 "위인설관"(爲人設官)을 존중하는 계급제적 공직 분류에 가깝다.

　계급제는 전통적으로 사람의 신분을 가지고 계급을 매기기를 선호했던 영국, 독일 등이나 우리나라에서 발달하여 왔으며, 직위분류제는 직무의 성격이나 가치에 따라 공직을 분류하고 등급을 매겨왔던 미국에서 발달했다. 계급제의 뿌리는 근대 군주국가의 신분사회에서 찾을 수 있는 반면, 직위분류제의 근원은 민주제적 전통을 따르는 합리사회에서 찾을 수 있다.

제 1 절　직위분류제

1. 의의와 기본개념

　직위분류제(position classification)는 '직무'(job) 또는 '직위'(position)라는 요소에 기초를 두고 직무의 종류, 곤란도, 책임도 등을 기준으로 하여 공직을 분류하는 제도를 말한다(오석홍, 1983: 78-79). 즉 직위분류제는 한 사람이 맡아 수행할 수 있는 일과 책임의 단위인 직위에 따라 각 직위에 내포된 직무의 특성이나 차이를 기준으로 하여 유사한 직무를 수직적으로 분류하고, 직무의 곤란성이나 책임성이 유사한 직무를 수평적으로 분류함으로써 공직의 구조를 체계화하는 것을 말한다. 이렇듯 직위분류제는 한 사람이 하는 일의 속성과 그에 따르는 책임의 경중에 따라 공직의 체계를 배열하는 것이기 때문에 시험이나 임용, 보수 등에 관한 인사행정의 합리화를 위한 중요한 전제가 된다.

　마치 잘 만들어 놓은 기계 속에 그 일을 할 수 있는 사람을 끼워 맞추는 식의 직위분류제 개념은 Frederick Taylor의 과학적 관리법을 그대로 적용한 것이다.[1] 그간 직위분류제는 행정은 물론 경영의 전문화와 효율화에 지대한 영향을 미쳤으며, 나라마다 차이는 있지만 조금씩 변형되고 개선되면서 오늘날에 이르고 있다.

1920년 미국의 '보수등급재분류를 위한 합동 위원회'(Report of Congressional Joint Commission on Reclassification of Salaries)[2]에서 제시한 직위 중심 공직 분류의 원칙을 살펴보면 아래와 같다.

① 사람보다 직위가 먼저 분류되어야 한다.

② 하나의 직위를 수행하는데 필요한 책무는 다른 직위의 것과 명백하게 구별되어 유사하여 묶일 수 있어야 한다.

③ 하나의 직무를 수행하기 위해 반드시 요구되는 교육, 경력, 지식, 기술 등은 그 직무의 성격에 의해 결정되어야 한다. 따라서 직위 요건은 직위 분류의 중요한 결정요소이다.

④ 같은 계층의 직위를 가진 사람은 같은 계층의 다른 직위에 동일하게 등용될 수 있어야 한다.

직위분류제의 기본개념들을 <그림 3-1>의 개념도를 이용하여 설명하면 다음과 같다. <그림 3-1>에서 직무의 종류는 모양으로, 곤란도와 책임도는 크기로 표시된다.

첫째, 직위(position)는 한 사람의 공무원에게 부여할 수 있는 직무와 책임을 말한다. 직위분류제는 직무의 종류와 직무 수행에 수반되는 책임도의 유사성을 중심으로 공직을 구분하는 제도를 말하므로, 그 성패는 직무 분석(job analysis)과 평가(job evaluation)를 위한 고도의 전문적인 기술 구비부 여부에 달려 있다. 일

---

1) Taylor(1911: 39)는 "근대 과학적 관리의 가장 중요한 요소는 직무 개념이다. 조직의 모든 근로자들은 미리 정해진 일련의 계획에 따라 직무를 수행하게 되고, 다른 예외가 없는 한 공식적 문서를 통하여 과업지침을 하달 받게 된다. 과업지침은 성취하여야 할 과업의 세부 지침과 그 일을 수행하는데 필요한 수단을 가리킨다"고 하여 근대 직위분류제 개념의 토대를 마련하였다.

2) 보수등급재분류를 위한 합동위원회는 1912년 시카고에서 먼저 수립한 공직 분류 작업을 연방 차원으로 재분류하기 위한 목적으로 1919년 만들어졌고 이 위원회의 노력 덕분에 미국은 분류법(1923)이 제정되게 된다.

의 내용과 책임이 명확하게 설정되었다는 것을 전제로 할 때 직위는 직무와 동일한 의미가 된다.

<그림 3-1> 직위분류제의 기본 개념도

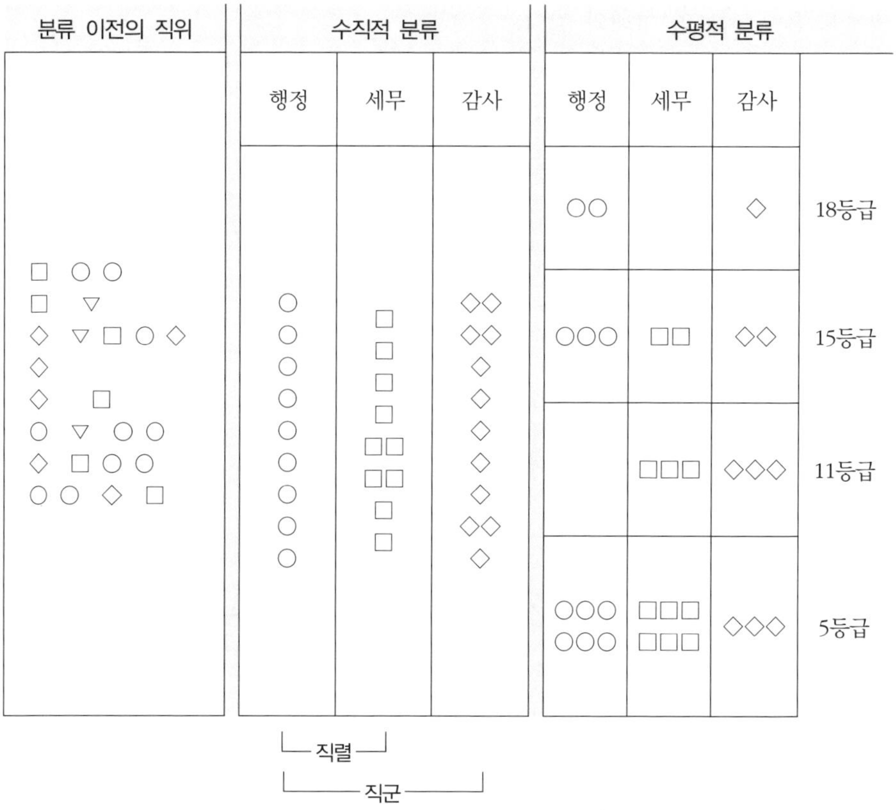

분류 이전의 직위	수직적 분류			수평적 분류			
	행정	세무	감사	행정	세무	감사	
				○○		◇	18등급
□ ○○ □ ▽ ◇ ▽□○○◇ ◇ ◇ □ ○ ▽ ○○ ◇ ○□○ ○○ ◇ □	○ ○ ○ ○ ○ ○ ○ ○ ○ ○	□ □□ □□ □ □	◇◇ ◇◇ ◇ ◇ ◇ ◇◇ ◇	○○○	□□	◇◇	15등급
					□□□	◇◇◇	11등급
				○○○ ○○○	□□□ □□□	◇◇◇	5등급

└── 직렬 ──┘
└───── 직군 ─────┘

출처: U.S. Civil Service Commission, Basic Training Course, D.C.: Government Printing Office, 1961, Part 1: 10-17; J. Williams, Public Administration: The People's Business, Boston: Little, Brown, 1980, p. 425, 재인용.

둘째, 직급(rank 또는 class)은 직무의 종류는 물론 직무 수행의 곤란도와 책임도 수준이 모두 유사한 직위의 집단을 말한다. <그림 3-1>에서 수평적 분류기준인 등급과 수직적 분류기준인 직렬이 교차하는 공통부분에 속하는 직위들이 직급이다. 우리나라 공직체계는 직위분류제적 요소가 약하므로 보수 등급의 개념이 미약하다. 따라서 직급 개념을 설명하기 어렵지만, 계급을 등급으로 이해한다고 가정하면 '행정직 5급'은 행정 일반에 대한 직무를 5급 정도의 곤란도와 책임도를 가지고 수행하는 직위인 셈이다.

셋째, 직렬(series)은 직무의 종류는 유사하지만, 그 업무를 수행하는 데 필요한 기술과 책임의 수준이 서로 다른 직무들을 인력관리의 편이성과 효율성을 제고하기 위해 하나의 집단으로 묶어 놓은 것이다. 예컨대 사회복지직렬은 사회적 약자 보호 및 복지 업무를 주요 업무로 하는 단위 직무들을 직무의 유사성에 따라 묶어 놓은 것이 된다.

넷째, 직군(occupational group)은 직무의 성격이 유사한 직렬들을 묶어 놓은 것이다. 우리나라 공무원임용령(개정 2020.9.22.)은 철도경찰직렬을 행정직군에 포함하고 있다. 이외에도 행정직군에 속하는 직렬들은 교정, 보호, 검찰, 마약수사, 출입국관리, 행정, 직업상담, 세무, 관세, 사회복지, 통계, 사서, 감사, 방호 등이 있는데 주로 행정 일반에 대한 직무들이 이곳에서 수행된다.

다섯째, 등급(grade)은 직무의 종류는 서로 같지 않지만, 직무수행상 곤란도와 책임도가 유사한 직무들을 묶은 것이다. 등급 결정에 사용되는 일반적인 방법은 요소별로 평가하는 것으로 대개 직무수행에 필요한 기술력과 지식의 수준, 책임성의 내용과 수준, 육체적 노력의 정도와 빈도, 업무 환경 등 다양한 여건들이 고려된다. 예컨대 세탁과 청소업무는 항공기 수리공의 업무보다 직무수행에 필요한 기술력, 책임성, 난이도 등이 낮고, 업무 환경이 단순하고 반복적이므로 당연히 낮은 등급을 받게 될 것이다. 등급은 보수 지급의 기준이 된다.

여섯째, 직류(sub-series)는 같은 직렬 내에서 담당 분야가 유사한 직무의 군을 말한다. 우리나라 정부는 공무원 선발시험의 과목과 응시 자격을 정하는 데 직류를 사용하고 있다. 행정직렬과 전산직렬에는 공무원임용령 개정(2015.11.18.과 2015.9.25.)에 따라 각각 인사조직직류와 정보보호직류가 추가되어 2016년 국가공무원 채용부터 적용되기 시작하였고, 보건직렬에는 공무원임용령 개정(2016.6.24.)으로 방역직류가 추가되었다. 예를 들어 행정직 5급 공채 인사조직직 응시자는 행정법, 행정학, 경제학, 정치학 외에 인사·조직론을 2차 시험과목으

로 치러야 한다(2015.11.22. 공무원임용시험령개정).[3] 즉 동일 직렬 내에서 담당분야
가 서로 다른 경우 해당 직무 수행의 전문성을 높이기 위해 직류 구분이 필요하
다는 논리 때문에 직류 구분이 시행되고 있다.

직위분류제 용어해설(국가공무원법 제5조, 2008.3.28)

1. 직위(職位): 1명의 공무원에게 부여할 수 있는 직무와 책임
2. 직급(職級): 직무의 종류·곤란성과 책임도가 상당히 유사한 직위의 군
3. 정급(定級): 직위를 직급 또는 직무등급에 배정하는 것
4. 강임(降任): 같은 직렬 내에서 하위 직급에 임명하거나 하위 직급이 없어 다른
   직렬의 하위 직급으로 임명하는 것
5. 전직(轉職): 직렬을 달리하는 임명
6. 전보(轉補): 같은 직급 내에서의 보직 변경
7. 직군(職群): 직무의 성질이 유사한 직렬의 군
8. 직렬(職列): 직무의 종류가 유사하고 그 책임과 곤란성의 정도가 서로 다른
   직급의 군
9. 직류(職類): 같은 직렬 내에서 담당 분야가 같은 직무의 군
10. 직무등급(職務等級): 직무의 곤란성과 책임도가 상당히 유사한 직위의 군

---

2. 특징

1) 전문가 육성을 위한 전직과 전보의 제약

직위분류제의 토양에서는 특정 분야의 전문가 육성이 쉽다. 직위분류제 분
류체계 내에서는 전보나 전직의 범위가 매우 좁게 설정되기 때문에 소속 직원의
전문성은 제고될 수밖에 없다. 다양하고 이질적인 업무 환경 속에서 전보나 전
직을 광범위하게 허용하게 되면 공무원 개인의 전문 자질의 향상이 어렵게 될

---

3) 2016년부터 인사조직직류를 신설해 선발하는 목적은 공직에 인사전문가를 채용하여 인사
행정의 전문화를 기하겠다는데 있다. 인사조직직 선발자는 인사혁신처와 그 밖의 수요부처
에 임용된다.

것이란 근거에서 직위분류제는 전보와 전직의 범위를 좁게 유지한다.

2) 개방적 충원 체제

직위분류제 체제하에서는 원칙적으로 모든 계층에서 신규 채용이 가능하다. 이와 같은 인사체제에서는 직무 수요에 따라 그 직무 담당자의 임용이 결정된다. 예컨대 새로운 직무 수요가 생길 경우 그 직무를 수행할 수 있는 사람을 조직 내외부에서 찾게 된다.

3) 직무몰입의 일상화

직위분류제 체제하에서 조직구성원의 몰입 대상은 자신이 담당하는 직무 그 자체가 된다.[4) 직위분류제 체제하에서 조직구성원들은 자신이 수행하는 직무 그 자체에 몰입하게 되므로 조직의 목표나 문화의 영향으로부터 상대적으로 자유롭다.

4) 미약한 신분보장

직위분류제에서 조직구성원의 신분은 직무의 필요성이나 수요에 따라 탄력적으로 변화한다. 즉 직위분류제 체제하에서 직무가 필요 없게 되거나 조직개편으로 부서가 사라지게 되면 그 직무를 수행하던 사람들도 필요 없게 되어 조직구성원에 대한 신분보장은 약할 수밖에 없다.

5) 보상의 공정성 제고

직위분류제 체제하에서 조직구성원들은 자신이 담당하는 직무의 가치에 따라 상이한 보수를 받게 된다. 직위분류제를 채택하고 있는 미국에서는 일반사무직 공무원뿐만 아니라 현업공무원(blue collar workers)들도 직무에 내재하는 책임

---

4) 최근 공무원 사회에는 소위 MZ세대로 일컬어지는 젊은 조직구성원들의 등장과 함께 이전 세대들과 달리 삶의 질이나 일과 가정의 양립에 더 많은 의미를 부여하는 변화가 관찰되고 있고, 과거와 같이 조직에만 몰입하도록 강조하는 방향성은 현재의 워라벨 중시 경향의 측면에서는 적합하지 않은 점이 있다는 지적이 제기되고 있다(박광국 외, 2021 참조).

성 수준과 기술력, 육체적 노력의 빈도와 지속 기간, 업무 환경 등이 반영된 직무 종합적 가치에 따라 매겨진 보수 등급을 따른다. 직무의 특성의 영향을 받는 보수 때문에 조직구성원들이 인식하는 보수에 대한 공정성 수준은 상당히 높다. 직위분류제 체제하에서는 신분과 계급에 따른 획일적인 평등이 강조되기보다는 직무의 성격에 따른 상대적인 평등이 더 강조된다.

3. 장점과 단점

1) 장점

첫째, 직위분류제는 인사행정의 전문화를 촉진한다. 직위분류제는 조직이 조직구성원의 승진 경로나 전직의 범위를 결정하는 데 필요한 합리적인 기준을 제공하여 줌으로써 인사행정의 합리성도 높인다.

둘째, 직위분류제는 급격한 행정 환경의 변화에 적절히 대응할 수 있는 정부조직의 능력을 제고해 준다. 직위분류제는 조직을 둘러싼 환경의 변화에 따라 조직이 필요로 하는 기술과 전문지식에 맞는 인적자원의 충원과 양성을 가능하게 한다. 따라서 직위분류제 체제하에서는 무능한 직원이 자리를 보전할 수 없는 환경을 조성한다.

셋째, 직위분류제는 동일 직무에 대한 동일 보수의 원칙을 따르는 직무급 체제를 확립할 수 있게 함으로써 보수 결정의 합리적 기초를 제공한다. 따라서 직위분류제는 객관성이 지배하는 조직문화의 확립에 도움을 준다.

2) 단점

첫째, 직위분류제 체제하에서 배치 이동은 동일 직렬이나 직군 안에서만 가능하게 되므로 관리자 관점에서 보면 인사의 탄력성과 융통성이 떨어진다. 예컨대 조직의 책임자는 특정한 업무를 수행할 수 있는 사람을 정할 때 직무명세서에 의존하기보다 때때로 자신의 관점에서 그 업무를 성공적으로 수행할 수 있는 사람을 선택하고 싶을지도 모르나 직위분류제 체제하에서는 이런 것이 허용되지 않는다.

둘째, 직위분류제 체제하의 조직구성원들은 신분보장의 불안으로 말미암아 사기가 저하되고 조직에 대한 소속감이 저하되기 쉽다. 한국 공무원들은 공직에 대해 비교적 높은 몰입도와 만족도를 유지하고 있지만, 미국의 공무원들은 그렇지 못하다는 연구결과(Cho & Lee, 2001)에 주목할 필요가 있다.

셋째, 직위분류제 체제를 유지하기 위해서는 없어지고 새로 생기는 직무들의 특성을 분석 파악하는 작업을 계속하는 데 필요한 정부 예산의 지속적인 투입이 필요하다. 즉 직위분류제를 유지하는 데는 경제적으로 값비싼 대가가 수반된다.

넷째, 직위분류제 체제하에서 조직구성원들은 직책에 따르는 분업화와 전문화를 강조하기 때문에 타 부서나 타 기관의 조직구성원들과 유기적인 협조를 꾀하기 힘들다.

다섯째, 직위분류제 체제하에서는 세분된 지식과 기술력이 중시되므로 상위직 공무원에게 요구되는 폭넓은 시각과 조직 관리능력을 갖춘 지도자를 양성하기가 쉽지 않다. 미국 연방정부도 이와 같은 문제에 봉착하여 1978년 연방인사개혁 과정에서 고위공무원단(Senior Executive Service: SES)을 설치하여 상위직에 대하여 계급제적 분류제도를 운용하고 있다.

제 2 절 계급제

1. 의의와 기본개념

계급제(rank-in-person)는 한 사람이 사회에서 차지하는 지위와 신분의 기준에 따라 공직을 분류하는 제도를 말한다. 여기서 사회적 지위와 신분은 학력, 경력, 자격 등에 의해 결정되는 것이 보통이다. 한 사람이 시험에 합격하여 일정한 자격을 얻은 경우도 계급 구분의 중요한 기준이 된다. 일정한 계급을 갖춘 사람은 조직 내에서 그 계급에 맞는 업무를 담당하게 된다.

<그림 3-2> 계급제의 개념도

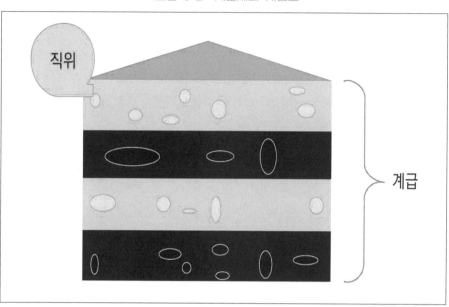

계급제의 전형은 군 조직에서 찾아볼 수 있다. 군에서 계급은 구성원이 어떠한 일을 수행하는가에 따라 변화하는 것이 아니고 오히려 그 구성원의 계급이 어떠한 일을 할 수 있는가를 결정짓는다. 서양의 왕실 문화도 곧 계급사회로 압축해서 설명할 수 있다. 왕실뿐만 아니라 그들과 밀접한 관계를 지니는 귀족 또한 나름의 체계를 통해 저마다의 상하를 나눈다. 계급 분류의 개념도는 <그림 3-2>처럼 비교적 단순하다.

2. 특징

1) 일반행정가 육성

계급제는 일반적 교양을 갖춘 인재를 양성하는데 적합한 체제이다. 계급제적 분류 체계는 계급에 기반을 두고 사람들의 상대적인 지위와 능력을 구분할 수 있다고 가정하기 때문에 아마추어, 혹은 만능 행정인(all-rounder administrator)을 육성한다. 계급제적 분류 체제하에서 공무원들은 폭넓은 식견과 경험을 갖게 되기 때문에 기관간·부서간 협력에 능할 수 있다.

2) 전직과 전보의 탄력적 운용

계급제적 분류 체제하에서는 전직과 전보 임용이 매우 탄력적으로 이루어질 수 있다. 계급제는 한 사람이 다양한 종류의 직무를 동시에 수행할 수 있다고 가정하기 때문에 인력 활용의 효율성을 높일 수 있다. 또한 계급제는 조직 내부에서 필요한 분야의 인력 충원을 적시에 할 수 있도록 해줌으로써 경제적 인력 운용을 지향한다.

아울러 계급제적 분류 체제하에서 조직의 책임자는 유능한 인력을 발굴하여 조직이 필요한 직위를 부여할 수 있는 권한을 갖게 되어 인사에 관한 재량권을 갖게 되어 조직통솔력을 키운다. 계급제는 부서와 직무를 달리하는 순환근무를 통해 구성원의 공직 수행 경험을 넓혀 주기 때문에 일반공무원에게도 경력개발(career development)의 기회를 폭넓게 부여한다.

3) 폐쇄적 충원 체제

계급제는 폐쇄적 충원 체제에 그 토대를 둔다. 폐쇄적 충원 체제는 조직 내부에 공석이 발생기면 그 정보를 외부에 공개하지 않고 내부자를 우선 선발하는 시스템을 말한다. 따라서 계급제적 분류 체제하에서는 상직자가 이동하게 되면 연쇄적으로 인사이동이 이루어지는 경우가 빈번하다.

폐쇄적 충원은 현직자의 사기 증진을 돕지만, 외부로부터의 새로운 인력을 수혈받아 공직사회에 국민의 수요를 탄력적으로 반영하기 어렵게 한다(김신복, 1994: 26). 개방형 임용만이 항상 바람직한 것은 물론 아니다. 전문가는 오랜 공직 근무를 통해서도 양성될 수 있으며, 현직자에 대한 재교육과 투자가 지속적으로 이루어진다면 내부 임용을 통해서도 얼마든지 소기의 목적을 달성할 수 있다.

4) 조직몰입의 제고

조직구성원의 조직몰입도가 높으면 조직의 목표 달성을 위해 자발적으로 헌신할 것이므로, 조직은 웬만한 위기 상황이나 외부의 충격에도 흔들리지 않는 응집력을 얻게 된다(조경호, 1993; 박광국 외, 2021: 108). 계급제는 사람과 조직을 동일화시키는 강력한 동인을 제공하기 때문에 조직구성원들이 조직의 장래에 대해 애정을 갖고 근무에 임하게 되는 조직 분위기를 조성한다.[5]

5) 강력한 신분보장

계급제적 분류 체제하에서 공무원의 신분은 자진하여 사퇴하거나 형의 선고나 징계처분 등 법적으로 문제가 되지 않는 이상 철저히 보장된다. 폐쇄적 충원에 기반을 둔 계급제는 공무원에게 법률에 정한 정년까지 공직을 수행하도록 하면서, 공무원의 신분을 정년의 도래 등에 의하지 아니하고는 보장하는 것을 원칙으로 한다. 따라서 계급제적 분류 구조는 한 번 공무원이 되면 공직에 대해 긍지를 갖고 국가에 충성하면서 평생토록 근무할 수 있도록 하는 직업공무원제의 목적을 수행하는데 부합한다.

<표 3-1>은 직위분류제와 계급제의 특징을 비교한 것이다.

---

[5] 최근 조직몰입에 대한 새로운 시각들이 등장하고 있는데, 가장 먼저 제기되는 이슈는 무조건적인 조직몰입이 늘 조직에 긍정적이지만은 않다는 것이다. 이 이슈는 조직구성원의 다양성에 대한 관심이 부각되면서 소위 MZ세대라고 일컬어지는 젊은 조직구성원들의 등장과 더불어 나타나고 있는데, 이 세대 조직구성원들은 조직보다는 직무에 열정을 가지고 임하는 모습을 더 중요하게 생각하는 경향이 강하기 때문이다. 부처할거주의 극복 차원에서도 조직몰입에 대한 재평가가 이루어지고 있기도 하다(박광국 외, 2021: 116-118).

<표 3-1> 직위분류제와 계급제의 특징 비교

구 분	특 징	
	계 급 제	직위분류제
분류 단위	계급	직위
채용기준	잠재적·일반적 능력	전문 능력
경력 발전	일반행정가	전문행정가
충원 체계	폐쇄형	개방형
신분보장	강함	약함
인사이동	광범위, 신축적	제한적, 경직적
직업공무원제의 확립	유리	불리
공무원의 시각	종합적, 광범	부분적, 협소
행정의 전문화	장애	기여
직무수행의 형평성	낮음	높음
보수	동일계급 동일보수	동일직무 동일보수
인사관리(교육훈련, 승진, 평가, 보상 등)	연공서열 중심, 상관의 자의성 개입용이	능력·실적 중심, 객관적 기준 제공

출처: 관련 문헌을 종합한 하태권 외(1999: 6)에서 재인용.

3. 장·단점

1) 장점

첫째, 인사권자의 관점에서 계급제는 인사의 탄력성과 융통성을 높인다. 직위분류제와 달리 계급제적 분류 체제에서는 직무명세서와 관계없이 인사권자의 재량에 따라 탄력적인 인사이동이 가능하므로 인사권자가 조직을 통솔하기 쉽다.

둘째, 계급제적 분류 체제하에서 현직자들의 근무 의욕은 상대적으로 높은 편이다. 계급제는 외부 충원을 최대한 억제하면서 내부자들만의 경쟁을 통해 승진과 보직 이동을 촉진하기 때문이다.

셋째, 계급제는 조직 전반에 대한 폭넓은 시각과 교양을 갖춘 관리자의 양성을 돕는다. 동일 계급과 신분을 갖춘 공무원은 해당 계급의 다양한 보직을 수행할 수 있고, 조직 목표에 대한 광범위한 이해를 바탕으로 조직 발전을 종합적으로 고려할 수 있는 능력을 함양할 수 있다.

넷째, 계급제는 순환근무 등 수평적 보직 이동을 촉진하기 때문에 부서간 그리고 부처간 교류와 협조를 돕는다. 계급제적 분류 체제하에서 공무원들은 자기 부서, 자기 업무가 따로 없어 언제든지 다른 부서나 부처의 업무를 담당할 준비가 되어 있어야 하고, 그러한 역량을 갖춘 공무원을 우대한다.

다섯째, 계급제는 직위분류제 체제가 중시하는 직무분석과 직무평가 등의 값비싼 비용을 부담하지 않기 때문에 직위분류제보다 경제적으로 효율적이다. 계급제는 신규 채용을 통해 일정한 자격을 얻은 공무원을 일정한 연공이 축적되면 승진시키거나 퇴직하도록 하면 되고, 담당 직무의 실질적인 차이를 계급구조에 반영시킬 필요가 없어서 운용 비용이 상대적으로 저렴하다.

2) 단점

첫째, 계급제는 행정의 전문화를 저해한다. 계급제적 분류 체제하에서는 전문 분야 전문성에 대한 고려 없이 보직이 주어지고 일정한 시간이 지나면 순환 보직이 이루어지거나 상위계급에서 결원이 생기면 결원이 된 직위의 성격과 관계없이 연공 서열에 따라 승진 인사가 이루어지기 때문에 전문 행정가를 양성하기가 쉽지 않다.

둘째, 계급제는 합리적인 인사행정을 저해한다. 계급제는 계급이라는 유일한 기준과 원칙에 따라 공직을 분류하기 때문에 인사관리상 인사권자의 자의와 편견이 개입되기 쉽다. 예컨대 계급제적 분류 체제하에서는 계급과 직무요인과의 연계가 모호하고, 같은 계급 내에서도 조직구성원 간에 직무 부담의 불균형이 있을 수 있고, 계급구조에 따른 통제체제와 조직 설계상 직위와 결부된 지휘체계가 일치하지 않아 갈등이 발생하기 쉽다(김중량, 1998; 진재구, 1993).[6] 이 때

---

6) 아직도 군 조직에서는 같은 계급의 장교라도 보직의 종류에 따라 상호간의 명령과 지휘체

문에 같은 직급간의 이동에 대해서도 '영전'이나 '좌천'이니 하는 평가가 나올 수 있다(오석홍, 1983: 134-135).

셋째, 계급제는 환경변화에 둔감하다. 계급제적 분류 체제하에서는 직위별로 담당해야 할 직무 및 책임의 한계가 명확하지 않으므로 기능 재배분이나 조직개편에 따른 인력소요 분석 및 평가가 충분히 이루어지지 못할 수 있고(김신복, 1994: 25), 따라서 외부 환경변화에 탄력적으로 반응하지 못하는 한계가 있다. 예컨대 새로운 ICT의 채택은 조직구성원의 적응을 요구하고, 근무 방식의 변화를 가져오며 조직 내 구성원간 의사소통, 의사결정 및 집행 방식의 변화, 조직과 외부 환경과의 상호작용 방식에도 변화를 가져온다. 다만 이와 같은 새로운 ICT의 진전으로 감축된 인력이 다른 부서 등에 다시 채용되는 분봉 효과가 일반적으로 나타날 수 있는 것은 계급제의 한계 때문이다. 한국의 경우 공무원 정원이 과도하게 증가한 현상을 계급제에 기인한 것으로 보는 견해도 있다(김신복, 1994). 또한 관료제가 진행될수록 생산성이 계속 오르지 않고 오히려 감소 된다는 케이든의 피터 가설은 스위스 장크트-생갈렌대학교(Univ. of St. Gallen)의 보고서(2015)에서도 재확인되고 있는데 이와 같은 현상도 계급제에 일부 기인한다고 보는 견해가 있다(조경호, 2021: 364).

<표 3-2>는 계급제와 직위분류제의 장단점을 종합하여 비교한 것이다.

<표 3-2> 직위분류제와 계급제의 장단점 비교

구 분	장 단 점	
	계 급 제	직위분류제
행정 전문화	낮음	높음
외부 환경변화 대응력	약함	강함
공무원의 업무 시야	종합적, 장기적	단편적, 단기적
채용과 내부 임용	탄력적, 융통적	경직적, 제한적

제에 대한 인식이 다른 현상이 빈번하게 발생한다.

현직자의 사기	높음	낮음
제도 유지비용	저렴함	비싼 편임
부서 간 협조와 교류	원활함	원활하지 못함
인사행정의 형평성	낮음	높음
인사행정의 객관성	낮음	높음
인사권자의 리더십 수준	높음	낮음
조직에 대한 몰입감	높음	낮음
직무에 대한 몰입감	낮음	높음

제 3 절 계급제와 직위분류제의 조화: 미국과 영국의 경험들

세계 각국의 공직 분류 체계는 직위분류제와 계급제의 조화의 길을 걷고 있다. 영국은 계급제로부터 노정 되는 문제점들에 대한 반성을 토대로 직위분류제의 방향으로 인사제도를 개선하고 있고, 미국은 직위분류제 분류방식의 한계를 깨닫고 계급제적 요소들을 인사제도에 과감하게 도입하고 있다.

개인의 책무와 전문성을 모토로 하는 미국식 직위분류제 전통도 1980년대 이후 인력운용의 탄력성을 강화하고, 인사권자의 조직 통솔력을 제고하고, 공무원의 삶의 질을 증진하기 위해 계급제적 분류 개념을 일부 도입하는 절차를 밟고 있다. 이는 그간 세분되어 관리되었던 16등급 이상의 고위직을 고위공무원단(Senior Executive Service: SES)으로 묶고, 다양한 보수 등급 구분을 두 가지 혹은 그 이상의 광범위한 등급으로 통합시켜 채용과 내부 임용의 범위를 넓히는 작업을 해 왔다는 데서 그 증거를 찾을 수 있다. SES의 도입과 탄력적 직위분류제(broad-banding classification)의 제도화로 압축되는 이 같은 변화는 미국도 이제 값비싼 직위분류제를 지양하고 탄력적인 계급제적 분류 시스템을 도입하겠다는 의지를 반영하고 있다.

전통적인 신분사회인 영국은 1996년 4월 1일부터 공직에서 계급을 철폐하고, 공직의 비교를 계급이 아닌 보수 등급(pay band)을 기준으로 이루어지도록 하는 등 직위분류제 요소를 강화해 나가고 있다. 영국 정부는 전통적인 계급을 없앤 대신 '책임도' 개념에 기초하여 공직을 분류함으로써 직명(job title)만 존재하도록 하여 하위직 공무원의 사기 증진은 물론, 승진에 대한 과도한 경쟁을 해소하려 노력하고 있다.

양 국가의 이러한 움직임은 계급제와 직위분류제 양극단을 선택함으로써 발생하는 오류들을 보완하기 위해서이다. 미국과 영국의 공직 분류 개혁 사례를 좀더 구체적으로 살펴보면 다음과 같다.

1. 미국의 개혁

엽관제의 폐해를 일찍 경험한 미국은 공무원의 보수 책정과 직책 배분에 있어 과도한 정치적 영향을 뿌리 뽑기 위해 공무원이 수행하는 직무의 성격과 책임도 수준에 따라 직위를 분류하는 직위분류제를 수립하게 된다. 순수한 형태의 직위분류제는 미국에서 발달하였으며, 이는 공직을 정치적 그리고 개인적 온정주의로부터 자유로운 합리적 객체로서 보호하기 위해 만들어진 것이다 (Hyde, 1995: 290). 미국의 직위분류제는 강력한 엽관 시스템으로부터 행정을 보호하고 행정의 전문성과 합리성을 강화하기 위해 1912년 시카고를 필두로 시행되기 시작하였으며, 이후 자치단체들이 직위분류제를 공직 분류의 개혁적 방식으로 채택하기 시작하면서 연방정부 차원에서의 직위분류제 법제화가 이루어지게 된다.[7]

미국 연방공무원의 보수 등급 구분은 일반직 보수표(General Schedule: GS)와 현업 공무원의 연방임금체계(Federal Wage System: FWS)를 따르고 있다.[8] 나머지

---

7) 1919년 연방 의회는 보수등급 재분류를 위한 의회합동위원회(The Congressional Joint Commission on Reclassification of Salaries: CJCRS)를 구성하면서 연방 차원에서의 직위분류제 도입 작업을 시작하였다. CJCRS의 1920년 연차보고서는 미 연방 공무원의 보수 책정과 직책 배분에 있어서 공정성과 객관성 제고가 필요하다는 결론을 맺었고, 이에 따라 1923년 분류법(the Classification Act)이 제정되었다.

8) 2006년 1월 기준 GS 공무원은 22개 직군, 450여 개 직렬체제에 편입되어 있으며 우리나

는 1978년 미국연방인사개혁법(the Civil Service Reform Act of 1978)으로 탄생한 고위공무원단(Senior Executive Services: SES), SES보다는 하위직이지만 GS 공무원보다 상위직인 고급 공무원(Senior Level: SL)과 과학기술직 공무원(Senior Level Scientific and Technical: ST),9) SES보다 상위직인 정무직 공무원(Executive Level Schedule Position: EX), 그리고 기타 특별한 보수체계에 따라 분류된 외무공무원(Foreign Service Schedule), 재향군인 관련 업무 수행 공무원(Veterans Health Administration Schedule) 등 특별분류직위(Special Schedule Positions)들이다(<그림 3-3> 참조). 현재는 미국의 연방정부와 지방정부는 직위분류제를 기본으로 해서 계급제적 분류체제의 도입을 강화해 나가고 있다. 특히 미국 연방정부는 1980년대 이후 계급제적 일부 개념을 적용한 고위공무원단제도를 시행하고 있고 과학기술분야 등의 공무원 인사에서 탄력적 직위분류제 등을 적극적으로 운영중에 있다.

미국 연방 공무원 소개

　GS1 내지 GS5 등급은 주로 타자수, 비서 등 업무 보조직으로 되어 있고 GS5 내지 GS10 등급은 대학을 졸업하고 공무원으로 들어온 지 얼마 안 되는 신참 또는 중급 관리자로 볼 수 있으며 GS11-GS12 등급은 어느 정도 경력이 붙은 고참 관리자로 볼 수 있다. GS13-GS15 등급은 조직 내에서 상당히 중요한 역할을 하는 중간관리직 공무원으로 우리나라의 과장급 정도에 해당한다고 볼 수 있다.

　미국에서 보통 대학을 갓 졸업하고 공무직에 들어오게 되면 GS5 등급 또는 GS 7등급으로 임용된다. 공직 근무를 시작한 지 5년 정도 지나면 GS10 등급까지는 바로 올라갈 수 있으나 보통 GS11 또는 GS12 등급에서 승격이 멈추게 된다. GS13 등급부터는

라의 행정직렬에 해당하는 직렬은 100여 개 직렬체제로 나뉘어져 있고 그 수는 연방, 주정부, 지방정부 합쳐 전체 1,800만 명 중 10% 정도에 이른다. 직무분석 결과 GS에서 제외되는 직위들은 주로 단순 반복 작업 또는 수작업에 필요한 기본적인 지식과 능력, 그리고 경험을 가지고 육체적인 노력을 통해 업무를 수행하는 현업직 공무원의 분야로 남게 된다. 2006년 기준으로 FWS의 적용을 받는 현업직 공무원은 총 36개의 직군 내에 300여 개의 직렬에 포함되어 있으며, 그 수는 약 25만 명에 이른다.

9) SL과 ST는 1978년 이전 GS16-GS18까지의 직위에 해당한다.

관리감독직 직위이기 때문에 아무리 근속연수가 많더라도 업무능력이 없으면 승진되기가 어렵다.

미국에도 우리나라의 5급 공채에 해당하는 PMI(Presidential Management Internship)라는 제도가 있으며 행정학, 정책학 분야의 대학원 과정 이수자를 대상으로 매년 최고 4백여 명 범위 내 지원자를 모집하여 이들이 2년 동안 인턴 과정을 성공적으로 이수하면 GS9 등급으로 채용되는 기회가 부여된다. 미국은 대부분의 직위가 복수 등급으로 되어 있는 경우가 많아서 일정한 자격만 갖추면 직위에 따라 한자리에 앉아서 최고 GS11 등급까지 자동 승격이 가능한데 보통 1단계씩 승진할 수 있는 우리나라와 달리 2개 단계씩 승격하는 경우도 있다고 한다.

1978년 미국 연방공무원제도에 대한 대개편이 이루어졌는데 이때 이전 GS16, 17, 18 등급에 해당하는 대부분의 상위직위를 모아서 SES 제도가 신설되었다. 미국의 SES 공무원은 약 7-8천 명 정도로 장·차관 등 정치적으로 임용되는 공무원의 바로 아래에 위치하며 경력직 직업 공무원으로는 최고위층에 속한다. SES 공무원은 정권의 변화에 휘둘리지 않고 행정 경험이 부족한 정무직을 도와서 미국의 주요 정책 결정에 핵심적인 역할을 한다. SES 공무원은 그 사람의 업무능력 정도에 따라 6개 등급으로 나누어져 있다. SES 공무원의 종류는 경력직, 비경력직, 한시직 등이 있다.

각 행정기관 상층부에는 상원의 인준을 거쳐 대통령에 의해 직접 임명되는 정치적 임용 공무원들이 자리하고 있다. 이들은 비경력직으로서 신분보장이 전혀 되지 아니하며 대통령과 그 운명을 같이하고 있다. 미국의 정무직공무원은 약 6백 명 정도로 5개 등급으로 구분된다.

GS 공무원은 크게 4개 직종을 포함하며, FWS의 적용을 받는 공무원들은 3개 직종으로 구분되고 있음을 알 수 있다. GS 공무원도 직종에 따라 직급체계를 달리하고 있으며 직급 간 등급 간격도 서로 다르게 운용되고 있다. FWS 공무원의 분류는 사용하는 기술과 지식의 성격, 책임의 성격과 수준, 육체적 노력의 성격과 빈도 및 기간, 업무 환경 등 네 가지 기준에 의해 결정되고, GS 공무원의 분류는 직위에 요구되는 지식, 책임성, 복잡성, 업무수행기준의 활용 여부, 업무의 성격과 난이도, 동료 및 부하직원과의 접촉 정도, 접촉의 목적 및 성격, 육체적 활동의 요구 정도, 업무 환경 등 아홉 가지 기준에 의해 결정된다.

<그림 3-3> 미국 연방공무원 직종과 직급체계 요약

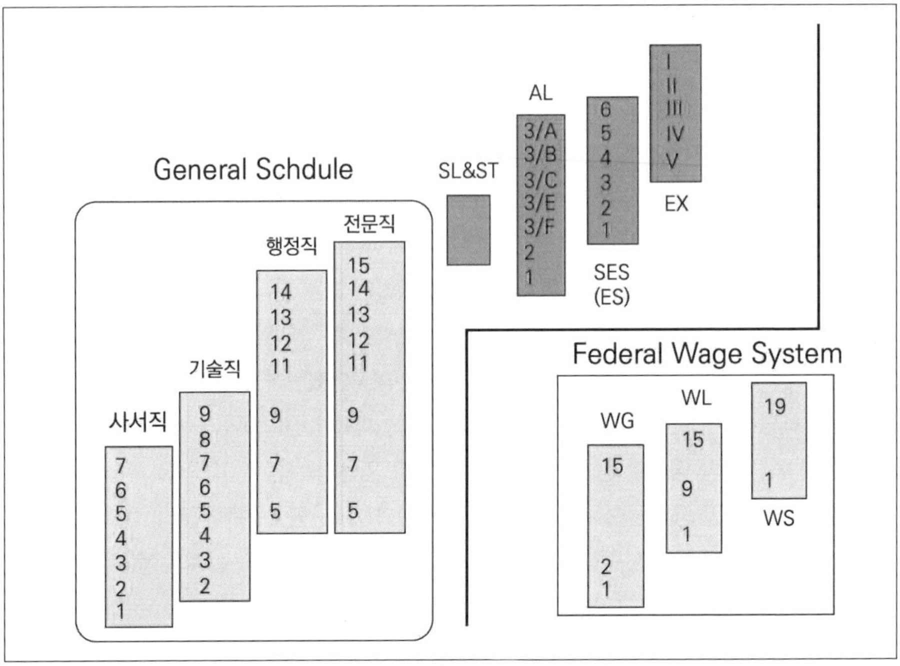

출처: 1999 OPM 내부 자료에서 작성.

주: AL = Administrative Law Judge; EX = Executive Schedule

그림 설명: 일반직 보수표(GS) 적용을 받는 공무원의 종류를 사서직, 기술직, 행정직, 전문직으로 관리하고, 각각 승진한계(class-ladder)를 정해 두고 있다. 기능직은 다른 보수체계에 의해 일반기능직(WG), 리더격의 기능직(WL) 그리고 관리자급 기능직(WS)으로 관리되고 있다. 정책 계층에 해당되는 상위직급들을 전문분야에 따라 과학기술 분야는 SL/ST, 법조인들은 AL, 고위공무원은 SES, 최고관리자급은 EX 집단으로 분류하여 상이한 보수체계 내에서 관리되고 있다.

미국의 직위분류제는 사회의 직업 분화 속도와 행정 환경변화에 부합하도록 공무원과 직위를 매번 매칭 하여야 하는 값비싼 대가를 치르고 발전해 왔으나, 제2차 세계대전을 고비로 사무직 공무원의 급증, 그리고 행정 수요의 다양화 그리고 전문화 추세에 공직 분류가 적기에 따라가지 못하는 사태에 처하게 되었다. 1949년과 1954년 2차에 걸친 분류법의 개정에도 불구하고 경직되고 경제적으로 비효율적인 직위분류제는 대다수 행정 관리자와 인사책임자로부터 비판과 무관심의 대상이 되고 만다.

<그림 3-4> 미국 탄력적 직위분류(Pay-Band Classification)의 예

직위분류제가 인사권자의 전략적 선택 범위를 과도하게 제약한다는 보고서
가 잇따르고, 직위에 대한 보수 등급을 경쟁적으로 상승시킨 결과 인건비의 급
격한 상승으로 재정 적자가 발생하게 되자 1980년대부터 두 개 이상의 보수 등
급을 하나의 영역으로 통합시키고, 분류를 단순화시키는 탄력적 직위분류제
(pay-banding classification)로의 개혁을 시도한다(<그림 3-4> 참조). 탄력적 직위
분류제는 공무원들이 수평적으로 보직 이동을 원활하게 할 수 있도록 하여 다양
한 직무를 경험하도록 하였고, 공직 유연성도 확대하였다.[10]

---

10) 탄력적 직위분류제는 1978년 미연방인사개혁의 하나로 권고되어 1980년에 미 해군군수창
(the Naval Weapons Center)과 해군해양센터(the Naval Ocean Systems Center)에 시범
적용되었으며, 1985년 같은 노력이 맥그릴랜 공군부대(McClellan Air Force Base)에 적용
되었다. 하지만 이들 시범사업에 대한 평가는 서로 엇갈린다. 의도는 좋았으나, 성과평가의
어려움, 그리고 직무가치의 상대적 평가의 어려움 등으로 탄력적 직위분류제는 하나의 이
론으로 남겨질 가능성도 커지고 있다.

2. 영국의 개혁

영국 사회는 오랫동안 세습받은 계급의 영향을 받아 왔고, 여전히 계급의식은 영국 사회에 지대한 영향을 미치고 있다. 19세기 중엽까지 영국 공무원제는 일정한 원칙 없이 정실주의의 지배를 받아왔으나 1853년 발표된 The Northcote-Trevelyan(노스코트-트레빌리안)보고서는 공개경쟁시험에 의해 공무원 채용, 실적에 의한 승진, 계층(class)에 의한 공무원 종류 구분 등의 원칙을 제시하면서 현대적 인사행정 체제를 갖추기 시작하였다. 1920년 왕립 '재조직 위원회'(Reorganization Committee)의 권고로 영국 공무원 종류는 4개의 계층으로 구분되었다. 즉 일상적이고 기계적인 업무를 주로 수행하는 필기보조 계층과 서기 계층이 있으며, 정책의 결정, 제도의 개편, 감독과 관리 업무를 주로 수행하는 집행계층과 행정 계층이 그들이다.

영국의 공무원제도는 일반행정가 중심으로 발전해 왔으며, 계급에 기반을 두고 인사행정이 운용되어 오고 있다. 즉 처음 공무원이 되면서 계층이 정해지고, 정해진 계층 내부의 계급이 부여되었으며, 동일 계급에 속한 공무원은 직무의 성격과 관계없이 다양한 업무를 수행하도록 하였다.

하지만 제2차 세계대전 이후 사회적으로 전문직업 분야가 급속도로 분화되고 다양한 서비스별 전문가 집단이 필요하게 되면서 행정의 전문성을 강화하기 위해 공무원제도 개혁이 추진된다. 계층과 신분 주의를 고수하던 영국도 1996년 4월 공무원 상호 간은 물론, 정부 전체의 연계성, 통합성 및 전문성을 제고하기 위해 이전의 고위개방구조(Senior Open Structure: SOS)를 확대하여 Grade 5 이상의 공무원(약 3,000명)의 계급을 폐지하고 하나의 관리계층집단으로 관리하는 고위공무원단(Senior Civil Service: SCS)제도를 출범시켰다.

영국 공무원 소개

영국의 공무원제도는 노스코트-트레빌리안 보고서와 풀턴 보고서에 기반을 두고 발전해 왔으며 몇 가지 기본적인 특징을 가지고 있다. 공채 주의와 정년 보장형 직업공무원제를 중심으로 발전해 오고 있는 영국 공무원제도는 1996년 1급에서 5급에 이르는 고위직 공무원을 대상으로 계급을 폐지하고 SCS(Senior Civil Service) 고위공무원단을 신설하는 획기적인 조치를 한 바 있다. 현재 영국의 공무원은 고위공무원단, 비고위공무원단으로 구분되어 관리되는 단순한 모습을 보여주고 있다. 영국의 고위공무원단 소속 공무원의 직위는 책임도 개념이 적용되어 서로 비교될 수 있다.

영국의 공무원 인사제도는 주로 옥스브리지(옥스포드대학과 케임브리지대학) 출신을 대상으로 한 엘리트의 충원, 고도의 전문가적 훈련을 받은 인력보다 재능있는 아마추어를 선호하는 인사구조라는 점에서 비판받는다. 고위직으로 갈수록 노동 계급출신 비율은 극히 낮아지며, 정책에 영향을 미칠 수 있는 고위직의 대부분 공립학교를 나온 옥스브리지 출신들이 차지하고 있다. 2021년 영국 자문 기구 사회이동위원회가 발표한 '미로 찾기'(Navigating the Labyrinth)에 따르면 영국 고위직 공무원의 72%가 특권층 출신이었고 이는 1967년 조사 결과인 67%보다 증가한 수치다.

공무원의 업무 시간은 주 5일 근무로 평균 35-37시간이며, 정년퇴직 연령은 2012년부터 60세에서 67세로 증가하였다. 신입 공무원의 연봉은 한화로 약 3,000만 원에서 4,000만 원에 이르며 분야마다 다르다.

영국의 기타 모든 직위는 직종(Category)과 직군(Occupational Group)으로 분류된 다음 각 직군 내부에서 보수 등급이 부여되는 직위분류제 체제로 전환되었다(행정자치부, 1998). 영국의 내국 공무원(Home Civil Service) 구조는 행정, 경제연구, 홍보, 통계, 사서, 통신 훈련 등을 포함하는 일반 직종(General Category), 해상근무, 전문기술 관련 직군 등을 포함하는 전문기술 직종(Professional & Technology Category), 과학 직군을 포함하는 과학 직종(Science Category), 교육훈련 직군 등을 포함하는 교육 직종(Training Category), 잉글랜드/웨일즈법제와과 스코틀랜드법제 직군 등을 포함하는 법제 직종(Law Category), 사회과학조사와 자원계획조사 직군 등을 포함하는 조사 직종(Survey Category)으로 구성된다. 2022년 말 현

재 영국 공무원의 보수 수준과 책임도 수준을 요약하면 <표 3-3>과 같고, 영국 공직 분류의 특성은 다음과 같다(하태권 외, 1999:103-110).

<표 3-3> 영국 공무원 책임도별 공무원 중위 연봉 (단위: 파운드)

구분	책임도 (Responsibility level)					
중위 연봉 (median salary)	SCS level (고위 공무원단)	Grade 6&7 (6급과 7급)	Senior & Higher Executive Officers (중간관리직)	Executive Officers (하위관리직)	Admin Officers & Assistants (사무원)	Not reported (미보고)
정규직 남성	84,000	57,460	36,840	27,570	21,680	32,400
시간제 남성	92,950	59,630	37,020	27,570	21,260	28,200
전체 남성	84,560	57,480	36,840	27,570	21,680	32,090
정규직 여성	80,560	55,770	35,900	27,570	21,380	28,200
시간제 여성	79,930	57,480	35,980	27,570	21,260	28,200
전체 여성	80,290	56,280	35,900	27,570	21,260	28,200
정규직 남녀 차이	4.1%	2.9%	2.6%	0	1.4%	13.0%
시간제 남녀 차이	14.0%	3.6%	2.8%	0	0	0
전체 남녀 차이	5.1%	2.1%	2.6%	0	1.9%	12.1%

출처: Cabinet Office, Civil Service Statistics 2022.

1) 직위분류제 요소의 강화

영국은 최근에도 계급이나 직종에 관련없이 직위에 가장 적절한 인재를 배치하고자 노력 중이다. 특히 공무원 보수 및 능력 발전 등 인사 관리에 관한 전반적인 정책 사항을 관장하는 내각사무처 내 공직역량실(Civil Service Capability Group)과 행정서비스실(Corporate Service Group)은 직무 특성 기준과 각 부처 직무평가위원회가 산정한 직무평가 요소(소속 직원 관리, 책임성, 판단력, 영향력, 전문성 등)를 기초로 개별 직위에 대한 직무 점수를 산출한다. 고위직보수심의위원회

(Review Body on Senior Salaries: SSRB)는 매년 경제 상황 및 민간과 공공부문 시장 여건을 고려하여 공무원 보수 수준을 정해 내각사무처에게 보고한다.

2) 분류체계의 단순화

영국 공무원은 고위공무원단(Senior Civil Service: SCS)과 비고위공무원단으로 구분되며, 모든 직위에 걸쳐 존재하던 계급, 직종, 직군 개념을 폐지하여 분류체계를 단순화하였다.

3) 외부 채용의 확대

직무의 가치는 구성원 신분과 계급에 따라 정해지는 것이 아니고 직무에 내재하는 책임성과 난이도에 상응하는 직무가중치(job weight)가 부여되어 평가된다. 따라서 영국이 직위분류제적 분류 체계를 강조하면서 직무의 성격에 따라 적임자가 조직 내부와 외부에서 충원될 수 있게 되었다. 고위공무원단에 임명되는 공무원 중 외부 민간인 출신은 23%~41% 수준을 계속 차지하고 있고, 특정 직위 공석이 발생하면 고위직리더십위원회(Senior Leadership Committee)에서 당해 직위의 무게와 직무수행에 필요한 기술 수준 등을 고려하여 개방직으로 지정하여 진행할 것인지 아니면 내부자 중심의 폐쇄 임용으로 할 것인지를 정한다(오병권, 2010).

3. 미국과 영국의 공직 분류 개혁의 시사점

미국 연방정부와 지방정부는 계급제적 공직 분류 특성을 강화해 나가고 있으며, 영국은 전통적으로 구현해 오던 계급제를 완화하기 위해 직위분류제 특성을 강화해 나가고 있다. 인사행정 전반에 계급제적 요소를 강하게 받아들이고 있는 한국 정부도 과학적이고 객관적인 인력관리를 위해 직위분류제의 실질적 도입을 통한 계급제적 요소의 완화가 절실한 상태에 있다.

단, 지나치게 세분된 직위의 분류방식을 택할 것이 아니라 인사권자들이 조직의 목표달성에 필요한 인재를 적시에 임명할 수 있도록 하는 미국식 탄력적인 형태의 직위분류제 도입이 필요한 것으로 보인다. 아울러, 직위분류제와 계급제를 절충하는 형태의 분류제도의 개발과 도입이 필요하다. 즉 행정의 전문성을 강화해야 한다는 전제하에 객관적이고 과학적인 직무분과 직무평가를 하는 것이 최선이겠지만 분류이 세분화 수준과 분류방식의 채택은 조직 목표의 효과적인 달성과 반드시 연계되어야 하고, 부처간 인사교류를 원활하게 하고, 공무원 개인의 발전과 개발을 동시에 도모할 수 있는 선에서 결정되어야 할 것이다.

제4절 한국의 공직 분류 실태와 개선방안

1. 공직 분류 체계의 성격

1) 폐쇄형 계급제

우리나라 공직 분류는 기본적으로 계급제를 따르면서 부분적으로 직위분류제 요소를 가미하고 있다. 우리나라에서 근대 인사제도가 확립된 시기는 조선시대 초 왕권집권 통치체제가 완성된 때부터라 할 수 있다(김창준, 1996). 조선시대 관직은 사회적 신분을 나타내 주는 상징이 되었고, 이 상황에서 관직은 일이나 기능이 아닌 사회적 신분이나 계급의 상징이었다. 국가로부터 받는 녹봉과는 관계없이, 그리고 자신이 하는 일과 상관없이 자신의 신분과 지위에 상응하는 생활 수준을 유지할 수 있었던 시기가 조선시대였다.

이와 같은 조선시대의 관직 문화는 계급제적 공직 분류 전통으로 이어져 현재 우리나라 행정문화 형성에 지대한 영향을 미쳤다. 조선시대의 과거제도는 우수 인재를 관직에 등용하는 중요한 관문이 되었지만, 과거시험에 통과한 사람은 곧 신분의 수직적 상승을 경험하게 되었고, 과거 합격은 국가가 인정하는 일종의 양반 자격증으로 통용되었다. 하여튼 현재 우리나라 공직 분류 체계는 계급제의 전통을 이어받았고, 계급제적 공직 분류 체계는 정부조직, 군대 등을 비롯 사회의 거의 모든 분야에 광범위하게 제도화되었다.

2) 직위분류제 요소의 형식적인 가미

1963년 박정희 정부는 국가공무원법 제3장에 직위분류제와 관련된 조항들을 신설하였고, 국가공무원법 총칙은 직위분류제의 원칙(공무원 구분, 고위공무원단 등)을 천명하고 있으며, 동법 제2조는 공무원의 종류 구분을 하고 있으며, 동법 제5조는 직위분류제의 기본 용어의 정의를 내리고 있다는 점에서 보면 우리나라 공직 분류는 일견 직위분류제에 가깝다고도 볼 수 있다. 하지만 우리나라는 직위분류제의 구체적인 규정에 대해서는 대통령령으로 위임하고 있을 뿐 실제로 직위 분류를 적용하여 공직 인사를 적극적으로 운영했던 경험은 충분치 못하다. 현재 직렬이 시험의 과목과 응시 자격, 전보와 승진의 경로, 교육훈련의 단위, 그리고 정원관리의 기준으로만 사용되고 있고, 직류는 시험과목과 응시 자격을 정하는 데만 사용되고는 있다. 다만 이들 직위분류제의 기본 용어들은 직무조사와 분석 및 평가를 거쳐 도입된 것이 아니라 단순히 공직을 분류하고 구분하기 위한 도구들에 불과하여, 아직 우리나라 공직은 계급제가 우선되는 체제를 고수하고 있다고 보아야 할 것이다.

2006년부터 우리나라도 고위공무원의 계급을 폐지하고 직무등급제를 적용한 고위공무원단제도를 운영해 오고 있다. <표 3-4>는 2020년 9월 22일 개정 공무원임용령 별표 1 일반직 행정직군 소속 공무원의 직급표고, 직무등급이 적용되고 있는 고위공무원단은 일반직 공무원과는 다르게 직위분류제 요소를 상대적으로 강하게 반영하고 있는 것으로 평가된다. 또한 외무공무원이 소속된 외교부와 그 소속기관의 직위에 대해서는 직무등급제에 따라 분류하며 직무분석 결과에 따라 직무등급을 배정하고 있다(외무공무원임용령 제32조의2). 외무공무원에 대한 직무등급은 1등급부터 14등급까지로 세분되어 있다.

<표 3-4> 일반직 행정직군 공무원의 직급표(2020.9.22 개정)

직군	직렬	직류	계급 및 직급						
			3급	4급	5급	6급	7급	8급	9급
행정	교정	교정	부이사관	서기관	교정관	교감	교위	교사	교도
	보호	보호			보호사무관	보호주사	보호주사보	보호서기	보호서기보
	검찰	검찰			검찰사무관	검찰주사	검찰주사보	검찰서기	검찰서기보
	마약수사	마약수사			마약수사사무관	마약수사주사	마약수사주사보	마약수사서기	마약수사서기보
	출입국관리	출입국관리			출입국관리사무관	출입국관리주사	출입국관리주사보	출입국관리서기	출입국관리서기보
	철도경찰	철도경찰			철도경찰사무관	철도경찰주사	철도경찰주사보	철도경찰서기	철도경찰서기보
	행정	인사조직 일반행정 법무행정 재경 국제통상 고용노동 문화홍보 교육행정 회계			행정사무관	행정주사	행정주사보	행정서기	행정서기보
	직업상담	직업상담				직업상담주사	직업상담주사보	직업상담서기	직업상담서기보
	세무	세무				세무주사	세무주사보	세무서기	세무서기보
	관세	관세				관세주사	관세주사보	관세서기	관세서기보
	사회복지	사회복지			사회복지사무관	사회복지주사	사회복지주사보	사회복지서기	사회복지서기보

				통계 사무관	통계 주사	통계 주사보	통계 서기	통계 서기보
통계	통계							
사서	사서			사서 사무관	사서 주사	사서 주사보	사서 서기	사서 서기보
감사	감사		감사관	부감사관	감사 주사	감사 주사보	감사 서기	감사 서기보
방호	방호			방호 사무관	방호 주사	방호 주사보	방호 서기	방호 서기보

주: 사회복지, 통계, 사서직렬 소속 공무원은 5급까지만 전문 직렬의 경로를 따라 승진하게 되지만 4급부터는 행정직에 통합된다. 감사직렬 공무원은 3급부터 행정직에 통합된다.

여기서는 우리나라 공직 분류를 공무원 종류 구분, 직군, 직렬 등 수평적 구분 그리고 계급에 따른 수직적 구분 등의 차원을 가지고 설명하겠다. 첫째, 실적주의와 신분보장의 여부에 따라 경력직 공무원과 특수경력직 공무원이 구분된다(국가공무원법 제2조 ②, ③). 경력직 공무원이란 실적과 자격에 의해 임용되고, 그 신분이 보장되고, 정년이 이를 때까지 근무할 것이 예정되는 공무원으로 일반직 공무원과 특정직 공무원을 말한다. 특수경력직 공무원이란 경력직 공무원 이외의 공무원으로서 정무직 공무원과 별정직 공무원으로 구분된다. 2013년 12월 12일부터 시행된 국가공무법법과 지방공무원법 개정안에 따르면, 그간 50년간 유지되었던 기능직 공무원이 사라지고, 비서와 비서관 등 정치적 임명 직위를 제외한 별정직도 모두 일반직으로 통합되고 계약직도 폐지되었다.

<표 3-5> 경력직 공무원의 종류

종류	성격	예
일반직 공무원	• 기술·연구 또는 행정일반에 대한 업무를 담당하는 공무원 • 행정·기술직: 1급에서 9급까지의 계급으로 구분되며(행정부는 고위공무원, 3급~9급) 직군, 직렬, 직류로 구성됨 • 우정직: 우정1급~우정9급의 체계로 구분됨 • 연구직, 지도직 공무원은 연구관 및	▷ 행정과 기술직군으로 구분되고, 행정직군은 교정, 보호, 검찰사무, 마약수사, 출입국관리, 철도경찰, 행정, 직업상담, 세무, 관세, 사회복지, 통계, 사서, 감사 등을, 기술직군은 공업, 농업, 임업, 수의, 해양수산, 기상, 보건, 의료기술, 식품위생, 의무, 약무, 간호, 환경, 항공, 시설, 전산, 방송통신 등으로 구분됨

	연구사(학예와 기술 2개 직군 13개 직렬 44개 직류), 지도관 및 지도사 (기술 1개 직군, 2개 직렬, 12개 직류)의 2계급으로 구분됨	
특정직 공무원	• 담당업무가 특수하여 자격·신분보장·복무 등에서 특별법이 우선 적용되는 공무원 • 계급, 임용 등에 관한 사항은 개별법(국가공무원법의 특례법)으로 규정(법원조직법, 검찰청법, 외무공무원법, 경찰공무원법, 교육공무원법 등)	▷ 대법원장 – 대법관 – 판사 ▷ 검찰총장 – 검사 ▷ 고위외무공무원(공사급 이상), 외무공무원으로 구분되나 참사관급 이상 직위는 직렬 미구분 ▷ 치안총감 – 치안정감 – 치안감 – 경무관 – 총경 – 경정 – 경감 – 경위 – 경사 – 경장 – 순경 ▷ 소방총감 – 소장정감 – 소방감 – 소방준감 – 소방정 – 소방령 – 소방경 – 소방위 – 소방장 – 소방교 – 소방사 ▷ 초·중·고등학교, 유치원의 경우 교장(원장), 교감(원감), 수석교사, 교사로 구분하고 대학의 경우 교수, 부교수, 조교수, 조교로 구분됨. 장학관 – 장학사, 교육연구관 – 교육연구사도 특정직에 포함됨 ▷ 장교는 장관(원수, 대장, 중장, 소장, 준장), 영관(대령, 중령, 소령), 위관(대위, 중위, 소위), 준사관은 준위, 부사관은 원사, 상사, 중사, 하사로 구분됨. ▷ 군무원은 일반군무원, 별정군무원, 기능군무원 1~9급 체계로 구분됨 ▷ 국가정보원 직원은 특정직 직원 1~9급으로 구분됨 ▷ 경호공무원은 경호공무원과 일반직 공무원 9계급으로 구분됨. ▷ 헌법연구관은 헌법연구관 – 헌법연구관보로 구분됨.

<표 3-6> 특수경력직 공무원의 종류

종류	성 격	예
정무직 공무원	• 고도의 정책결정 업무를 담당하거나 이러한 업무를 보조하는 공무원으로서 법령에서 정무직으로 지정하는 공무원 • 선거에 의해 취임하거나 임명에 있어 국회의 동의를 요하는 공무원	▷ 감사원장·감사위원·사무총장 ▷ 국회사무총장·차장·도서관장·예산정책처장·입법조사처장 ▷ 헌법재판소의 재판관·사무총장·사무차장, ▷ 중앙선거관리위원회의 상임위원·사무총장 및 차장 ▷ 국무총리, 국무위원, 대통령비서실장, 국가안

		보실장, 대통령경호실장, 국무조정실장, 처의 처장, 각부의 차관, 청장(경찰청장은 특정직), 차관급 상당 이상의 보수를 받는 비서관(대통령비서실 수석비서관, 국무총리비서실장, 대법원장비서실장, 국회의장비서실장) ▷ 국가정보원의 원장 및 차장, 방송통신위원회 위원장, 국가인권위원회 위원장 등
별정직 공무원	• 비서관·비서 등 보좌업무 등을 수행하거나 특정한 업무 수행을 위하여 법령에서 별정직으로 지정하는 공무원	▷ 국회수석전문위원 ▷ 감사원사무차장 및 시·도 선거관리위원회의 상임위원 ▷ 국가정보원 기획조정실장 ▷ 비서관·비서, 장관정책보좌관 ▷ 기타 법령에서 별정직으로 지정하는 공무원

주1: 국회 인사청문대상 중 국회 인사청문특위 소관이면서 국회동의가 필요한 직위는 국무총리, 감사원장, 대법원장 및 대법관 13인, 헌법재판소장 등임.
주2: 별정직 공무원에 적용되지 않는 인사제도로 직위해제, 소청제도, 승진, 전보, 전직, 강임, 파견, 상위계급 대우선발, 시보임용제도, 정년제도, 명예퇴직제도, 조기퇴직제도가 있음. 단, 별정직 공무원은 소청은 제기 할 수 없으나 행정심판 청구는 가능함.

둘째, 일반직 공무원에 대하여 직무의 유사성에 따라 직군, 직렬 그리고 직류 구분을 하고 있다. 현재 일반직 공무원은 행정직군, 기술직군, 관리운영직군, 우정직군(국가직)으로 구분되어 있고, 2020년 9월 기준 교정, 보호, 검찰사무, 행정 등 53개 직렬, 138개 직류로 구분되어 있다. 지방직 공무원에 없는 국가직 공무원 직렬은 교정, 보호, 검찰, 마약수사, 출입국관리, 철도경찰, 직업상담, 관세, 통계, 감사, 임업, 기상, 방송무대, 산림보호운영 등이다. 법무부, 검찰청, 관세청, 감사원, 기상청 등은 지방자치단체와 다른 업무를 수행하는 기관 성격이 강하기 때문이다.

셋째, 수직적 계급 구분으로 직급이 있다. 연구관, 연구사 2계급으로 되어 있는 연구·지도직을 제외한 모든 일반직 공무원의 직급체계는 9계급으로 되어 있으며(행정부 일반직 공무원은 고위공무원단, 3급~9급 체계), 직군, 직렬의 성격에 따라 같은 직군, 직렬의 승진 상한 직급이 설정되어 있다. 가령, 행정직군의 사서와 통계 직렬의 경우 5급까지 직급이 설정되어 있어 그 이상은 행정직으로 통합 승진이 가능하다.[11)

3) 개방형임용제도의 도입과 행정 전문화 추구

개방형임용제도는 직업공무원제도를 근간으로 하는 폐쇄형 임용제도와 대비되는 것으로서, 원칙적으로 정부의 모든 직급에 대하여 외부로부터의 신규 채용을 허용하는 임용제도를 말한다. 우리나라 정부는 1999년 5월 24일 국가공무원법을 개정하여 동법 제28조의 4에서 중앙행정기관의 실·국장급 직위 중에서 업무의 성질상 전문성이 요구되거나 효율적인 정책 수립이 필요하다고 판단되어 공직 내부나 외부에서 적격자를 임용할 필요가 있는 직위에 대하여 개방형 직위로 지정하여 운영할 수 있도록 하고 있다.

개방형 직위제도는 공직의 전문성과 경쟁력을 강화하기 위해 공직 내·외부에서 공개경쟁을 통해 선발하자는 취지였다. 2014년 개방형 제도를 대폭 개선하면서 민간인 임용이 2014년 64명에서, 2017년 184명, 2020년 말 469개 개방형 직위 중 민간인은 208명(44.3%)까지 늘었다(인사혁신처, 2021). 개방형 직위는 초기엔 각 부처에서 자체적으로 선발하는 방식이었지만 잡음이 계속 생기자 2014년 7월부터는 독립기구인 중앙선발시험위원회를 설치·운영하기 시작했다. 아울러 개방형 임용제도의 실질적 성과를 높이기 위해 인사혁신처는 "개방형 직위 및 공모직위 운영 등에 관한 규정"을 개정하여(2015.7.13.) 개방형 직위 중 일부를 민간인만 지원, 임용할 수 있는 경력개방형 직위로 지정하여 운영해 오고 있다. 급여체계도 개선했다. 2017년 1월부턴 과장급 연봉 상한액을 폐지했고, 2020년 1월부턴 민간 임용자 연봉 자율 책정 상한선을 고위공무원단은 기존 170%에서 200%, 과장급은 150%에서 170%로 확대했다.

---

11) 하지만 실제 현황을 보면, 행정직렬 출신이 상위직을 대부분 차지하고, 비행정직렬 출신이 이들 상위직급에 배정된 인원은 매우 적은 것으로 파악되고 있다(하태권 외, 1999). 이 같은 경우는 기술직군에도 마찬가지로 나타난다.

2. 문제점

우리나라 공직 분류는 계급제를 근간으로 하면서 직위분류제 요소를 가미하고 있다. 우리나라 공직 분류는 표면적으로는 직위분류제의 개념들을 사용하고 있으면서도 실제는 계급제적 요소를 강하게 반영하고 있다. 현실과 제도간 차이에서 발생하는 각종 문제점 때문에 우리나라 공직 분류가 효율적으로 운용되지 못하고 있다는 평가를 받기도 한다. 여기서는 공무원 종류 구분, 직군·직렬·직류 구분, 직급 구분 등에 있어서 나타나는 여러 가지 문제점들을 지적하고 그 개선책을 제시하기로 한다.

1) 공무원 종류 구분

첫째, 현재 사용하고 있는 공무원 종류 구분은 우선 경력직과 특수경력직의 대분류에 있어서 여러 가지 기준이 혼재되어 원칙이 없어 보인다. 가령 특수경력직 내에 있는 정무직과 별정직의 구분 기준은 수직적으로 직급에 따라 분류하는데 그쳤다는 의혹이 강하다. 즉 감사원 사무총장은 정무직 공무원이지만 감사원 사무차장은 별정직 공무원으로 분류한 것처럼 직급에 따라 공무원 종류 구분이 이루어지고 있는 것처럼 보인다.

둘째, 일반직 공무원의 많은 수가 행정직렬과 교정, 보호 등 공안 관련 직렬에 편중되어 있어 우리나라 공직 구조가 일반행정가를 과도하게 우대하고 있다는 지적을 받고 있다.

셋째, 현재와 같이 폐쇄형에 가까운 계급제적 분류는 행정 환경변화에 대한 적극적이고 탄력적인 대응이 어렵게 되어 있다. 특히 코로나와 4차산업혁명시대 환경변화에 적합한 공직 분류가 신축적으로 이루어질 수 있도록 하기 위해서는 아직 공직 분류의 유연성 제고 필요성이 높다고 볼 수 있다.

2) 직렬·직류 구분

첫째, 우리나라 직급표를 보면 하나의 직렬에 하나의 직류가 포함된 경우가

있는가 하면 행정직렬과 같은 큰 직렬에는 10개 직류가 속하는 등 직렬간 인력
관리의 상대적 형평성이 상당히 떨어지는 문제가 보인다. 물론 직무의 유사성에
따라 합리적으로 묶은 경우라면 문제가 없겠지만 행정직렬 내에 문화홍보, 교육
행정 등 전문 영역들이 상당히 포함된 것을 보면 현재 직렬체제가 반드시 직무
의 유사성에 따라 합리적으로 꾸려진 것이라 보기 힘들다.

둘째, 행정직 편중으로 전문기술 분야의 정부 기능이 상대적으로 약할 것이
란 지적이 있다. 이 같은 현상은 계층제 구조에서 당연하게 나타나는 것이지만
고도로 전문화된 관리전략이 필요한 상위직위까지 행정직이 점유하게 되는 현상
은 전문기술 분야의 정부 기능을 전략적으로 수행하기 어렵게 할 수 있다.

3) 직급 구분

첫째, 현행 공무원 직급체계는 직무의 성격과 책임도 및 난이도에 따라 구
분되고 관리되는 것이 아니기 때문에 인력관리 및 보수 관리에 객관성과 공정성
이 떨어지는 문제가 있다. 가령, 5급 상당의 검사와 일반행정직 5급 공무원은 같
은 직급임에도 실제 현장에서 적용되는 직급이나 대우는 많은 차이가 난다. 이
와 같은 문제는 직종간 긴밀한 업무협조가 필요한 경우 계급 중심의 공직사회에
많은 혼란과 불만을 야기하고 있다.

둘째, 직군·직렬간 직급 설정에 형평성이 떨어지는 문제가 있다. 이는 행정
직군 위주로 직급체계가 구성되어 있기 때문이다. <표 3-7>과 같이 민간 10

<표 3-7> 분야별 과학기술 전문 인력 진출 현황(민간과의 비교)

구분		비율
기업부문	10대그룹 신규임원	54.8%*
정부부문	4급 이상 공무원	29.5%**

출처: * 2005.12 현재(신문주, 2007).
  ** 2005년 2월 현재(한국경제신문, 2005.2.3.) KT의 경우 80%가 이공계 출신이었음.

대 그룹의 신규 임원 중 과학기술 전문 인력이 차지하는 비율이 54.8%이고, 4급 이상 공무원 중 기술직이 차지하는 비율은 29.5%에 지나지 않다는 것은 중간 그리고 고위공무원의 전문화 수준이 민간 부문에 비해 상당히 낮을 수 있음을 간접적으로 보여주는 좋은 증거가 된다.

셋째, 상위직으로 올라갈수록 직렬들이 각 직군 내의 특정 직렬로 통합되어 관리되고 있다. 이 때문에 직렬간 승진 기회의 차이가 나고 있어 일부 직렬에 속한 공무원들의 사기가 저하되고 있다. 가령, 행정직군에 속해 있는 사회복지, 통계, 사서 공무원은 5급까지는 독립된 직렬로 관리되고 있는데 이들 직렬에 속한 공무원들이 4급 이상으로 승진하는 것은 실제로 제한되어 있다.

3. 개선방안[12]

앞서 설명한 우리나라 공직 분류의 문제점들은 대부분 계급제에 대한 과도한 의존 때문에 발생하는 공직의 전문성 저하로 정리된다. 계급제로부터 파생되는 문제들을 최소화하고, 그 공백을 직위분류제 요소로 보완하는 것이 현실적으로 가장 적합한 공직 분류 개선방안으로 제시된다. 특히 포스트 코로나 대응 관점과 공직사회 새로운 MZ세대의 등장[13]에 따른 문화 혁신 관점에서 보면 유연성과 다양성을 제고하는 방향으로 공직 구조가 변화하여야 할 것으로 보인다.

첫째, 직무의 성격에 따른 직종 구분을 다시 할 필요가 있다. 현재의 공무원 종류를 직무의 성격에 따라 분류하되, 행정업무별로 직무의 성격을 파악하여 유사한 직무는 유사한 조건에서 유사한 대우를 받을 수 있도록 공무원 종류 구분을 다시 해야 한다. 가령, 별정직은 폐지하고 정무직 공무원으로 편입하는 것도 고려해 볼 만하다.

---

12) 이 부분은 조경호(2005) 등을 참조하여 재구성한 것이다.

13) MZ세대는 1980년대 초~2000년대 초 출생한 밀레니얼세대와 1990년 대 중반~2000년대 초반 출생한 Z세대를 통칭하는 세대를 말하며 디지털 환경에 익숙하고 독립적으로 행동하는 세대를 말한다.

둘째, 직군·직렬 구분과 관련하여, 공무원의 직무 전문성을 증진하기 위해 서는 무엇보다도 직무분석이 선행되어야 하며, 직무분석 결과를 토대로 행정 분 야의 직렬을 세분화하는 작업이 필요하다. 동시에 필요하다면 전문기술 분야의 고위직에 대한 조정을 통해 이들을 단수 직렬화하는 방안도 검토되어야 한다. 인사·조직 직류를 신설하여 행정 분야 채용에서 전문화를 기했지만, 직렬 세분 화 작업은 더 이루어져야 한다.

셋째, 직급 구분의 차원에서는 되도록 직위분류제 요소를 많이 가미하는 동 시에 등급을 확대하여 보수 중심으로 계급 구분을 전환하고, 기술직군과 행정직 군 간 등급 간격과 계급 수의 차이를 두는 방안을 검토해 볼 만하다. 계급제에 기초하고 있는 현재의 직급구조에 직위분류제 성격을 확대하여 15등급 이상의 보수 등급 체계로 확대함으로써 공무원들의 승진 욕구를 충족시켜주어야 할 것 이며, 장기적으로는 계급 승진의 차원으로부터 보수 등급의 승격 차원으로 기본 인식을 바꾸어야 할 것이다. 계급제의 성격을 살려 등급들을 몇 개의 계층으로 구분하여 정책 계층, 관리계층, 일반 실무계층 등으로 묶는 방안도 고려해 볼 필 요가 있다(하태권 외, 1999: 151).

넷째, 개방형 직위제도의 활성화와 고위공무원단제도의 실질화가 필요하다. 개방형 직위제도가 우리나라 공직사회에 성공적으로 뿌리내리려면 무엇보다도 유능한 민간 전문가의 공직 임용이 활성화되어야 한다. 민간 전문가들에게 계약 에 따른 신분상의 불안정을 상쇄할 정도의 충분한 물질적 보상을 제공하고, 업 무 실적에 대한 공정한 평가 시스템이 구현되도록 해야 할 것이다. 고위공무원 단제도의 성패는 고위공무원에 대한 객관적인 성과평가에 달려 있다고 해도 과 언이 아니므로 이들의 성과를 객관적으로 평가할 수 있는 시스템의 구축과 실행 이 중요할 것이다(조경호 외, 2007).

제 5 절 고위공무원단제도

1. 한국의 제도 도입 배경

2006년 7월 1일부터 전면 시행에 들어간 고위공무원단제도는 신분적 계급제를 근간으로 하는 기존의 폐쇄적인 고위직 공무원 인사제도 틀을 벗어나, 국장급 고위공무원을 개방과 경쟁을 통해 임용하고 이들의 성과관리를 일반공무원과 별도로 구분함으로써 정부의 경쟁력을 높이고자 하는 제도이다. 고위공무원단제도와 유사한 정책 공무원 그룹의 창설에 대한 검토는 1990년대 중반 총무처의 공무원 계급구조 개편 과정에서 최초로 시도된 바 있고, 국민의 정부 시절 외환위기에 따른 정부 개혁의 일환으로 기획예산처 행정개혁위원회 주도로 그 도입이 검토된 바 있다.

실상, 우리나라에서 실·국장급 고위직 공무원이 정책과 행정에 미치는 영향력은 매우 크지만, 그동안 이들에 대한 인사관리는 타 직급에 비하여 상대적으로 매우 부실하였다(박천오 외, 2007: 128). 전통적 계급제적 분류 체제하에서 고위직 공무원의 전문성 함양도 제대로 이루어지지 못했으며, 강력한 동기를 제공할 수 있는 인센티브 부여 체제나 성과관리 체제도 가동되지 못했다. 또한 고위직 공무원들이 갈망하는 리더십 교육 프로그램도 부족했다.

고위공무원단제도는 크게 두 가지 목적을 가지고 각국 고위직 인사시스템이 도입되었다(조경호 외, 2007: 11, 재인용). 하나는 고위직에 우수 인력을 유치하고 육성하는 한편, 현직 우수 관료들이 공직 외부로 유출되는 것을 방지하려는 관리적 목적이 있고, 다른 하나는 국민의 대표기관인 대통령과 국회에 대한 고위공무원의 순응과 협조를 형성하여 국민에 대한 고위공무원들의 직접적인 책임을 강화하기 위한 인사정책 수단 차원에서의 목적이 있다(Huddleston, 1991: 178-184; Durant, 2003: 1089). 즉 고위공무원단제도는 관리적 목적과 국가 정책적 목적 모두를 달성하기 위해 만들어진 제도란 점에 이의를 달기 어렵다.

우리나라 고위공무원단제도는 정부 실·국장급 공무원이 국가의 핵심 인재로서 폭넓은 시각을 갖고 정부의 혁신을 선도할 수 있도록 하고, 이들을 중·하위직 공무원과 분리하여 고위직 공무원의 인사를 성과와 능력 중심으로 전환하기 위해 도입되었다고 볼 수 있다. 고위공무원단제도 도입 이후 고위직을 대상으로 ▶ 공직의 개방과 경쟁 촉진, ▶ 직무와 성과 중심의 인사관리, ▶ 적격자 선발·유지를 위한 검증시스템 강화, ▶ 전문성 제고 및 통합적 시야 배양 등을 지향한다(조경호 외, 2007: 12).

2. 서구의 제도 도입의 목적과 성과

서구의 고위공무원단제도는 상위 공무원을 중하위직 공무원과 구분하여 별도로 통합 관리하는 제도를 말한다. 서구 여러 국가에서는 1970년대부터 이 제도를 도입 시행해 오고 있다.

미국 연방 고위공무원단제도(Senior Executive Service: SES)는 1978년 미국 카터 행정부의 공무원인사개혁법(Civil Service Reform Act: CSRA)에 따라 창설되었으며, 이후 여러 국가에 유사한 제도가 퍼졌다. 호주의 SES, 영국의 SCS(Senior Civil Service), 캐나다의 EX(Executives Group) 등이 그 예이다. 미국 SES는 이전의 GS−16~18등급을 포함 6개 직무등급에 해당하며, 감독 및 정책직위 약 8,000명 정도(2022년 현재) 된다. 영국 SCS는 5개 보수 등급에 포함되는 약 4,400명 정도(2010년 현재)를 대상으로 한다.

서구 국가에서는 기본적으로 정부 운영의 핵심이 되는 고위직에 우수한 인력을 유치·육성하고 이들에 대한 관리방식을 개혁함으로써 정부의 생산성을 높이려는 목적에서 이 제도를 도입하고 있지만, 학자들은 제도의 도입 배경을 정치적 그리고 관리적 두 가지 차원으로 나누어 설명한다(Huddleston, 1991: 178−184; Durant, 2003: 1089).

우선 한편에서는 정부가 고위공무원들을 통제하려는 정치적인 의도에서 고위공무원단제도를 도입한다고 주장한다. 오늘날 대다수 국가에서 고위공무원들은 정책과정에서 실권을 행사하고 있으나, 이들이 국민의 요구나 국민의 대표인 정치인들의 지시에 충실하지 않고 각자 편향된 전문지식이나 이해관계에 집착할 우려가 있으므로, 고위공무원단제도를 통해 이들에 대한 통제를 강화할 필요가 있다는 것이다. 고위공무원단제도가 비협조적이거나 성과가 낮은 고위공무원을 해직할 수 있는 권한을 정무직 공직자들에게 부여하고 있고, 고위 공직을 개방하여 민간인의 진입과 정치적 임명이 가능하게 하는 이면에는, 고위공무원들을 통제하려는 정치적 목적도 함께 포함되어 있다는 것이다.

그러나 다른 한편에서는 정부가 민간의 발전된 관리 제도를 적용하려는 관리주의적 관점에서 고위공무원단제도를 도입하였다고 본다. 정부 부처나 기관도 목표 달성을 위해 존재하는 조직이라는 측면에서 보면 기업과 크게 다를 바 없는 데도, 정부의 경력직 공무원들은 신분보장을 강하게 받고 보수와 성과가 제대로 연계되지 않는 등 민간과 달리 관리되는 것이 정부 생산성 저하의 원인이라는 전제에서, 기관 상부의 고위공무원들을 따로 분리하여 민간의 관리방식을 적극 적용하고자 고위공무원단제도를 도입한다는 것이다.

고위공무원단제도 도입에는 이러한 기본적인 배경 외에도, 나라마다의 독특한 필요성이 함께 작용하였다. 예컨대 영국의 SCS는 고위공직에 대한 문호를 개방하여 전문가를 영입함으로써, 기존의 폐쇄적이고 계급 중심의 피라미드형 공직 구조에 기인된 전문성 부족의 취약점을 극복하고자 하였다. 반면에 미국은 기존의 직위분류제 체제에서 경력직 공무원들의 자리 순환과 재배치가 제한되어, 고위관리자들의 시각을 넓히고 이들이 전체 정부 맥락에서 정책을 이해할 수 있게 하는 장치가 필요했고 그 주된 장치로서 고위공무원단제도를 도입하였다고 본다.

서구 국가의 고위공무원단제도는 고위공무원을 정부 전체적인 차원에서 통합 관리하고 있다는 점, 개방성·성과관리·이동성 등을 인사 운영의 원칙으로 삼는다는 점에서 서로 비슷하다. 이러한 공통점은 다음 몇 가지 믿음에서 연유한다. 첫째, 행정기관들이 공공 관리(public management)란 일단의 지식을 갖춘 전문가들을 구성할 수 있다는 것이고, 둘째, 고위공무원들에게는 정책 결정 등에 있어서 보다 총체적이고 전체 정부 시각이 요구되며, 이러한 시각을 갖추게 하기 위해서는 그들을 부처간에 이동시킬 필요성이 있다는 것이다. 마지막으로, 집권층이 각자 정책공약 등을 집행하려면 고위공무원들을 별도로 또한 신축적으로 관리할 필요가 있다는 것이다(Rosenbloom, 1998: 224; Durant, 2003: 1089).

<표 3-8> 서구 고위공무원단제도의 공통 특징

특징	주요 내용
개방성	• 공직 내외의 공개경쟁을 통해 우수한 인력을 고위공무원으로 충원토록 제도화하고 있으나, 실제 공직 외부로부터의 채용 비율은 높지 않음 • 영국의 경우 외부로부터의 SCS 비율을 확대하기 위해서는 중간관리자 단계에서 외부로부터 충원을 확대할 필요성 제기, 매년 10%씩 중간관리자와 고위직 직위에 공개경쟁 증가 추구
이동성	• 공직에 신사고 유입, 공무원 조직 간의 협력 개선, 공직 전반의 문화 발전, 직업적 능력 발전 등을 위해 고위공무원의 부처 간·부처 내·민간으로의 이동을 적극 권장
성과주의 강화	• 성과와 결과에 대한 책임성을 강조하여 행정의 생산성 향상 도모 • 공식적인 연간 성과평가 합의(annual performance agreement)
능력개발 중시	• 고위직 공무원의 관리능력과 리더십을 중시, 이를 향상하기 위한 다양한 프로그램 개발·운영 • 고위직 공무원의 능력발전과 적임자 선발 등을 위한 역량모델링과 그 활용
통합관리	• 중앙인사관장기관이 고위공무원의 인사 관리의 기준을 마련하고 통일된 운영을 도모하고 있으나, 운영의 형태는 중앙집권적인 경우와 분권적인 경우로 양분됨 • 영국, 캐나다, 네덜란드는 중앙집권적으로 운영됨. 고위공무원의 급여 및 근무조건, 채용, 승진, 훈련 등 대부분을 중앙인사관장기관이 결정함 • 미국의 경우 채용, 교육훈련 등을 해당기관에서 실시함. OPM은 채용 시 자격심사위원회(Qualification Review Board)를 통해 후보자를 검증하고, 각 기관별 SES 배정 인원을 결정함.

이러한 특성을 내포한 서구 고위공무원단제도의 이제까지의 운영성과를 살펴보면 성공적이지만은 않다. 우선, 영국의 SCS는 고위직의 신축성과 응집력을 강화했다는 측면에서 상대적으로 긍정적인 평가를 받고 있다. 또한 공개경쟁을 통해 상당수 민간 출신 전문가를 SCS 직위에 진입시킴으로써 전문성 제고와 개방성 제고라는 목적도 어느 정도 달성한 것으로 평가된다. 예를 들어 2010년 영

국 SCS 외부 임용 중 민간 출신 비중이 41%에 이르고 있고, 여성 비중도 35.2%에 이르고 있는 등 Pay Band 1, 1A, 2, 3, 사무차관(Permanent Secretary) 등 5개 직무등급에서 매우 활발한 내외부 전문가 채용이 이루어졌다고 평가된다(오병권, 2010).

호주의 SES도 구성원 임용의 개방성과 이동성이 비교적 높고, 구성원 대부분 소속기관에서 강력한 리더십을 실현하는 등의 성과를 거두고 있는 것으로 파악되었다(조경호 외, 2007). 그러나 미국을 비롯한 나머지 국가들에 대해서는 제도 도입 취지에 상응하는 변화가 생각보다 적다는 평가가 일반적이다. 특히 뉴질랜드의 고위공무원단(SES)은 영세한 규모 등의 문제점으로 인해 와해 되었으며, 미국의 고위공무원단제도도 부적절한 정치적 영향력을 배제하고 공익을 추구하는 자유로운 고위 공직 체계를 마련하고 고위공직자의 대국민 책임성을 높이려는 목적에서 도입되었으나 획기적인 성과물이 보고되지 않고 있다(이재호 외, 2008).

관련 연구들이 지적하는 서구 고위공무원단제도의 문제점은 다음 몇 가지이다. 고위공무원의 기관 간 유동성이 높지 않다. 공공부문 성과측정의 본질적인 문제를 극복하지 못한 채 실적관리가 제대로 이루어지지 못하고 있고, 평가의 관대화 문제가 늘 지적되고 있다. 고위공무원단 공무원의 보수가 민간에 비해 상대적으로 낮아 유능한 인력을 공직에 유인하거나 유지하는 데 한계가 있다. 교육훈련의 강화에도 불구하고 고위공무원의 능력 발전에 괄목할 만한 성과가 없고, 고위공무원의 자발적인 교육훈련 참여율이 낮다는 한계가 지적되고 있다 (이재호 외, 2008).

3. 한국의 고위공무원단제도: 평가와 과제

2006년 도입 초기에 우려와 오해도 있었지만, 고위공무원제도에 대한 최근의 평가는 엇갈리고 있다. 일단 고위공무원단제도가 도입된 후 과장급 공무원들도 스스로 경쟁력을 갖추기 위해 역량 개발을 위해 노력하고 있다는 점이 큰 변화로 나타나고 있고, 공직사회 전반에 성과주의 문화가 뿌리를 내리고 있다는 긍정적인 변화도 나타나고 있다(박천오, 2007; 조경호 외, 2007). 다만 고위공무원에 대한 성과평가의 객관성과 공정성 확보, 개방형 직위와 공모 직위 충원 프로세스의 경직성 완화, 고위공무원들의 성과와 업적에 상응하는 사회적 그리고 경제적 보상 제공 등 고위공무원단제도 운영과정에서 나타나는 공직 내부의 수요와 요구에 신축적으로 대응해야 한다는 목소리도 있다(조경호 외, 2007). 2009년부터 정부는 고위공무원단제도 개선안을 시행하면서, 공모 직위 규모를 30%, 개방형 직위 비중은 20%로 하면서 중앙행정기관과 소속기관 간 균형을 유지하도록 하는 등(개방형 직위 및 공모직위의 운영 등에 관한 규정 제3조와 제13조 참조) 공모 직위와 개방형 직위 배정에 부처 특성을 고려한 유연한 대응을 해 왔다.

결국, 고위공무원단제도의 기본 취지를 살리고 고위공무원의 성과를 지속 향상하기 위해서는 제도의 성과를 정기적으로 점검하고 평가하여야 할 것이고, 제도의 기본 취지를 훼손하지 않는 범위 내에서 필요한 수정과 보완을 해나가야 한다. 영국 고위공무원단제도는 고위직의 신축성과 응집력을 강화하였고, 공개 경쟁을 통해 상당수 민간 출신 전문가들이 고위공무원단 직위에 진입함으로써 고위직의 전문성을 높인 점이 인정되고 있으며(Barker, 2004: 38), 1984년 도입된 호주 고위공무원단도 고위직 임용의 개방성과 이동성을 높였고, 구성원들이 소속기관에서 강력한 리더십을 실현하는 등의 성과를 거둔 것으로 파악되었다 (Bohn, 2004: 55).

우리도 고위직 성과측정의 본질적인 문제를 극복하기 위해 계속 노력해야 할 것이며, 리더십 교육 강화를 통해 고위공직자 능력 발전에 지속적인 투자를 해나가야 할 것으로 보인다. 아울러 부적격 공무원을 퇴출할 수 있는 제도로서 고위공무원단제도의 기본 취지와 목적을 달성하기 위해 적격성 평가 운영의 실효성을 제고하여 국민이 신뢰하는 제도로서 지속가능성을 보여줄 필요가 있다.14)

---

14) 2016－2020 고위공무원 적격심사 현황 자료에 따르면 해당 기간 열린 10회의 적격심사에서 실제 부적격 판단을 받아 직권면직 처분된 고위공무원은 2명에 불과하였다(매일경제, 2021.6.16.).

참고문헌

김신복. (1994). 공무원 인력관리와 인사행정의 개선과제. 『행정논총』, 32(1): 18 – 39.

김중양. (1998). 한국관료체제의 개방모형연구. 「한국행정학회 인사행정연구회 발표 논문」.

김창준. (1996). 한국의 공무원제도 개혁: 회고와 전망. 「한국외국어대학교 논문집」, 29: 1 – 28.

박광국 외. (2021). 「공공가치 창출을 위한 현대조직론」. 서울: 박영사.

박천오 (2007). 우리나라의 공무원 징계와 퇴출: 실태와 대안. 「한국행정학보」. 41(3): 221 – 241.

오석홍. (1983). 『인사행정론』. 서울: 박영사.

이재호 외. (2008). 「고위공무원단제도 평가와 개선방안 연구」. 한국행정연구원.

인사혁신처. (2021). 「인사혁신통계연보」.

조경호. (1993). 한국 공무원의 조직몰입도 결정요인에 관한 연구. 「한국행정학보」, 27(4).

조경호. (2005). 「공무원 직종·직군·직렬체계 정비방안」. 한국행정연구원.

조경호. (2021). 디지털 정부혁신 4.0: 4P 정부론. 「디지털 혁신으로 이루는 미래비 전」, 서울: 북코리아: 제20장.

조경호 외. (2007). 「고위공무원단제도 운영성과 평가」. 중앙인사위원회 정책보고서.

진재구. (1993). 직업공무원제 확립을 위한 인사행정기관 및 공직분류체계 개선방 안. 「KIPA 연구보고서」.

하태권·조경호·강인호. (1999). 「공직분류체계 개선방안」. 중앙인사위원회 정책연구 보고서 99 – 8.

한국경제신문. 2005.2.3.

행정자치부. (1998). 「영국공무원제도」.

행정안전부. (2013). 「공무원인사백서: 2008 – 2012」.

Barker, J. (2004). The Senior Civil Service in the United Kingdom. 고위공무원단제 도 국제컨퍼런스 발표논문.

Bohn, D. (2004). Challenges facing the Australian Senior Executive Service. 고위공

무원단제도 국제컨퍼런스 발표논문.

Cabinet Office. (2022). Civil Service Statistics 2022. London: HMSO.

Cho, Kyung—Ho & S. H. Lee.(2001). Another Look at Public—Private Distinction and Organizational Commitment: A Cultural Explanation. *International Journal of Organizational Analysis*, 9(1): 84—102.

Durant, Robert F. (2003). Senior Executive Service. In Jack Rabin ed. Encyclopedia of Public Administration and Public Policy. 1089—1093. New York: Marcel Dekker, Inc.

Huddleton, Mark W. (1991). The Senior Executive Service: Problems and Prospectives for Reform. In Carolyn Ban and Norma M. Riccucci. eds. Public Personnel Management. 175—189. New York: Longman.

Hyde, A. C. (1995). An Annotated Glossary of TQM. Brookings Institution, Center for Public Policy Education.

Rosenbloom, David. H. (1998). Public Administration : Understanding Management, Politics, and Law in the Public Sector. New York: The McGraw—Hill Companies.

Taylor, Frederick W. (1911). The Principles of Scientific Management. New York: Norton.

University of St. Gallen. (2015). *Arbeit 4.0: Megatrende Digitaler Arbeit der Zukunft.*

Williams, J. D. (1980). Public Administration: The People's Business. Boston: Little, Brown & Company.

http://www.opm.gov

http://www.csc.go.kr/journal/

제 4 장

중앙인사기관

생각해보기

- 공무원 사회에서 인사행정기관이 왜 중요한지 생각해 보자.
- 우리나라 공무원 사회를 둘러싸고 변화하는 환경을 거시적 그리고 미시적 차원에서 분석하여 인사행정기관 개선점을 전략적으로 제시해 보자.
- 정부는 실질적인 지방자치시대를 열기 위해 다양한 행정 제도적 개혁을 해 오고 있다. 지방자치시대에 맞는 지방자치단체 인사행정기관은 어떠해야 하는지 생각해 보자.

토론해보기

- "인사행정기관은 통치권자로부터 독립적이어야 한다"에 대한 찬반 토론하기
- "인사행정기관은 합의제 구조를 가져야 한다"에 대한 찬반 토론하기
- "각 부처 인사행정기관은 통일성을 가지고 운영되어야 한다"에 대한 찬반 토론하기

인사행정기관은 정부 인사행정을 주관하는 조직이다. 인사행정기관이 정부 인사행정의 주관 조직으로 의미를 갖기 위해서는 인사행정의 핵심 가치들인 효율성, 공공성, 사회적 형평성, 민주성 등의 혼재를 확인하고 반영하여야 한다.

공공성의 예를 들어 설명해 보자. 공공성은 공공영역을 지배하는 핵심 가치이고 사적 영역에 대비되는 가치 중 하나이다. 사적 영역은 돈이 되지 않는 일에는 관심이 없고 손해 나지 않는 곳에 열을 올리는 경향이 무척 강하다. 사적 영역만 융성한다면 그 사회는 파국으로 치닫게 되고 사회 전체적으로 부의 축적이 일어나지 않는다. 즉 공공영역이 신경을 쓰고 챙겨야 하는 부분은 공공성 가치이며 이는 손해나고, 돈이 되지 않고, 사회적 약자의 편에 서고, 먼 장래의 이익을 위해서 현재의 이익을 희생하는 자세라고 할 수 있다(백완기, 2006: 4-5). 여기서 우리가 터득할 수 있는 것은 사적 영역과 달리 공공영역에서는 전체 사회가 균형을 잡을 수 있도록 통제하고 견제할 수 있는 기관이 필요하고 그 기관은 공공성을 기초로 설립되어야 한다는 것이다.

제 1 절 중앙인사기관의 설치 이유

1. 인사행정상 할거주의 제거

정부는 행정기관별로 인력관리 문제를 처리하려는 경향이 강하다. 행정기관별로 자기 영역을 지켜내어 조직구성원들이 자신들의 인적자원 영역이 다른 조직에 의해 위협받기를 꺼리는 인식이 강하기 때문이다(남궁근, 2022: 425). 이 경우 인사행정의 전체적인 면에서 통일성이 떨어져 인사행정 여러 혼란이 야기 될 수 있다. 행정부처의 할거주의와 독립성은 동전의 양면이라 할 수 있다. 이와 같은 할거주의는 부처 간 선의의 경쟁을 통해 인력관리의 발전을 기대할 수 있지만 국가 전체적인 입장에서 합리적인 의사결정이 이뤄지기 어렵고 인력관리의 공정성을 담보하기 어려운 한계가 있다.

2. 정실주의 배제와 실적제 확립

행정기관별로 인사 문제를 독립적으로 다루게 되면 기관의 책임자나 힘 있는 자가 인사 문제에 독단적으로 개입하여 정실인사가 일어날 가능성이 커진다. 정실인사의 부패성은 날로 커지고 있고 공직의 사적 이용을 통한 정실인사나 보은인사는 인력관리의 부패를 줄이는 차원에서 매우 중요한 정부 과제가 되었다. 이와 같은 정실주의의 폐해를 방지하기 위해서 중립성과 공정성을 지킬 수 있는 중앙인사기관이 필요하게 되었다고 볼 수 있다.

3. 인사정책의 통일적 추진

중앙인사기관은 국가 인사정책을 통일되게 추진하기 위해서도 필요하다. 인사행정의 제도적 기반을 제공하는 인사제도와 인사행정을 전문적으로 수행하는 추진체로서의 중앙인사기관의 중요성은 날로 커지고 있다. 우리나라 인사기관은 국가의 모든 공무원의 인사업무를 총괄하는 한편 인력기획, 인력확보, 인력개발, 인력관리, 인력통제의 전체 인력 과정에 영향을 미치는 통일적인 정책의 수립이 필요할 때 매우 중요한 기능을 수행한다. 우리나라의 경우 인사 활동의 근간이 되는 실적제와 직업공무원제의 확립도 모든 인사 문제가 중앙인사기관에 의해서 통일적으로 관장될 때 촉진된다(예: 공무원 성과관리제도, 연금제도, 정년제도 등).

4. 인사권자의 책임성 확립

중앙인사기관은 국가 행정수반의 인사권 행사의 책임성을 확립하는 데 중요한 제도적 기초를 제공한다. 중앙인사기관을 통해 국가 행정수반은 공무원 인사권을 행사하고 나아가 행정 전반에 관한 리더십을 확보한다.

제 2 절 중앙인사기관의 조직 특성

1. 집권성

집권성은 의사결정 권한의 위치와 관련이 깊다. 집권성은 공식적인 의사결정 권한이 집중된 정도를 나타낸다. 인사권자가 내·외부 고객으로부터 어떠한 조언도 듣지 않고서 조직의 주요 인사결정을 내릴 수 있는 권한을 가지고 있다면 집권화된 조직이라 할 수 있다.

이처럼 인사행정의 집권성이나 집중성을 높이는 활동은 통일된 인사원칙을 확보하기 위해서다. 인사업무나 기능이 부처별로 또는 자치단체별로 분산되어 있으면 혼란이 야기된다는 논리이다. 아울러 급변 환경 속에 인사행정의 핵심 가치 체계의 변화가 필요할 때 여러 가지 인사제도와 기법들이 연구되고 실행될 필요가 있는데 이를 가능하게 하는 것이 중앙인사기관의 집권성이다.

2. 독립성

조직 특성상 독립성은 정치적 압력이나 영향으로부터 조직이 자유로운 상태를 말한다. 인사행정에서 독립성이 강조되는 이유는 정치적 영향으로 인한 엽관주의 인사와 정실인사의 배제와 인력관리의 공정성 제고와 공무원 권익보호 때문이다. 중앙인사기관의 독립성 보장은 정부 인사행정을 정치적 자의성으로부터의 보호했다는 평가를 받을 수 있으나 행정수반이나 부처 인사권자의 적극적인 인력관리를 가로막았다는 또 다른 평가도 받고 있다. 미국의 실적제도 확립에 지대한 공헌을 했던 초기 초당적인 인사위원회(Civil Service Commission)는 공무원 인사에 있어서 정치적 자의성을 방지하기 위해 설치되었지만, 과도한 독립성 논란 끝에 1978년 카터 행정부에 의해 폐지되어 지금의 인사관리처(Office of Personnel Management: OPM)가 된 바 있다.

3. 합의성

행정기관의 소관 업무에 관하여 자문에 응하거나 조정, 협의, 심의 또는 의결 등을 하기 위해 복수의 구성원으로 이루어진 의사결정체가 필요할 경우 합의적 구조를 전제로 한 합의제 기관이 설치된다. 즉, 중요한 결정을 내릴 때 조직구성원들의 합의에 따를 때 합의제 기관이 설치된다. 인력관리에 있어서 합의제가 추구하는 것은 인사결정에 있어서 신중성과 공정성을 확보하기 위한 것이다. 특히 공무원의 신분상의 문제를 중심으로 준사법적인 기능을 수행할 때 합의성은 특히 요구된다(예: 우리나라의 중앙행정기관 소속기관 성격의 소청심사위원회 등). 인사행정기능 수행상 내·외부 고객을 인사행정 결정에 참여시킴으로써 전문적 지식의 도입, 공정성 확보, 이해관계의 조정과 인사정책의 투명성 제고에 도움이 되기 때문이다.

제 3 절 중앙인사기관의 조직 형태

1. 독임형

독임형 형태의 중앙인사기관은 한 사람이 중앙인사기관의 책임자가 되는 조직 형태를 의미한다. 즉, 독임형 조직은 부(部), 처(處), 청(廳)등 한 사람이 소관 사무의 통할권과 소속 공무원에 대한 지휘 감독권을 가지는 형태를 말한다. 이와 같은 조직 형태는 인사권자의 책임소재를 명확히 하고, 신속한 의사결정을 가능하게 하며, 각 부처와 자치단체의 인사기관과 기능적 관계를 강화하며, 행정수반의 행정통제 수월성을 제고한다. 다만 독임형 중앙인사기관은 인사행정에 있어서 공정성을 상실할 가능성을 안고 있으며 인사정책의 일관성을 떨어뜨릴 위험에 직면할 수 있는 한계를 지닌다.

2. 합의제형

합의제형은 독임형에 대비되는 조직 형태로 위원회, 심의회, 협의회 등 명칭을 불문하고 복수의 구성원으로 이루어진 조직을 의미한다. 합의제형 조직 형태는 일반 행정조직에서 분리되어 있고, 행정수반으로부터 독립된 지위를 누린다. 이 형태는 정치적 중립성을 지키기 위해서 양당제 아니면 초당적 인원으로 구성되고, 구성원의 임기가 정해진 것이 특징이다. 양당제의 경우는 반드시 양당에서 위원이 나오게 되어 있다(예: 우리나라의 경우 중앙행정기관 성격의 방송통신위원회, 국민권익위원회 등).

이러한 합의제형은 정실인사를 배제하고 핵심 위원이나 구성원을 순차적으로 교체시킴으로써 인사정책의 계속성을 보장할 수 있다는 이점도 있으나, 결정이 느리고, 인사 책임이 분산되어 효과적인 행정통제를 어렵게 할 수 있다는 한계가 있다. 또한 특정 이익을 대표하는 비전문가들이 참여하는 조직으로 전락하면 특정인 중심으로 조직이 운영될 가능성도 배제하지 못하기 때문에 조직 운영이 형식화되고 합의제형 취지와 달리 일반 행정조직과 유사하게 운영될 위험도 크다.

3. 절충형

절충형은 합의제형과 독임형의 중간 형태라고 할 수 있다. 우리나라의 중앙인사기관이 해당한다고 볼 수 있다. 우리나라의 경우 2004년 정부조직법 개정으로 행정자치부 인사 기능이 기존의 중앙인사위원회로 이관되어 일원화된 적이 있었는데 이러한 형태가 절충형이라 볼 수 있다. 위원회여서 합의제형에 가까웠다고 볼 수 있으나 위원장이 위원회 사무를 책임지면서 동시에 행정수반인 대통령에 대해서는 참모 역할을 수행하였기 때문에 절충형에 가깝다고 할 수 있겠다 (백완기, 2006: 560). 또한 현재 우리나라 중앙인사기관의 조직형태도 독임형인 인사혁신처와 합의제형인 소청심사위원회(준사법적 합의제 의결기관)이 동시에 이원적으로 구성되어 있어서 절충형이라 할 수 있다.

　미국의 연방 인사기구도 인사관리처, 실적제보호위원회, 연방노사관계위원회 등으로 분리 설치되어 있기는 하지만 절충형에 가깝다. 의원내각제 국가인 일본의 현재 중앙인사기관은 "국가공무원제도개혁기본법"에 따라 2014년 설립된 내각부 내각인사국으로써 이전 인사원과 총리대신 산하 총무성 인사국이 병존하는 절충형이었지만 현재는 독임형 성격이 강하다.

제 4 절　중앙인사기관의 기능

　중앙인사기관이 어떤 기능을 수행하고 있고 수행하여야 할 것인가에 대한 학계 견해는 중앙인사기관과 각 부처 인사기관 간 권한과 책임의 분배나 중앙지방 사이의 인사 기능과 역할 구분에 따라 달라질 수 있지만 중앙인사기관의 전통적 기능(강성철 외, 2001: 95–98; Dresang, 1999: 112)과 현대적 기능(오성호·권경득, 2003: 5–9)은 대체로 다음과 같이 요약할 수 있겠다.

1. 전통적 기능

1) 준입법적 기능

　중앙인사기관은 공무원 신분과 공직사회 전반에 영향을 미치는 인사 법규의 제정뿐 아니라 인사정책의 수립까지 광범위한 기능을 수행한다. 여기서 중앙인사기관의 준입법적 기능이란 국회에서 제정한 법률의 범위 내에서 인사행정에 관한 규칙을 제정하는 기능을 말하는 것이다. 중앙인사기관은 이와 같은 준입법적 기능을 수행하여 인사행정의 통일성과 일관성을 확보하고, 나아가 실적제 인사행정의 뿌리를 강하게 내리게 할 수 있다.

2) 준사법적 기능

중앙인사기관은 위법 또는 부당한 처분을 받았다고 생각하는 공무원으로부터 소청이 있을 때 이를 재결할 수 있는 권한을 가지고 있다. 즉 중앙인사기관은 징계 등 인력관리에 있어서 다툼을 중재하거나 재결하는 것은 물론, 기관과 개인 사이 또는 기관 사이 인력관리에 있어서 충돌을 예방하고 다툼을 중재하는 기능을 수행한다. 소청심사위원회에 대한 자세한 설명은 이 책의 제8장 권익 보호를 참고하여 주기 바란다.

3) 집행적 기능

중앙인사기관은 인사행정의 제도적 기반이 되는 공직 분류, 직업공무원제, 실적제 운영을 위한 다양한 집행업무를 수행한다. 임용, 승진, 역량개발, 이동, 보수 및 후생복지, 윤리복무, 재해 보상 등에 관한 사항을 결정하고 집행하는 기능이 여기에 포함된다. 이들은 인사행정의 구체적 사무에 해당하는 것으로써 중앙인사기관의 역할 기능의 범위에 따라 강화되기도 하고 축소되기도 한다.

4) 감사 기능

중앙인사기관은 각 부처와 지방자치단체가 정해진 법과 규칙에 따라 인사행정을 수행하고 있는지 지도하고 감사할 수 있다. 여기서 지도 기능은 각 부처가 인사행정을 제대로 할 수 있도록 도움을 주는 기능을 말하고, 감사 기능은 각 부처나 지방자치단체가 관련 법규에 부합되게 인사행정을 수행하였는지를 책임 있게 살펴보는 기능을 말한다. 중앙인사기관은 감사결과 위법 또는 부당한 사실을 발견하면 소속 기관장에게 시정을 요구할 수 있고, 관련 공무원을 징계위원회에 넘길 수 있다. 최근 들어 각 부처와 공공기관의 인력 채용 권한이 증대되면서 중앙인사기관의 채용점검 활동의 중요성이 더욱 커지고 있는데 이도 광의의 감사 기능에 포함되어 이해할 수 있다.

2. 현대적 기능

1) 전략적 인적자원관리 기능

전통적 인사행정 개념은 조직에서 인적자원을 효과적으로 관리하고 조직성과를 높이는 있는 방안을 규명하면서 발전하였고, 특정한 인사제도와 조직성과 사이의 관련성을 밝히는 것에 초점을 두었다면, 현대 인사행정 개념은 조직의 지속적인 경쟁우위 확보에 중요한 원천이 되고, 조직성과를 극대화하는 데 핵심 요소가 되고 있다. 여기서 후자의 현대 인사행정 개념은 전략적 인적자원관리 기능을 중심으로 확산 발전되고 있는데, 주로 중앙인사기관이나 각 부처 인사기관의 핵심 기능이 된다.

중앙인사기관의 전략적 인적자원관리 기능은 조직의 목적달성을 잘 반영하여 전략경영 과정과 연계되도록 하고 인적자원 간에도 조화를 이루어 경쟁국, 경쟁부처에 우위를 점할 수 있는 다양한 목적을 달성하는 데 이바지한다(Anthony 등, 2002; Wright와 McMahan, 1992). <표 4-1>은 중앙인사기관의 전략적 인적자원관리 기능의 내용을 설명한다.

<표 4-1> 중앙인사기관의 전략적 인적자원관리 기능의 내용

핵심 내용	세부 내용	주장 학자
의사결정 중심	조직구성원의 경쟁우위를 창출하고 유지하기 위한 전략 실행과 관련된 의사결정 활동	Delery & Doty(1996)
인사행정 과정 중심	조직의 문제해결을 위해 참여하는 인적자원의 중장기적 발전과 개발	Mabey & Salaman(1995)
조직 연계 활동 중심	조직구성원의 인적자원 자본(기능, 태도)의 구성요소와 조직전략과 상호작용하는 인적자원관리 활동	Wright & McMahan(1992), Ivancevich(2003)

자료: 김영천(2001) 재구성.

2) 정책 주도 기능

중앙인사기관의 정책 주도 기능은 중앙인사기관의 동태적 역할과 관련이 깊다. 중앙인사기관의 전통적 기능은 다양하고 복잡한 인사행정 문제를 해결하기 위해 기존에 잘 만들어져 있는 인사 관련 법규를 효과적으로 집행하고 보수와 같이 일상적인 행정 활동을 수행하는 것이었다. 급변하는 행정환경에 비추어 볼 때, 이와 같은 일상적인 활동 수행이 비능률적인 것으로 생각될 수 있으며, 법규의 획일적 준수를 강요하는 인사행정이 중앙인사기관의 장애적 요소로 여겨질 수도 있다. 이와 같은 상황 변화는 중앙인사기관의 역할과 기능 전환을 요구하게 되었고, 중앙과 각 부처 인사기관의 역동적이고 전문적인 정책 주도 기능이 강조되게 되었다고 볼 수 있다(오성호·권경득, 2003: 7-8).

코로나19와 같은 위기와 빠른 대응을 요구하는 사회문제, 그리고 디지털 시대로의 발 빠른 전환은 이전과는 다른 정부혁신으로 접근이 요청되고 있고 이에 대응하는 중앙인사기관의 기능과 접근 방식도 상당히 역동적으로 변화하고 있다. 중앙인사기관의 적극적인 정책 주도 기능 수행 사례를 몇 가지 들면 아래와 같다.

사례 1: 행정환경이 급변하면서 기존의 법과 제도로는 해결하기 어려운 문제들에 대응할 필요성이 늘어나고 있다. 이에 적극행정의 중요성이 대두되면서 우리나라 중앙인사기관인 인사혁신처는 「적극행정 운영규정」을 제정하여 공무원의 적극적인 업무 처리 행위를 지원하고 조장하는 기능을 수행하기 시작하였다. 또한 2019년 11월 인사혁신처는 「공무원 후생복지에 관한 규정」을 개정하여 '공무원 책임보험' 제도를 도입하였다. 이 역시 적극행정 활성화를 위한 것으로, 직무를 수행하다가 소송을 당하는 공무원에 대하여 변호사 선임비 등 소송비용과 손해배상액 등을 보험으로 지원할 수 있도록 하였다(조경호, 2020).

사례 2: 코로나19 확산 시기 재택근무나 원격근무 등 유연근무제를 시행하는 기업들이 늘어나면서 공무원 대상 유연근무제에 관한 관심이 새로운 국면을 맞이하였다. 우리나라 중앙인사기관은 공직사회 내부 코로나19 확산을 차단하고 공무원 대상 유연근무제를 의무적으로 실시하는 유연근무제 이행 지침을 각 기관에 보냈으며(2020년 3월 12일), 근무 혁신 방안도 다각도로 제시하기 시작하였다. 공직사회 근무 혁신이 일·가정 양립과 생산성 제고를 목적으로 추진되었지만 근로 시간에 대한 유연성과 사회적 근무 여건의 변화에 맞추어 다양한 형태의 근무 방식이 도입될 수 있도록 다각도의 시도가 이루어지고 있다.[1]

제 5 절 미국과 일본의 중앙인사기관[2]

1. 미국의 인사관리처, 실적제보호위원회, 연방노사관계청

강한 대통령제 국가인 미국은 엽관제의 폐해로부터 공직의 전문성과 안정성을 확보하기 위하여 매우 강력한 중앙인사기관을 구상하게 된다. 엽관제가 성행했던 19세기 후반 미국 상황에서 제20대 대통령에 오른 제임스 가필드(James A. Garfield)는 부임 초기 부패 공직자 일소를 위한 공직 부정부패 조사를 실시하는 등 공직 혁신의 의지를 보였지만 엽관제 공직 배분에 불만을 품었던 찰스 기토(Charles J. Guiteau)의 총격으로 짧은 생을 마감하였다. 가필드 대통령의 암살이 미국의 실적제 도입을 앞당겼다고 단언할 수는 없어도 중앙인사기관 설립을 중심으로 한 미국 인사행정의 독립성과 공정성 제고를 위한 정책 노력을 가속하는

---

1) 2023년 정부 근무혁신포럼은 공직사회 생산성을 높이는 근무 방식을 모색하기 위해 열렸는데, 코로나19 일상 회복, 디지털·비대면 기술의 발전, 정책 수요 다변화 등 다양한 상황 변화에 대응한 인사행정의 혁신과 변화에 대한 주제들이 발표되고 토론되었다. 관세청 근무 혁신 사례, 카카오의 일하는 방식 변화, 공직문화 개선 방안 등의 주제가 근무 혁신 관점에서 논의되었다.

2) 중앙인사기관과 관련지어 가장 인용 빈도가 높고 상호 벤치마킹의 의미성이 높은 국가로 미국과 일본을 선정하였다. 영국, 뉴질랜드, 호주 등도 거론되었지만 이들 모두 영연방 의원내각제 국가들이어서 우리나라 중앙인사기관 구성과 관련지어 의미를 부여할 수 있는 부분이 상대적으로 적었다.

데 영향을 미쳤다고 볼 수 있다.

미국 연방정부는 펜들턴법(Pendleton Act, 1883) 입법을 계기로 실적제를 공직사회에 도입하였으며 중앙인사기관으로 연방인사위원회(Civil Service Commission: CSC)를 출범시켰다. 대통령이 개입하기 힘들 정도로 독립기구 성격이 강했던 미국의 연방인사위원회는 행정국가가 시작되고 행정의 역할이 커지면서 대통령 권한 강화 차원에서 폐지되고 비독립독임형 형태의 중앙인사기관으로 다시 태어나게 된다.

1978년 카터(Carter) 대통령은 연방인사개혁법(Civil Service Reform Act: CSRA)을 근거로 중앙인사기관을 독임형 기관인 인사관리처(Office of Personnel Management: OPM)와 실적제보호위원회(Merit System Protection Board: MSPB) 및 연방노사관계청(Federal Labor Relation Authority: FLRA)으로 세분하였다. 미국 연방 중앙인사기관에 특별고문단(Office of Special Counsel: OSC)을 포함하면 미국 연방 중앙인사기능이 4개 기관에 분산되어 있다고 봐도 무방하다.

인사관리처는 미연방 행정부 독립기관의 하나로 연방 공무원의 공직분류, 임용, 급여, 능률, 복무, 퇴직 등 광범위한 인사분야 권한을 가진다. 즉 인사관리처는 실적제보호위원회나 특별고문단(Office of Special Counsel: OSC)[3]에게 일차적 권한이 있는 것으로 되어 있는 것을 제외하고 광범위한 인사분야 권한을 행사한다. 인사관리처의 처장은 4년 임기가 보장되고 상원의 인준 과정을 거쳐 임명된다는 점에서 우리나라 인사혁신처장의 임명 내용과 차이가 난다.

실적제보호위원회는 상원의 인준을 받아 대통령이 임명하는 3인의 위원으로 구성되며, 위원 임기가 7년에 이르기 때문에 각 부처나 대통령의 정치적 영향권으로부터 독립성이 강하고 합의제형으로 운영된다. 이들은 별도의 법률 또는 대통령령의 경우를 제외하고는 겸직이 금지된다. 실적제보호위원회는 우리나라 소청심사위원회(본서 제8장 참조)와 유사한 기능을 수행하는데, 징계 등 신분상의

3) 미국 연방 특별고문단은 연방인사개혁법, 내부고발자보호법, 해치법, 제복공무원고용과재고용권법에 따라 설립된 독립기관으로 연방 공무원의 권한을 보호하고, 이들에 대한 자의적 권한 침해 사례를 조사하여 기소할 수 있는 권한을 갖는다. 이선우(2003)는 미국 중앙인사기관을 특별고문단을 포함하여 4개 기관으로 나누어 설명한다.

불이익 조치에 대해 행정부 내에서 다툰다. 실적제보호위원회는 연방 공무원의 징계 등 신분상의 불이익 조치에 대한 청문회를 개최하거나 보완 조사를 위한 심사를 실시하는 등의 활동을 주로 한다.

연방노사관계청은 상원의 인준을 받아 대통령이 임명하는 3인의 위원으로 구성되기 때문에 합의제성이 강한 기관이다. 연방노사관계청은 공무원 노동기본권 보호를 위해 단체교섭 등 공무원 노동관계를 전담한다. 연방노사관계청이 관장하는 공무원 노동관계 업무 범위는 노조 결성 단위 결정에서부터 노조 대표자 선출 과정에 대한 감시 감독, 전국 협의권 부여 기준 제정과 관련 문제의 해결, 노사교섭사항 결정에 필요한 기준 제정과 관련 문제의 해결, 성실 교섭 의무에 관한 사항, 불공정 노동행위에 대한 이의제기 접수 및 청문회 실시에 이르기까지 매우 광범위하다.

2. 일본의 인사원과 내각인사국

의원내각제 국가인 일본은 이전에 총무성, 각 성청 등에 분산되어 있던 인사 기능들을 2014년에 설립된 내각부 내각관방 산하 내각인사국으로 일원화하였다(김정인, 2017). 내각인사국은 2008년 제정된 '국가공무원제도개혁기본법'을 기반으로 출범하였으며, 이 법은 기존 중앙인사기관인 인사원의 권한을 약화시키는 반면, 총리 관저의 인사주도권을 강화하였다고 볼 수 있다.[4]

인사원은 내각 산하이면서 실제로 내각과 각 부처로부터 독립되어 있는 합의제형 기관이다. 인사원은 국회 동의를 받아 내각이 임명하는 인사관 3인으로 구성되며 인사관 중 1인은 총재가 된다. 인사관의 임기는 4년이며 그 임면은 천왕이 인증하게 되어 있다. 아울러 임명일 이전 5년 동안, 정당 직원, 정치적 임명 및 그와 유사한 영향력을 가진 정당원이었던 자 또는 국가 혹은 지방자치단체의

---

4) 당시 일본 아베 내각은 외교·안보 정책결정의 최고 의사결정기구 역할을 담당할 국가안전보장회의(일본 NSC)를 신설하면서 그 사무국인 국가안보국을 설치하기도 하였다. 내각인사국과 국가안보국은 당시 아베 정부의 권한행사의 핵심 수단인 인사와 정보에 대한 총리의 장악력을 강화하였다는 평가가 강하다.

공직후보자였던 자는 인사관이 될 수 없고, 3명의 인사관 중 2명이 동일 정당에 속했을 때, 같은 대학 학부동문인 경우 그 중 1인은 파면한다. 인사관은 재임 가능하나 계속 12년을 초과할 수는 없다.

인사원의 중요한 권한행사는 3인 인사원 회의의 의결을 통해 이루어진다. 인사원 회의는 매주 적어도 1회 소집되며, 국가공무원법, 일반직 공무원의 급여에 관한 법률, 국가공무원의 직계제에 관한 법률 등에서 정하는 바에 따라 공무원의 급여와 근무조건에서부터 직계제, 시험 및 임면, 연수, 징계, 고충처리, 인사 관련 입법과 연구 활동 등에 이르는 매우 광범위한 인사 관련 사무에 관여한다.

내각관방 내각인사국은 내각관방장관 소속 인사관리 부서이다. 내각관방은 우리나라의 대통령비서실, 국무총리비서실, 국무조정실 등의 기능들을 수행하는 정부 핵심 요직에 해당한다. 2014년 5월 아베 내각에 의해 설치된 내각인사국은 내각총리대신의 공무원 인사권을 강화하였다고 볼 수 있다.

내각인사국은 공무원 표준직무수행능력 기본방침을 정하는 사무에서부터 인사원의 소관업무에 속하는 것 이외의 모든 인사 업무애 이르기까지 광범위한 인사 사무를 관장한다. 내각인사국은 2014년 이전 내각 총무성이 관장하던 공무원 인사평가 업무를 이관받아 수행하고 있고, 각 행정기관의 소속 직원에 대한 인사관리 방침을 세우고 조정하는 역할도 수행하고 있으며, 기구와 정원심사, 인재확보 관련 업무, 급별정수의 설정 및 개정 업무도 관장하는 등 명실상부 일본의 최고 중앙인사기관의 위상을 갖추고 있다고 볼 수 있다.

제6절 우리나라 중앙인사기관

1. 역대 중앙인사기관

우리나라는 정부수립 후 고시위원회와 총무처(1948), 국무원사무국(1955), 국무원사무처(1960), 총무처(1983), 행정자치부(1998), 중앙인사위원회(1999), (통합)

중앙인사위원회(2004), 행정안전부 인사실(2008), 인사혁신처(2014) 등이 다양한 변곡점을 거치면서 중앙인사기관의 역할과 기능을 해 오고 있다. 이중 총무처는 3공화국 등장과 함께 설치되어 김영삼 정부까지 35년 동안 우리나라 중앙인사기관으로서 존속했던 장수 부처였다.

총무처는 인사행정 전담 부서로서 제 기능을 수행하기에 독립성과 합의제성이 다소 약했다는 평가가 강하다(김중양, 1999: 35-40). 중앙인사기관으로서 총무처는 공무원의 인사와 시험관리, 상훈과 공무원연금 사무 등 인사 기능을 일부 담당했으나 국무회의 서무 기능이나 법령 선포, 행정기관의 조직과 정원관리 등 인사업무 외의 다른 여러 기능들을 담당함으로써 인사 관련 업무 전문성이 높았다고도 보기 어렵다. 총무처는 1998년 IMF 외환위기를 겪으면서 내무부와 통합되어 행정자치부로 개편되었다. 1999년에는 인사 기능을 정책과 집행으로 분리하고 3급 이상 공무원에 대한 인사행정의 전문성과 공정성을 높이고자 독립합의제 형태의 중앙인사위원회가 설치되었다.

노무현 정부 출범과 함께 행정자치부와 중앙인사위원회에 흩어져 수행되던 정부 인사 기능을 한 기관으로 통합하자는 각계의 요구가 받아들여져 건국 이래 처음 인사행정만을 전담하는 중앙인사기관이 설치되었다. 기존 중앙인사위원회는 행정자치부의 모든 인사 기능을 이관받아 애초 3심의관 8과에서 2관 3국 15과 2소속기관(중앙공무원교육원, 소청심사위원회)으로 확대 출범하게 되었다. (통합) 중앙인사위원회는 그 형태는 합의제에 가까웠지만 기대와 달리 실질적으로 다른 행정부처와 운영상에 큰 차이가 없었고, 정치적인 독립성도 약했기 때문에 늘 정부조직개편의 취약한 대상으로 여겨져 왔던 것이 사실이다. 과연 예측한 바와 같이 이명박 정부 출범과 함께 중앙인사위원회는 역사 속에 사라졌고 행정안전부의 '실' 수준으로 축소 개편되었다(인사실). 행정안전부 '인사실' 체제는 약 6년간 존속하다가 2014년 11월 19일 정부조직법 개정과 더불어 총리실 산하 '인사혁신처'로 다시 개편되어 지금에 이르고 있다.

2. 현재 중앙인사기관

정부조직법은 공무원의 인사·윤리·복무 및 연금에 관한 사무를 관장하기 위하여 국무총리 소속으로 인사혁신처를 두며, 인사혁신처에 처장 1명과 차장 1명을 두되, 처장은 정무직으로 하고, 차장은 고위공무원단에 속하는 일반직 공무원으로 보한다고 규정하고 있다(정부조직법 제22의3). 인사혁신처는 2014년 5월 19일 세월호 침몰 사고와 관련한 박근혜 대통령의 대국민 담화에서 '행정혁신처'라는 이름으로 처음 구상되었고, 2014년 11월 19일에 정부조직법 개정으로 안전행정부(현 행정안전부)의 인사 기능이 분리되어 신설되었다. 이처럼 약간 엉뚱한 과정을 거쳐 출범한 인사혁신처는 중앙인사기관의 독립성과 합의제적 성격이 미약한 상태에서 정부의 인사 기능이 조직기능과 분리된 채 출범하여 인사업무 수행상 효율성도 떨어지는 한계를 안고 있다고 볼 수 있다. 다만 인사혁신처는 공무원 인사행정을 집중적으로 담당하게 됨으로써 인사행정의 전문성을 높였고 난제 극복 과정에서 문제해결의 능률성을 이룩했다고 볼 수 있다.

인사혁신처는 출범 당시와 거의 유사한 조직과 기능[5]을 수행하고 있지만, 2018년 재해보상정책관이 신설되어 공무원 재해보상정책과 재해보상심사와 재해예방 업무를 심도 있게 다루기 시작했다. 인사혁신처의 소속기관은 국가공무원인재개발원(2016년 중앙공무원교육원에서 명칭 변경), 소청심사위원회, 국가고시센터이며, 법률상 소속 위원회로 공직자윤리법에 의거 설치되는 정부공직자윤리위원회와 주식백지신탁심사위원회가 있으며, 공무원보수위원회 규정에 의거 설치되는 공무원보수위원회가 있다.

3. 우리나라 중앙인사기관 발전 방향

우리나라 중앙인사기관은 1963년까지의 형성 단계, 1997년까지 존속했던

---

5) 설립 당시 조직은 기획조정관, 인재정보관, 공무원노사협력관 등 3관과 인재채용국, 인사혁신국, 인사관리국, 윤리복무국 등 4국이었다.

총무처 중심의 성장 단계, 2007년까지의 중앙인사위원회 중심의 도약·고도화 단계, 그리고 현재까지 이르고 있는 인사혁신처 중심의 전략화·제도화 단계로 구분하여 설명할 수 있다.

초기 형성 단계는 실적제와 직업공무원제 등 공무원 인사행정의 제도적 기반 조성에 노력을 투여했던 시기였고 총무처 중심의 성장 단계는 사회의 우수 인재를 공직사회에 유인하고 이들을 국가 건설에 활용하였던 성과를 이룩했다고 볼 수 있다.

김대중 정부 중앙인사위원회 출범은 국가 인사의 정책과 집행을 분리하였다는 의미가 컸고, 3급 이상 고위공무원 인사의 공정성을 높이고 인사행정의 정책연구 기능을 고도화하였다는 평가를 받는다.

노무현 정부 중앙인사위원회는 건국 이래 최초로 인사행정만을 전담하는 중앙인사기관으로 출범했다는 의미가 컸으나 합의제형 조직 운영상 비효율과 비전문성의 문제를 드러내기도 했다. 하지만 당시 중앙인사위원회는 고위공무원단 제도 실시, 공무원 노조 합법화, 공직 개방 확대 등 공직사회 세계화와 선진화에 상당한 기여를 한 것으로 보인다.

인사혁신처는 독임형 부처 성격의 중앙인사기관으로 출범하여 독립성과 합의제성이 약하다는 평가를 받고는 있지만 공직사회에 증폭되고 있는 난제들에 대한 효율적 대응력을 갖추었다는 평가가 강하고 코로나19 등 새로운 문제에 대한 전략적 대응도 적절히 하고 있다고 판단된다.

인사혁신처는 이제 새로운 시대적 과제를 안고 있다고 봐야 할 것이다. 공직사회 내 외부 환경의 급변성이 커지고 있다는 점을 직시하고 전략적 발전의 방향타를 새로 설정하여야 하여야 할 시점에 도달해 있다고 봐야 할 것이다.

중장기적으로 우리나라 중앙인사기관이 독립성과 합의제성(공정성)을 높이기 위해서는 크게 두 가지 현실적인 대안이 모색될 필요가 있다. 하나는 대통령 소속의 합의제 기관으로의 개편을 생각해 볼 수 있다. 이 경우 노무현 정부 중앙인사위원회 조직과 운영구조를 살펴볼 필요가 있다. 다만 위원장 임기를 보장하고 상임위원 교차 임용 등의 조치를 통해 위원회 독립성을 높일 필요가 있을 것이다. 다른 하나는 현재 인사혁신처를 대통령 직속 장관급으로 격상하는 것이다. 현재 인사혁신처는 총리 소속의 차관급 부처로서 국무위원이 아니며 독자적인 부령을 발령하기 어렵다. 따라서 장관급 위원회 조직으로 독립성과 합의제성을 모두 높이기 힘들다면 현재의 조직을 독임형 장관급으로 격상시켜 독립성을 일부 높이는 개혁을 추진할 필요가 있다.

4차 산업혁명과 더불어 코로나19의 쓰나미를 겪으면서 우리나라 인사행정 환경에 큰 변화가 일어나고 있다. 20세기를 지배했던 독립성과 합의제성 두 가지 기준에 따라 중앙인사기관의 기관 구성 형태를 설명하는 데 수정이 필요하다는 주장이 조금씩 고개를 들고 있다(조경호, 2021: 370). 디지털 기반의 플랫폼 정부가 강조되고 있는 현대 인사행정 체계 속에서 우리나라 인사혁신처는 공무원 인사관리의 디지털화, 플랫폼화를 지향하고 있다. 이제 중앙인사기관도 디지털 기반의 플랫폼 정부 전환에 대비한 정부와 공무원의 생존을 위한 변화 전략이 필요한 시점에 왔다고 판단된다. 향후 인사혁신처도 주요 인사 결정과 제도 개선 과정에 고객으로서 공무원들과 공무원이 되려는 수험생들이 참여할 수 있도록 하는 참여형 혁신을 추진해야 할 것으로 보인다.

참고문헌

강성철 외. (2001). 「새인사행정론」(개정3판). 서울: 대영문화사.

김영천, (2001). 전략적 인적자원관리 실행과 조직유효성 간의 관계. 홍익대학교 박사학위 논문.

김정인. (2017). 일본 중앙인사기구의 정부조직개편: 일본 내각인사국(內閣人事局)을 중심으로. 「한국행정학보」, 51(4): 91-120.

김중양. (1999). 「한국인사행정론」. 서울: 법문사.

남궁근. (2022). 「민주화 이후 국정운영」. 경기: 법문사.

백완기. (2006). 「행정학」. 서울: 박영사.

오성호·권경득. (2003). 전략적 인력관리를 위한 정부 인사기구의 역할과 구조. 「한국인사행정학회보」, 2(1): 1-24.

이선우. (2003). 외국의 중앙인사기구조직 및 기능연구. 「한국인사행정학회보」, 2(1): 25-52.

조경호. (2020). 「지식정보사회의 공무원 윤리·복무체계 개선방안」. NARS정책연구 용역보고서, 국회입법조사처.

조경호. (2021). 디지털 정부혁신 4.0: 4P 정부론. 조경호 외. 「디지털 혁신으로 이루는 미래 비전」. 경기: 북코리아, pp. 363-378.

Anthony, W. P., Kacmar, K. M. & Perrewe, P. L. (2002). *Human Resource Management: A Strategic Approach*, 4th ed. London: Harcourt College Publishers.

Delery, E. J. & Doty, D. H. (1996). Modes of Theorizing in Strategic Human Resource Management. *Academy of Management Journal*, 39(4): 802-835.

Dresang, Dennis L. (1999). *Public Personnel Management and Public Policy, 3rd ed*. NY: Longman.

Ivancevich, J. M. (2003). *Human Resource Management(International ed.)*. NY: McGraw-Hill.

Mabey, C. & Salaman, G. (1995). *Strategic Human Resource Management*. Oxford, England: Blackwell Publishers.

Wright, P. M. & McMahan,G. (1992). Theoretical Perspectives for Strategic Human Resource Management. *Journal of Management*, 18(2): 295–320.

제 5 장

인적자원계획과 전략적 접근

생각해보기

• 각 기관에서 인적자원계획은 얼마나 충실하게 작성하고 있는가?

• 인사관리의 전 주기적 관점에서 인적자원계획은 왜 중요한가?

• 인력관리계획 단계와 과정에서 인력수요와 공급의 예측을 어떠한 방법으로 진행될 수 있는가?

• 최근 데이터 사이언스 또는 AI 전문인력을 확보하기 위해서 어떠한 인력관리계획을 수립하고 집행하여야 할 것인가?

토론해보기

• "성공적인 인적자원계획의 수립과 집행은 무엇을 의미하며, 어떠한 조건과 과정이 필요한가"에 대한 토론

• "실제 각 기관에서는 인적자원계획의 수립과 집행에 어느 정도 관심이 있으며, 그 계획의 실행력 확보를 위한 대책"에 대한 토론

• "인력관리계획의 모니터링과 성과에 대한 평가와 환류의 필요성과 중요성"에 대한 토론

• "인력관리계획에 의한 인력운영과 관리의 한계와 극복방안" 토론

인적자원계획은 조직의 목표를 효율적이고 전략적으로 달성하기 위하여 인적자원의 수요와 공급을 종합적으로 계획하는 과정이자 활용이다. 인적자원계획의 일부가 인력관리계획(workforce planning)으로 이해되고 있으며, 여기서 인력관리라 함은 현재 보유인력 수준과 미래 요구수준 간 차이를 토대로 조직 내 인적자본의 적재·적소·적시에 확보 활용하기 위하여 수립하는 전략적 인력의 수급 관리이다. 인적자원계획이 인사행정의 계획－모집－관리－평가－규율－환류 등의 전 주기적 측면에서 인적자원의 요구 수준을 결정하는 단계로 다른 인사행정의 과정을 결정적으로 영향을 미치는 단계 및 과정이자 활동으로 그 전략적 측면을 강조하지 않을 수 없다.

제1절 인적자원계획의 의의와 특징

인적자원계획은 급변하는 행정 환경 속에서 조직이 비전과 목표를 달성하기 위해서는 우수인재를 적시에 안정적으로 확보하여 활용할 수 있어야 하며, 우수인재를 충원하거나 육성하는 데에는 상당한 시간이 소요되므로 중장기 전략목표를 세워 중장기 계획에 따라 추진하는 것이 바람직하다. 또한 부처 인사자율성 확대로 기관 특성에 맞는 인력관리체계 구축 필요하며, 부처별 승진 및 채용 등 각 기관의 인사자율성이 확대되면서 기관 스스로가 필요한 인력을 자율적으로 확보하기 위하여 분석과 예측을 통한 인력관리계획을 수립하독 하고, 각 기관은 인력에 대한 체계적인 분석·예측에 기초하여 공채·승진·특채 등 균형 인력관리계획을 자율적으로 수립할 필요가 있다.

현재 공무원 임용령 제8조에 의하면, ① 소속 장관은 조직목표의 달성에 필요한 효율적인 인적자원관리를 위하여 소속 공무원의 채용·승진·배치 및 경력개발 등이 포함된 인력관리계획을 수립하여야 한다. ② 인사혁신처장은 각 기관의 균형적인 인사 운영과 효율적인 인력 활용을 위하여 필요한 때에는 제1항에 따른 인력관리계획의 일부 또는 전부를 제출받아 이를 지원·조정 및 평가할 수 있다. ③ 제1항 및 제2항에서 규정한 사항 외에 인력관리계획의 수립절차·방법 및 내용과 그 밖에 인력관리계획의 운영 등에 필요한 사항은 인사혁신처장이 정한다.

공무원 임용규칙 제2조(인력관리계획의 수립)는 ① 임용령 제8조 제1항에 따라 소속장관은 아래 각호를 고려하여 향후 인력관리 목표설정, 중장기 필요인력 예측을 포함한 인력관리계획을 수립하여야 한다.

1. 직위별·직종별·연령별·성별 인력규모 및 역량 분석
2. 최근 조직 및 정원 변동 현황
3. 채용·승진·전보·퇴직 등 임용 현황

② 소속장관은 제1항에 따라 수립된 인력관리계획을 매년 9월말까지 인사혁신처장에게 제출하여야 한다. ③ 인사혁신처장은 각 기관에서 수립된 인력관리계획을 토대로 공채선발규모 및 각 기관배정인원 등 정부전체적인 연간충원계획을 수립하여야 한다. 이 경우 인사혁신처장은 정부전체적인 인력관리를 위해 필요한 경우 각 기관의 인력수급계획을 조정하도록 요청할 수 있다.

한편, 인사혁신처는 인력관리기본계획과 더불어 균형인사기본계획을 5년마다 수립해야 한다. 공무원 임용령 제8조의2(균형인사기본계획의 수립 등)에 의하면, ① 인사혁신처장은 "균형인사정책"을 실시하기 위하여 균형인사기본계획(이하 "기본계획"이라 한다)을 5년마다 수립하여야 한다. ② 기본계획에는 다음 각 호의 사항이 포함되어야 한다.

1. 균형인사정책의 중장기 기본목표와 추진방향
2. 균형인사정책의 추진과제와 추진방법
3. 그 밖에 균형인사정책의 추진을 위하여 필요한 사항

③ 소속 장관은 기본계획에 따라 연도별 시행계획을 수립하여 인사혁신처장에게 제출하고 이를 시행하여야 한다. ④ 인사혁신처장은 제3항에 따라 제출된 시행계획을 점검하고 필요한 경우 개선권고를 할 수 있다. ⑤ 인사혁신처장은 제3항에 따른 시행계획의 시행 실적을 평가하고 그 결과를 공표할 수 있다.

⑥ 인사혁신처장은 기본계획을 수립하기 위하여 필요하면 관계 중앙행정기관의 장, 지방자치단체의 장(교육감을 포함한다), 공공기관의 장이나 지방의회의 의장에게 관련 자료의 제출 등 협조를 요청할 수 있으며, 협조 요청을 받은 자는 특별한 사유가 없으면 이에 따라야 한다. ⑦ 제1항부터 제6항까지에서 규정한 사항 외에 기본계획 및 시행계획의 수립절차·방법 및 운영 등에 필요한 사항은 인사혁신처장이 정한다.

이러한 균형인사정책은 공직 내 실질적 양성평등의 실현과 장애인·지역인재·이공계전공자·사회통합형 인재 등 사회적 소수집단의 공직 임용을 지원하고, 다양한 인재가 공직 내에서 차별 없이 능력을 발휘할 수 있는 근무여건 조성을 위한 채용·승진·보직관리 등 인사관리의 기본 방향을 제시하여 공직 내 형평성과 공정성 등 사회적 가치를 실현하기 위함이다(균형인사지침, 2022.12.30).

우리나라의 인적자원계획의 의의와 특징을 보면, 인적자원계획이 인사혁신처가 중장기계획(매 5년 단위)으로 인적자원의 수요와 공급에 대한 전략적 계획을 수립하는 것으로, 이 계획이 인적자원의 획득, 유지, 개발, 활용, 퇴직 관리 전 과정에 영향을 미치게 되어 있으며, 특히 균형인사정책을 실질적으로 확보하기 위하여 균형인사기본계획은 마찬가지로 매 5년 단위로 수립하도록 하여 양성평등, 장애인·지역인재·이공계전공자·사회통합형 인재 등 사회적 소수집단의 공직 임용을 지원하고, 다양한 인재가 공직 내에서 차별 없이 능력을 발휘할 수 있도록 근무여건 조성을 위한 채용·승진·보직관리 등 공직 내 형평성과 공정성 등 사회적 가치를 실현하기 위하여 인적자원계획을 전략적으로 접근하고 있다.

제 2 절 인적자원계획의 중요성

인적자원계획은 무엇보다도 중요한 것은 유능한 인재를 개별 부처에서 안정적이며 효율적으로 확보할 수 있도록 현재 보유한 인력의 수준과 역량을 파악하고, 미래에 필요한 인력의 수준과 규모를 결정함과 동시에, 균형인사정책의 목표를 실현할 수 있는 인사관리의 다양성, 형평성, 공정성을 확보해 나가는 과정이며 활동이기 때문이다. 다시 말하면, 인적자원계획은 목표를 제대로 달성하지 못 한다면, 이후의 인사관리 전 과정인 모집－채용－유지－개발－활용－퇴직 관리의 목표 또한 달성하지 못하거나 어렵게 되기 때문이다.

정부의 인력관리계획은 정부조직 목적과 우선순위에 부합하는 인적자원의 동원과 활용을 적정화함으로써 조직목적의 효율적인 실현과 조직의 발전을 도모한다(안양호, 2009). 결국, 정부의 인적자원계획의 성공은 전략적 인력의 수급을 통한 노동시장 안정으로 인한 긍정적 외부효과를 창출하면서 전략적 인적자원관리의 효과성을 제고할 수 있다.

특히, 제4차산업혁명시대와 포스트 코로나 시대 공직에 필요한 전문인력(예, 데이터 사이언스, 머신러닝, 두뇌학, 양자역할 분야 등)의 부족 현상을 고용시장에서 경험하고 있다. 이러한 전문인력의 안정적 확보는 제한된 전문인력 시장에서 어떻게 확보할 수 있는지, 다양한 전략적 접근과 활동이 필요하다. 예를 들면, 현재의 경직된 보수 및 복리후생 조건, 경력개발 및 승진제도의 역동성 부족 등은 이런 전문인력을 확보하는데 상당한 어려움이 있을 것이며, 궁극적으로 필요 전문인력 확보의 어려움은 인사관리 전 과정에 영향을 미치지 않을 수 없기 때문이다. 작금의 기술패권 경쟁시대에 과학기술 관련 전문인력을 적시에 확보하여 장래에 발생하는 인적자원 수요를 미리 예측해 인적자원 공급계획을 수립하는 인적자원계획의 중요성은 더욱 부각되고 있는 것이다.

우리나라는 2005년 12월 30일에 공무원임용령(제8조)에 인력관리계획의 도입 근거를 마련하고, 2006년 6월 인력관리계획 메뉴얼을 각 부처에 배포하고 2007년부터 각 부처별로 해당 부처 인력관리계획을 수립하여 인사 담당 부처에 제출하게 하였다. 현재 인사혁신처는 부처별로 제출한 인력관리계획을 토대로 정부 기능과 조직에 필요한 인력 규모를 산정·배분해 오고 있다. 즉, 부처별로 조직 목표의 달성에 필요한 효율적인 인적자원 관리를 위해 소속 공무원의 채용·승진·배치 및 경력 개발 등이 포함된 인력관리계획을 수립하고, 인사혁신처는 각 기관의 균형적인 인사 운영과 효율적인 인력 활용을 위하여 각 인력관리

계획의 일부 또는 전부를 제출받아 이를 지원·조정 및 평가할 수 있다(공무원임
용령 제8조).

인력관리계획은 각 부처별 비전 및 전략목표에 따라 현재 보유인력 수준과
미래 요구 수준 간 차이 분석을 토대로 조직 내 인적자본을 적재·적소·적시에
확보·활용하기 위해 수립하는 전략적 중장기계획으로, 인사처의 인력관리계획
은 기관별 고정계획 형식의 5년 단위 중장기계획으로 작성하되, 매년 연동계획
형식의 2년 단위 실천계획도 수립해 집행하고 있다.

제 3 절   인력관리계획 단계와 과정

인력관리계획 단계와 과정은 크게, 전략적 방향설정(1단계), 인력분석(2단계),
인력관리계획 수립·집행, 모니터링/평가·환류(4단계) 단계를 거친다고 볼 수 있
다 (인사혁신처, 2022a). 인력관리계획을 수립해야 하는 기관은 공무원임용령 제2
조의 "소속장관"에 해당하는 기관으로서 동조 제3호에 명시된 기관 중 대통령비
서실·대통령경호처를 제외한 기관이다. 각 기관의 인력관리계획에는 조직의 중
장기 비전·목표, 인력 현황, 인력관리의 목표와 실천계획 등을 반드시 포함하도
록 하되, 목차 단위는 달리할 수 있다. 인력관리계획은 5년 정도의 시계(時界)로
기관의 미션과 주요사업(추진과제)를 확인하되, 직제나 주요사업 등에 큰 변화가
예상되는 기관의 경우에는 시계를 5년과 다르게 할 수 있으며, 조직의 중장기 비
전·목표, 인력분석/전략개발 등 필요인력 예측, 인력관리계획의 목표 등은 계획
수립 후 그 기간동안 유지하는 것을 전제로 작성하고, '실천계획'은 예측가능성
등을 고려하여 1개년 계획으로 작성한다.[1]

---

1) 우리나라 인적자원계획의 제도라고 할 수 있는 공무원 인력관리계획의 세부적 내용은 인
   사혁신처(2022)의 공무원 인사실무(pp. 105 – 109)를 참조하였음.

<그림 5-1> 인력관리계획 수립 모델과 단계

1단계	2단계	3단계	4단계
전략적 방향 설정	**인력 분석**	**인력관리계획 수립·집행**	**모니터링/평가·환류**

• 환경 분석
• 비전/미션, 전략
  과제 설정
• 주요 기능변화
• 인력관리의 시사점 도출
	• 인력수요 예측(미래
	  필요 인력 특성)
	• 인력공급 계획
	  (현재 인력 특성)
	• Gap 분석
	  (수요-공급 불일치)
		• Gap 해소를 위한
		  목표와 전략
		• Gap 해소를 위한
		  실천계획
		  -충원계획, CDP,
		  우수인재보유전략 등
			• 중간점검
			  - 실천계획의 집행
			    상황을 평가
			• 직제개정 등 여건
			  변화 반영
			• 실천계획의 조정
			• 향후 인력관리 계획 반영

출처: 인사혁신처(2022). 공무원 인사실무, p. 106.

1. 전략적 방향 설정

조직 내·외적인 환경분석을 통해 시사점을 도출하고, 그 결과에 근거하여 조직의 비전과 목표 설정 및 주요 전략과제/기능변화를 도출하는 단계이다.

① 환경분석

각종 연구보고서, 통계자료 등 정보자료를 활용하고 필요시 핵심그룹 인터뷰(Focused Group Interview : FGI), 조직구성원, 이해관계자 등을 대상으로 설문조사를 실시하거나 각종 분석기법(SWOT분석, 이해관계자분석, 니즈분석) 활용하여 조직이 처한 대외 인력관리 환경 분석을 한다.

② 조직의 비전과 미션 설정

조직의 비전과 미션은 국정과제, 중장기 업무계획, 연두 업무계획, 성과관리계획 및 당면 현안 등을 고려하여 설정한다.

③ 주요기능변화 및 인력관리의 시사점 도출

환경분석, 조직의 비전/미션, 전략과제에 따라 업무비중의 변화나 조직 역량 등을 도출하고 이러한 변화 등이 인력관리에 미치는 영향을 간략히 서술한다.

2. 인력분석 및 전략 개발

인력에 대한 분석은 그 자체가 목적이 아니라 앞에서 도출한 조직의 전략과제 및 주요 기능의 신설/강화/축소에 따라 미래에 필요한 인력의 특성을 파악하여 현재 보유한 또는 미래에 공급될 인력과의 격차를 파악하기 위한 것이다. 향후 조직의 비전과 미션, 추진전략 등을 고려하여 인력규모 및 인력구조, 역량의 목표수준 등 5년 이후 바람직한 수준 등을 기술하고, 부처별로 의미 있는 분석단위(실·국·본부 등)를 포함하여 측정이 가능한 구체적 수치로 나타내면 바람직하나 어려운 경우에는 다른 측정단위로 제시가 가능하다.

인력규모와 구조(직종, 연령, 성별, 장애인, 이공계 비율 등)에 관한 분석단위 이외에도 자격증/학위 소지자, 지역인재, 전문경력자, 핵심인재 등 전문인력 분석단위를 도출하고 적합한 확보비율 등을 검토한다. 또한 각 기관별 인건비 관련 예산규모 추이와 정·현원 추이와의 연관관계를 파악하여 재정여건에 따른 향후 인력규모의 변화추이를 분석할 수 있다.

구체적으로, 각 기관의 인력 수요를 예측하려면, 먼저 조직의 목표를 확인하고 인력 수요에 영향을 미치는 요인을 고려하고, 향후 필요 인력 총수요 규모를 예측해야 한다. 다음, 기존 인력정책에 따라 공급될 수 있는 인력 규모를 예측하여, 필요인력 총수요에서 공급인력 예측 규모를 산출하여 즉 인력규모 순수요를 예측한다.

① 향후 필요인력 예측

환경분석, 조직의 비전/미션, 전략과제에 따라 각 기관의 미래 주요 기능 변화를 예측하고 이러한 변화에 따른 향후 필요 역량을 분석하여 필요한 인력의 역량규모·구성 등을 예측한다. 기관 차원의 총괄적 분석뿐만 아니라, 기능별(실·국·본부 단위 등) 세부 분석 단위를 설정하여 분석하되, 불가피한 경우 총괄적 분석만 실시 가능하다.

향후 필요 수요인력을 예측하는 방법으로는 법정 정원한도와 같이 외부 기준에 의한 방법, 예산총액의 증감 비율에 따른 점증적 방법, 추세분석 또는 통계적 기법 활용을 통한 계량적 예측방법, 마지막으로 전문가들의 판단에 의한 질적 예측방법 등이 활용되고 있다.[2)]

---

1. 총괄(예시: 2023년 기준)

(1) 공채 : 승진 : 특채간 균형임용비율 목표

구분	2023년말 현재	2024년말 목표	2025년말 목표
5급 이상 일반직			
5급 이상 행정직			
5급 행정직			

(2) 직종별 신규채용 인원

직종	일반직		특정직		기능직		별정직	계약직		고용직
총계										
구분	공채	특채	공채	특채	공채	특채		일반	전문	
인사위 채용										
각부처 채용										

(3) 공채 합격자 배정요구 인원

배정시기	2023년 배정 요구	2024년 배정 요구	2025년 배정 요구
5급 공채			
7급 공채			
9급 공채			

- 공채 합격자 배정요구 인원 산정시 신중을 기해주기 바람
  - 중앙인사위원회는 각 기관이 요구한 인원대로 공채선발하여 배정하는 것을 원칙으로 하되, 채용시험 일정, 교육기관 수용가능인원 등을 고려하여 일부 조정할 수 있음
- 위 표의 배정요구 인원은 이후의 세부 내역에서의 배정요구 인원과 일치하여야 함

---

2) 향후 필요인력 총수요 규모 예측하는 기법에 대한 설명은 강성철 외(2019: 277 − 78) 참조

② 현재 보유인력과 인력운영 상황 분석

전자인사관리시스템(e-사람)으로부터 추출한 데이터, 최근 수년간 인사실무 자료, 직제, 설문조사 결과 등을 활용하여 다음과 같이 인력관리에 필요한 정보를 도출한다(기관 특성에 따라 다를 수 있음).

    — 계급별·직류별 인력규모, 배치, 구조·구성(직위, 직종, 연령, 성별 등)

    — 계급별·직류별 보유역량 분석

    — 최근 수년간의 조직·정원 변동, 채용·승진·전보·파견·등 인사관리 현황

현재 보유인력과 인력운영 분석에 활용되는 기법으로는 현존 인적자원 정보에 근거한 인력분석과 퇴직예측·조정예측·채용예측 등의 정보를 활용한 인력운영 변동예측 기법을 활용할 수 있다(강성철 외, 2019: 279).

---

3. 일반직 6·7급 충원

(1) 직무분야(직렬)별 인력수요 예측

- 중장기 충원계획, 2024년 소요정원 등을 감안하여 연간충원소요인원 산출
  - 예상되는 기능 변화
  - 예상결원, 직제증감, 별도정원증감, 인용대기인원 등 연간충원소요인원의 구체적 내역
  - 승진/공채/특채등 자율충원의 비율의 설정이유 등
- 인력구조 방향, 2년후의 인력수급 전망을 토대로 2024년 7급 공채 배정인원 요구내역
  ⇒ 2024년 7급 공채 합격자 부처배정시 요구인원만큼 그대로 배정할 예정

(2) 세부계획

① 충원인원 산출

직군	직렬	직류	정원	현원	결원 (a)	5급 승진 (b)	예상 퇴직 등(c)	직제 증감 (d)	별도정원 증감 (e)	임용 대기 (f)	2024년 충원인원 (g)
계											
...	...										

② 충원계획 및 공채배정요구

직군	직렬	직류	2024년 충원인원 (g)	7급 승진 (h)	2023년 공채배정 (i)	특채 등 자율충원 (j)	2024년 공채배정 요구	비고
	계							
...	...							

- 일반직 6·7급을 통합하여 직렬별로 충원소요내역을 기술
- 연간충원소요인원(g) = a+b+c+d+e−f = h+i+j
- 5급승진(b) : 6급에서 5급으로의 승진예정인원
- 예상퇴직(c) : (정원 × 최근 3년간 평균퇴직률) 내지 실제퇴직예정인원 + 순전출인원
- 7급승진(g) : 8급에서 7급으로 승진임용하고자 하는 인원
- 2023년 공채배정(i) : 2023년에 중앙인사위에서 배정받고자 하는 7급 공채 합격자 인원
- 2024년 공채배정 요구 : 2024년에 중앙인사위원회에서 실시하는 7급 공채시험에 의해 선발되어 2024년에 배정받기를 희망하는 인원
- 장애인의 경우 괄호안에 인원수를 표시

(3) 공채

직군	직렬	직류	정원	현원	2023년 공채배정자 임용예정시기			
					소계 (a+b+c)	2024.1.1 까지(a)	2024.6.30. 까지(b)	2024.12.31. 까지(c)
	계							
...	...							

③ Gap 분석 : 현재 수준과 미래 수준간 차이 확인

향후 필요인력 예측과 현재 보유인력 분석 결과를 기초로, 현재 수준과 미래수준 간의 차이를 확인하고, 유의미한 차이들을 중심으로 현재 어떤 차이가 있고, 그 차이로 인해 발생할 수 있는 문제점, 가장 시급하게 충원 및 인재육성이 필요한 분야 등을 도출한다.

사. 역량분석 종합

〈표 3-X〉 역량진단 결과 종합

구분		필요수준	보유수준	차이분석

법령·
제도에
대한 지식
	과별
	소관법령
		• 소관법령 숙지한 직원이
		  과별 3~4명은 있어야
			• 과별 평균 2.2명
			  – 일부과는 0~1명
			    수준
				재배치 및
				교육 필요

	국별 소관법령			
주요법령 제·개정 경험				
외국제도에 대한 지식				
실무영어	전화 응대			
	국제 회의			
PC 등 기량				

3. 인력관리계획의 수립 및 집행

인력분석 결과를 바탕으로, 필요인력과 보유인력 간 차이를 해소하기 위한 향후 5개년의 목표를 설정하고 기능별·분야별 추진전략 설정(5개년 계획)한다. 5년 뒤에 조직구성원들이 갖추어야 할 역량과 이를 뒷받침하기 위한 인력관리의 방향이 나타나야 하며, 구체적으로 계량화된 수치로 표현할 수 있으면 바람직하다. 또한 기관장의 의지, 간부들의 전략적 판단, 인사담당자의 경험, 전문성, 설문조사나 인터뷰 등에서 나타난 의견 등을 반영한다.

① Gap 해소를 위한 중점 목표와 전략 수립(5개년 계획)

조직의 비전과 미션, 추진전략 등을 고려하여 인력규모 및 구조, 역량의 목표수준 등 5년 이후 도달해 있을 인적자원의 목표수준을 설정하고, 기능별·분야별로 필요인력을 확보하기 위한 충원방법, 인적자원의 역량강화 및 인재육성 방향 등 추진전략을 제시한다. 필요인력 확충 추진 전략으로 검토될 수 있는 것은, 외부 신규채용방법과 승진·배치전환 등을 통한 내부임용 방식이 이용될 수 있다. 더불어, 교육훈련을 통해 기술적 수요 역량을 충족하는 방안도 검토될 수 있다. 인력 규모의 감축의 경우 자연 퇴직을 통한 전략 등도 가능하다. 또한 직무설계의 변경, 기술의 변경, 업무의 외부위탁 등 조직 구조적 변화를 통한 응하는 전략과 정책과정의 전략적 변화를 통한 인력 수요를 수정시키는 전략 등도 있다. 대부분의 경우에는 혼합적으로 전략을 혼용하여 추진하는 방안이 현실적이다.

② 차년도 실천계획 수립

인력분석 결과와 5개년 계획에 따른 1년간의 구체적인 충원·육성·활용계획으로서, 다음 항목별 세부계획을 수립(기관 특성에 따라 변경 가능)한다.

- 충원계획 : 계급별/분야별/직렬·직류별 신규채용(공채, 경채, 개방형 등), 내부승진, 타부처로부터의 전입 등
  ※ 별도의 서식에 따라 작성하는 2022년 일반직 국가공무원 충원(신규채용) 세부계획과 연계하여 작성
  ※ 신규채용 대 내부승진 비율, 입직경로별 균형있는 인원구성 등 고려
- 배치계획 : 필수보직기간 준수율 관리 및 내부직위공모 등 전보·재배치, CDP 등
- 그 밖에 인사운영 및 조직개편 계획 등(필요시 인재개발과에 제출한 인재개발계획 등 각종 인사운영관련 계획 포함 가능)

[별첨] 2024년 충원계획

※ 이 부분은 예시가 아닌 서식입니다.

※ 아래 서식은 2023년 9월말에 제출하는 경우를 전제로 작성되었음.
※ 행정안전부 · 교육부는 국가· 지방을 구분하여 작성.

1. 총괄

(1) 공채 : 승진 : 특채간 균형임용비율 목표

구분	2023년말 현재	2024년말 목표	2025년말 목표
5급 이상 일반직			
5급 이상 행정직			
5급 행정직			

(2) 직종별 신규채용 인원

직종	일반직		특정직		정무직		별정직
총계							
구분	공채	특채	공채	특채	공채	특채	
인사위 채용							
각부처 채용							

(3) 공채 합격자 배정요구 인원

배정시기	2023년 배정 요구	2024년 배정 요구	2025년 배정 요구
5급 공채			
7급 공채			
9급 공채			

• 공채 합격자 배정요구 인원 산정시 신중을 기해주기 바람
  – 인사혁신처는 각 기관이 요구한 인원대로 공채선발하여 배정하는 것을 원칙으로 하되, 채용시험 일정, 교육기관 수용가능인원 등을 고려하여 일부 조정할 수 있음
• 위 표의 배정요구 인원은 이후의 세부 내역에서의 배정요구 인원과 일치하여야 함

현 실태(As−is)와 미래 지향점(To−be)을 대비시켜 작성하며, 예시적으로는 공채 중심의 인력구조 개선을 위한 외부전문가 경채 확대, 순환보직의 문제점 해결을 위한 전문직위 지정 및 필수보직기간 준수 등이다. 필요시 과거에 수립한 인력관리 5개년 계획과 2021년 추진계획 대비 그간의 추진 실적을 기술하고, 향후 개선방향 등을 도출한다. 실제로 이 단계의 인력관리계획 집행이 어떠한 과정의(예, 채용, 승진, 보수 등) 인사관리 활동으로 필요 인력의 확보를 할 것인지 상호 연계되고 조정되어야 한다.

4. 모니터링/평가 · 환류

인력관리계획은 많은 변수가 내재된 복잡하고 역동적인 과정으로 주기적인 평가가 필요하며 환경변화 등 여건을 고려하여 실천계획 등을 수정하여야 한다. 평가결과에 대한 시사점을 도출하여 차기 인력관리계획에 반영하도록 한다. 인력관리 수요와 공급의 결정단계에서 다양한 요인이 영향을 주고 받았듯이, 인력관리계획의 집행의 결과 또한 그 성과를 분석 · 평가하고 적절하게 환류시키는 과정이 필요하며 중요하다.

기타 행정사항으로는 각 기관은 11월초까지 인력관리계획을 수립하여 인사혁신처에 제출하고, 인사혁신처의 충원분야 조정사항 등을 추가 반영하여 각 기관별 인력관리계획을 12월말까지 최종적으로 확정한다.

제 4 절   미국의 인력관리계획[3]

대부분의 연방기관과 주 및 지방정부에서 인력관리계획을 수립 · 시행해 오고 있는데, 전략적 인력관리계획에 대한 관심이 높아지게 된 배경에는 1990년대

---

3) 미국의 인력관리계획에 대한 주요한 내용은 미국 OPM(2022) Workforce Planning Guide 자료와 안양호(2009) 논문 중에서 일부 내용을 수정 · 발췌하여 소개하였음

의 인력감축에 제대로 대처하지 못한 데 대한 반성과 함께 21세기 들어 경제여
건의 변화로 일부 직종의 전문인력 부족현상, 민간부문과의 유능한 인재에 대한
확보경쟁에 대처하기 위함이었다.

　　OPM, NAPA 그리고 IPMA 등에서 개발하여 제시한 전략적 인력관리계획
에 관한 모델들은 다음과 같은 공통적인 4단계를 지니고 있다. 첫째, 기관의
전략목표 달성능력에 영향을 미칠 미래의 조직적·환경적 문제 확인, 둘째 조
직목표달성에 필요한 미래 인력의 기술·역량 결정 및 조직이 해소해야 할
gaps 파악, 셋째 이러한 기술·역량 gaps과 이슈를 해결하기 위한 인적자본전
략의 선택과 실행, 넷째 인적자본전략의 성공 여부에 대한 평가 등으로 구성되
어있다. 그러나 각 기관에서 전략적 인력관리계획을 준비할 때는 각자의 독특
한 상황에 따라서 다양한 이슈에 초점을 두고 이들 모델의 단계들을 달리 적용
하게 된다. 예컨대 퇴직인력이나 인력증가에 대비하여 채용하는 인력의 훈련에
장시간의 준비기간(lead time)이 소요되는 기관에서는 퇴직자 예측 및 관리에
많은 노력을 기울이는 한편, 미래 인력의 증감변동이 매우 심한 기관평가에서
는 연방정규인력과 외부계약인력의 적정한 혼합사용을 관리하는 데역점을 두
게 된다.

　　OPM에서 설계한 연방정부의 5단계 인력관리계획 모델은 ① 전략적 방향
설정 – 전략적 파트너들을 조직·동원, 비전·미션·가치·목표의 설정, 조직 구
조 점검, BPR(Business Process Reengineering)의 수행, 조직성과지표의 설정, HR를
적극적 파트너로서의 위치, ② 인력수요·공급 불일치 분석 – 인력에 대한 통계
(나이, 직급, 재직기간), 퇴직경향, 증감예측, 다양성, 교육경로 분석, 역량·기술 평
가 및 분석, 가용역량에 대비한 인력수요의 비교, ③ 인력관리실행계획 수립 –
역량 갭을 해소하기 위한 인력관리계획 설계, 구체적 목표 설정, 인력관리계획을
지원하기 위한 HR 인프라를 개발, ④ 실행계획 집행 – 인력관리계획에 대한 의
사소통, 조직적 내부지원(buy–in)의 획득, 조직평가의 수행, 모집, 채용, 배치의
수행, 후임승계 계획 실시, 필요한 구조조정 실시, 고용유지 전략 실시, ⑤ 모니
터링·평가·환류 – 성공과 실패의 평가, 계획의 조정, 새로운 인력 및 조직 이

슈에 대처 등 5단계의 순환구조로 구성되어 있다.

<그림 5-2> OPM 인력관리계획모델

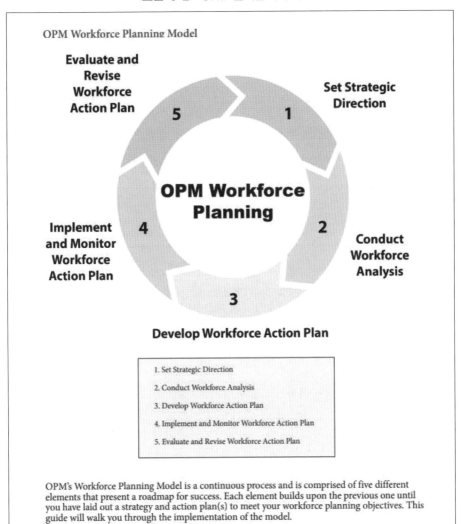

OPM Workforce Planning Model

Evaluate and Revise Workforce Action Plan 5

Set Strategic Direction 1

OPM Workforce Planning

Implement and Monitor Workforce Action Plan 4

2 **Conduct Workforce Analysis**

3

Develop Workforce Action Plan

1. Set Strategic Direction

2. Conduct Workforce Analysis

3. Develop Workforce Action Plan

4. Implement and Monitor Workforce Action Plan

5. Evaluate and Revise Workforce Action Plan

OPM's Workforce Planning Model is a continuous process and is comprised of five different elements that present a roadmap for success. Each element builds upon the previous one until you have laid out a strategy and action plan(s) to meet your workforce planning objectives. This guide will walk you through the implementation of the model.

<표 5-1> 인력관리계획 단계별 핵심적 요소

단계	핵심적 요소
(1) 전략적 방향 설정	• 조직이 무엇을 성취해야 하는가? 　– 어떤 인력이 필요한가? 　– 어떤 직종업무가 미션에 필수적인가? 　– 어떤 기술과 역량이 필요한가? • 조직구조가 미션을 얼마나 잘 지원하는가? • 업무절차가 얼마나 효율적인가?
(2) 수요·공급 불일치 분석	• 인력 분석 – 직종, 기능 등에 따라 나이 분포, 재직기간, 　다양성, 기술, 감독 비율 • 노동시장 공급 – 신규채용 또는 외부계약
(3) 실행계획 수립	• 고려 가능한 행동: 충원, 개발, 유지, 구조개편, 아웃소싱 • 인프라 구축
(4) 실행계획 집행	• 집행 • 의사소통 • 인력 태도에 대한 평가
(5) 모니터링·평가·환류	• 인력관리계획이 얼마나 효율적인가? • 무엇이 성공하고 있는가? • 무엇이 실패했는가? • 어떤 이슈가 해결될 필요가 있는가?

1) 제1단계 : 전략적 방향의 설정

전략적 방향 설정은 첫째, 조직의 장기적 성공을 위한 모형을 준비하는 과정이다. GPRA(Government Performance and Results Act of 1993)의 규정에 의하여 모든 연방기관은 5년 단위 전략계획을 수립하여야 하며 미션 변화와 결과에 따라 지속적으로 전략계획을 변경하여야 한다. 둘째, 인력관리계획을 기관의 전략계획, 연도별 성과계획 및 사업계획, 그리고 전략계획(장기적)과 성과계획(단기적)의 목적과 목표를 수행하는 데 필요한 업무활동들을 연계시키는 일이 포함된다. 여기에 포함되는 세부단계별 주요활동은 ① 조직 내외의 전략적 파트너 조직화·동원, ② 전략계획을 정의하고 실천하는 데 필요한 기반을 제공하는 비전·미션·가치·목표 설정, ③ 현재의 인력구성·역량·업무량 등에 대한 조직구조 점검, ④ 조직 전체 절차를 분석하고 재디자인하는 BPR(Business Process Reengineering)

수행, ⑤ 조직의 성공 여부를 측정할 수 있는 성과지표 설정, ⑥ HR리더들을 적극적 파트너로 삼아 전략계획을 수립하는 데 앞장서도록 하는 것 등이 포함된다. 전략적 방향을 설정함에 있어서 중요한 것은 미래의 계획된 상태에 도달하기 위하여 완수해야 할 명확한 이정표(milestones)와 시간표(time periods)를 설정하여야 하며, 목표물이 현실적이고 객관적이며 획득 가능해야 하며, 전략계획을

<표 5-2> 1단계 전략 방향 설정 체크리스트

Step 1: Set Strategic Direction			
Strategic Alignment	Yes	No	N/A
Agency leadership identifies Presidential and legislative priorities that will determine agency program and priorities.			
The agency plans for the unexpected. The agency anticipates a new strategic goal that will require an influx of resources and capabilities.			
Scenario Planning	Yes	No	N/A
The agency identifies its strategic direction for the short-term (1-3 years).			
The agency identifies its strategic direction for the long-term (4-5 years).			
The agency identifies the drivers of change to programs and the changes to occur over the next 5 years.			
Environmental Scan	Yes	No	N/A
The agency identifies environmental factors (i.e. political, economic, social, technological, environmental and legislative) that will impact the workforce and may require reshaping of the workforce.			
The agency identifies its top strengths, weaknesses, opportunities and threats.			
Stakeholder Roles/Responsibilities	Yes	No	N/A
The agency has an established governance process that includes all key stakeholders and identifies roles and responsibilities for workforce planning.			
Funding	Yes	No	N/A
The agency identifies anticipated sources of program funding for the next 1-3 years.			
Performance Plans	Yes	No	N/A
The agency aligns performance plans with the agency mission and strategic direction.			
Measures	Yes	No	N/A
The agency establishes metrics to assess whether the agency is meeting or not meeting its workforce objectives.			
Agility	Yes	No	N/A
The agency is well-positioned to survive change (e.g., increase/ loss of partners, budget, programs, etc.)			

달성해 가는 데 있어서 조직의 진척도를 평가하는 성과감사가 이루어져야 한다는 점이다. 만약 계획과 현실 사이에 갭이 있다면 전략계획이 그대로 실천되도록 아니면, 수정되도록 하기 위한 추가적 조치가 필요한 것이다.

2) 제2단계 : 인력분석, 기술 갭 확인

제2단계는 인력의 어느 영역이 강화되어야 하는지 알게 해주고 인력관리계획의 향후 목적을 제공하는 것이다. 여기에 포함되는 세부 활동은 ① 현재의 인력자원을 확인하고 퇴직 등으로 장차 어떻게 변모해 나갈 것 인지를 예측하고, ② 기관의 전략적 요구를 성취하는 데 필요한 관리자와 직원들의 종류·숫자·근무지역 등 구체적 사항을 발전시키고, ③ 현재와 미래의 인력수요 간에 존재하는 갭을 결정하는 것이다.

〈표 5-3〉 2단계 인력분석 및 기술 갭 확인 체크리스트

Step 2: Conduct Workforce Analysis			
Decision Options:	Yes	No	N/A
The agency identifies the appropriate data for analyzing current workforce and identifying gaps.			
The agency identifies and reviews its mission-critical occupations and competencies.			
The agency scans the environment to understand how external factors will affect its labor supply and workforce.			
The agency conducts a forecasting process to project its workforce supply and demands in the immediate future (e.g., 1-2 years) and in the long term (e.g., 3 or more years), which includes calculation of risks to the agency's strategy.			
The agency develops and implements a talent management plan to close staffing and competency gaps, manage staffing surpluses, maintain the strengths of the existing workforce, and mitigate risks.			
The agency thinks broadly about techniques it can use to close staffing and competency gaps, such as job redesign, organizational restructuring, cross-training, job sharing, details, or use of technology.			

3) 제3단계 : 인력실행계획의 수립

제3단계는 ① 갭을 해소하기 위한 전략들을 확인하고, ② 이들 전략을 집행할 계획을 수립하며, ③ 전략적 진행상황을 측정·평가하는 것을 포함한다. 각 기관은 자신의 전략계획을 실행하고 기술 불균형을 해소하며 조직이 필요한 양질의 기술과 역량을 갖춘 인력을 언제든지 그리고 지속적으로 공급할 수 있는 구체적인 전략을 짜야 할 필요가 있다.

인력실행계획(workforce action plan)은 전략계획에 자연적으로 뒤따르는 것(a natural follow-up)이다. 전략계획은 우리가 지금 어디에 있는지, 어디로 가고 있는지, 그리고 어떻게 거기에 도달하는지를 파악하는 것을 도와준다. 마찬가지로 인력실행계획은 각 기관의 인적자원 목표를 달성하기 위하여 필요한 구체적인 과업과 활동을 드러내 준다. 조직의 성과목표에 도달하기 위해 인적자원의 확보, 보유한 인적자원의 개발, 유지를 위하여 구사할 전략에 대한 답을 주는 것이다. 이 단계에서 인적자원(HR)부서 직원들은 자신의 역할을 행동 "processor"에서 행동"initiator"로 바꾸어야 한다. HR전문가는 관리consultant가 되어 충원, 경력 개발, 보유전략 등을 설계하고 실행하는 데 자문 및 지원을 해주어야 한다. 즉 HR전문직은 조직이 고도의 역량과 기술을 갖춘 인력을 확보하도록 도와주는 전략적 파트너가 되어야 한다.

인력실행계획 수립을 위해서는 대략적으로 (1) 기관수요 충족을 위한 인력관리계획의 설계, (2) 이해관계자 확인 및 그들의 요구파악, (3) 기술 갭의 해소방안 개발, (4) 결정사항을 실현하기 위한 프로젝트계획 수립, (5) 구체적 목표설정, (6) 기관 내의 모든 구성원이 계획을 인지하도록 의사소통, (7) 진행상황 평가 및 개선에 필요한 변경조치 등의 단계를 거치게 된다.

<표 5-4> 인력관리실행계획 양식

Workforce Planning Action Plan Template				
Workforce Planning Initiative:		Date / Period of Time Covered:		
Describe the driver(s) for workforce planning. (Mandate, major change in workforce agency, employee need/desire, automation, etc.) What is the problem being addressed?				
Describe the objectives and goals.				
Describe the barriers to workforce planning and the cause of them.				
Describe what is causing the barrier/problem (i.e., What is the root cause?).				
Define success or the desired outcome upon completion of the workforce plan.				
Primary Action Planning Team Lead: Members:				
Action Steps				
Actions to be Taken	Key Deliverables / Output	Start Date/ End Date	Responsible Party (Parties)	Budget, Resources, and Approvals Needed

<표 5-5> 3단계 인력실행계획의 수립 체크리스트

Step 3: Develop Workforce Action Plan			
Decision Options:	Yes	No	N/A
The agency workforce action plan links directly to its strategic and annual performance plans.			
The agency workforce action plan identifies current and future human capital needs, skills, and competencies needed for the agency to pursue its vision and accomplish its mission.			
The agency workforce action plan contains metrics to evaluate success and achievement of desired results.			
The agency workforce action plan addresses strategic focus, includes strategies, and can be an annual plan.			
The agency workforce action plan clearly outlines key deliverables, timelines, responsibilities and needed resources.			
The agency workforce action plan defines what success looks like or the desired outcome after completion of the plan.			

4) 제4단계 : 실행계획의 집행

이 단계는 실행에 필요한 인력과 재원을 확보하고, 각자의 역할을 인지하며, 계획을 실행하고 전략목표를 달성하는 데 필요한 의사소통과 마케팅 그리고 조정이 이루어지도록 하는 일이 포함된다. 집행은 제3단계에서 브레인스토밍한 행동들을 추진일정으로 전환해 나가는 것으로 여기에는 잘 정의된 목적들(제1단계에서 개발), 구체적이고 측정 가능한 인력관리 목표들(제2단계에서 개발), 집행계획의 완성을 위한 시간일정과 이정표들(제3단계에서 개발)이 포함된다.

〈표 5-6〉 4단계 실행계획의 집행 체크리스트

Step 4: Implement and Monitor Workforce Action Plan			
Decision Options:	Yes	No	N/A
Human and fiscal resources are in place for plan execution.			
There is a communication strategy in place to market the plan and explain how the strategic objectives will be achieved.			
The agency monitors progress against milestones and assesses for continuous improvement opportunities.			

5) 제5단계 : 모니터링, 평가 및 환류

제5단계는 인력집행계획의 효과성을 측정하는 것이다. "인력관리계획에 포함된 모집, 채용, 선발, 경력개발, 고용유지 전략이 효과적이었는가?"의 질문에 답하는 것이다. 이 단계는 ① 실행계획의 진척상황을 지표에 맞추어 모니터링하고, ② 그동안 모은 정보를 바탕으로 성공과 실패 또는 지속적인 향상 여부를 평가하며, ③ 잘못된 부분을 수정하거나 새로운 인력이슈에 대응하기 위해 필요한 계획을 조정을 하는 것이 포함된다. 이는 모형의 마지막 단계라기보다는 연속적인 기획 사이클의 한 부분이다. 5단계를 마치면 1단계로 돌아가 과정을 계속 수행해야 하는 것이다. 이 단계에서 기관은 인력관리실행계획을 조정해야 한다. 예를 들 IT전문가들을 채용하기 위해 사용된 특정 채용기법이 성공적이지 못했음을 발견하였을 경우에, 다른 채용전략을 모색하여 향후 인력관리계획에 포함하여야 한다. 덧붙여 조직자체의 역동적인 성격이 인력관리계획의 수정을 필요로 할 것이다. 예를 들어 재원이 삭감되거나, 구조조정을 지시받거나, 특정 기능의 규모를 확장할 것이 요구될 수 있다. 인력관리계획을 수정할 때는 이러한 조직적 변화를 고려해야 한다.

<표 5-7> 5단계 실행계획의 집행 체크리스트

Step 5: Evaluate and Revise Workforce Action Plan			
Decision Options:	Yes	No	N/A
The agency has an evaluation system to assess the effectiveness and efficiency of the workforce plan initiatives and makes adjustments, as needed.			
The agency provides adequate and appropriate resources to track and evaluate workforce plan initiatives.			
The agency uses the Independent Audit Program strategically to conduct root cause analysis of why strategic objectives are or are not being achieved. This could include interviewing new hires, reviewing exit interview results, interviewing selecting officials and HR Specialists working recruitment actions.			
The agency adjusts the plan to make course corrections and to address new workforce issues.			
The agency assesses the effectiveness of human capital strategies and workforce plans on addressing gaps and surpluses and uses the assessments to adjust strategies and plans.			

제5절 인력관리계획의 성공요건

전략적 인력관리계획은 (1) 조직의 인적자원계획을 현재 및 미래의 사업목표에 맞추어 정렬하는 것과 (2) 사업목표 달성에 필요한 인력의 획득·개발·보유하기 위한 장기적 전략의 수립하는 것에 초점을 두고 있다.[4]

---

4) 이하의 내용은 미국의 GAO 보고서에서 미국 연방기관 기관들의 Workforce Planning을 검토하여 효과적인 인력관리계획을 위한 주요 원칙에 대한 주요 핵심 내용임(GAO, 2003).

첫째, 전략적 인력관리계획의 전 과정에 이해관계자들(예, 최고관리자 포함)과 의 의사소통과 참여를 보장하는 것이 중요하다. 전략적 인력관리계획 수립과 집 행에서의 성공은 최고 사업책임자와 인사관리자들이 전반적인 전략적 방향과 목 표를 설정하고 성과를 공유할 수 있는 의사소통체계 확립과 이해관계자들의 참 여가 성공을 좌우한다.

둘째, 미래 사업목표 달성에 필요한 핵심 기술과 역량을 결정하고 이러한 기술과 역량을 보유한 인력을 획득·개발·유지관리할 수 있는 방법을 마련해야 한다. 최근 data science나 인공지능 관련 전문 인력을 확보하고자 하는 인력관 리계획의 성공은 결국 각 기관이 필요로 하는 소요 인력의 핵심 기술과 역량을 구체적으로 결정하여, 그러한 기술과 관련 역량을 갖춘 인력을 확보하도록 인력 관리계획 전 과정을 전략화하여야 한다. 참고로, 미국의 GAO는 NIH 기관의 data science 관련 인력에 대한 인력관리계획을 충실히 이행하고 있지 않았다는 감사보고서를 공개한 것은 의미하는 바가 크다(참고 박스 참조).

셋째, 미래에 요구되는 기술과 역량과 현재 보유 기술과 역량의 갭을 최소 화하기 위한 기관 맞춤형 인력운영 및 관리 추진 전략(예, 직접 채용, 교육훈련 역량 강화, 후임승계계획, 직무 전환 및 인사관리 프로그램 가동 등)을 구체화하여 프로그램 을 운영할 수 있도록 한다. 주어진 노동시장에 각 기관에서 필요한 인력이 충분 히 공급되지 않을 상황도 있을 수 있으므로, 기관의 특성과 노동시장의 환경 등 을 예측하여 필요 인력에 대한 공급을 어떻게 전략적으로 획득·개발·유지관리 할 것인지 숙고할 필요가 있다. 현장 맞춤형 전략으로는 퇴직자 관리는 물론 조 기퇴직 인센티브, 교육훈련 전직기회 제공 등 다양한 활용가능한 수단이나 프로 그램을 동원할 수 있다.

마지막으로, 인력관리계획의 수립과 집행의 성공적 수행으로 어떠한 긍정적 결과를 조직에 가져오고 있는지 모니터링하고 평가해야 한다. 단순히 필요한 인 력을 확보하였다는 목표만이 아니라, 필요한 인력을 어떠한 방식과 과정을 통하 여 획득하였고 그 획득과정에 어떠한 요소가 실질적 기여를 하였는지 모니터링 하고 평가하고 환류를 할 필요가 있다. 인력관리계획에 대한 세밀한 모니터링과 환류·평가는 집행성과의 개선사항을 도출하여 향후 인력관리계획의 수립에 도움을 줄 수 있기 때문이다.

참고: 미국의 NIH의 Data Science 목표 인력관리계획에 대한 감사보고서

June 2023

DATA SCIENCE

NIH Needs to Implement Key Workforce Planning Activities

GAO Highlights

Highlights of GAO-23-105594, a report to congressional committees.

Why GAO Did This Study

NIH, the federal government's leader in supporting biomedical research, faces a shortage of employees with data science expertise needed to, among other things, analyze and extract insights from increasingly large and complex sets of data. In June 2018, NIH developed a Strategic Plan for Data Science, which included an objective to enhance its data science workforce that addresses this need.

The explanatory statement accompanying the Further Consolidated Appropriations Act, 2020, contained a provision for GAO to review NIH's data science workforce planning. This report, among other things, determines the extent to which 1) NIH has conducted data science workforce strategic planning in accordance with key practices and 2) NIH's data management and sharing policy and guidance are consistent with federal guidance.

To do so, GAO assessed agency documentation against key workforce planning practices identified in prior GAO work. It also compared NIH's data management and sharing policy and plans to relevant federal requirements, and interviewed NIH officials.

What GAO Recommends

GAO is making 11 recommendations to NIH to fully implement key workforce planning activities and finalize data management and sharing guidance. NIH concurred with nine of the recommendations and stated it had implemented the other two. However, the agency did not provide sufficient evidence of the implementation. As a result, GAO continues to believe the recommendations are appropriate.
View GAO-23-105594. For more information, contact David B. Hinchman at 214-777-5719 or HinchmanD@gao.gov.

What GAO Found

While the National Institutes of Health (NIH) included a data science workforce goal in its June 2018 Strategic Plan for Data Science, the agency has not fully implemented the key workforce planning activities established by federal guidance (see table). For example, NIH developed and implemented plans to enhance its data science workforce; however, these plans were not linked to gaps in its data science workforce. Near the conclusion of GAO's review, officials said that an agency-wide Data Science Workforce Working Group had been established to address priority hiring and retention needs. However, they did not provide documentation supporting the group's activities. Fully addressing the workforce planning activities would help ensure that NIH has the data science workforce it needs to effectively meet its mission.

National Institutes of Health's Implementation of Key Activities for Data Science Workforce Planning

Key workforce planning practices and supporting activities	Rating
Set the strategic direction for workforce planning	
Establish and maintain a workforce planning process	Partially implemented
Develop competency and staffing requirements	Partially implemented
Analyze the workforce to identify skill gaps	
Reassess competency and staffing needs regularly	Not implemented
Determine gaps in competencies and staffing regularly	Not implemented
Develop and implement strategies to address skill gaps	
Develop strategies and plans to address gaps in competencies and staffing	Partially implemented
Implement activities that address gaps	Partially implemented
Monitor and report progress in addressing skill gaps	
Monitor the agency's progress in addressing competency and staffing gaps	Not implemented
Report to agency leadership on progress in addressing competency and staffing gaps	Not implemented

Legend: Fully implemented: NIH provided evidence that addressed the activity; partially implemented: NIH provided evidence that it had addressed some, but not all of the activity; not implemented: NIH did not provide evidence that it had addressed any of the activity.
Source: GAO analysis of NIH documentation. | GAO-23-105594

NIH's data management and sharing policy, effective January 2023, is consistent with relevant Office of Science and Technology Policy data sharing requirements. However, NIH had not finalized the guidance its staff needs to evaluate the data management and sharing plans and determine researchers' compliance with them. In addition, officials stated several times during the course of GAO's review that they had revised their time frames for doing so. The officials said they were delayed in completing the guidance because they were focused on informing the public about the new policy. They also anticipated releasing the guidance by June 2023 in time to assess the first round of plans. However, NIH did not document this new time frame. Documenting the new time frame and monitoring progress against it would ensure NIH's accountability for finalizing the guidance on time. In addition, until the agency finalizes and implements the guidance, its staff are less likely to consistently assess data sharing plans. This, in turn, would limit NIH's goal of maximizing appropriate sharing of scientific data generated from federally funded research.

—————————— United States Government Accountability Office

참고문헌

강성철 외(2019). 인사행정론. 서울: 대영문화사.

유민봉·임보빈 (2016). 인사행정론. 서울: 박영사.

안양호 (2009). 정부인력관리계획의 성공적 정착방안, 한국인사행정학회보 8(1): 122-143.

인사혁신처. (2022). 「공무원 인사실무」.

인사혁신처. (2006). 「인력관리계획 매뉴얼」.

US. OPM(2022), Workforce Planning Guide.

US. GAO(2023), Data Science: NIH Needs to Implement Key Workforce Planning Activities, GAO-23-10559.

US. GAO(2003), Human Capital: Key Principles for Effective Strategic Workforce Planning, GAO-04-39.

제 2 부

인사행정의 관리적 수단

제 6 장

역량개발

조직 내 구성원들이 어떤 역량을 갖추는가에 따라 구성원들의 동기부여와 조직 내 성과가 달라질 수 있다(White, 1959). 공직사회에서도 공무원들의 역량을 정확하게 측정하고, 이러한 역량을 기반으로 하여 조직과 인적자원관리에 적극 활용할 수 있다면 개인의 동기부여가 증진되고 이로 인해 조직 생산성은 높아질 것이다. 이처럼 공직사회에서 공무원들의 역량을 개발하고 이를 효과적으로 활용하는 것은 매우 중요하다. 이에 본 장에서는 공무원 역량을 개발하기 위한 교육훈련, 역량평가, 경력개발 등의 인사행정 수단들을 살펴보고자 한다. 예측할 수 없는 난제(wicked problem)가 증가하고, ChatGPT 등의 생성형 AI가 확산되어 기술과 인간과의 교류와 관계 형성이 중요시되는 현대사회에서, 더 이상 전통적인 교육훈련 방식 및 역량평가 방법들로는 공무원들의 역량을 증진시키기 어렵다. 이에 본 장에서는 향후 미래정부에 효과적인 공공인재에게 필요한 역량이 무엇인지를 살펴보고, 이러한 역량을 개발하고 육성하기 위한 방안을 논의하고자 한다.

제 1 절 역량의 의의

1. 역량의 개념과 특징

역량개발을 논의하기 전에 역량(competency) 개념 및 특징에 대해 살펴볼 필요가 있다. 역량은 "특정한 상황이나 직무에서 준거에 따른 효과적이고 우수한 수행의 원인이 되는 개인의 내적인 특성"이라고 정의할 수 있다(Spencer & Spencer, 1993: 9; 민병모 외 역, 1998: 19).[1] 역량은 수준에 따라 일반적 역량(generic competency)과 차별적 역량(organic competency)으로 구분할 수 있다(Burack et al.,

---

1) 같은 맥락에서 역량을 조직 내에서 개인의 업무수행과 관련된 지식, 기술, 태도의 집합이라 명명할 수 있다(Parry, 1996). 국가공무원인재개발원에서도 역량이 "우수성과자의 행동특성으로서, 개인과 조직의 성공적인 성과 달성에 있어 핵심이 되면서 관찰, 측정가능한 행동으로 표현되는 내재적 특성"임을 강조하고 있다.

1997). 전자는 조직 내 구성원들이 공통적으로 갖추어야 할 역량으로, 환경변화에 관계없이 지속적으로 활용이 가능하며, 명확하고 간단하여 조직구성원들이 쉽게 이해할 수 있는 역량이다. 대표적인 예는 위기관리, 개방성, 팀워크, 유연성, 변화적응 등의 역량이 있다. 후자는 조직 내 역할과 직위에 따라 달리 요구되는 역량으로서, 예를 들어 임원 등 리더들의 변화리더십, 전략가적 행위, 팀장들의 변화실행, 팀 관리 등의 역량을 의미한다.[2]

<표 6-1> 역량의 특징

1. 역량은 업무수행과정에서 나타나는 구체적인 행동이다.
2. 역량은 조직환경 변화에 따라 조직의 현재 또는 미래에 필요한 행동들을 규명하여 구성한다.
3. 역량은 조직이 추구하는 목표, 가치와 수행환경에 따라 달라질 수 있다.
4. 역량은 조직성과 증대에 초점을 맞추고 있다.
5. 역량은 개발가능하며, 관찰과 측정이 가능하다.

출처: 국가공무원인재개발원 홈페이지.

역량이라는 개념은 1973년 맥클랜드(D. McCelland)에 의해 처음 제시되었다. 그에 의하면 경찰관 등의 직무를 효과적으로 수행하기 위해서는 전통적인 지능보다는 직무와 관련된 역량이 더 중요하며, 직무와 관련된 역량평가 수행이 필요하다는 것을 강조하였다(McCelland, 1973).[3] 이후 1980년대에는 관리자의 역량에 관한 연구 관심이 증가하였으며, 1990년대에는 개인 수준을 넘어 조직과 연계하여 인사관리 전반에서의 통합적 역량개념을 강조하였다. 2000년대 이후에는 역량을 조직의 전략적 인재개발과 연계하였으며, 조직에 적합한 역량모델 구축에 중점을 두었다.

---

2) 같은 맥락으로 누구의 역량을 중시하는가에 따라 '필수역량'과 '차별화 역량'으로 구분할 수 있다. 필수역량은 평균 이상의 성과를 지닌 사람들의 특성이며, 차별화 역량은 조직 내 뛰어난 성과를 보이는 구성원들의 특성을 의미한다(김정인, 2018: 130).
3) 맥클랜드는 미국 보스턴 경찰 선발조건으로 기존의 지적능력 테스트를 반대하고, 실제 업무에서 필요한 자질과 역량을 테스트해야 한다고 주장하였다.

<표 6-2> 역량개념의 발전 과정

시대	주요내용
1970년대	- 역량이라는 개념은 1970년대 하버드 대학 McClelland 교수가 전통적인 학업, 적성 검사 혹은 성취도 검사의 한계를 지적하면서 사용 - 전문지식보다 직무의 핵심적 성공요소와 연관된 구체적 직무수행능력 강조
1980년대	- 1980년대에 들어서면서 미국 기업들은 '효율적인 관리'에 많은 관심을 기울이게 되었고, 학자들은 '관리자들의 역량'에 대한 본격적인 연구를 시작 - 1982년 Boyatzis는 McClelland의 역량 연구를 관리자 영역으로 확장하여, 12개 조직에서 관리직에 있는 2,000명을 대상으로 연구함. 어느 업무에서나 일관성 있게 나타나는 21개의 우수한 관리자 역량 모델을 제안
1990년대	- 1990년대에 들어서면서 역량연구는 개인수준을 넘어서, 조직 전략과 연결되며, 역량개념이 통합적인 의미를 띄면서, 인사관리 전반에 그 영향을 미치기 시작 - 1990년: Hamel과 Prahalad는 핵심역량(Core Competencies)의 개념을 제안. 역량개념을 개인 수준의 역량이라기보다 조직의 경쟁 전략의 설계구성 요소로 간주 - 1993년: Spencer & Spencer는 역량에 관한 모델 개발(빙산모델; Iceberg model)과 286개 역량 모델 연구를 통해 공통적인 역량(Competency)을 추출 - 1996년: Sparrow는 역량의 개념을 3가지 유형, 즉 조직역량(핵심역량), 관리역량, 개인역량(직무역량)으로 구분하여 정리. 남아공 요하네스버그 역량 컨퍼런스에서 수백명의 HRD담당자들이 모여 역량에 대한 정의를 제시 - 1999년: Lucia & Lepsinger는 역량모델에 대한 검증방법소개 및 타당성 있는 역량모델이 인사관리 전문야에서 효과적으로 사용됨을 주장. 이를 위해서 역량 행동지표의 중요성을 강조함. Schippmann은 전략적 직무모델링을 강조하고, 직무분석과 역량모델을 개념적으로 구분. 역량을 업무지식역량(Can-do Competency)과 업무의지역량(Will-do Competency)으로 구분
2000년대	- 2000년대 이후: 조직의 전략적 인재개발과 연계하여 민간, 공공부문의 여러 조직에서 역량모델을 구축하고 이에 기반한 인재개발활동을 지속해 옴

출처: 국가공무원인재개발원 홈페이지.

2. 역량의 기능

역량은 조직과 조직구성원들 모두에게서 중요한 역할과 기능을 한다. 조직 관점(거시적 관점)에서 역량은 조직 전략차원으로 조직의 경쟁력 향상에 중요한 역할을 하며, 동시에 조직구성원 관점(미시적 관점)에서 역량은 개인의 성과향상을 위해 필수적인 개인의 특징과 능력으로 기능한다(박우성, 2002). 보다 구체적인 기능과 역할은 다음과 같다(이하 이홍민, 2013: 65). 첫째, 역량은 조직의 미션, 비전, 전략과 성과목표 달성에 성공기준이 되며, 조직의 전략과 조직구성원들의 행동을 연계시키는 행위가 된다. 둘째, 역량은 조직이 우선하는 가치와 원리를 구성원들이 실천할 수 있게 한다. 셋째, 역량은 끊임없는 피드백을 통해 조직구성원들을 개발하고 육성하는 데 기여한다. 넷째, 역량은 조직학습에 긍정적인 영향을 미치며 또한 능동적으로 조직변화를 이끌어 가는 데 중요한 역할을 한다. 따라서 향후 조직 내에서 조직과 개인의 효과적인 관리를 위해서는 무엇보다도 조직의 미션과 비전, 전략목표와 성과목표를 달성하고 개인의 능력발전을 위해 어떻게 역량을 개발할 수 있는가를 고민해야 한다. 또한 조직과 구성원 개인 모두에게 중요한 기능과 역할을 하는 역량은 <표 6-3>과 같이 조직역량, 관리역량, 개인역량으로 구분할 수 있다.

<표 6-3> 역량의 구성요소

역량 구분	개념	응용	보상
조직역량(핵심역량)	조직의 전반적 자원과 능력	비즈니스프로세스 및 전략	지속적인 고용 및 안정
관리역량	직업 또는 부문의 지식, 기술, 행동	일반적 직업교육 및 훈련	외부적으로 활용 가능한 업적 및 자격
개인역량(직무역량)	직무 수행과 관련된 행동 목록	HR의 전반적 영역에서 사용	내부적으로 보상 가능한 업적 및 인정

출처: Sparrow(1994); 박우성(2002: 9) 재인용.

제 2 절 역량개발 의의와 수단

1. 역량개발의 의미

공무원의 역량개발은 교육훈련, 능력개발, 공무원들의 자아실현이라는 측면

에서 인사관리와 조직관리 모두에서 중요한 의미를 지닌다. 역량개발은 개인이
나 조직이 효과적으로 역할을 수행하기 위해 필요한 지식, 기술, 태도 및 특성을
향상시키는 과정이다(김정인, 2018).[4] <그림 6-1>에서 보듯이 역량개발은 개
인차원에서 자아실현, 직무만족 및 성과제고, 탄력적 경력개발 향상을, 조직차원
에서 전략적 인적자원 확보, 조직성과 및 핵심역량 강화, 성과·역량·개발 중심
의 조직문화를 형성할 수 있다는 점에서 장점을 지닌다. 역량개발은 자가진단
등의 자기평가를 통해 자신의 현재 역량을 파악하고, 자신의 역량을 증진시키기
위한 방향을 스스로 설정하여 이를 장기간에 걸쳐 지속적으로 개발하는 과정을
통해 이루어진다.

<그림 6-1> 역량개발 의의

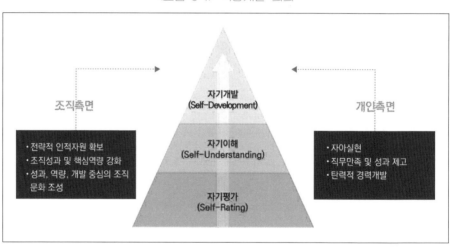

출처: 국가공무원인재개발원 홈페이지.

역량개발 방법은 다양한 수단을 통해 이루어진다. 예를 들어 실제 업무수행
을 통해 해당 직급에 필요한 역량을 개발할 수 있으며, 구성원 본인의 역량진단
후 교육과정을 통해, 또는 각종 자기개발학습 등을 통해 업무에 필요한 역량을

---

4) 이에 인적자원개발은 "직무수행 능력을 향상시킬 목적으로 지식, 기술, 태도, 가치관의 변
   화를 촉진하는 계획된 활동"이라고 정의할 수 있다(유민봉·임도빈, 2016: 245).

개발할 수 있다. 이에 본 장에서는 교육훈련, 역량평가, 경력개발 등과 같은 역
량개발 수단들을 살펴보도록 한다.

2. 교육훈련5)

1) 교육훈련 의의

교육훈련은 "공직자가 업무를 성공적으로 수행하기 위한 지식이나 기술 습
득과 잠재적인 능력을 개발하는 활동"이다. 조직구성원 개인차원에서 교육훈련
은 개인의 능력개발에 기여하고, 직무에 대한 만족도를 증진시키며, 직무에 대한
몰입도를 증진시킨다. 조직차원에서도 조직구성원들의 교육훈련을 통한 역량개
발은 조직의 효율적인 관리를 가능하게 하며 또한 조직의 생산성을 증진시키는
데 기여한다(백종섭 외, 2016: 158-159). 이러한 교육훈련은 <표 6-4>와 같은
유용성을 지닌다.

최근 들어 역량기반 교육훈련 등을 통해 조직 내 개인에게 부족한 역량을
충족하는 경향이 있다. 역량기반 교육훈련은 "조직이 필요로 하는 역량요소를
설계하고 이를 근거로 조직구성원의 개인별 역량을 체계적으로 진단하여 피드백
한 후, 부족한 역량을 보완하는 다양한 교육과정 및 교육지원체계를 확립함으로
써 교육훈련의 효과성을 제고하는 것을 주된 목적으로 하는 것이며, 이를 통해
조직이 필요로 하는 핵심인재의 육성을 도모하는 동시에 개인의 성장욕구를 적
극적으로 충족시키는 교육훈련체계"로 정의된다(최무현·김영우, 2010: 36). 역량기
반 교육훈련은 다음과 같은 유용성을 지닌다. 첫째, 조직의 비전 및 전략과 개인
의 역량을 연계시켜 개인의 지식, 기술, 능력 향상에 초점을 둔 체계적 교육훈련
이며, 둘째, 이를 통해 개인과 조직 모두 발전에 기여할 수 있고, 셋째, 학습자

---

5) 물론 인적자원의 역량개발과 교육훈련은 범위, 기간, 중점분야에서 다소 차이가 있어 동일
한 용어로 사용되기 어려운 측면이 있다. 그러나 최근 교육훈련의 목적이 직무만족, 경력
발전, 조직생산성 향상, 경쟁력 증진, 조직관리, 조직조정 등 개인뿐만 아니라 조직차원까
지 포함하는 광범위한 용어로 확장되면서 두 용어가 유사해져가는 경향이 있다(김정인,
2018).

스스로가 자신의 역량을 정확하게 진단하고 평가하여 현재 보유역량과 필요역량의 격차를 줄일 수 있는 방안 모색이 가능하며, 마지막으로, 역량개발이라는 교육훈련 목표와 효과가 명확하게 설정될 수 있다. 이러한 차원에서 교육훈련은 조직 내 구성원들의 역량개발에 필수적인 방안이라고 할 수 있다.

<표 6-4> 교육훈련의 효과

차원	효과	내용
개인 차원	직무만족도	- 교육훈련을 통한 능력향상은 직무수행에 대한 자신감을 길러 주어 근무의욕을 고취 - 정규교육기관 위탁교육은 이를 통해 학위를 취득할 수 있어 성취감 고취
	경력발전	- 전통적으로 교육훈련은 조직의 현재적 필요에 의해서 실시되어 왔으나 현대에는 장기적인 생애목표 내지는 경력목표달성에도 기여 - 교육훈련은 조직의 목표달성뿐만 아니라 개인의 경력발전을 동시에 충족
조직 차원	생산성· 경쟁력	- 교육훈련은 직무수행능력을 향상시켜 조직경쟁력의 개선에 기여 - 태도와 인식의 변화를 통해 국민에 대한 행정서비스의 신속성이나 친절성 등 질적 수준을 높임
	조직관리	- 이직이나 인사이동 등에 의해 생긴 빈 자리에 대하여 내부인력의 신축적 운영을 가능하게 함으로써 조직의 지속성 유지
	통제·조정	- 교육훈련이 잘 되어 있을수록 자율적 직무가 가능하여 상관이 개입할 필요성이 줄어들고 다른 사람과 업무협조용이

출처: 유민봉·임도빈(2016: 247).

2) 교육훈련 방법 및 효과

전통적인 교육훈련방법은 교육훈련 장소에 따라 직장훈련(On-the-Job-Training: OJT)과 교육원훈련(Off-the-Job-Training: Off JT)으로 구분된다(이하 유민봉·임도빈, 2016: 252-253). 전자인 OJT는 직장 내 교육훈련으로서 직장 현장에서 업무를 수행하면서 교육훈련을 수행하는 방법이다. 대표적인 OJT 프로그램으로는 실무지도(coaching), 직무순환(job rotation), 임시배정(transitory experience), 시보(probation), 인턴십(internship) 등이 있다.[6] OJT는 훈련이 추상적이 아니고 실제적이며, 실시가 Off JT보다 용이하고, 훈련으로 학습 및 기술 향상 정도를 알 수 있어 구성원의 동기를 유발할 수 있으며, 상사나 동료 간의 이해와 협동정 신을 촉진시킬 수 있다. 또한 낮은 비용으로 활용 가능하며, 훈련을 하면서 일을 할 수 있고, 조직구성원의 습득 능력에 맞게 훈련할 수 있다는 점에서 장점을 지 닌다. 다만, OJT 프로그램은 우수한 상관이 반드시 우수한 교관이 아니며, 교육 훈련과 일 모두를 소홀히 할 가능성이 있고, 많은 구성원을 한꺼번에 훈련시킬 수 없으며, 교육훈련의 내용과 수준을 통일시키기 어렵고, 전문적인 고도의 지식 과 기능을 가르치기 힘들다는 한계가 있다.

후자인 Off JT는 직장 외 별도의 교육훈련기관에 의해 시행되는 교육훈련이 다. 대표적인 Off JT 프로그램으로는 강의(lecture), 프로그램화 학습(programmed learning), 시청각 교육(audio-visual method), 회의·토론(conference·discussion), 감 수성 훈련(sensitivity training, T-group training), 사례연구(case study), 역할연기 (role playing), 모의게임(games) 등이 있다.7) Off JT 프로그램은 현장 업무수행과 관계없이 예정된 계획에 따라 실시할 수 있으며, 많은 조직구성원을 동시에 교 육할 수 있고, 전문적인 교관이 교육을 실시하기에 교육 효과성이 높다. 또한 교

---

6) 실무지도는 일상근무 중에 상관이 부하에게 직무수행에 관련된 기술을 가르쳐 주거나, 질 문에 답을 해 주는 등의 각종 지도역할이며, 직무순환은 여러 분야의 직무를 직접 경험하 도록 하기 위해 계획된 순서에 따라 직무를 순환시키는 방법이고, 임시배정은 특수지위나 위원회 등에 잠시 배정하여 경험을 쌓게 함으로써 맡게 될 임무에 대비하는 방법이다. 시 보는 합격한 사람에게 일정기간 동안 시험적으로 근무하게 한 후 일정조건이 충족하면 임 용하는 방법이며, 인턴십은 조직의 전반적인 구조·문화·과정에 대한 이해와 함께 간단한 업무를 경험할 수 있는 기회를 부여하는 것이다.

7) 강의는 다수의 인원을 대상으로 똑같은 정보를 가장 효율적으로 전달해 줄 수 있는 대표 적인 방법이며, 프로그램화 학습은 일련의 질의와 응답에 단계별로 체계적으로 구성된 책 자나 컴퓨터 프로그램을 활용하는 방법이다. 시청각 교육은 각종 시청각 기재를 활용하여 다량의 정보를 많은 사람들에게 제공하는 방법이며, 회의·토론은 쌍방 간 정보를 직접 주 고받는 과정이고, 감수성 훈련은 지식의 변화가 아니라 태도와 행동의 변화를 통해 대인관 계 기술을 향상시키기 위해 소집단을 만들어 허심탄회하게 자신의 느낌을 말하고 다른 사 람이 자신을 어떻게 생각하는지 귀담아 듣는 방법이다. 사례연구는 실제 조직생활에서 경 험한 사례나 가상의 시나리오를 가지고 문제를 해결하는 방법이며, 역할연기는 실제 근무 상황을 부여하고 특정역할을 직접 연기함으로써 학습하는 방법이다. 모의게임은 기업의 사 장, 자금부장, 영업부장 등 가상으로 역할을 부여하고 인력, 자금, 상품, 가격 등에 대한 기업차원의 결정을 내리도록 하는 방법이다.

육생은 업무부담에서 벗어나 훈련에 전념하므로 교육의 효과가 크다는 장점이 있다. 그러나 Off JT 프로그램은 교육훈련 결과를 현장에 바로 활용하기 어려우며, 교육훈련 기관 참석으로 인해 직무수행에 필요한 인력이 줄어들어 부서에 남아 있는 구성원의 업무부담이 늘어나고, 비용이 많이 드는 경향이 있다는 점에서 한계가 있다.

이외 교육훈련 방법으로 멘토링(mentoring) 시스템,[8] 액션러닝(action learning) 등이 있다. 멘토링은 "조직 내 후진들(mentee)에게 역할모델을 제시해 줄 뿐만 아니라 도전적 직무부여, 상담 및 조직에 대한 지식제공 등을 통해 그의 대인관계 개발 및 경력관리에 도움을 주는 시스템"이다(박경규, 2016: 313). 멘토링 시스템은 첫째, 조직 내 핵심인재를 효과적으로 유지·활용할 수 있으며, 둘째, 멘토와 멘티와의 지속적인 지식이동과 지식공유를 통해 조직 생산성과 경쟁력을 증진시킬 수 있고, 셋째, 멘토는 멘토링 과정을 통해 자신이 보유한 지식을 체계적으로 정리하고 멘티는 직무관련 지식을 체계적으로 습득할 수 있어 조직구성원의 학습효과가 증진된다(이홍민 외, 2009: 473).

반면, 액션러닝은 "조직 내 문제해결을 하는 데 있어서 학습을 활용하는 것이며, 이러한 과정을 통해 조직 및 구성원들의 학습역량을 향상시키는, 실질적이고 행동위주의 교육훈련 방법"이다. 이러한 액션러닝은 첫째, 이론과 실제의 연계에 기여하며, 둘째, 업무와 교육이 동시에 현장에서 발생하기 때문에 업무현장을 떠나지 않고 교육이 이루어질 수 있고, 셋째, 문제해결 과정에서 학습이 효과적으로 이루어질 수 있다는 점에서 유용성을 지닌다(이홍민 외, 2009: 490-491).

---

8) 멘토링과 OJT의 차이는 OJT는 직장 내에서 상사와 부하가 업무지식 전수에 중점을 둔다면, 멘토링은 단순 업무전달을 넘어 멘토와 멘티의 공동학습과 공동성장관계 구축을 중시하여 멘티 인생전반 목표달성에 관심을 가진다는 점에서 차이가 있다(김정인, 2018).

3. 역량평가

1) 역량평가 의의

역량평가는 "개인이 조직과 관련하여 우수한 성과를 올리기 위해 행동으로 발휘하는 능력을 평가하는 것"이다(하미승 외, 2007). 이는 모의 직무상황을 제시하고 평가대상자가 자신의 경험적 사실과 행태를 바탕으로 맡은 역할을 얼마나 잘 수행하고 있는가 등의 직무역량을 평가자가 평가하는 방법이다. 이러한 차원에서 역량평가는 관리자로서 충분한 능력과 역량을 갖춘 대상자들을 선발하는 과정이기 때문에 역량평가 역시 관리자들의 역량을 개발할 수 있는 효과적인 수단이 될 수 있다.

역량평가를 실시하는 목적은 구성원들 스스로 자발적 역량과 능력을 개발하도록 유도하고, 전문성을 확보하여 업무수행역량을 향상시켜 궁극적으로 조직의 역량을 증진시키고자 하는 것이다(하미승 외, 2007). 이러한 차원에서 역량평가 역시 조직구성원의 역량을 개발하고자 하는 중요한 수단이라고 할 수 있다. 특히 공공부문에서 역량평가 실시 배경은 성과지향 인적자원관리 달성과 관련이 있다. 신공공관리의 성과주의 향상을 위해 성과와 능력 중심의 인사관리가 중요하게 고려되었고, 이를 위해 관리자들의 역량 및 역할과 이에 대한 평가가 중요하게 고려되면서 공공부문에서 역량평가가 시행되었다고 할 수 있다(이상준·김미경, 2022).

2) 역량평가 설계와 효과

역량평가는 평가센터(Assessment Center) 기법을 활용하여 시행되고 있다(하미승 외, 2007; 인사혁신처 홈페이지). 평가센터는 조직구성원들의 적성과 능력을 정확하고 객관적으로 파악하기 위하여 행동과학적 지식을 활용하는 인간평가 방법으로서, 복수의 평가 프로그램과 기법을 사용하여 목표하는 역량을 관찰하여 평가하는 것이다. 이를 위해 다수의 훈련된 평가자가 피평가자의 태도, 행동, 언어 등의 잠재적 속성을 평가한다(하미승 외, 2007: 43).[9] <그림 6-2>와 같이 평가센터는 장소적 개념보다 평가절차 및 체제와 같은 프로그램 또는 과정에 가까운 개념으로 사용된다.

특히 공공부문에서 역량평가를 실시 할 때 발생할 수 있는 긍정적 효과는 다음과 같다(이하 이상준·김미경, 2022: 170). 첫째, 관리자들에게 필요한 역량을 평가하여 이를 선발과 승진에 활용할 수 있다(예: 한국 정부조직에서 고위공무원단 역량평가). 기존에는 승진 등에 있어 주로 연공서열 또는 과거 실적 등을 활용하였으나, 역량평가는 관리자로서 지닌 미래의 잠재적 역량을 평가할 수 있다는 점에서 긍정적이다. 둘째, 역량평가는 평가대상자의 성과 또는 수행을 예측할 수 있어 선발 시 발생할 수 있는 오류를 낮추고 평가의 타당성과 신뢰성을 증진시키는 데 기여한다. 셋째, 역량평가를 통해 선발된 관리자들은 조직 생산성을 증진시키는 데 적극적으로 기여하여 조직의 경쟁력을 높이는데 긍정적 작용을 한다.

<그림 6-2> 평가센터 체계

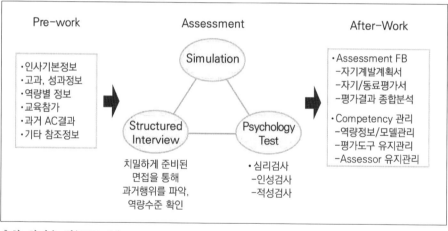

출처: 하미승 외(2007: 44).

---

9) 대표적인 기법으로 구조화된 모의상황(현실적 직무 상황에 근거한 행동을 관찰·평가하여 평가자의 주관성 배제), 다양한 실행과제(개별 평가기법의 한계 극복, 복합적인 실행과제 활용으로 다양한 역량평가), 다수 평가자(개별 평가자의 오류 방지, 평가의 공정성 확보) 등을 활용한다(인사혁신처 홈페이지).

4. 경력개발

1) 경력개발 의의

경력개발(career development)은 직장 내에서 개인의 일생 동안 관련 직무나 직업과 관련된 태도와 행동을 연속적으로 관리하는 것으로, 이는 협의와 광의의 개념으로 구분할 수 있다(이하 최순영·장지원, 2009: 18). 협의의 경력개발은 개인이 조직 내의 보직경로를 합리적으로 설정하고 관리해 주는 것이다. 즉 이는 개인의 경력목표를 설정하고 이를 달성하기 위한 경력에 따른 보직관리를 해 주는 제도인 것이다. 반면 광의의 경력개발은 조직구성원의 자기발전 욕구를 충족시키고 조직이 필요한 인재를 육성하며, 이를 조직 목표달성과 연계하고자 하는 광범위한 인사관리 활동을 의미한다.

구성원의 경력을 개발하기 위한 프로그램인 경력개발제도(Career Development Program, 이하 CDP)는 "개인의 경력목표를 설정하고 이를 달성하기 위한 경력계획을 수립하여 조직의 욕구(organizational need)와 개인의 욕구(individual need)가 합치될 수 있도록 각 개인의 경력을 개발하고 지원해 주는 활동"이다(이홍민 외, 2009: 457-458). 특히 공직사회에서 경력개발은 공무원이 공직사회에 입직하여 퇴직할 때까지의 종합적인 인적자원관리로서 공무원 개개인의 능력과 역량을 지속적으로 향상시키는 수단으로 고려할 수 있다. 이러한 차원에서 공직사회에서 CDP는 "정부조직(부처)의 필요와 공무원 개인의 목표를 보다 밀접히 결합시켜 공무원의 능력을 지속적으로 향상시키고 정부조직의 본래 목적을 효과적으로 달성하려는 장기적이고 종합적인 인적자원관리제도"라고 정의할 수 있다(최순영·장지원, 2009: 20).

경력개발이 등장하게 된 배경은 환경, 조직, 개인 차원에서 살펴볼 수 있다(이후 이종수, 2002: 153).

<그림 6-3> 경력개발의 등장 배경

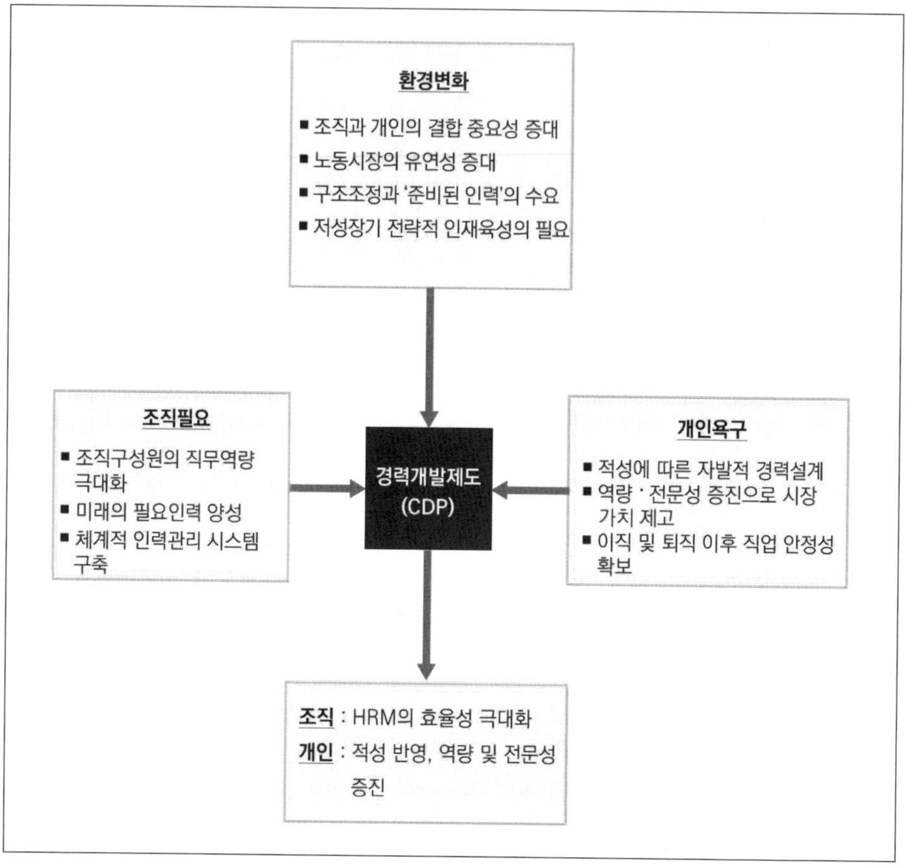

환경변화
■ 조직과 개인의 결합 중요성 증대
■ 노동시장의 유연성 증대
■ 구조조정과 '준비된 인력'의 수요
■ 저성장기 전략적 인재육성의 필요

조직필요
■ 조직구성원의 직무역량 극대화
■ 미래의 필요인력 양성
■ 체계적 인력관리 시스템 구축

경력개발제도 (CDP)

개인욕구
■ 적성에 따른 자발적 경력설계
■ 역량·전문성 증진으로 시장 가치 제고
■ 이직 및 퇴직 이후 직업 안정성 확보

조직 : HRM의 효율성 극대화
개인 : 적성 반영, 역량 및 전문성 증진

출처: 이종수(2002: 153).

　　첫째, 환경차원에서는 노동시장에서 유연성이 강조되고, 구조조정 과정에서 준비된 인력이 필요하며, 저성장 환경에서 전략적 인재양성을 위해 효율적인 인적자원관리가 필요해지면서 조직 내 경력개발이 중요하게 고려되었다. 둘째, 조직차원에서는 경쟁력 강화를 위해 구성원의 직무역량을 증진시키고, 미래 필요인력을 양성하며, 구성원의 역량을 극대화시키기 위해 경력개발이 필요해지게 되었다. 마지막으로, 개인차원에서 구성원 개인의 적성에 맞는 직무선택과 경력설계가 중시되고, 역량과 전문성 향상이 요구되는 상황에서 경력개발이 등장하게 되었다.

2) 경력개발 설계와 효과

경력개발 단계는 다음과 같은 과정으로 이루어진다(이종수, 2002). 첫째, 조직환경 차원에서 CDP를 도입할 수 있는 환경요건이 갖추어졌는가를 평가해야 한다. 둘째, 환경차원에서 CDP가 도입될 수 있는 환경이 마련될 때 구성원들이 이를 수용할 수 있도록 조직은 구성원들에게 CDP 도입에 따른 비전과 전략을 제시하고 수용할 수 있는 조직분위기를 조성해야 한다. 셋째, 조직은 CDP를 설계해야 한다. 특히 이 과정이 중요하다. 효과적인 CDP를 설계하기 위해서 조직은 우선 구성원 개인의 경력개발 욕구를 조사하여야 하며, 공무원의 경력개발 욕구를 실현할 수 있는 구체적인 경력경로(career path)를 설정해야 한다. 마지막으로, 조직은 도입된 CDP가 조직 내에서 원활하게 운용될 수 있도록 적극 지원해야 한다.

경력개발은 개인이 설정하는 경력목표(career goal)와 조직이 설계하는 경력경로(career path)로 구성된다(최순영·장지원, 2009). 같은 맥락에서 경력개발은 개인차원의 경력계획(career planning)과 조직차원의 경력관리(career management)로 설명될 수 있다(McLagan, 1989; 홍혜승·류은영, 2020). 경력계획은 구성원 스스로가 자신의 경력과 관련된 목표를 확인하고 경력목표를 달성하기 위해 직무교육 방향, 기간, 단계 등을 구체화하는 것으로, 조직구성원 스스로가 경력계획을 수립하고 경력정보를 진단 및 탐색하며 구체적 행동단계를 실천해 나아갈 때 성과가 나타날 수 있다. 반면 경력관리는 조직이 구성원들 스스로가 경력계획을 설립하고 이를 실행할 수 있도록 지원하는 활동으로서 효과적인 경력관리가 이루어질 때 조직의 생산성과 성과가 증진된다.

이와 같이 경력개발은 개인과 조직차원 모두에서 효과가 있다(이홍민 외, 2009: 459). 우선 개인차원에서 경력개발은 개인의 역량개발에 기여한다. 특히 구성원들의 직무만족과 직무몰입을 증진시키고, 개인의 성장비전을 통해 개인의 자아실현과 삶의 질을 향상시키며, 개인의 사회적 가치를 증대시킨다. 뿐만 아니라 조직차원에서도 경력개발은 조직의 유효성을 확보하는 데 유용하다. 조직 내

구성원들의 경력개발이 이루어질 때 조직구성원의 잠재된 역량이 제고되어 조직의 생산성과 성과 향상으로 이어질 수 있으며, 인재를 적재적소에 활용할 수 있고, 전략적 인재의 조직발굴과 육성이 가능하다는 점에서 장점을 지닌다. 이와 같이 경력개발은 구성원의 역량을 개발하여 이를 조직 생산성 증진에 기여할 수 있도록 한다는 점에서 개인과 조직 비전의 상호실현이라는 의의를 지닌다고 할 수 있다(홍혜승·류은영, 2020).

제 3 절 한국 공직사회 역량개발 현황, 문제점 및 개선방안

1. 공무원 역량개발 현황

1) 공무원 직급별 표준역량 모델

한국 공직사회에서는 공무원들에게 요구되는 역할을 반영하여 직급별 역량모델을 개발하여 운영하고 있다(국가공무원인재개발원 홈페이지 참조). 특히 사고 (thinking), 업무(working), 관계(networking) 영역에서 직급에 맞는 필수역량을 제시하고 있다. 구체적으로 고위공무원단은 문제인식, 전략적사고, 성과지향, 변화관리, 고객만족, 조정/통합 역량을, 과장급은 정책기획, 조직관리, 성과관리, 의사소통, 이해관계조정 역량을, 5급 공무원은 기획력, 논리적 사고, 상황인식·판단력, 의사소통, 조정 역량을 정의하고 있다(참조 <표 6-5>). 그리고 5급 이상의 관리자급을 대상으로 하여 각 직급별 역량에 따라 개별 공무원에게 요구되는 직급별 역량모델을 제시하여 운영하고 있다.

이와 같이 한국 공직사회에서는 공무원의 역량을 개발하기 위하여, 직급에서 요구되는 역량을 정의하고 이를 달성하기 위한 다양한 방안들을 운영하고 있다. 또한 '공무원 인재개발법'이라는 법 제도적 기반을 두고 교육훈련, 역량평가, 경력개발 제도 등을 운영하고 있다.[10]

<표 6-5> 고위공무원, 과장급, 5급 공무원 역량 정의

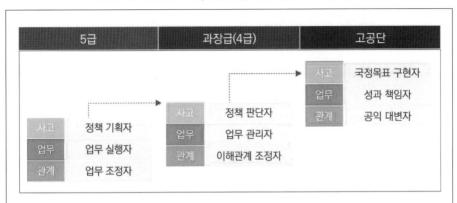

구분		고위공무원		과장급		5급 공무원
사고	문제 인식	정보의 파악 및 분석을 통해 문제를 적시에 감지/확인하고 문제와 관련된 다양한 사안을 분석하여 문제의 핵심을 규명함	정책 기획	다양한 분석을 통한 현안 파악 및 개발하고자 하는 정책의 타당성 검토를 통해 정책 실행을 위한 최적의 대안을 모색하여 제시하는 역량	기획력	다양한 요인을 고려하여 조직의 목표, 미션, 비전과 부합하는 대안을 제시하고 구체적인 실행방안을 수립함
	전략적 사고	장기적인 비전과 목표를 설정하고 이를 실행하기 위한 대안의 우선순위를 명확히 하여 추진방안을 확정함			논리적 사고	현재의 상황 또는 문제점들을 세부 요인별로 분석하여 각 요인들의 관계를 파악하고, 각 요인들의 특성을 비교분석하여 대안을 마련함
업무	성과 지향	주어진 업무의 성과를 극대화하기 위한 다양한 방안을 강구하고, 목표달성 과정에서도 효과성과 효율성을 추구함	조직 관리	전체 조직구조 및 각 조직간의 상관관계를 고려하여 업무 달성을 위한 계획 및 자원을 확보하고 최대의 성과를 발휘하도록 조직화하는 역량	상황 인식, 판단력	발생된 문제를 둘러싼 다양한 요소들을 고려하여 해결방안을 제시하며, 사전 예방책도 고려함
	변화	환경 변화의 방향/	성과	정책의 결과로 발생		

---

10) '공무원 인재개발법'의 목적은 국민 전체에 대한 봉사자로서 공무원을 공직가치가 확립되고 직무수행의 전문성과 미래지향적 역량을 갖춘 인재로 개발하는 것이다.

관계	관리	흐름을 이해하고, 개인 및 조직이 변화상황에 적절하게 적응/대응하도록 조치함	관리	하는 행정서비스의 질을 극대화하기 위한 목표를 수립하고 실제 업무 수행과정에서도 목표와 과업을 완수하는데 지속적으로 관리/공유하는 역량		
	고객 만족	업무와 관련된 상대방을 고객으로 인식하고 고객이 원하는 바를 이해하고 그들의 요구를 충족시키려 노력함	의사 소통	상대방의 의견을 경청하여 그 의사를 정확히 이해하고 자신의 생각과 의견을 명확하고 효과적으로 전달하는 역량	의사 소통 능력	소속 조직의 정책방향을 명확히 이해하고, 이와 연계하여 업무의 목표와 방향을 상사, 부하, 동료에게 효과적으로 전달, 지도함
	조정/ 통합	이해당사자들의 이해관계 및 갈등상황을 파악하고 균형적 시각에서 판단하여 합리적 해결책을 제시함	이해 관계 조정	공동의 목적을 위해 다양한 이해관계자들간의 갈등을 해결하고 협력적인 업무관계를 구축·유지하는 역량	조정 능력	계획된 과제를 원활하게 수행하기 위해 특정 문제에 대해 관계있는 사람들(이해관계자)과 협의(조율 및 설득)해서 조화와 협력을 유지해 가는 것

출처: 국가공무원인재개발원 홈페이지.

2) 공무원 교육훈련 제도

우리나라 공무원 교육훈련은 기본교육(직급단계별로 필요한 기본역량 배양), 전문교육(직무분야에 필요한 전문지식과 기술 습득), 자기개발과 기타교육(국정운영 방안들을 습득하고 직무관련 개인학습)으로 구성된다(<그림 6-4> 참조). 기본교육과 전문교육은 직급에 따라 다르게 운영되는데, 예를 들어 고위공무원의 경우 기본교육(고위정책과정, 신임국장과정), 전문교육(전문과정)으로, 3-4급(과장급 이하)의 경우 기본교육(고위공무원단 후보자과정), 전문교육(전문과정)으로, 4급의 경우 기본교육(신임과장과정, 과장후보자과정), 전문교육(전문과정)으로, 5·6급의 경우 기본교육(신규관리자과정), 전문교육(전문과정)으로, 7·8급의 경우 기본교육(신규실무자과정),

전문교육(전문과정)으로, 9급의 경우 기본교육(신규실무자과정), 전문교육(전문과정)으로 운영되고 있다.

<그림 6-4> 교육훈련 일반 체계도

기본교육

직급 단계별로 필요한
기본역량 배양
공무원 교육훈련기관에서 실시
(직장교육 및 위탁도 가능)

전문교육

직무분야에 필요한
전문지식과 기술 습득
직장교육, 공무원 교육훈련기관 교육 및
위탁교육 형태로 실시

자기개발·
기타교육

국정운영방향 등 국정교육,
직무관련 개인학습 등등
직장교육, 개인학습, 공무원 교육훈련기관
교육 및 위탁교육 형태로 실시

출처: 인사혁신처 홈페이지.

　공무원을 효과적으로 교육하기 위한 공무원 교육기관으로 국가공무원의 경우 인사혁신처와 국가공무원인재개발원이, 지방공무원의 경우 행정안전부와 지방자치인재개발원이 중심이 된다. 우선 국가공무원 교육훈련 체계와 관련해서는 인사혁신처가 국가공무원인재개발 정책을 수립하고, 국가공무원인재개발원이 주축이 되어 타 교육기관을 지원한다. 특히 5급 이상 공무원들에 대한 교육훈련은 국가공무원인재개발원에서 주로 제공한다. 그리고 각 중앙행정기관 하에 약 33개 교육훈련기관이 있어 국가공무원의 교육을 지원한다. 반면 지방공무원은 행정안전부를 중심으로 지방공무원인재개발정책을 수립하고, 지방자치인재개발원, 중앙교육연수원 등을 중심으로 교육훈련을 운영한다.

　한국의 공직사회에서는 다양한 교육훈련 방안들이 시도되고 있다. 이 중 대표적인 교육훈련 방안은 상시학습제도이다. 이 제도는 2007년부터 연간 100시간 이상 교육훈련 이수를 의무화한 제도로, "지식기반·평생학습 사회의 요구에 부응하여 공직사회의 학습조직(learning organization)화를 촉진하여 정부경쟁력을 제고하기 위하여 도입한 제도"이다(인사혁신처 홈페이지). 4급 이하 공무원의 경우 교육훈련이수시간을 승진에 반영하도록 하였으며, 교육훈련 학습방법 및 부처

자율성과 책임성을 강화하여 교육내용은 각 부처의 직무특성·인력구성 등 특성
을 감안하여 중앙행정기관의 장이 결정하도록 하였다.

<그림 6-5> 한국 공무원 교육훈련 체계도

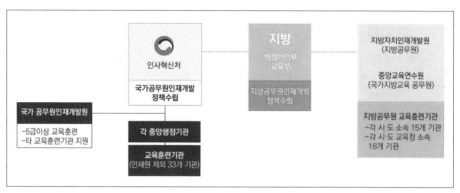

출처: 인사혁신처 홈페이지.

이외에 공무원 연구모임도 '공무원 인개개발법' 개정에 따라 공무원의 자기
개발계획을 적극적으로 지원하기 위하여 시행되고 있다(김정인, 2018). 공무원들
의 역량을 개발하기 위하여 자기주도적 학습을 통한 공직의 전문성 향상, 공직
사회 경쟁력 증진, 창의적 직무수행 강화 등을 위해 공무원 연구모임이 운영되
고 있는 것이다. 현재 공무원 연구모임을 확산하기 위해 우수 연구모임에 인센
티브를 제공하고 전 부처에 성공사례를 확산하여 공유하고 있다.

공무원 연구모임 사례

김제시는 지난 2022년 8월 9일, 3층 대회의실에서 2022 공무원 시책연구모임 성과
발표회를 개최했다.

시책연구모임은 직원들의 자율적 참여 속에서 창의적인 아이디어를 시책으로 연구 개
발함으로써 시정발전을 도모하고 활력 넘치는 조직문화를 만들기 위해 추진한 것으로 올
해 1월 참여대상자를 모집, 다양한 직렬과 직급으로 구성된 6개조 총 37명이 연구모임
활동을 시작했다.

지난 2월 신규정책 수립 사전단계로 문제해결 과정 전반에 대한 이해와 실습 교육을

시작으로 8회에 걸쳐 액션 러닝(Action Learning) 코칭 프로그램을 통해 새로운 김제발
전을 도모할 수 있는 관심 분야의 주제를 선정한 후 전문가 맞춤형 컨설팅을 받으며 6개
월 동안 연구활동을 진행하고 과제를 도출하여 각 조별 성과를 발표했다.

<아주경제, 2022년 8월 10일자 기사 중 일부 발췌>

출처: https://www.ajunews.com/view/20220810104100007

3) 공무원 역량평가 제도

우리나라의 공공부문 역량평가제도는 2006년 고위공무원단 역량평가를 시
작으로 하여 지속적으로 확대되고 있다. 역량평가 대상 직급은 고위공무원을 중
심으로 시작되었지만 점차 중간직급, 초급관리자, 실무자급으로 확대되고 있으
며, 기관 역시 중앙행정기관에서 처음 시작되었지만 점차 광역시도, 기초지방자
치단체, 공공기관 등으로 확산하고 있다(이상준·김미경, 2022).

그럼에도 불구하고 우리나라의 대표적인 역량평가는 고위공무원단과 과장
급을 대상으로 시행되고 있는 역량평가이다. 2006년 고위공무원단 실시 이후 도
입된 고위공무원단 역량평가는 현재 6개 역량, 4개 실행과제, 9명의 평가자라는
평가체제를 유지하고 있다. 원칙적으로는 고위공무원으로 신규 채용되려는 자,
4급 이상 공무원이 고위공무원단 직위로 승진임용되거나 전보되려는 자는 역량
평가를 통과해야 하며, 이들은 역량평가를 받기 이전에 고위공무원단후보자과정
을 의무적으로 이수해야 한다. 그리고 4개의 구체적인 방법[1:1 역할수행: 현안 문
제 기자 인터뷰, 1:2 역할수행: 정책의 찬반 대립, 부처/부서 간 이해관계 조정, 서류함기법:
여러 현안과제의 해결방안 마련(보고서 작성) 후 질의응답, 집단토론: 사업 선정, 예산 감축
등 쟁점사항 합의/조정]으로 평가를 받고 있다. 한번 평가시 후보자 6명을 평가하
고 9명의 평가위원이 참여한다. 역량평가 통과기준은 역량 항목별 5점 만점으로
6개 역량의 평균점수가 보통 이상(2.50점 이상)인 경우이며, 역량평가 후 평가대
상자에게 역량평가 통과여부, 역량수준, 역량별 강점 및 약점, 역량개발 조언 등
이 포함된 결과보고서가 통보되어 역량평가 결과 피드백이 이루어진다. 이를 통
해 피평가자들은 자신의 역량수준과 부족한 역량을 인식하여 역량개발에 도움을

받을 수 있도록 역량평가제도가 운영되고 있다.

고위공무원단 역량평가 제도 정착 및 확산의 일환으로 2010년 공무원 임용령에 과장급 역량평가 실시근거를 마련하여 2015년부터 과장급 후보자에 대한 역량평가제도를 시행하였다. 과장급 역량평가는 5개 역량에 대해 발표(현안과제에 대해 상급자에게 원인 및 해결방안 보고), 1:1 역할수행(부하 면담 등 다양한 상황에 대처), 서류함기법(과장으로서 여러 가지 현안업무를 처리하는 상황) 등 3개의 실행과제, 6명의 평가자로 운영되고 있다. 역량평가 통과 기준은 5개 역량 평균점수가 2.5점 이상(5점 만점)이 되거나, 5개 역량의 평균점수가 2.3점(5점 만점) 이상이고 이 중 2개 이상 역량에 대한 점수가 3.0점 이상인 경우이다. 과장급 후보자에 대한 역량평가는 인사혁신처에 평가 대행을 요청하거나 각 중앙부처에서 과장급 보직 부여를 위해 자체적으로 역량평가를 실시할 수 있다. 현재 감사원, 외교부, 관세청, 특허청, 해양수산부의 경우 과장급 후보자 역량평가를 자체적으로 평가하고 있다(인사혁신처 홈페이지).

<표 6-6> 공무원 역량평가 대상 역량

● 고위공무원단 후보자 평가 대상 역량

역량명		정의
사고	문제인식	정보의 파악 및 분석을 통해 문제를 적시에 감지·확인하고, 문제와 관련된 다양한 사안을 분석하여 문제의 핵심을 규명하는 역량
	전략적사고	장기적인 비전과 목표를 설정하고, 이를 실행하기 위한 대안의 우선순위를 명확히 하여 추진방안을 확정하는 역량
업무	성과지향	주어진 업무의 성과를 극대화하기 위한 다양한 방안을 강구하고, 목표달성 과정에서도 효과성과 효율성을 추구하는 역량
	변화관리	환경 변화의 방향과 흐름을 이해하고, 개인 및 조직이 변화상황에 적절하게 적응 및 대응하도록 조치하는 역량
관계	고객만족	업무와 관련된 상대방을 고객으로 인식하고, 고객이 원하는 바를 이해하고 그들의 요구를 충족시키려 노력하는 역량
	조정·통합	이해당사자들의 이해관계 및 갈등상황을 파악하고, 균형적 시각에서 판단하여 합리적인 해결책을 제시하는 역량

● 과장급 후보자 평가 대상 역량

역량명	정의
정책기획	다양한 분석을 통해 현안을 파악하고, 개발하고자 하는 정책의 타당성을 검토하여 최적의 대안을 제시하는 역량
성과관리	조직의 미션과 전략에 부합하는 성과목표를 수립하고, 이를 달성하기 위해 업무집행과정을 점검하고 관리하는 역량
조직관리	전체 조직 및 각 부서간의 관계를 고려하여 목표 달성을 위한 실행 계획을 수립하고, 필요한 자원을 확보하며, 업무를 배분하고 조직화하는 역량
의사소통	상대방의 의견을 경청하여 그 의미를 정확히 이해하고, 자신의 의견을 명확하고 효과적으로 전달하는 역량
이해관계조정	공동의 목적을 위해 다양한 이해관계자들 간의 갈등을 해결하고, 협력적인 업무관계를 구축·유지하는 역량

출처: 인사혁신처 홈페이지.

〈표 6-7〉 공공부문 주요 역량평가 시행 현황

시행연도	시행기관	평가대상(후보자)
2006	인사혁신처	고위공무원단
2008	외교부	참사관급
2008	서울특별시	5급
2008	산업통상자원부	산하 공공기관 상임이사
2010	고용노동부, 보건복지부, 환경부	5급
2013	경기도	4급
2015	인사혁신처	과장급
2015	국민건강보험공단, 국민연금공단	1~3급
2017	당진시	5급
2018	행정안전부	지방자치단체 국·과장급
2020	한국가스공사, 한국수력원자력	고위직

출처: 이상준·김미경(2022: 172).

2. 한국 공직사회의 공무원 역량개발 문제점

한국의 공직사회에서 공무원들의 역량개발을 위한 다양한 교육훈련, 역량평가, 경력개발 등이 시행되어 왔다. 그럼에도 불구하고 변화하는 인사행정환경에 적합한 공무원 역량개발 및 해당 역량의 증진에 있어 다음과 같은 한계점을 지니고 있다.

첫째, 한국 공공부문에서의 역량평가가 원활하게 이루어지지 않았다. 한국에서는 현재 직급별 역량모델을 개발하여 이를 역량평가 등에 활용하고 있다. 하지만 고위공무원단, 과장급 역량평가를 제외하고 공무원 역량에 대한 측정이 객관적으로 이루어지지 못하고 있는 실정이다. 공무원 개인의 역량진단과 자신의 업무에서 요구되는 필요역량의 차이를 객관적이고 과학적으로 측정할 필요가 있음에도 불구하고, 현실상으로는 이에 대한 한계가 존재한다. 한국에서 공공부문 역량평가제도가 도입된 지 15년이 지났지만, 역량평가 요인에 대한 구성 타당성, 측정 타당성, 내용 타당성 등 타당성 검증이 충분하게 이루어지지 않았다. 또한 역량평가와 성과의 관계 측정도 원활하게 이루어지지 못하고 있다는 문제가 있다(이상준·김미경, 2022: 170).

둘째, 급변하는 행정환경을 고려한 다양한 공무원 역량에 대한 정립이 이루어지지 못하고 있다. 현재에는 고위공무원, 과장급, 5급 공무원 등 직급별 표준역량 모델을 제시하고 있다(<표 6-5> 참조). 그러나 최근 들어 디지털 전환, 난제증가, ChatGPT 등 생성형 인공지능 활성화와 같은 행정환경변화에 적극 대응하기 위한 역량 개발이 다소 미흡한 실정이다. 특히 변화하는 환경에 따라 최근 부처별 자율성이 확대되어 가는 인사행정 상황을 고려해 볼 때 부처 및 업무 특성을 고려한 역량모델도 개발될 필요성이 있다.

셋째, 공무원 역량개발은 조직요인과 밀접한 관련성이 있음에도 불구하고 한국의 공무원 역량개발 과정들은 조직요인과 연계성이 다소 부족한 측면이 있다. 특히 구성원들의 역량개발은 조직문화 특성을 고려하여 진행될 필요가 있지만 이에 대한 연계가 부족하다. 조직문화는 '조직구성원들의 가치관 및 생활양식의 공유'이기 때문에 그들의 역량을 효과적으로 개발하기 위해서는 조직문화와 연계하여 역량을 개발할 필요가 있다. 예를 들어 위계적이고 권위주의적인 조직문화에서는 조직구성원들의 의사결정 참여가 자유롭지 못하기 때문에 이로 인해 구성원들의 역량 증진이 제약받을 가능성이 높다.[11]

넷째, 공무원 역량개발을 위한 필수적 수단인 경력개발이 효과적으로 운영되고 있지 않다. 한국 공직사회에서 경력개발은 조직과 개인의 상호비전 실현이라는 본래의 목적을 달성하지 못하고 있다.[12] 한국 정부조직은 계급제를 기반으로 하여 신분이 보장되는 직업공무원제를 오랫동안 유지해 왔다. 이로 인해 공무원의 경력개발에 대한 관심은 높지 않았으며, 중앙부처에서는 주로 경력개발이 5급 이상 관리자 공무원들을 중심으로 이루어지는 등 6급 이하 실무직 공무원들의 경력개발 지원은 미비한 실정이었다. 이로 인해 공무원들은 공직사회 내에서 자신들이 예측한대로 경력개발이 이루어지지 않음으로 인해 경력장애(career barriers)를 인식하게 되며, 이는 공직사회 조직 전반과 공무원 개인들에게 부정적인 영향을 미치고 있는 실정이다(홍혜승·류은영, 2020).[13] 무엇보다도 한국 공직사회에서 경력개발이 부각되지 않은 이유는 중하위직의 경우 순환보직이라는 보직관리가 주를 이루고 있고, 일반행정가 양성이 주된 목적이 되면서 전문성 향상을 위한 보직관리가 의도한대로 이루어지지 않았기 때문이다. 특히 공무원 개인 주도의 경력계획과 조직의 경력관리 또는 경력경로의 연계성이 부족하였으며, 개인의 경력계획은 대부분 승진이 쉽게 이루어질 수 있는 경력계획을 추구하다 보니 조직구성원의 역량을 개발할 수 있는 효과적인 경력개발이 이루어지지 못했던 것이다.

---

11) 해양경찰청 조직문화와 구성원들의 역량 간 관계를 분석한 실증연구에 의하면 해양경찰청에 남성 중심의 조직문화가 형성될 때 구성원들의 역량이 낮아지는 것으로 나타났다(류도암·문미경, 2022).

12) 공무원을 위한 CDP는 미국 연방정부에서 1955년 제2차 후버위원회의 권고안으로 시작되어 1975년 육군 경력개발제도를 통해 활성화되었다. 한국은 1999년 김대중 정부 때 처음으로 공무원 전문성 강화를 위해 CDP를 도입하고자 하였으나 무산되고, 실제 2003년 노무현 정부 때 본격적으로 도입 및 운영되고 있다(최순영, 2013: 216).

13) 경력장애는 "조직에서 경력개발을 해 나가는 과정에서 발생할 수 있는 물리적 방해요소"를 의미한다(홍혜승·류은영, 2020: 199).

3. 미래 한국 공직사회에 효과적인 공무원 역량개발

인사행정 환경이 급격하게 변화하면서 과거 주를 이루었던 대면교육, 집합교육 등 전통적인 역량개발 방법이 효과성과 타당성을 잃어가고 있으며, 이를 대신할 새로운 역량개발 방법들이 제시되고 있다. 특히 디지털 기술이 발달하면서 초연결성(hyperconnected)과 초지능성(hyper-intelligence)으로 대변되는 현대사회에서는 새로운 공무원 역량개발 방안들이 더욱 절실하게 요구되고 있다(김시정·김현준, 2023). 미래정부에서 유능한 공무원들이 갖추어야 할 역량은 이전의 산업화 시대 베버 관료주의에서 요구되던 역량들과는 사뭇 다르며, 변화하는 인사행정 환경에 적극적으로 대응할 수 있는 역량들이다. 따라서 아래에서는 미래 한국의 공직사회에서 공무원들에게 필요로 하는 역량들을 제시하고 이를 달성하기 위한 역량개발 방안들을 살펴보고자 한다.

무엇보다, 미래 공무원들에게 요구되는 역량들은 공무원 인재상을 실현할 수 있어야 한다. 최근 인사혁신처(2023)에서는 공무원 인재상을 새롭게 제시하였다. 보다 구체적으로 새로운 공무원 인재상은 탁월한 직무 전문성을 바탕으로 한 공감·소통, 헌신·열정, 창의·혁신, 윤리·책임의 4가지 표준 인재상으로 구성되어 있다. 인재상은 인사제도 개선을 넘어 공무원의 태도·행태를 변화시킬 수 있는 근원적·기본적 원칙이기 때문에 공무원 역량개발도 공무원 인재상과 연계하여 실현되어야 한다. 향후 정부는 변화한 인재상을 실현할 수 있는 공무원 역량을 직급별, 업무별, 부서별 특성을 고려하여 정립할 필요성이 있을 것이다. <그림 6-6>에서는 2023년 인사혁신처에서 개정한 인재상을 나타내고 있다.

둘째, 미래정부의 공무원들에게 요구되는 역량은 문제해결 역량이다. 문제해결 역량은 즉각적이고 명확한 해결방안이 드러나지 않은 문제의 맥락과 상황을 이해하고 이를 해결하기 위해 끊임없이 노력하는 개인의 역량이라고 할 수 있다(김시정·김현준, 2023). 현재 한국의 공직사회에서는 공무원 연구모임 등을 통해 현장형 문제해결 역량을 증진하고 있으나, 이는 여전히 부족한 측면이 있으며 급증하는 난제의 시대에 공무원의 문제해결 역량 증진은 반드시 필요하다.

<그림 6-6> 공무원 인재상

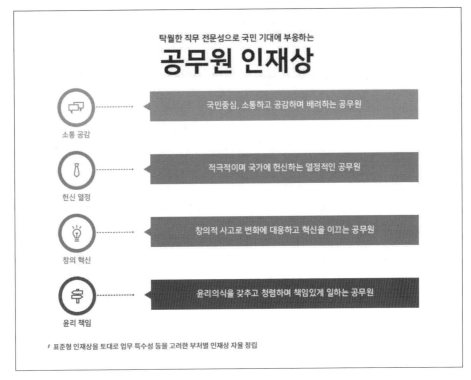

출처: 인사혁신처 홈페이지.

이를 위해 자기주도적 학습(self-directed learning), 프로젝트 기반 학습(project-based learning: 이하 PBL) 등이 활용될 필요가 있다. 이러한 역량개발 방안은 피교육자 스스로 교육의 책임을 강화하는 액티브 러닝(active learning)의 일종이다. 특히 PBL은 학생 즉 학습자 중심 방안으로, 학습자 스스로가 자신의 학습을 주도해 나가며 프로젝트 팀원들과 협력하여 연구하고 학습하여 프로젝트를 진행해 나가는 역량개발 방안이다(김시정·김현준, 2023). 이는 구성주의 시각을 기반으로 하고 있으며, 학습자 스스로 타인과 함께 활동하면서 다양한 관점, 상황, 지식들을 스스로 인식하는 학습방법을 의미한다. 따라서 향후 공무원들은 PBL 등의 학습방법을 체화하여 국민들에게 더 나은 공공서비스를 제공할 수 있도록 문제해결 역량을 증진시킬 필요가 있을 것이다.

셋째, 지속적인 난제 증가로 인해 현대사회에서는 사회문제를 개인이나 조직이 단독으로 해결하기는 어렵다. 따라서 공무원들에게는 협업적 역량(collaborative competency)이 더욱 강하게 요구된다. 사회문제 해결을 위해서는 둘 이상의 주체들이 끊임없이 정보를 공유하고 각자가 지닌 지식, 정보, 재능을 바탕으로 협업해야 한다. 이를 위해 필요한 역량이 협업적 역량이다. 특히 우리나라처럼 부처 간 정보공유가 쉽지 않은 환경에서는 공무원 개개인의 협업적 역량증진이 필수적이라고 할 수 있다. 미래정부에서 공무원은 다양한 이해관계자들의 의견을 조율하고, 또 공동의 목표 달성을 위해 그들의 이해를 조정·설득하여 합의를 달성할 수 있는 역량을 갖추어야 한다. 공무원의 협업적 역량을 증진시키기 위해 공무원들의 소통을 활성화할 필요가 있다. 다시 말해 커뮤니케이션 스킬을 강화할 필요가 있는 것이다. 특히 관리자들은 정책현장에서 필요로 하는 경청·코칭·피드백 등의 대인관계 기법 교육을 통해 소통역량을 개발할 필요가 있을 것이다.

넷째, 미래정부에서 공무원들에게 요구되는 역량은 증거기반의 분석역량이다. 공공부문의 문제는 다양한 이해관계자가 존재하며, 이를 해결하는 과정에서 복잡한 상황들이 발생할 수 있다. 이러한 복잡한 문제일수록 증거에 기반한 문제해결 방안을 모색할 필요가 있다. 새로운 문제영역에 끊임없이 도전하고 해결방안을 탐색하기 위해서는 공무원들이 객관적이고 합리적인 증거에 기반하여 의사결정할 수 있어야 한다. 이처럼 증거기반 분석역량을 강화하기 위해서는 과학적 근거를 기반으로 한 예측과 분석, 데이터 분석, 실험 설계, 시나리오 매핑 등과 같은 전문적인 분석 기법을 필수적으로 학습할 필요가 있다(Head, 2022).

다섯째, 4차산업 혁명, ChatGPT 등 생성형 AI 활성화로 인한 디지털 전환 시대에 공무원들은 디지털 역량을 필수적으로 갖출 필요가 있다. 4차 산업혁명 이후 디지털 사회에서 발생하는 다양한 문제를 해결하기 위하여 디지털 기술을 활용해 다른 사람들과 협업하고 소통하며, 이를 통해 업무 등에 필요한 정보를 탐색, 분석, 결과물을 생성하는 역량을 디지털 역량이라고 한다(최숙영, 2018). 이러한 디지털 역량은 지식정보화 사회의 공무원들에게 반드시 필요한 역량이다.

특히 디지털 역량은 정책환경 등의 변화를 고려할 때 공무원들에게 필수적으로 요구된다. 이에 정부는 기존과 다른 새로운 교육훈련 방법으로 공무원들의 디지털 역량을 지속적으로 개발할 필요가 있다.

공무원 디지털 역량강화를 위해 최근 들어 다양한 교육훈련 방법들이 새롭게 제시되고 있다. 정부조직에서도 예외가 아니다. 특히 코로나19로 인하여 사회적 거리두기가 강화되고, 정보통신기술이 급속도로 발달하면서 비대면 교육방안들이 활성화되고 있다. 기존에 공무원 교육기관 주도의 집합교육과 대면교육을 중심으로 하는 전통적 교육훈련 방안은 코로나19와 같은 감염병 증가 상황에 적합하지 않다. 더 나아가 최근 디지털 전환에 따른 정보통신기술의 발달은 공무원 교육훈련 방식에 큰 변화를 가져왔다. 특히 디지털 기기에 익숙한 MZ세대들이 공직사회에서 다수를 차지하고 공무원 개개인의 교육수요가 다양해지면서 이를 충족시킬 수 있는 다양한 교육훈련 방안들이 마련되고 있다. 그 결과 공무원 교육훈련은 집합 및 대면교육 중심에서 자기주도형 온라인 플랫폼 중심으로 변화하고 있다(박정호, 2020). 대표적인 예가 2022년 새롭게 도입된 공직사회의 '인재개발플랫폼' 구축이다(인사혁신처 홈페이지 참조).[14] 인재개발플랫폼을 통해 공무원에게 다양한 교육콘텐츠를 제공한다. 공무원들은 이를 일괄적으로 학습하는 것이 아니라 자신의 수요에 맞게 언제·어디서든 상시 학습할 수 있게 되어 공무원들의 역량과 전문성 증진에 기여하고 있다.

이처럼 빠르게 변화하는 인사행정 및 정책환경에 효과적으로 대응하기 위해서는 급격한 사회변화에 대응할 수 있는 공무원들의 역량을 새롭게 정립하고, 공무원들이 효과적으로 역량을 개발할 수 있도록 하는 방안들을 끊임없이 고민

---

14) 이는 공무원 역량 강화와 성장을 지원하는 AI 빅데이터 기반의 공무원 학습 플랫폼으로서, 정부·민간의 다양한 학습 콘텐츠가 한 곳에 모여 자유롭게 유통되는 학습 허브(hub)이다. AI·빅데이터 기술을 적용해 개인별 인사·직무정보, 학습이력 등에 따른 맞춤형 학습 분석·추천 시스템인 것이다. 이는 플랫폼에 축적되는 다양한 학습 데이터를 분석하여 빅데이터에 기반한 인재개발 인사이트를 제공함으로써 인재개발의 디지털 전환을 실현하고자 하였으며, 공무원 교육에 특화된 실시간 화상교육 시스템을 탑재하여 언제·어디서나 물리적 제약 없이 학습할 수 있는 비대면 온라인 교육환경을 구축하고, 다양한 소셜러닝(social learning) 서비스를 제공해 상호작용에 기반한 협업학습(learning by collaboration)을 지원한다는 점에서 의의가 있다(인사혁신처 홈페이지 참조).

해야 한다. 예를 들어 현재 한국 공직사회에서는 원활하게 운용되지 못하고 있
는 공무원 경력개발에 대한 개선방안을 고려해 보아야 할 것이다. 특히 중하위
직 공무원들을 중심으로 개개인의 공무원들이 필요로 하는 역량을 발굴하고 이
를 증진시킬 수 있도록 하는 경력계획과 경력경로를 설정할 필요가 있다. 또한
정부는 이를 적극 지원해 주어야 한다. 특히 중하위직 공무원들의 필수보직기간
을 준수할 수 있는 업무환경을 조성하여 그들의 업무 전문성을 높일 수 있도록
해야 한다. 경력개발이 공무원 개인에게 동기부여 수단이 될 수 있도록 각 부처
는 이를 지원해 줄 필요가 있다. 효과적인 경력개발 지원은 최근 증가하고 있는
중하위직 신규공무원들의 이직을 줄 일 수 있는 방안으로도 고려될 수 있을 것
이다. 이를 위해 무엇보다 최고관리자 계층을 비롯하여 조직차원의 끊임없는 관
심과 노력이 필요할 것이다.

<그림 6-7> 지능형 오픈 플랫폼: 인재개발플랫폼

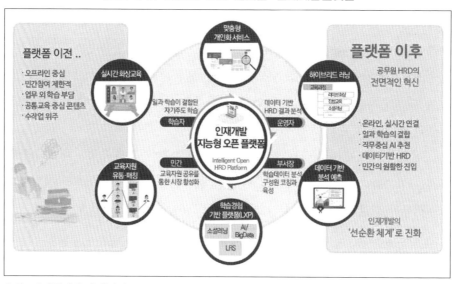

출처: 인사혁신처 홈페이지.

참고문헌

김시정·김현준. (2023). 디지털 전환시대 공공부문의 협력적 문제해결 역량 교육을 위한 PBL 적용 탐색. 「한국인사행정학회보」, 22(1): 121−152.

김정인. (2018). 「인간과 조직: 현재와 미래」(제2판), 서울: 박영사.

류도암·문미경. (2022). 젠더관점의 조직문화 요인과 조직구성원 역량수준의 관계 분석: 해양경찰청을 중심으로. 「한국인사행정학회보」, 21(4): 215−244.

박경규. (2016). 「신인사관리」(제6판), 서울: 홍문사.

박우성. (2002). 「역량중심의 인적자원관리」. 한국노동연구원.

박정호. (2020). 포스트 코로나 시대의 공무원 교육훈련 변화 방향. 「한국인사행정학회보」, 19(4): 375−384.

백종섭·김동원·김철우·이근주·조선일. (2016). 「인사행정론」, 서울: 창민사.

아주경제. (2022). 김제시, 공무원 시책연구모임 성과발표회 개최 外. 2022년 8월 10일자.

유민봉·임도빈. (2016). 「인사행정론: 정부경쟁력의 관점에서」(제4판), 서울: 박영사.

이상준·김미경. (2022). 공공부문 역량평가 현황분석과 정책적 함의: 최근 4년 조달청 사업공고 내용을 중심으로. 「한국인사행정학회보」, 21(3): 169−199.

이종수. (2002). 공무원의 전문성 향상방안으로서 경력개발제도(CDP)에 관한 연구 : CDP의 시각에서 분석한 한국인사 행정체계의 문제점과 개선방안」. 「한국행정연구」, 11(4) : 149−175.

이홍민. (2013). 「핵심인재 역량개발」, 중앙경제.

이홍민·조소연·최관섭·이강희. (2009). 「HR인사이트」, 중앙경제.

인사혁신처. (2023). 2023년 주요업무 추진계획.

최무현·김영우. (2010). 지방공무원 역량강화에 관한 연구−역량기반 교육훈련을 중심으로. 「지방정부연구」, 13(4): 33−59.

최숙영. (2018). 제 4차 산업혁명 시대의 디지털 역량에 관한 고찰. 「컴퓨터교육학회논문지」, 21(5): 25−35.

최순영. (2013). 경력개발제도의 개선방안. 「한국정책과학학회보」, 17(1): 215−245.

최순영·장지원. (2009). 「공무원 전문성 제고를 위한 경력개발제도의 재설계방안」. 한국행정연구원.

하미승·권용수·전영상. (2007), 공무원 역량평가를 위한 사례비교연구. 「한국인사행정학회보」, 6(1): 37−79.

홍혜승·류은영. (2020). 공무원의 경력장애요인 및 경력개발이 직무만족에 미치는 영향: A중앙부처 공무원을 대상으로. 「한국인사행정학회보」, 19(2): 197−221.

Burack, E. H., Hockwarter, W., & Mathys, N. J. (1997). The New Management Development Paradigm, *Human Resource Planning*, 20(1): 14−21.

Head, B. W. (2022). Policy Innovation in Turbulent Times. In B. W. Head (Ed), *Wicked Problems in Public Policy: Understanding and Responding to Complex Challenges* (pp. 123−139). Cham: Springer International Publishing.

McClelland, D. C. (1973). Testing for Competence Rather than for Intelligence, *American Psychologist*, 28: 1−14.

McLagan, P. A. (1989). Models for HRD practice. *Training & Development Journal*, 43(9): 49−60.

Parry, S. R. (1996). The Quest for Competencies. *Training*, July, 48−56.

Sparrow, P. R. (1994). The Psychology of Strategic Management: Emerging Themes of Diversity and Cognition. In C. L. Cooper & I. T. Robertson (Eds.), *International review of industrial and organizational psychology* (pp. 147−181). Chichester, UK: John Wiley.

Spencer, L. M., & Spencer, S. M. (1993). *Competence at Work: Models for Superior Performance*. Wiley (민병모 외 역, 1998).

White, R. W. (1959). Motivation Reconsidered: The Concept of Competence. *Psychological Review*, 66(5): 297-333.

제 7 장

동기부여

생각해보기

- 공직사회에서 공무원의 동기부여는 왜 필요한가?

- 공무원의 동기부여를 위해 근무여건, 자기개발, 보상 등은 어떻게 이루어져야 하는가?

- 한국 공직사회에서 공무원의 동기부여는 잘 이루어지고 있는가?

- 보상과 인센티브를 제외하고 공무원의 동기부여를 위한 다양한 방법은 무엇이 있는가?

- 일과 삶의 균형 정책은 효과적으로 운영되고 있는가?

토론해보기

- "공공과 민간부문의 구성원을 동기부여 시키는 요소는 다르다"에 대한 찬반 토론하기

- 한국 공직사회에 "직무성과급"에 대한 찬반 토론하기

- "공직사회 유연근무를 발전시키기 위한 시간선택제 공무원 증원"에 대해 찬반 토론하기

제 1 절 동기부여 이론

동기(motivation)는 무엇인가 지향하는 개인행동의 심리적 이유와 과정을 이해하는 과정으로 지속적으로 사람을 행동하게 유인하는 내적상태를 의미한다. 이를 직무와 결부하여 생각하면 동기는 직무수행을 유지하거나 활성화시키는 힘으로 직무를 수행하려는 의욕 혹은 근무태도로 정의할 수 있다(오석홍, 1999). 동기는 목표달성 의지와 근무 의욕을 높여 업무 생산성, 직무 만족도, 조직몰입 등을 높일 수 있어 조직의 효율성을 높이기 위한 중요한 요소이다.

동기수준은 다양한 요인에 의하여 영향을 받는다. 상급자가 목표 혹은 비전을 제시하거나 지원함으로써 동기부여가 될 수 있는 반면 하급자의 강력한 지지를 받으면 개인의 행위가치가 높아지면서 동기수준이 강화되기도 한다. 동료집단 역시 비교를 위한 준거집단으로 동기부여에 영향을 미칠 수 있다. 동료의 성과와 나의 성과를 비교함으로써 동기가 강화될 수 있다. 또한, 맡은 과업의 중요성이 높을수록 동기부여 될 수 있다. 즉, 직무특성도 동기부여에 영향을 미치는 요인이라고 할 수 있다.

동기는 크게 내용이론과 과정이론으로 나뉜다. 그리고 최근 공공조직에 초점한 동기이론이 있다. 본 장에서는 내용이론, 과정이론에 해당하는 대표적인 이론과 공공분야에 적용된 동기이론에 대하여 살펴보고, 반대로 동기저하요인을 추출하여 개인, 직무, 조직 차원에서 해결방안을 살펴보도록 한다. 또한, 공공부문의 구성원들을 동기부여하기 위해 현재 실행하고 있는 정책들을 살펴본다.

1. 내용이론

내용이론은 무슨 요인(what)이 행동을 유지 혹은 활성화시키는지와 관련한다. 즉, 내용이론은 "무엇이 사람의 동기를 유발하는가"를 연구하는 것이다. 내용이론은 매슬로우(Maslow)의 욕구단계이론, 앨더퍼(Alderfer)의 ERG이론, 허즈그

(Herzberg)의 2요인 이론, McGregor의 X, Y이론, 해크만과 올드햄(Hackman & Oldham)의 직무특성이론, 맥클랜드(McClelland)의 성취동기이론이 있다.

1) 매슬로우(Maslow)의 욕구단계이론

매슬로우의 욕구단계이론(hierarchy of needs theory)은 1943년 미국 심리학회보에서 소개되었다. 그의 책 인간의 동기와 성격(Motivation and Personality)에서 욕구단계이론에 대하여 자세히 기술하였다. 욕구단계이론에 따르면 사람은 욕구의 존재이고 기본적으로 다섯 가지의 욕구를 갖고 있다. 다섯 가지 욕구는 생리적 욕구(physiological needs), 안전 욕구(safety needs) 애정/소속 욕구(love/belonging needs), 존경 욕구(esteem needs), 자아실현의 욕구(self-actualization needs)이다. 매슬로우의 욕구단계이론은 아래의 그림처럼 나타낼 수 있다.

<그림 7-1> 매슬로우의 욕구단계이론

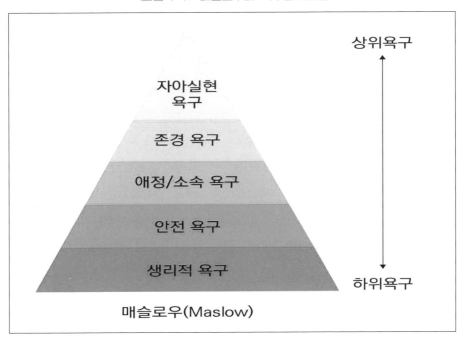

출처: Maslow(1943) 수정.

생리적 욕구는 가장 하위 단계의 기본적 욕구로 육체적, 생물적 욕구와 관련한다. 인간의 생존에 있어 필수적 요소들이기 때문에 모든 욕구에 우선하여 발현된다. 안전 욕구는 안전, 안정, 보호에 대한 욕구이다. 신체적, 정신적 안정감을 찾고자 하는 욕구로써 외부로부터 자신을 보호하고 싶은 욕구, 신체적, 심리적 위험, 사회적 지위에 대한 위험에서 벗어나고 싶은 욕구이다. 물리적 안전과 더불어 고용안정 등 경제적, 사회적 안전 상태도 해당된다. 애정 욕구는 소속감 혹은 타인과 관계를 형성하고 유지하고자 하는 욕구를 의미한다. 어느 조직에 소속하여 타인과 사귀고 사랑하고 사랑받고 싶은 욕구이다. 존경욕구는 존경, 명예, 인정에 대한 욕구이다. 마지막으로 자아실현 욕구는 최상위 욕구로 잠재적 역량을 최고로 발휘하여 자신을 성장시키고자 하는 욕구이다.

매슬로우의 욕구 5단계이론의 전제조건은 두 가지이다. 첫째, 충족되지 않은 욕구를 만족하기 위해 동기가 부여된다고 가정한다. 욕구가 목표지향적 행동을 창출하고 유지하기 때문에 욕구 결핍을 느낄 때 동기를 유발하고 욕구만족을 유도한다. 둘째, 사람들은 공통적 범위의 욕구가 있고, 보편적 욕구는 충족되어야 할 순서대로 서열화되어 있다고 전제한다. 욕구는 상·하위 수준으로 분류가 가능하고 우선순위가 정해져 있다고 가정한다.

매슬로우의 욕구단계이론의 특징을 살펴보면 다음과 같다. 첫째, 최하위 욕구는 상위욕구보다 성취열망이 강하다. 하위욕구일수록 인간에게 중요성이 높은 욕구이기 때문이다. 둘째, 욕구단계이론은 욕구위계설의 구조를 띄고 있다. 하위욕구가 충족되어야 상위욕구가 나타나고, 각 욕구가 충족되지 않기 때문에 동기가 유발된다고 가정한다. 즉, 욕구는 하위욕구에서 상위욕구로 순차적으로 진행한다고 말한다. 다만, 매슬로우는 하위욕구의 완전한 충족이 차상위 욕구를 추구하는 것은 아니라고 지적한다(Goldstein, 1939; 강성철 외 재인용, 2018). 계층을 상대적 개념을 이해하고, 하위 욕구가 어느 정도 만족되면 차상위 계층의 욕구를 추구한다고 설명한다.

매슬로우의 욕구단계이론은 인간의 욕구를 체계적으로 연구했다는 점에서 의의가 크다. 하지만 몇 가지 한계점이 있다. 첫째, 욕구의 위계서열이 5단계로 동일하게 분류되는 근거가 명확하지 않다. 또한, 모든 사람에게 동일한 욕구 종류와 단계를 적용하기 힘들다. 둘째, 낮은 욕구가 충족되면 더 이상 발현되지 않는다고 가정하는 것은 현실적으로 설명하기 힘들다. 매슬로우는 상위욕구로의 욕구 상향 진행에만 초점을 두었다.

2) 앨더퍼(Alderfer)의 ERG이론

앨더퍼는 매슬로우의 5단계 욕구단계이론이 직면한 문제점을 극복하고 보다 현실에 부합된 이론으로 발전시키기 위하여 3단계 핵심욕구로 통합하여 수정하였다. 다양한 집단 구성원 대상의 실증조사 결과를 바탕으로 존재 욕구(existence needs), 관계 욕구(relatedness needs), 성장 욕구(growth needs)로 구분하였다. 각 욕구의 첫 글자를 활용하여 ERG이론이라 불린다.

존재욕구는 생리적, 물질적 욕구로 매슬로우의 생리적 욕구와 안전 욕구 중

<그림 7-2> 매슬로우의 욕구단계이론과 앨더퍼의 ERG이론

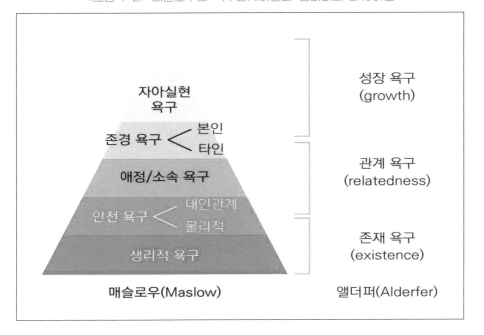

물질적 안전을 포함한다. 반면 관계 욕구는 타인과의 대인관계 욕구로 매슬로우
의 안전 욕구 중 대인관계 안전인 비물질적 안전과 애정 욕구, 존경 욕구 중 타
인으로부터 존중을 포함한다. 마지막으로 성장 욕구는 개인적 성장을 위한 욕구
로 매슬로우의 존경 욕구 중 자기로부터 존중과 자아실현 욕구를 포함한다. 매
슬로우와 앨더퍼의 인간 욕구 체계를 비교하면 <그림 7-2>와 같다.

　　매슬로우와 앨더퍼 간의 욕구 체계를 비교하면 다음과 같다. 첫째, 매슬로
우는 낮은 차원 욕구가 일정수준 만족되면 차상위 차원의 욕구로 상향 진행하는
만족-진행(satisfaction-progression)원리를 설명하였다. 이에 앨더퍼는 욕구가 좌
절되면 상위욕구가 하위욕구로 회귀한다는 추가 원리를 제시하였다. 이는 좌절
-퇴행(frustration-regression)원리로 욕구가 좌절되면 하위단계 욕구를 재충족하
려는 동기가 유발된다는 원리이다. 이러한 원리를 <그림 7-3>과 같이 이해할
수 있다.

　　앨더퍼의 ERG이론은 매슬로우의 욕구단계이론을 발전 및 심화시킨 이론이

<그림 7-3> 앨더퍼의 ERG이론 원리

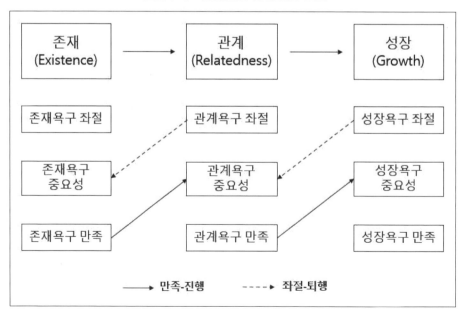

출처: 유민봉, 박성민(2013).

다. 하지만 두 이론의 비교론적 관점에서 앨더퍼 욕구이론의 시사점을 살펴보면 다음과 같다. 첫째, 매슬로우는 상위욕구로의 일방향적 상향 진행에만 초점을 두었지만 앨더퍼는 퇴행원리를 제시하여 이론적 의의가 크다고 할 수 있다. 둘째, 매슬로우는 각 욕구는 분절형의 단계로 간주하였으나 앨더퍼는 욕구간 연결형의 관계성이 있는 욕구단계를 주장하였다. 나아가 상위욕구가 하위욕구를 전제로 존재하는 것이 아니기에 복수의 욕구가 동시다발적으로 발생할 수 있음을 설명하였다. 따라서 앨더퍼의 이론이 매슬로우의 욕구단계이론에 비하여 인간 욕구를 설명하는 데 융통성이 있다는 평가를 받는다. 다만, 욕구의 위계단계를 여전히 포함하고 있고, 동기부여의 과정을 단순하게 욕구로만 설명하며, 실증연구가 어렵다는 측면에서 비판을 받는다.

3) 허즈버그(Herzberg)의 2요인 이론

인간은 직무에 만족을 할 수도 있고, 불만족을 할 수도 있다. 허즈버그는 만족과 불만족에 초점하여 이론을 정립하였다. 허즈버그는 직무에 만족하지 않는다는 의미는 불만족한다는 것이 아니고 불만족이 해소되었다고 만족의 원인이 될 수 없다고 설명한다. 즉, 만족과 불만족은 반대의 의미가 아니며 만족과 불만족은 이질적인 욕구라는 것이다. 불만족 요인이 해소되면 만족이 아니라 불만족이 없음(no dissatisfaction)으로 이해해야 한다. 따라서 조직구성원의 만족 요인과 불만족하는 요인은 서로 독립적이라고 할 수 있다.

허즈버그에 의하면 인간이 직무에 불만족할 때 환경에 관심을 갖고 반대로 만족하게 되면 직무 자체에 관심을 갖는다고 주장하였다. 허즈버그는 불만족 요인을 위생 요인, 만족 요인을 동기 요인으로 명명하고 각 요인 성격과 영향 요인을 분석하였다. 위생 요인(hygiene factors)은 불만족 요인(dissatisfiers)으로 근무 환경적 특성, 상황적 특성에 기인하는 요인이다. 위생 요인과 동기 요인을 나타내면 <그림 7-4>와 같다.

위생 요인은 근무환경, 직무 안정성, 직업의 안정성, 정책 및 운영, 지위, 보수, 대인 관계 등을 포함한다. 예를 들면, 근무 환경이 너무 추워 히터를 틀어주

<그림 7-4> 허즈버그의 2요인 이론

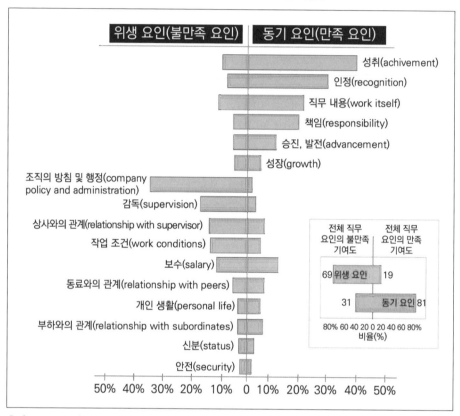

출처: Herzberg(1968:58).

면 불만족은 줄어들지만, 근무자의 만족이 늘어나거나 동기부여가 되지 않는다
는 것이다. 반면, 동기 요인(motivators)은 만족 요인(satisfiers)으로 직무 자체와 관
련된 내재적 요인이다. 예를 들면, 성취, 인정, 성장, 발전, 책임감, 직무, 승진 등
을 포함한다. 앞선 위생 요인이 '직무 환경'과 관련되었다면, 동기 요인은 '직무
내용'에 초점한다고 할 수 있다.

　허즈버그 역시 매슬로우의 영향을 많이 받았다. <그림 7-5>와 같이 허
즈버그의 위생 요인은 매슬로우의 생리적, 안정, 애정, 존경 욕구와 관련하고 동
기 요인은 매슬로우의 존경 및 자아실현 욕구를 포함한다.

　매슬로우의 욕구단계이론을 기초한 허즈버그의 2요인 이론은 조직의 구성

<그림 7-5> 매슬로우의 욕구단계이론과 허즈버그의 2요인 이론

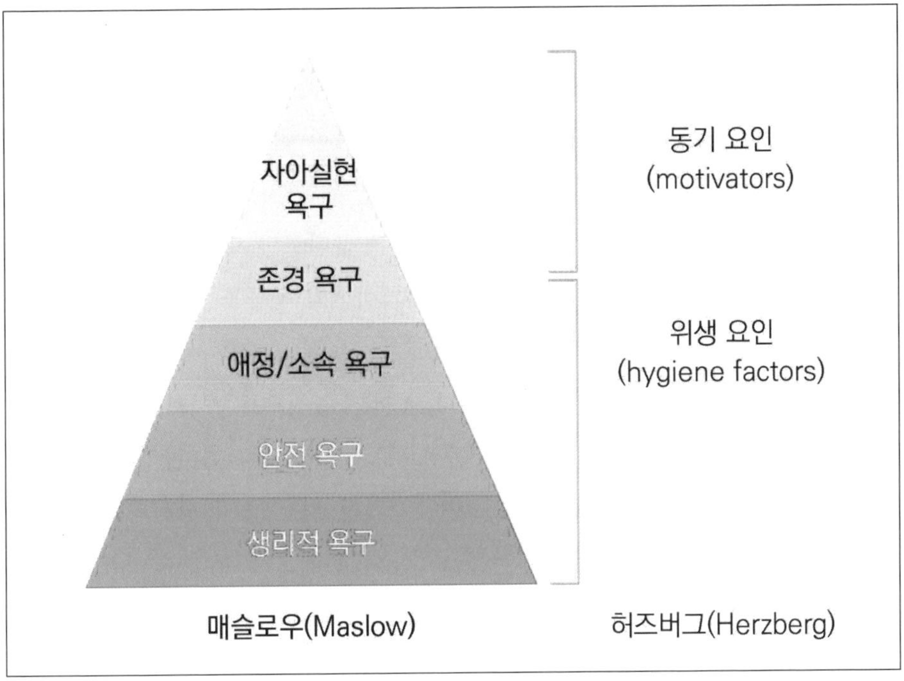

출처: Szilagyi & Wallace (1983) 참고하여 작성.

원에게 만족을 주는 요인과 불만족을 줄이기 위한 요인이 서로 독립적임을 제시하며 인사, 조직관리를 위한 시사점을 도출하였다는 점에서 의의가 있다. 위생 요인의 충족은 불만족 요인을 해소할 수 있지만 동기유발로 연결될 수 없고, 동기 요인의 만족이 동기유발로 연결될 수 있다는 관점을 제시하였다. 나아가 허즈버그의 2요인이론을 바탕으로 관리자적 관점의 구성원 동기유발을 위해 전략을 제시할 수 있다. 동기부여를 위해 직무와 관련된 만족 요인을 증대시키는 것이다. 예를 들면, 직무의 권한을 확대하고 책임감을 증대시켜 주어진 업무의 성과에 대한 성취감을 높여 동기부여 하는 직무충실(job enrichment) 전략을 활용해 볼 수 있다. 한편, 허즈버그의 2요인 이론은 만족이 동기유발되어 생산성 향상으로 이어진다고 주장하지만 실증적으로 다양한 요인의 복잡한 관계가 생산성 향상에 영향을 미치기 때문에 검증되기 어렵다는 한계를 갖는다.

4) McGregor의 X, Y이론

McGregor는 전통적 인간관을 X이론으로 새로운 인간관을 Y이론으로 지칭한다. X이론에 따르면 본래 인간은 게으르고 가능한 일을 하지 않으려 하는 특성을 갖는다고 한다. X이론에 따르면 목표달성을 위해 지시나 감독을 통해 통제, 강압, 처벌이 필요하다고 주장한다. 반면 Y이론에 따르면 인간은 스스로 목표에 달성하기 위해 노력하고, 자아 욕구 또는 자기실현의 욕구를 충족시키려고 일을 한다고 주장한다.

인간 본성을 X이론 관점으로 보느냐, Y이론 관점으로 보느냐에 따라 동기부여 방식이 다르다. 인간을 X이론의 관점으로 본다면 엄격한 관리, 원칙 중시, 순응 강조, 명령과 통제 방식의 의사소통, 수직적 위계 중시 상사의 권한 중심 등의 관리가 효과적이다. 반면 인간을 Y이론의 관점으로 본다면 공개적 참여, 가치 중시, 이해관계 간 협동, 쌍방향 의사소통, 자기통제, 권한이양, 수평적 관계 등의 관리가 효과적이다.

두 이론 중 어느 것이 옳고 그른 것은 아니다. 인간의 본성은 두 요소 모두 포함되어 있기 때문에 상황, 적성, 의사, 경험 등을 모두 고려하여 동기부여 방식을 택할 필요가 있다.

5) 해크만과 올드햄(Hackman & Oldham)의 직무특성이론

직무특성이론은 Herzberg의 2요인 이론의 영향을 받아 발달되었다(Oldham & Hackman, 2010). Herzberg의 2요인 이론은 직무를 단순화하여 동기 요인과 위생 요인으로 나누고 관리의 필요성을 주장하는 반면 직무의 객관적 특성을 보다 구체화함으로써 업무에 대한 구성원들의 내적인 동기를 발전시킬 수 있다고 가정한다. 직무의 특성을 바탕으로 직무의 재설계가 이루어진다면, 구성원들의 직무만족도가 증가되고 동기부여될 수 있다는 것이 핵심적 내용이다(Noe, Moeller & Fitzgerald, 1985).

직무특성이론에 따르면 내재적 동기가 유발되는 직무의 조건은 다섯 가지이다(Gagne, et al., 1997). 첫째, 업무에서 사용할 수 있는 기술이나 정보가 다양 (skill variety)해야 한다. 다양한 기술이나 지식을 사용하여 직무활동을 수행하는 것을 의미한다. 기술 다양성을 높이기 위해서는 다양한 직무의 확대가 요구된다 (박창권, 2013). 다양한 직무를 경험하면 다양한 기술과 지식을 필요로 하는 직무 수행의 폭이 넓어지기 때문이다. 둘째, 업무를 부분적으로 경험하기보다 전체적 으로 경험해야 한다. 즉, 업무를 부분만 담당하는 것이 아니라 직무를 완전성 있 게 수행(task identity)하는지의 정도를 말한다(황휘욱·조윤직, 2015). 직무의 완전성 이 높을수록 직무의 의미성이 거지고 개인에게 성취감을 느끼게 하기 때문이다. 셋째, 자신의 업무가 타인의 업무에 영향력(task significance)이 있어야 한다. 타인 의 업무에 미치는 영향의 정도를 의미하는 것이다. 구성원의 직무가 조직 내 또 는 사회에 기여하는 정도가 큰 과업일수록 업무의 의미와 중요성을 크게 느낄 수 있다. 넷째, 업무를 수행함에 있어 자율성과 재량(autonomy)을 발휘할 수 있 어야 한다. 자기 작업일정을 계획하거나 작업방식을 결정하고 진행하는 데 있어 서 개인의 의사가 반영되는 정도이다. 자율성, 독립성, 재량권이 높을수록 책임 감도 크다고 볼 수 있다. 책임감이 높을수록 개인이 느끼는 성취감이 높아질 수 있다. 다섯째, 조직 구성원들의 다양한 피드백(feedback)이 이루어져야 한다. 작 업의 결과에 대해서 동료와 상사로부터 정보를 얻고 환류과정으로 업무에 미흡 한 것을 보완하고 필요한 능력을 배양시키는 과정이다.

이러한 직무특성의 다섯 가지 특징이 강화될수록 직무동기유발지수(motivating potential score: MPS)도 강화된다. Hackman과 Oldham(1976)이 사용한 직무진단 조사(Job diagnostic survey)에 따르면 직무동기유발지수(MPS) 척도를 사용하여 측 정하였고, 그 산식은 다음과 같다.

직무동기유발지수=[(기능다양성)+(과업정체성)+(과업중요성)÷3]x자율성x환류

위의 산식에서 보듯이 직무특성요인이 증가하면, 직무동기유발지수가 증가 하는데, 이는 직무특성에 대하여 긍정적 인식으로 연결되고 이러한 긍정적 인식

은 직무수행에 동기가 높아지는 것을 의미한다. 직무특성화 이론은 과업정체성, 중요성, 기술다양성의 특성에 초점을 두어 직무자체를 포함하는 한편 책임과 권한, 자율성도 함께 설명하고 있기 때문에 어떻게 직무를 구조화하면 구성원들에게 내재적 동기부여를 할 수 있는가를 설명하고 있다.

6) 맥클랜드(McClelland)의 성취동기이론

성취동기이론(achievement motive theory)은 머레이(Murray)에 의해 처음 소개되었고 맥클랜드에 의해 체계화되었다. 성취동기는 어려운 문제를 해결하여 만족을 얻고자 하는 욕구에서 유발된다. 맥클랜드는 개인의 세 가지 욕구로 분류하며 개인 스스로가 자아실현 욕구를 달성하기 위해 노력한다고 주장한다. 세 가지 욕구는 성취 욕구(need for achievement), 소속 욕구(need for affiliation), 권력욕구(need for power)이다.

성취 욕구는 도전적인 일을 더 능률적으로 성취하려는 욕구이다. 성취 욕구가 높은 사람의 행동특성은 다음과 같다. 첫째, 목표 설정을 중요한 요소로 생각한다. 장애 요인이 있다면 스스로 극복하고 목표를 달성하고자 과업 지향적 특성이 높다. 둘째, 목표달성 과정에서 과업의 결과 혹은 성과에 대한 조속한 피드백을 원한다. 피드백을 통해 목표를 달성하기 위한 진행 상황과 성과를 정확하게 판단할 수 있기 때문이다. 셋째, 성취 욕구가 강한 사람은 동료와의 관계가 활동적이며 혁신적인 활동을 주저하지 않는다. 동료와의 원활한 관계형성을 통해 생산성을 높이는 것을 선호하며, 창의적인 아이디어를 바탕으로 목표를 달성하고자 한다. 넷째, 성취 욕구가 강한 사람들은 자신감과 책임감이 높다. 목표달성을 위해 보완할 점을 정확하게 파악하여 개선하고자 한다.

소속 욕구가 높은 사람은 타인과 좋은 관계를 유지하고자 한다. 이들은 관계 유지, 사회적 교류에 높은 관심을 보인다. 소속 욕구가 높은 사람의 행동특성은 다음과 같다. 첫째, 소속 욕구가 강한 사람은 관계 형성, 유지, 개선에 많은 시간과 노력을 투자한다. 둘째, 원만한 관계를 위하여 서로를 지원하는 형태로 발전한다. 셋째, 공식적 관계보다 비공식적 관계에서 주로 발달한다.

권력 욕구는 개인화된 권력(personalized power)과 사회화된 권력(socialized power)을 포함한다(McClelland, 1970). 개인화된 권력은 자기 자신의 이익을 위한 권력으로 타인에게 영향력과 통제력을 행사하는데 관심이 있다. 타인에게 본인이 원하는 대로 추종하도록 행동을 강요하는 경향이 있다. 반면, 사회화된 권력은 타인에게 혜택을 주거나 조직 전체에게 도움을 주기 위한 권력이다. 사회화된 권력은 집단의 목적을 달성하기 위해 구성원의 자신감과 책임감을 갖게 하여 구성원들이 스스로 권력을 가졌다고 느끼게 한다. 맥클랜드는 개인화된 권력보다 사회화된 권력에 초점하여 중요성을 강조하고 있다.

2. 과정이론

과정이론은 어떠한(how) 과정을 거쳐 동기가 유발되는지, 왜(why) 영향을 미치는가에 관심을 둔다. 즉, 과정이론은 요인들간 혹은 요인과 직무환경 및 상황 등의 관계를 연구한다. 과정이론의 대표적인 예로 브룸(Vroom)의 기대이론, 포터와 롤러(Porter & Lawler)의 기대이론, 애덤스(Adams)의 공정성 이론, 로크(Locke)의 목표설정이론 등이 있다.

1) 브룸(Vroom)의 기대이론

기대이론(expectancy theory)은 Tolman(1932)의 영향을 받은 이론으로 인간의 행동은 기대감에 의해 유도된다고 주장하는 이론이다. 개인행동에 영향을 미치는 요인의 과정을 설명하고자 하는 이론으로 개인에게 동기를 유발하려면 목표와 목표를 이루는 과정에서 그 수단들의 연계성이 높아야 한다는 것을 강조한 이론이라고 할 수 있다. 브룸의 기대이론은 현재 노력(동기유발력)은 미래에 보상으로 주어지는 성과에 의해 결정된다고 가정한다. 이때 브룸은 개인이 스스로 원하는 행동을 선택하고 결정하는 과정을 동기로 정의하고 그 결정의욕의 강도를 동기유발력(motivational force: MF)으로 간주한다(Vroom, 1964).

브룸의 기대이론에서 결과는 특정 행동의 미래에 보상으로 주어지는 성과를 나타내는데 크게 1차적 결과와 2차적 결과로 나타난다. 1차적 결과는 직무와 관련된 것으로 성과, 생산성과 관련한 결과이고 2차적 결과는 1차적 결과의 보상인 승진, 승급, 상사의 인정 등을 의미한다.

브룸의 기대이론은 유의성(valence), 수단성(instrumentality), 기대치(expectancy)의 상호작용을 바탕으로 동기유발력을 설명하기 때문에 이를 두고 VIE 모형, VIE이론으로 부르기도 한다. 즉, 동기유발력은 결국 유의성, 수단성, 기대치의 함수 관계이다(Vroom, 1964). 이를 식으로 나타내면 아래와 같다.

동기유발력(MF)=유의성(valence)×수단성(instrumentality)×기대치(expectancy)

기대이론의 유의성, 수단성, 기대치의 주요 개념을 살펴보면 다음과 같다. 유의성(유인가 또는 매력도)은 결과에 대한 선호도이다. 직무수행에 따라 받을 수 있는 특정 결과에 대한 선호의 강도, 그리고 그 결과에 대해 개인이 느끼는 중요성이다. 따라서 보상 내용이 구성원의 가치관 및 목표에 부합할수록 유의성이 커진다. 반면, 수단성은 1차적 결과와 2차적 결과의 연계성 혹은 상관관계의 주관적 확률치를 의미한다. 열심히 노력하여 얻은 성과에 대하여 적절한 보상이 주어지는가에 대한 인지 정도이다. 높은 성과에 대하여 오히려 임금삭감이 이루어졌다면 역(−)의 상관관계, 성과에 대하여 보상이 없었다면 상관관계는 없으며, 높은 성과에 대하여 승진이 이루어지면 정(+)의 상관관계라고 할 수 있다. 이 상관관계는 −1.0부터 +1.0의 사이에 존재한다. 마지막으로 기대치는 "특정된 행위가 특정의 결과를 발생시키리라는 주관적 확률과 관련된 개인적 믿음"이라고 정의한다(Vroom, 1964: 18). 즉, 일정 수준의 노력은 특정 성과로 연결될 것이라는 가능성에 대한 개인의 주관적 확률이다. 이 확률은 행동과 결과간 관계가 전혀 없는 0부터 +1.0 사이에 존재한다.

<그림 7-6> 브룸의 기대이론

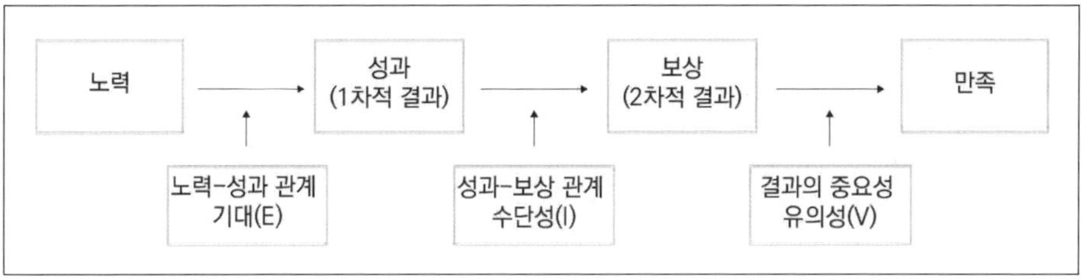

출처: Vroom(1964) 참고하여 작성.

관리자는 조직의 구성원에게 노력이 성과 및 보상으로 연계될 것임을 정확하게 인지할 수 있도록 하는 것이 중요하다. 확실한 보상체계의 확립은 구성원들의 관리층에 대한 신뢰와 믿음을 갖게 한다. 또한 기대이론은 개인성과에 따라 보상해야 할 필요성을 뒷받침해준다. 또한 구성원마다 보상에 대한 매력도가 다르기 때문에 관리자는 구성원의 욕구를 파악하고 그에 합당한 보상을 줄 수 있도록 신경써야 한다는 시사점을 준다.

2) 포터와 롤러(Porter & Lawler)의 EPRS 모형

포터와 롤러는 브룸의 기대이론을 수정하여 발전시켰다. 포터와 롤러는 과거의 경험을 바탕으로 미래의 기대감에 의해 동기부여 된다고 설명한다. 덧붙여 근무태도와 성과와의 영향 관계를 설명하고 있다. 포터와 롤러의 기대이론은 노력(effort), 성과(performance), 보상(reward), 만족(satisfaction)을 포함하고 있기 때문에 이를 EPRS 모형이라고 부른다. 이들의 관계를 모형화한 그림은 아래와 같다. 이 모형은 구성원들의 노력을 통해 성과는 향상되고 이에 따른 적절한 보상이 지급되면 궁극적으로 구성원의 만족으로 연결될 수 있음을 설명한다.

EPRS 모형의 구성요인을 자세히 살펴보면, 노력은 성과를 내기 위한 에너지이자 EPRS 모형의 첫 단계로 중요한 요인이다. 포터와 롤러에 의하면 보상의 가치와 지각된 노력에 대해 기대되는 보상의 확률에 따라 구성원 노력의 양을 조절한다고 주장한다. 따라서 조직구성원은 보상을 받을 확률이 높다고 판단될 때 많은 노력을 기울인다. 구성원의 노력은 능력, 특성, 역할 지각 등의 관련 요

<그림 7-7> 포터와 롤러의 EPRS 모형

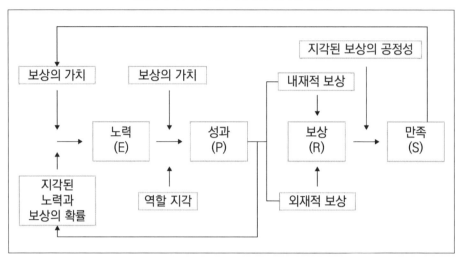

출처: Porter & Lawler(1968).

인과 상호작용하여 성과로 연계된다. 다른 조건이 일정하다고 가정하면 노력이
많을수록 높은 성과로 연계되지만 현실에서 개인의 능력, 특성, 역할은 일정한
조건으로 통제될 수 없기 때문에 노력과 성과는 반드시 정비례의 관계를 보이는
것은 아니다. 높은 성과는 높은 보상의 수준으로 연결된다. 보상은 일반적으로
개인의 성취감, 만족감, 보람 등의 내재적 보상과 승진, 보수, 복리후생과 관련한
외재적 보상으로 나뉜다. 이때, 보상이 공정한 것으로 지각되면 만족감을 느끼게
된다. 만족은 환류를 통해 미래의 보상을 받을 확률에 긍정적 영향을 미치게
된다.

    포터와 롤러의 EPRS 모형은 동기유발 과정을 다양한 요인들의 역동과정을
바탕으로 포괄적으로 설명함에 의의가 있다. 또한 개인이 성과를 높이기 위해
역량강화와 역할인지가 필요하다는 것을 시사한다. 직무교육과 각종 교육훈련을
통해 역량강화 및 역할인지 정확성을 높일 수 있을 것이다. 또한 구성원의 만족
을 높이기 위해 보상이 공정한가에 대한 점검이 필요함을 시사하고 있다. 한편,
포터와 롤러의 EPRS 모형은 의사결정 과정에서 인간은 보상을 받을 확률 등과
같은 경제적 계산 및 공정성 지각 등에 따라서만 행동하는 것은 아니라는 비판

이 있다.

3) 애덤스(Adams)의 공정성 이론

공정성 이론(equity theory)은 페스팅거(Festinger)의 인지 부조화(cognitive dissonance) 이론에 기초하여 동기부여 과정을 설명하고 있다. 인식의 부조화의 핵심은 다음과 같다. 첫째, 개인의 투입(input)과 결과(outcomes) 비율을 동일한 직무 상황에 있는 준거인물의 투입(input)과 결과(outcomes) 비율과 비교한다. 둘째, 이러한 비교를 통해 불공정 혹은 형평을 지각하고, 불공정은 불만족, 형평은 만족으로 연계된다. 즉, 아래의 그림과 같이 준거인물과 자신의 투입과 결과 비율을 비교하고 상황에 따라 불공정성과 공정성을 느끼며 이에 따른 행동을 유발하는 것이다.

<그림 7-8> 애덤스의 공정성 이론

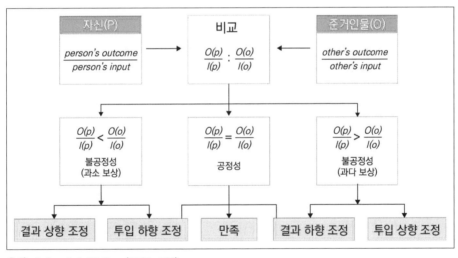

출처: Szilagyi & Wallace(1987: 100).

불공정성을 지각한 경우 이를 해소하기 위해 행동(동기유발)하게 된다. 이때, 불공정을 해소하기 위한 동기유발 강도는 지각된 불균형의 정도에 비례한다. 불공정을 강하게 느낄수록 심리적 불만족이 커지고, 이를 해소하기 위한 행동(동기유발)은 강하게 나타난다. 불공정을 해소하기 위한 방안으로 투입의 변경, 결과의 변경, 의식의 왜곡, 이직 등의 방안을 강구할 수 있다. 개인의 투입과 결과의 비율을 비교하거나 개인과 준거인물의 비교 결과 투입에 대한 보상이 낮다고 지각하는 경우 과소보상(undercompensation)으로 간주한다. 이를 교정하기 위해 투입을 감소시키는 행동을 하거나 산출을 늘리는 방향으로 동기부여가 될 수 있다. 반면, 투입에 대한 보상이 높다고 지각하는 경우 과다보상(overcompensation)으로 간주한다. 이 경우, 공정성 회복을 위한 노력으로 투입을 증가시키거나 산출을 축소시키는 행동을 통해 불공정을 해소하고 형평의 상태를 유지하려고 한다. 한편, 자신의 투입 및 결과를 조정하는 대신 준거인물의 투입과 결과를 조정하기도 한다. 준거인물의 투입이 하향 조정되기를 바라는 마음으로 보다 많은 책임을 지우거나 작업의 지연을 요구하기도 한다. 또는 비교 대상이 되는 준거 대상을 변경하기도 한다. 마지막으로 불공정성을 지각했지만 이를 해소하기 위한 행동을 모색하지만 실패하는 경우 이직을 통해 불공정의 상황을 벗어나고자 한다.

애덤스의 공정성 이론의 한계는 다음과 같다. 객관적 판단보다는 주관적 감정 개입가능성 높을 수 있다. 자신의 공헌과 타인의 보상은 과대평가하고 자신의 보상과 타인의 공헌은 과소평가할 수 있다. 과대 보상자를 준거집단으로 삼을 수 있어 불공정성을 잘못 인지할 수 있다. 이를 통해 시사점을 도출할 수 있다. 관리자는 구성원의 동기부여와 관련하여 보상 공정성 인식을 파악하는 노력이 필요하다. 조직의 구성원이 생각하는 투입 요소와 보상에 대한 인식은 상담, 피드백 등을 통해 수평적인 소통을 통해 관리할 수 있다.

4) 로크(Locke)의 목표설정이론

목표설정이론(goal-setting theory)은 목표가 설정되면 목표달성을 위해 구성원이 노력하게 된다는 이론이다. 명확한 목표는 구성원의 노력이나 직무에 대한 동기를 부여하는 원동력임을 제시하였다. 즉, 명확한 목표는 동기의 기초를 제공하고, 행동의 지표가 되는 것이다(Tubbs, 1968).

목표는 구체적이면서 현실가능하며 난이도가 있어 도전적인 목표, 구성원

간에 합의가 이루어져야 하고 보상과 연계되는 목표일수록 좋은 목표이다. 이러한 목표는 조직의 목표가 자기설정목표로 이어져 자기효능감(self efficacy)을 높여 동기부여에 지속적으로 영향을 미칠 수 있다.

목표설정이론의 기능은 다음과 같다. 첫째, 목표설정을 통해 업무능률을 향상시키는 행동 방향을 결정한다. 둘째, 목표는 개인과 조직이 실적을 평가하는 기준으로 활용될 수 있다. 셋째, 조직은 목표달성을 위해 필요한 활동 및 자원을 적극적으로 지원해준다. 넷째, 목표설정은 의사전달, 권력관계, 분업구조, 지위배열에 직접적 영향을 미친다. 다섯째, 목표연구는 조직구성원의 특징, 동기 및 행태에 관련한 통찰력을 얻을 수 있다.

성공적인 목표설정을 위해 필요한 다섯 가지 원리를 제시하고 있다(Lock & Latham, 1990). 다섯 가지 원리는 목표의 명확성(clarity), 목표의 난이도(difficulty), 목표에 대한 몰입(commitment), 결과에 대한 환류(feedback), 업무 복잡성(task complexity)이다. 첫째, 모호한 목표보다 명확하고 구체적으로 기술된 목표일수록 측정하기 쉽다. 따라서 목표의 명확성이 높을수록 동기부여를 유발하고 더 높은 성과로 이어진다. 따라서 목표설정이론은 업무 내용이 단순하여 목표를 구체적으로 설정할 수 있는 경우가 적용하기 수월하다. 둘째, 목표달성이 도전적일 때 더 높은 동기부여를 유발하고, 이는 더 높은 성과로 이어지게 된다. 따라서 도전적인 목표가 쉬운 목표보다 높은 성과를 창출하는데 효과적이다. 셋째, 조직구성원들의 목표에 대한 몰입이 높을수록 동기부여 되고 높은 성과로 이어진다. 따라서 구성원들의 목표에 대한 몰입을 높일 수 있도록 참여의 기회를 넓히는 것이 중요하다. 넷째, 구성원의 목표달성을 위한 정기적인 피드백을 제공되면 높은 성과로 이어진다. 구성원들이 잘하고 있는 점 혹은 개선할 점에 대하여 정보를 제공하면 더 높은 동기부여를 유발하고 목표지향적 활동을 추구하게 된다. 다섯째, 목표가 너무 복잡하면 동기부여에 부정적 영향을 미칠 수 있기 때문에 관리자는 큰 목표를 더 작고 관리하기 쉬운 업무로 분할하여야 한다. 작은 업무를 완료할 때마다 성취감을 느끼고, 이에 따라 동기부여가 되고 궁극적으로 큰 목표를 달성할 수 있게 된다.

따라서 목표설정이론은 조직구성원에게 명확하고 상세한 목표를 설정 및 제시해야 한다. 또한 그 목표가 도전적으로 인지될 수 있도록 해야 한다는 시사점을 제공한다. 따라서 목표설정이론은 목표관리(management by objectives: MBO)나 균형성과표(balanced score card: BSC) 기반의 성과목표관리 방식의 토대를 제공한다. 반면, 로크의 목표설정이론은 개인마다 일정 수준 목표를 갖게 되는 원인과 개인의 내면화된 목표와 직무수행간의 관계에 대한 설명이 부족하다는 한계점이 있다. 또한 목표의 구체성과 난이도 측정이 힘들고, 공공조직의 경우 목표를 구체화하기 힘들다는 단점이 있다.

3. 공직동기 이론

1) 페리(Perry)의 공공봉사동기

Perry와 Wise(1990)는 공공봉사동기(public service motivation: PSM)를 공공조직에 우선적 기반을 둔 동기에 부응하는 개인적 특성으로 정의하였다. 나아가 Rainey와 Steinbauer(1999)는 지역사회, 국가, 인류의 이익에 봉사하는 이타적 동기로 공공봉사동기를 정의하기도 한다. 즉, 공공봉사동기는 개인의 이익보다 사회전체의 이익 혹은 공공선을 위해 서비스를 제공하고자 하는 개인의 성향이라고 할 수 있다.

Perry와 Wise(1990)는 공공봉사동기를 세 차원으로 세분화하였다. 첫째, 합리적 차원의 동기는 공공부문 종사자들이 개인의 효용을 극대화하기 위해 합리성을 추구한다는 것이다. 정책과정에 참여하는 것에 만족감이 높아지고 정책의 성과를 개인의 성과와 동일시하는 경향이 있다. 또한 상호 교환적 성격이 강한 동기로 특정 이해관계자에 대한 지지를 통해 이익을 지향한다. 반면, 규범적 차원의 동기는 공익실현을 위한 욕구라는 개념을 포함한다. 따라서 사회적 약자인 소수계층의 보다 나은 삶을 위해 노력하는 성격을 갖는다. 마지막으로 감정적 차원의 동기는 사회에 헌신하는 이타주의적 동기이다. 국민에게 부여된 기본권이 보장되지 않는 사회적 약자를 보호하고자 노력하는 성격을 갖는다.

Perry(1996)는 위의 세 가지 차원을 바탕으로 공공봉사동기를 측정하기 위한 구성개념을 측정하기 위한 네 가지 하위범주를 제시하였다. 네 가지 하위범주는 공공정책에 대한 호감도, 공익에 대한 몰입, 동정심, 자기희생이다. 공공정책에 대한 호감도는 합리적 동기에, 공익에 대한 몰입은 규범적 동기, 동정심과 자기희생은 정서적 동기와 관련이 있다. 이 네 가지 하위차원은 "사회의 형평(equity)과 정책에 대한 관심, 국가와 공동체사회를 위해서 희생하고 봉사하려는 동기, 이타적이고 헌식적인 태도, 사회 환원, 손해의 감수" 등 포함하는 개념이다(최낙범·이수영, 2016: 173). 이를 정리하면 아래의 표와 같다.

〈표 7-1〉 공공봉사동기의 구성

차원	특성	공공봉사동기 하위차원
합리적 차원	개인의 효용극대화를 바탕으로 한 행태	정책결정과정에 대한 호감도(Attraction to Public Policy-making Process)
규범적 차원	규범을 준수하려는 노력에 따르는 행태	공익(Commitment to Public Interest)
정서적 차원	다양한 사회적 맥락에 대한 감정적 반응 행태	타인에 대한 애정(Compassion) 자기희생(Self-Sacrifice)

출처: Perry & Wise(1990) 재구성.

공공봉사동기에 영향을 미치는 요인으로는 항상 일관된 연구결과가 나오지는 않지만 대체적으로 여성일수록, 연령이 높을수록, 교육수준이 높을수록 공공봉사동기가 높은 편이라고 분석한다(Ritz, Brewer & Neumann, 2016). 이외에도 조직몰입, 의사소통, 리더십, 조직문화 등 다양한 요인이 공공봉사동기에 영향을 미친다는 분석결과가 있다(이하영·오민지·이수영, 2017; Schott & Pronk, 2014; Park & Rainey, 2008). 반대로 공공봉사동기는 직무만족, 조직성과, 조직시민행동, 조직몰입 등에 긍정적인 영향을 미친다(Naff & Crum, 1999; Pandey et al., 2008; 조태준·윤수재, 2009).

한편, 공공봉사동기 연구는 공공부문에 종사하는 구성원들에게 나타나는 특유의 동기를 설명하기 위하여 시작되었다. 따라서 일반적 동기가 아닌 공직동기를 유용하게 설명했다는 점에서 이론적 의의가 있다. 하지만 최근의 연구에 따르면 반드시 공공조직에 종사하는 구성원에게 한정할 필요는 없다는 주장이 있다(Scott & Pandey, 2005; Perry, Hondeghem, & Wise, 2010). 민간부문의 구성원도 정도의 차이는 있지만 공공봉사동기를 가지고 있다는 것이다.

기존의 동기부여 이론은 개인주의적 편향이 기초하였기 때문에 친사회적, 이타적 행동에 대한 설명에 어려움이 있었다. 또한, 공공조직은 목표의 모호성이 높기 때문에 목표와 보상의 연계를 강조하는 기존의 동기부여 이론의 적용에 한계가 있었다. 공공봉사동기는 기존의 동기이론의 한계를 보완하고, 공공조직에 초점하여 동기부여를 설명하고자 했다는 점에서 의의가 있다.

제 2 절   동기부여의 영향요인과 해결방안

조직 내에서 어떤 개인의 특성, 직무특성, 조직적 지원 및 환경이 동기를 유발하는지에 대한 고찰이 필요하다. 이를 공직사회에 적용하여 어떤 요인이 공공부문 구성원의 동기부여(혹은 저하)에 영향을 미치는지, 동기부여를 위한 방안은 무엇인지 살펴보도록 한다.

1. 동기 요인

동기유발 혹은 저하에 영향을 미치는 차원을 크게 개인, 직무 자체, 조직, 환경으로 나누어 볼 수 있다. 개인의 특성에는 개인적 취미, 여가활동, 적성, 개인의 지적 능력과 전문성, 성격, 보수 및 인사와 관련한 요인이 포함된다. 개인의 적성과는 전혀 상반되는 일을 해야 하는 경우 역할갈등, 정서적 혼란 등을 야기할 수 있으며 동기 저하될 수 있다. 혹은 업무에 상응하지 못한 보상, 처우 등이 주어지는 경우, 업무-보수 불공정(흔히 과소보상)을 느끼게 되어 노동 혹은 노력의 투입을 줄일 수 있다. 또한 근무성적평가와 괴리된 인사 등이 이루어지면 불공정을 느낀다. 또한 구성원간 갈등이 발생한 경우, 개인의 동기가 저하될 수 있다. 특히 상사의 일방적 지시나 부적절한 통제가 지속되면 자존감이 저하되고 정신적 거리감이 멀어지게 된다.

한편, 직무 자체 특성의 요인은 주로 업무와 관련한다. 과중한 업무를 강제적으로 맡게 되는 경우 개인의 일과 삶의 균형을 찾기 어려우며 쉽게 번아웃(burnout) 현상을 경험할 수 있다. 과중한 업무로 인하여 정신적, 신체적으로 에너지가 고갈되어 동기 저하될 수 있다.

조직 차원의 요인은 직무수행환경을 제공하는 물리적 환경으로부터 동기부여 혹은 동기 저하된다는 것과 관련한다. 조직 내 조명, 시설과 같은 물리적 환경뿐 아니라 조직의 규범 및 문화, 조직풍토 등이 영향요인으로 포함된다. 조명의 수준, 성과시스템, 관료제 등 조직의 환경은 동기부여에 영향을 미친다. 특히 공공부문은 관료제 문화를 형성하고 있다. 조직의 경직성, 폐쇄성 등의 조직문화로 인하여 개인은 소극행정의 행태를 보이거나 업무에 대한 동기를 저하시킬 수 있다.

마지막으로 환경 차원으로 코로나19와 같은 사회의 급변화를 예로 들 수 있다. 코로나19로 인하여 업무방식 및 문화의 급변화에 적응하지 못하면 사기가 저하될 수 있다. 예를 들어, 비대면 방식의 업무나 화상회의가 익숙하지 않은 구성원은 업무 외적인 스트레스로 업무에 집중하기 힘들고 사기가 저하된다. 나아가 정부에 대한 신뢰가 떨어지거나 공직에 대한 사회적 저평가가 만연한 경우 공직으로의 입직 동기가 떨어질뿐만 아니라 공익을 위해 봉사하는 공무원으로서의 동기가 저하된다.

2. 동기유발 방안

1) 개인차원 방안

조직구성원의 욕구불만, 상사와의 갈등 등 발생한 문제를 해결할 수 있도록 인사상담을 신청할 수 있다. 인사 및 처우 등 각종 분야에 의하여 업무에 지장을 주는 경우 고충[1])에 대한 상담이 가능하다. 공직사회는 조직생활과 관련하여 제기하는 고충을 심사하고 해결책을 강구하는 공식적인 절차를 마련하고 있다. 공무원이 제기하는 불합리하고 불공정하다고 제기되는 고충을 심사하고 공정한 처리를 위하여 노력하도록 하고 있다. 나아가 존중 기반의 의사소통 채널을 마련해야 한다. 성과에 대한 적절한 인센티브 등의 적극적인 보상을 제공하여 구성원의 직무수행 의욕을 향상시킬 수 있다. 이는 통상적으로 요구되는 노력 이상을 기울여 맡은 바 업무에 최선을 다하여 성과향상을 위한 적극적 유인제가 될 수 있다. 마지막으로 일과 삶의 균형정책을 적극적으로 활용할 필요가 있다. 근무형태가 다양화 되면서 개인이 처한 환경에 따라 유연근무제, 탄력근무제, 맞춤형 복지제도, 보육서비스 활용 등을 통해 조직의 만족도를 높일 수 있다. 더욱이 개인은 일과 삶의 균형정책을 통해 시간과 심리적, 신체적 에너지를 적절히 배분하여 삶을 스스로 조절함으로써 만족감이 커지고, 동기부여 될 수 있다.

2) 직무차원 방안

직무 재설계에는 직무확장, 직무확충, 순환보직 방법을 활용할 수 있다. 직무확대(job enlargement)는 기존의 직무에 난이도가 유사한 새로운 직무를 추가적으로 담당하게 하는 것이다. 직무의 다양성을 통해 지루함과 권태를 감소시켜 능률을 증대시키는 동기부여를 할 수 있다. 직무충실화(job enrichment)는 기존의 직무에 난이도가 높은 새로운 직무를 추가하는 것이다. 이는 자율성과 독립성, 그리고 책임을 더 부여하여 개인적 성장을 느끼게 하고 일에서 의미 있는 경험을 경험할 수 있도록 하여 동기부여하는 방법이다. 순환보직(job rotation)은 일정 기간 담당업무를 변화시켜 심리적 정체감을 해결하는 방법이다. 직무에 매몰되기보다 다양한 직무의 유기적 상호관계성을 이해하면서 시야가 넓어지고 조직의 이해도가 높아지면서 동기부여 될 수 있다.

---

1) 고충제도와 관련해서 권리보호는 위한 인사행정파트에서 자세히 다루도록 한다.

3) 조직차원 방안

공무원 노동조합을 결성하여 노사협상과정에서 업무수행규칙 및 절차를 합의하고 결정할 수 있다. 노동조합의 활동은 복지증진과 근로조건 개선을 위한 불합리한 제도를 개선할 수 있어 사기를 제고하는 데 기여할 수 있다. 또한, 참여관리를 조직차원에서 할 필요가 있다. 사기조사를 실시하여 구성원의 동기수준을 측정하고 동기부여 방안의 수립에 필요한 정보를 구성원으로부터 얻는 방법이 있다. 근무와 관련하여 생산성, 퇴직의도, 재해 및 사고 경험 등을 미리 파악하여 동기부여에 영향을 미치는 요인을 분석할 필요가 있다. 또한 제안제도를 활용하여 개인의 창의적이고 적극적인 의견을 제안받아 채택되는 경우 인센티브를 부여하는 시스템을 마련하고 있다. 마지막으로 개인이 달성한 성과와 조직의 목표를 비교하여 성과에 대한 평가 및 환류를 통해 차년도 목표달성을 높이는 데 동기유발할 수 있다.

<표 7-2> 동기유발 방안

차원	구분	내용
개인차원	고충처리 및 인사상담	공식·비공식적 절차를 통해 불만 해결
	적극적 보상	적극적인 금전적 보상(예: 보수, 승진, 포상) 제공을 통해 의욕 고취
	자기개발	일과 삶의 균형정책 활용하여 직무수행 능력 향상
직무차원	직무 재설계	직무확대, 직무충실화, 순환보직
조직차원	공무원 노동조합	복지증진, 작업환경 개선
	참여관리	사기조사, 제안제도, 목표관리 평가 및 환류

제 3 절   후생복지

1. 후생복지제도 개념 및 발달과정

국가공무원법 제52조 및 지방공무원법 제77조에 따라 공무원의 근무능률을 향상시키기 위하여 공무원의 보건·휴양·안전·후생, 그 밖에 필요한 사항에 대한 기준을 설정하고 실시하도록 하고 있다. 나아가 공무원후생복지에 관한 규정(대통령령 제21717호, 2009)과 맞춤형 복지제도 업무 처리기준(행정안전부예부 제392호, 2012)이 제정되고 공무원의 후생복지를 위한 제도적 기반을 마련하였다.

후생복지제도의 발달과정은 도입기, 성장기, 발전기, 성숙기로 나누어 볼 수 있다(행정안전부, 2012). 도입기는 공무원의 보건·휴양·안전·후생, 그 밖에 필요한 사항에 대한 기준설정 및 실시의무 규정을 신설한 1963년부터이다. 이를 계기로 주택분양사업 시행(1966), 학자금대부 및 연금대부 도입(1967), 공무원연금 매장 등 복지시설 운영(1979)을 하면서 후생복지제도가 도입되었다. 성장기에는 국고대여학자금 신설(1982), 부처간 종합체육대회 실시(1983), 주택임대사업 실시(1982), 공무원미술(1991), 문예대전 실시(1998), 퇴직예정공무원 취업훈련 등 기본계획 수립(2000) 등을 통해 후생복지제도를 확대해나갔다. 이후, 발전기에는 공무원후생복지에 관한 규정 제정(2005), 공무원음악대전 실시(2007), 중앙정부청사에 공무원상담센터 설치(2008), 퇴직전문가 공공서비스 수출지원사업 추진계획 수립 및 시행(2010), 퇴직공무원 사회참여지원사업 추진계획 수립(2010)을 하면서 후생복지제도를 정착시켰다. 나아가 성숙기에는 퇴직공무원의 재취업, 창업교육 등 상시 및 실질적 지원체계를 마련하여 퇴직공무원 지원 및 활용방안(2011)을 모색하였고, 정부과천청사 공무원상담지원센터 설치(2011), 일자리 등록, 인력 검색 등 인력풀 시스템인 G-senior 포털 확대개편 구축(2011), 퇴직예정공무원 활용확대, 종합계획 수립 및 시행(2012), 공무원연금공단 서울, 부산, 대전, 광주, 강원 등에 퇴직공무원 지원센터 운영(2012)하는 등 후생복지제도를 활성화하였다.

2. 후생복지제도 종류

1) 맞춤형 복지제도

맞춤형 복지제도는 공무원 개인에게 배정된 복지점수를 본인 선호 혹은 복지 수요에 따라 자율로 선택하는 제도이다. 맞춤형 복지제도가 도입되면서 인사혁신처는 관련 법령과 제도를 개선하고 기본항목 기준을 제시하였고 각 운영부처는 복지비 예산을 확보하고 자율항목 구성 등 운영지침을 마련하는 등 맞춤형 복지제도의 운영을 위한 제도적 지원을 하였다. 이로써 중앙부처는 2005년 전면 실시하였으며 지방자치단체는 2006년부터 자율적으로 도입되었다.

복지항목은 기본항목과 자율항목으로 나뉜다. 기본항목은 필수와 선택으로 구성된다. 기본항목의 필수는 정부가 전체 구성원에게 필요성이 있다고 판단하여 의무적으로 생명/상해보험을 가입한다. 반면 선택은 각 운영기관 장이 정책적 필요에 따라 본인 및 가족 의료비 보장보험, 건강검진 등을 설정하여 구성원이 가입하도록 하고 있다. 자율항목으로는 각 운영기관 장이 필요에 따라 설정하고 구성원은 건강관리, 자기계발, 여가활용, 가정친화 등의 영역에서 자유롭게 선택할 수 있다.

복지점수는 기본복지 점수와 변동복지 점수로 구성된다. 기본복지점수로 전 직원에게 400점을 배정하고, 개인의 상황에 따라 변동복지 점수를 부여한다. 근속복지 점수는 최고 300점 부여가 가능하고, 1년 근속당 10점을 부여한다. 가족 복지 점수는 배우자 포함 4인 이내로 하되 자녀는 인원 수 관계없이 모두 배정한다. 배우자는 100점, 직계 존·비속 1인당 50점, 직계 비속 중 둘째 자녀는 100점, 셋째 자녀부터 200점을 부여한다(공무원연금공단 홈페이지).

2) 공무원 책임보험제도

공무원이 직무수행으로 인하여 소송 및 손해배상 등을 받은 공무원을 보호하기 위한 관련 비용을 지원하는 제도이다. 책임보험제도는 공무원을 보호하고 적극행정을 증진시키려는 목적으로 2020년에 도입되었다. 공무수행 관련 민사상 손해배상 소송, 민원 등의 손해배상, 검찰 등 수사기관으로부터의 수사, 형사소송 등의 비용을 보장하고 있다.

3) 법률상담 지원

대민업무 과정 중에서 법적분쟁이 발생한 중앙 및 지방자치단체 공무원을 대상으로 고소, 소발 및 손해배상청구 등 법적분쟁과 관련된 모든 사항에 대하여 법률자문, 고소장, 준비서면, 답변서 작성 등에 필요한 상담을 지원한다.

4) 동호인대회 개최 지원제도

동호인대회 개최 지원제도는 동호인대회를 통해 일과 삶의 조화, 공직사회 소속감 및 일체감 조성, 친선 목적으로 운영되고 있는 제도이다. 약 17개 종목의 단체 및 개인 종목의 스포츠, 레저 등 다양한 분야의 활동을 지원하고 있다. 이러한 활동을 통해 공직사회에서 업무로 쌓였던 스트레스를 해소하고 창의적인 사고를 증진시킬 수 있도록 지원을 강화하는 제도이다. 퇴직자를 위한 동호인대회 개최도 지원하고 있다.

5) 퇴직자를 위한 지원

퇴직공무원 인력풀 관리와 사회참여 지원 종합포털시스템으로 퇴직공무원을 위한 전용공간이라고 할 수 있다. 주요 서비스로는 사회공헌, 일자리, 사이버연수원, 커뮤니티로 분류할 수 있다. 사회공헌은 1365나눔포털을 통해 정보를 제공하고 있고, 나라일처(대체인력) 및 워크넷 등을 연계하여 일자리 정보를 제공하고 있다. 사이버연수원에서는 자격증, 창업 등과 관련한 무료강좌를 제공하고 있으며 시니어클럽, 문예마당 봉사활동 후기 등 참여공간으로 커뮤니티를 운영하고 있다.

제 4 절 일과 삶의 균형

1. 일과 삶의 균형 개념 및 발달과정

여성 노동인구와 맞벌이 부부 증가, 1인 가구 증가, 다양한 여가생활 욕구 증가, 건강관리 관심 증가 등으로 다양한 복지 수요를 충족시키기 위해 일과 삶의 균형을 이룰 수 있는 제도적, 정책적 필요성이 높아지게 되었다. 전통적 동기부여 요소인 승진 및 금전적 보상과 달리 가족 및 여가생활 등으로부터 삶의 활기를 높이고, 그 원동력으로 조직에서 생산성을 높일 수 있도록 선순환의 동력이 조직의 경쟁력을 키울 수 있다는 인식이 높아졌기 때문이다. 이에 많은 조직구성원들이 일과 삶의 균형을 추구하게 되었다.

일과 삶의 균형(work－life balance)은 일과 가정생활의 양립이 가능하고 일과 삶 사이에 에너지나 시간 등이 적절히 분배되어 둘 간의 조화를 느끼고 만족을 느끼는 상태이다(이용엽·양해술, 2012). 일과 삶의 균형 개념은 1972년 국제 노동 컨퍼런스(International Labor Relations Conference)에서 근무환경의 질(Quality of work life)이 언급되면서 주목받기 시작하였다. 조직구성원의 행복한 삶을 지원하고자 자기계발 기회 등이 필요하다고 지적하였다. 이후 EU와 미국에서 일과 가정의 양립을 위한 법과 정책을 정비하고 다양한 정책을 시행하고 있다. 그리고 일과 가정의 조화라는 관점에서 일과 삶이라는 관점으로 폭넓어지게 되었다(홍병윤, 2017).

조직이 제공하는 일과 삶의 균형과 관련한 다양한 혜택은 긍정적인 효과를 야기한다. 예를 들면, 일과 삶의 균형과 관련한 정책의 수혜를 받은 구성원들은 다양한 여가생활을 누리거나 경력개발을 할 수 있다. 즉, 개인의 욕구를 충족시킬 수 있고, 구성원 삶의 질을 높이기 때문에 이러한 혜택을 제공한 조직에 대한 충성도와 몰입도가 높아지고, 이는 업무 효율성 증가 등의 긍정적인 성과로 연결될 수 있게 된다(최진욱·노종호, 2019).

개인의 경력개발과 여가문화의 중요성에 대한 인식이 확대되면서 한국의
일과 삶의 균형정책은 2000년대 중반 이후부터 도입 및 확산되었다. 근로기준
법, 남녀고용평등법, 일-가정양립 지원법을 근거로 일-가정 양립정책이 시행
되고(정영금, 2006), 주 5일 근무제의 단계적 도입으로 여가행태가 다양해졌다. 나
아가 2015년 국민여가활성화기본법 제정과 2018년 근로기준법 개정을 통해 52
시간 근로제가 도입 및 활성화되면서 일과 삶의 균형을 개선할 수 있는 정책이
마련되었다.

일반적으로 일과 삶의 균형정책은 일-가족 균형, 일-여가 균형, 일-성장
균형으로 나눌 수 있다(김정운·박정열, 2008). 일-가족 균형정책은 가족친화제도
와 관련한 것으로 출산 및 육아휴직, 간병휴직, 보육 및 탁아지원이 해당된다.
일-여가 균형은 여가활동에 대한 지원과 관련한 것으로 휴양시설 이용, 가족여
가 프로그램, 여가정보 서비스 등이 해당된다. 일-성장 균형은 자기계발과 관련
된 것으로 학비지원, 경력관리, 연수휴직이 해당된다.

2. 유형

공무원의 일과 삶의 균형정책은 근무형태 다양화 영역, 가족 친화 영역, 개
인 신상 지원영역으로 나누어 볼 수 있다(박천오 외, 2016).

1) 근무형태 다양화

유연근무제(flexible work arrangements)는 통상의 근무형태에서 벗어나 근무
시간, 근로 장소를 선택하거나 조정하여 일과 생활을 조화롭게 하고 인력활용
효율성을 높일 수 있는 제도이다(진종순·장용진, 2010). 유연근무제는 근로시간의
유연화, 근로 장소의 다양화, 근무량 조정, 근무 연속성 유연화 제도로 구분할
수 있다. 근로시간의 유연화에는 탄력근무제(flexitime)가 가장 대표적인 제도이
다. 탄력근무제는 법정근로시간(주40시간) 내에 개인의 상황에 맞추어 탄력적으
로 출·퇴근시간을 조정할 수 있는 제도이다. 특정 근로인의 근로시간을 연장시

키고 대신에 다른 근로일의 근로시간을 단축하는 것이다. 한편, 유연근무제 중 근로 장소와 관련한 유형은 재택근무제와 원격근무제가 포함된다. 주로 사무실 상주가 반드시 필요하지 않은 직무 수행이 가능한 업무에 적합하다. 재택근무는 업무를 사무실에서 수행하는 것이 아니라 집에서 일하는 방식이고 원격근무제는 사무실이 아닌 주거지와 인접한 원격근무용 사무실에서 업무를 수행하는 방식이다. 재택근무와 원격근무는 출퇴근에 소요되는 시간을 없애거나 줄일 수 있어 유연하게 시간을 관리할 수 있다는 장점이 있다. 즉, 구성원은 시간과 공간의 자율적 활용을 통해 업무능률이 향상되고, 이러한 혜택을 제공하는 조직에 소속감을 느낄 수 있다. 반면 팀과의 협업이 반드시 필요한 업무와 같은 업무 특성상 재택 혹은 원격근무가 불가능한 직군이 있다.

2) 가족 친화

가족 친화 영역은 일과 가정 사이에서 발생할 수 있는 갈등을 최대한 완화하고 둘 간의 균형을 유지하기 위한 성격을 갖는다. 가족 친화 영역에 속하는 제도는 다양하다. 여성가족부는 아이돌봄 서비스와 가족 사랑의 날 서비스가 있다. 아이돌봄 서비스는 부모의 맞벌이 등으로 양육공백이 발생하는 경우 만 12세 미만 아동을 대상으로 돌보미가 찾아가는 서비스이다. 부모의 양육부담을 줄이고 양육친화적 사회 환경을 조성하는데 기여한다. 가족 사랑의 날은 매주 수요일 정시퇴근을 장려하고, 마지막 주 수요일은 문화가 있는 날로 지정하여 영화관, 공연장 등 할인된 가격으로 이용할 수 있도록 지원하고 있다. 고용노동부는 출산휴가, 육아휴직, 육아기 근로단축, 보육시설 지원 등을 지원하고 있다. 한편, 보건복지부에서는 시간제 보육서비스, 가정양육수당 등이 있다(박정열 외, 2016; 최진욱·노종호, 2019). 시간제 보육서비스는 시간단위로 보육서비스를 이용하고, 시간단위로 보육료를 지불하는 서비스이다. 6개월에서 36개월 미만 영아들이 시간당 천원의 보육료로 월 80시간까지 이용할 수 있다. 시간보육제는 미리 예약을 할 수도 있고 갑자기 야근을 해야 하는 경우에도 당일 예약을 통하여 이용할 수 있다. 가정양육수당은 아이돌봄 서비스를 이용하지 않는 취학 전 영유아에게 양육수당을 제공하는 제도이다. 많은 연구의 결과에 따르면 가족 친화제도의 만족도가 성과 및 조직몰입에 긍정적인 영향을 미치는 것으로 나타났다(Caillier, 2013; 김효선·차운아, 2009).

3) 개인 신상 지원

공직사회 구성원의 발전과 성장을 지원하는 제도로 맞춤형 복지, 휴양시설 이용, 학비 지원, 연수휴직, 경력 및 상담관리 등의 프로그램이 있다(손영미·김정운·박정열, 2011). 맞춤형 복지는 공무원 개인의 선호와 요구에 따라 복지점수를 사용하여 적합한 복지제도를 선택하는 것이다(박천오 외, 2016). 건강검진, 자기계발, 여가활용, 가정 친화 등의 항목으로 활용할 수 있다. 또한 동호인 대회를 통해 공직사회 일체감을 조성하고 일과 삶의 조화를 향상시키고 있다. 스포츠, 레저 등 다양한 활동으로 창의적이고 유연한 사고를 통하여 업무능력을 제고하는 데 목적이 있다. 나아가 공무원 휴양시설에 우대할인 서비스를 받을 수 있어 저렴한 비용으로 여가생활을 즐길 수 있도록 지원한다.

참고문헌

강성철 외. (2018). 새인사행정론. 대영문화사.

김정운·박정열. (2008). 일과 삶의 균형(Work-Life Balance) 척도 개발을 위한 연구. 여가학연구, 5(3), 53-69.

김효선·차운아. (2009). 직장-가정 간 상호작용과 가족친화적 조직지원이 근로자의 조직몰입과 이직의도에 미치는 효과. 한국심리학회지: 산업 및 조직, 22(4), 515-540.

박정열·전은선·손영미·신규리. (2016). 일과 삶의 균형에 관한 국내 정책의 현황 및 시사점. 여가학연구, 14(4), 1-22.

박창권. (2013). 직무특성이 공직동기에 미치는 영향: 윤리풍토의 조절역할을 중심으로. 지방행정연구, 27(3), 203-230.

박천오·권경득·권용수·조경호·조성한·최성주. (2016). 인사행정론. 법문사.

손영미·김정운·박정열. (2011). 중앙공무원의 일과 삶의 균형에 대한 조직 및 개인 변인의 영향력 검증 연구. 여가학연구, 9(1), 101-131.

오석홍. (1999). 인사행정원리의 이해와 오해, 행정논총, 37(2), 255-270.

"유민봉·박성민. (2013). 한국인사행정론. 박영사.

이용엽·양해술. (2012). 셀프리더십이 직무몰입과 스트레스에 미치는 영향: 유통업 종사자들의 일과 삶의 균형 매개 효과를 중심으로. 물류학회지, 22(2), 295-321.

이창길. (2013). 인적자원행정론, 법문사.

이하영·오민지·이수영. (2017). 조직적 요인이 공무원의 공공봉사동기에 미치는 영향에 관한 연구: 개인의 욕구체계를 중심으로. 한국인사행정학회보, 16(3), 53-91.

정영금. (2006). 일-가족 균형의 촉진요인 분석 및 교육내용 개발. 가정과 삶의 질 연구, 24(6), 131-145.

조태준·윤수재. (2009). 공공서비스동기와 성과 간 관계에 대한 연구. 한국행정연구, 18(1), 223-252.

진종순·장용진. (2010). 공직사회 유연근무제의 발전방안에 관한 연구. 한국인사행정학회보, 9(3), 29-55.

최낙범·이수영. (2016). 공무원의 공공봉사동기(PSM)가 조직몰입에 미치는 영향: 직무특성의 조절효과 검증을 중심으로, 한국행정연구, 25(1), 169-198.

최진욱·노종호. (2019). 일과 삶의 균형정책이 공무원의 조직몰입에 미치는 영향과 상사 지원의 조절효과에 관한 연구, 국가정책연구, 33(1), 5−92.

행정안전부. (2012). 공무원 연금복지 이해.

홍병윤. (2017). 일과 삶의 균형(WLB) 지원제도가 조직효과성에 미치는 영향분석: 지방공기업 사례를 중심으로. 한국거버넌스학회보, 24(2), 85−110.

황휘욱·조윤직. (2015) 직무특성과 직무태도에 관한 연구: 현역 의무병사를 중심으로. 한국정책학회 동계학술발표논문집, 2015, 673−695.

Caillier, James G.(2013). Satisfaction with work−life benefits and organizational commitment/job involvement: Is there a connection. Review of Public Personnel Administration, 33(4): 340−364.

Gagné, M., Senecal, C. B., & Koestner, R. (1997). Proximal job characteristics, feelings of empowerment, and intrinsic motivation: A multidimensional model 1. *Journal of applied social psychology*, *27*(14), 1222−1240.

Goldstein, K. (1939). The organism. New York: American Book Company.

Hackman, J. R., & Oldham, G. R. (1976). Motivation through the design of work: Test of a theory. *Organizational behavior and human performance*, *16*(2), 250−279.

Herzberg, F. (1968). *One more time: How do you motivate employees* (Vol. 65). Boston, MA: Harvard Business Review.

Locke, E. A., & Latham, G. P. (1990). *A theory of goal setting & task performance.* Prentice−Hall, Inc.

Maslow, A. H.(1943). A theory of human motivation. *Psychological Review*, 50(3): 370−396.

McClelland, D. C. (1970). The two faces of power. *Journal of international Affairs*, 29−47.

Naff, K. C., & Crum, J. (1999). Working for America: Does public service motivation make a difference?. *Review of public personnel administration*, *19*(4), 5−16.

Noe, R. A., Moeller, N. L., & Fitzgerald, M. P. (1985). A meta−analysis of the relation of job characteristics to job satisfaction. *Journal of Applied Psychology*, *70*(2),

280−289.

Oldham, G. R., & Hackman, J. R. (2010). Not what it was and not what it will be: The future of job design research. *Journal of organizational behavior, 31*(2-3), 463−479.

Pandey, S. K., Wright, B. E., & Moynihan, D. P. (2008). Public service motivation and interpersonal citizenship behavior in public organizations: Testing a preliminary model. *International public management journal, 11*(1), 89−108.

Park, S. M., & Rainey, H. G. (2008). Leadership and public service motivation in US federal agencies. *International public management journal, 11*(1), 109−142.

Perry, J. L. (1996). Measuring public service motivation: An assessment of construct reliability and validity. *Journal of Public Administration Research and Theory, 6*(1), 5−22.

Perry, J. L., & Wise, L. R. (1990). The motivational bases of public service. *Public Administration Review, 50*(3), 367−373.

Perry, J. L., Hondeghem, A., & Wise, L. R. (2010). Revisiting the motivational bases of public service: Twenty years of research and an agenda for the future. *Public administration review, 70*(5), 681−690.

Porter, L. W., & Lawler, E. E. (1968). *What job attitudes tell about motivation* (pp. 118−126). Boston, MA, USA: Harvard Business Review Reprint Service.

Rainey, H. G., & Steinbauer, P. (1999). Galloping elephants: Developing elements of a theory of effective government organizations. *Journal of public administration research and theory, 9*(1), 1−32.

Ritz, A., Brewer, G. A., & Neumann, O. (2016). Public service motivation: A systematic literature review and outlook. *Public Administration Review, 76*(3), 414−426.

Schott, C., & Pronk, J. L. J. (2014, May). Investigating and explaining organizational antecedents of PSM. In *Evidence−based HRM: A Global Forum for Empirical Scholarship* (Vol. 2, No. 1, pp. 28−56). Emerald Group Publishing Limited.

Scott, P. G., & Pandey, S. K. (2005). Red tape and public service motivation:

Findings from a national survey of managers in state health and human services agencies. *Review of Public Personnel Administration, 25*(2), 155 – 180.

Szilagyi, A. D., & Wallace, M.J. (1987). Organizational behavior and performance(4th ed.) Glenview, IL: Scott, Foresman.

Tolman, E. C. (1932). *Purposive behavior in animals and men.* New York: Appleton – Century.

Tubbs, M. E. (1986). Goal setting: A meta – analytic examination of the empirical evidence. *Journal of applied psychology, 71*(3), 474.

Vroom, V. H. (1964). *Work and motivation.* Wiley.

제 8 장

권익 보호

생각해보기

- 우리나라는 공무원 단체활동의 활성화를 위해 다양한 제도 개선 작업을 해오고 있다. 우리나라 공무원 사회를 둘러싸고 변화하는 거시적 그리고 미시적 환경을 분석하여 우리나라 공무원 단체활동 개선점을 전략적으로 제시해 보자.
- 우리나라 공무원 고충처리제도는 고충 심사와 고충 상담으로 나누어 운영되고 있다. 우리나라 공무원 고충처리제도가 제 기능을 하기 위해 선제적으로 어떤 활동과 개선이 필요한지 생각해보자.
- 어려운 시험에 합격한 후 공직 생활을 시작한 공무원들의 상당수가 이직하고 있고, 이직을 생각하고 있다는 보도가 잇따르고 있다. 공무원의 이직을 예방하거나 이직 의도를 줄이기 위한 인사행정과 인사 정책적 개선점을 알아보자.

토론해보기

- "경찰 공무원에게도 노동기본권을 부여해야 한다"에 대한 찬반 토론하기
- "일반직 공무원에게도 단체행동권을 부여해야 한다"에 대한 찬반 토론하기
- "공무원 고충 처리를 위해 별도의 조직을 만들어야 한다"에 대한 찬반 토론하기

대한민국 헌법 제7조는 공무원이 국민 전체에 대한 봉사자이고 대국민 책임성을 천명하고 있는 공무원 기본 조항에 해당한다. 공무원이 기본을 다하기 위해서는 직무 열의가 있어야 하고 그러한 직무 열의는 자신의 권익이 보호되고 증진될 때 발생하는 긍정적 조직 행태이다. 이 장은 공무원의 직무 열의를 증진하고 각자 직업인의 한 사람으로서 자기 성장과 발전이 이루어지도록 하는 공무원 권익 보호에 대한 것이다. 이 장에서는 공무원 권익 보호 및 구제와 관련하여 공무원 단체활동, 소청 심사제도 및 고충 상담제도를 다룬다.

제 1 절 공무원 단체활동의 의의

우리나라는 공무원의 단체활동을 공무원이 갖는 신분 관계의 특수성과 남북 분단의 국가, 사회적 여건 등을 고려하여 인정하지 않았으나, 1999년 공무원 직장협의회 출범, 동년 전국교직원노동조합의 합법성 승인, 2005년 1월 '공무원의 노동조합 설립 및 운영 등에 관한 법률(이하 공무원노조법)'의 제정 및 2006년 1월 동법 시행, 2007년 10월 17일 전국공무원노조의 합법화, 동년 12월 14일 공무원 중앙 단체교섭의 타결 등으로 공무원 단체활동이 제도화 국면으로 급속히 이행하고 있다. 다만 정부의 개방형 임용제도 확대, 성과급 확대, 고위공무원의 신분 안정성 저하 조치 강화, 공무원연금 개혁 등이 시도 되면서 공무원 단체활동은 정부와 노동조합 사이의 공유점을 확대하지 못하고 있다는 평가가 강하다(이장원·조강윤, 2014).

공무원 단체활동의 비중 확대는 대부분의 선진 현대 국가의 노사관계에서 확인되는 현상이다. 일반적으로 노동조합 운동의 역사는 초기에는 제조업 중심으로 발전해 오다가 정부 비중 강화와 산업구조의 분화에 따라 사무직 및 공공 근로자가 중심이 되는 양상으로 바뀌는데(Trejo, 1991), 우리나라 공무원 단체활동의 제도화 역사도 마찬가지라고 할 수 있다.[1]

---

1) 공공 부문의 노조조직률은 2017년 말 기준으로 68.5%이고, 이는 민간 노조조직률 9.5%보

이 장에서는 공무원 노사관계의 의의와 내용을 일반적으로 설명함과 동시에, 우리나라 공무원 노사관계의 발달과정을 살펴보고, 공무원 노사관계의 특수성과 노동기본권에 대해서 그간 학계의 다양한 분야에서 논의되었던 이슈들을 점검한 후, 우리나라에서 시행 중인 공무원노조의 앞날과 공무원 단체활동의 발전 방향을 제시한다.

1. 노사관계의 의의와 노동기본권 내용

노사관계(employee-employer relations, union-management relations)는 사회경제적으로 자본가계급과 노동자계급의 대립 문제, 노동조합의 법적 지위, 노사관계의 법률적 문제, 경영자와 근로자 사이의 관계, 상사와 부하와의 관계 등 다양한 형태로 전개된다. 여기서 사용자와 노동자 그리고 노동조합과의 관계, 즉 단체교섭과 단체협약에 근거한 관계가 일반적인 관심의 대상이 된다.

노사관계는 사용자와 노동조합 또는 근로자 집단과의 협력과 대립의 관계이기 때문에 노동조합 또는 근로자 집단이 사용자와 대등한 관계에서 접촉할 수 있도록 하는 방향으로 인사정책의 변화를 모색해 나가야 한다. 즉 노동조합은 사용자 측과 필요한 경우 대립을 통하여 근로자의 욕구가 적절히 충족될 수 있도록 함과 동시에, 협력적 관계를 모색하여 조직의 목표달성에 도움을 주는 양자 역할을 하여야 한다는 것이다. 노사관계의 선택이 과거의 산업 평화 유지를 위한 노사갈등 해소라는 소극적 대응 차원을 넘어서서, 인적자원개발과 근로자 권익 보호의 측면에서 적극적으로 해석하는 쪽이 강하다(최종태, 1994).

다 매우 높다고 볼 수 있다(고용노동부, 2018). 상급 단체별 조직현황은 한국노총 41.8%, 민주노총 34%, 전국 노총 1.6%, 공공 노총 1.2% 순이며, 상급 단체에 소속되지 않은 미가맹 노조가 21.4%를 차지하고 있다(고용노동부, 2018). 이와 같은 현황을 고려한다면 향후 공무원 단체활동은 우리나라 산업 전체 노사관계를 결정짓는 매우 중요한 변수가 될 가능성이 높다(노광표·홍주환, 2008: 1).

노동삼권

단결권: 노동조합을 결성하여 조합원을 모집하고 활동할 수 있는 권리

단체교섭권: 근로자 집단의 대표가 사용자와 서로 근로자 권익과 임금 및 근로조건에 대하여 협상하고 대안을 결정하는 과정, 그리고 그 권리

단체행동권: 단체교섭을 통해 합의가 이루어지지 못하였을 때 근로자들의 주장을 관철하기 위하여 행사하는 실력행사권

노사관계에서 조직구성원은 근로자로서 사용자와 대등한 입장이라는 것은 법적으로 사회적으로 인정된다. 또한 근로자에게는 단결권, 단체교섭권, 단체행동권 등 노동삼권이 보장된다. 따라서 근로조건 등에 있어서 노사가 협의로 결정하는 합리적 체제가 필요하다. 노사관계는 경영자, 근로자, 정부간의 상호관계의 복합체로 정의되는데, 이러한 노사관계 체제는 사회시스템의 하위시스템으로서 매우 중요한 일익을 담당한다.

노사관계의 내용은 노동조합과의 단체교섭, 단체교섭 결과 생긴 단체협약의 체결, 협약의 해석과 적용, 노동조합 또는 근로자 집단의 경영 참여, 협의제도로서의 경영협의회, 노사위원회 등의 설치와 운영과 밀접하게 관련한다. 단체협약의 내용은 근로조건 및 기타 노무관리의 기준을 설정하는 것이고, 경영 참여와 경영 협의는 노동조합 또는 근로자 집단이 노무관리 또는 경영관리 국면에 침투하는 것이므로 노사관계는 본래의 노무관리와도 관련이 깊다.

노동조합은 근로자가 조직적 단결로 이익을 확보하고 공공이든 민간이든 조직에서의 지위를 향상하기 위한 조직이다. 따라서 근로자가 실제로 경영자 측과 교섭을 갖는 것은 노동조합이다.

2. 노동조합의 권력 확보 과정

노사관계의 성패는 노동조합의 권력 확보 전략에 달려 있다고 해도 과언이 아니다. 노동조합은 크게 두 가지 관점에서 권력을 확보하려고 한다. 하나는 양

적인 면에서 조합원을 얼마나 많이 확보하는가 하는 것이며, 다른 하나는 질적 측면에서 조합 운영을 위한 자금을 어떻게 수월하게 조달하는가 하는 것이다. 후자의 전략에서 일반적으로 거론되는 제도는 숍 제도(shop system)와 체크 오프 제도(check off system)가 있다. 여기서는 가장 일반적으로 논의되는 숍 제도에 관해서만 설명하고자 한다(이재규 외, 1997).

숍 제도는 크게 네 가지로 나누어 설명할 수 있다. 첫째, 오픈 숍(open shop) 제도가 있으며, 두 번째로 유니언 숍(union shop)이 있고, 세 번째는 클로즈드 숍(closed shop)이 있으며, 네 번째는 에이전시 숍(agency shop)이나 프레퍼렌셜 숍(preferential shop) 같은 변형적 숍 제도들이 있다.

오픈 숍은 조합원이나 비조합원이나 모두 고용할 수 있도록 하는 제도를 말한다. 즉 오픈 숍에서 조합 가입은 고용조건이 되지 못한다. 미국의 연방 공무원들은 오픈 숍에 따라 노동조합을 구성한다.

유니언 숍에서는 사용자의 자유로운 채용이 허용되나 일단 채용된 후에 일정한 수습 기간이 지나 정식 직원이 되면 반드시 조합에 가입해야 하는 제도를 말한다. 만약 조합이 제명하거나 본인들이 가입을 거부하여도 해고할 수는 없으나 정식 직원이 되면 자동으로 조합원이 되는 제도이다.

클로즈드 숍은 결원의 보충이나 신규 채용에 있어서 사용자는 조합원 중에서 고용하지 않으면 안 되는 것을 말한다. 클로즈드 숍은 조합 가입이 고용의 전제조건이 되는 가장 강력한 조합가입제도이며, 조합이 노동의 공급을 통제할 수 있어 그 가격을 올릴 수 있고 조합의 조직을 강화하는 가장 강력한 방식이다.

변형적 숍 제도 중에서 에이전시 숍은 조합원이 아니어도 모든 직원에게 단체교섭의 당사자인 노동조합에서 조합회비를 징수하는 제도를 말하며, 프레퍼렌셜 숍은 채용에서 조합원에게 우선순위를 주는 제도를 말한다.

3. 노동조합의 기능

1) 경제 효용적 기능

노동조합의 경제 효용적 기능은 근로자 복지증진, 권익 보호 그리고 사회적 기능을 포괄한다(Berman 등, 2002: 291; 하미승, 2012: 81). 복지증진기능은 공무원의 후생 복지, 처우개선 및 근무 여건 개선 등을 이룩할 수 있는 기능을 말한다. 권익 보호기능은 공무원의 인권 침해나 부당한 징계처분 등으로 발생하는 피해 구제 및 예방 기능을 말한다. 사회적 기능은 공무원 간 관계 형성을 돕고, 수직적·수평적 의사소통을 원활하게 하며, 친목 도모를 활성화하는 기능을 말한다. 이들 3대 경제 효용적 기능들은 전통적인 노사관계 프레임 속에서 얻을 수 있는 것들이어서 민간 노동조합 기능과 유사하다고 볼 수 있다.

최근에는 조합원인 근로자가 질병이나 재해 또는 실업으로 노동능력을 일시적 또는 영구적으로 상실하는 경우 조합이 기금을 설치하고 상호 공제하는 활동을 중시하고 있는데, 공무원 노동조합들은 이 같은 공제적 기능을 공무원 복리후생과 연계하여 가장 광범위하게 그리고 적극적으로 수행한다.

2) 공익적 기능

공익적 측면에서 공무원 노동조합은 감시비판 기능, 직업윤리 제고 기능, 그리고 사회적 통합기능 등을 수행한다(하미승, 2012: 81). 공무원 노동조합은 보수와 근로조건의 개선을 둘러싼 노사간의 교섭과 분쟁을 조정하고 해결하는 데 적용되는 노동관계법을 비롯한 관련 법령의 제정 및 개정, 세제, 물가정책, 사회보험제도, 기타 사회복지정책 등 공공정책 전반에 개입하는 정치적 기능을 간접적으로 수행한다.

또한 공무원 노동조합은 직업윤리 제고 기능과 사회 통합적 기능을 수행하는데, 이는 공무원 스스로 직업 전문성을 증진하거나 정화 활동을 활발히 전개하며, 국민과의 관계 형성 과정에서 교량적 역할도 수행하고, 사회적 약자를 보호하고 그들의 권익을 높이기 위해 힘쓴다.

4. 공무원 노사관계의 개념

공무원 노사관계는 근로자인 공무원과 사용자인 정부간의 노사관계를 말한다. 공무원 노동조합은 근로조건의 유지와 개선을 위해 공무원들이 조직하는 단체 또는 그 연합체를 의미하며 공무원 단체와 같은 의미로 이해할 수 있다(오석홍, 1993: 680). 일반적으로 근로자의 단체활동은 첫째, 근로자들이 조직 내부에서 그들의 주장을 표현하고 전달함으로써 연대 의식과 동료 의식을 증진하고, 둘째, 작업조건을 개선하며, 셋째, 정신적 그리고 물질적 이익을 얻기 위한 목적이 강하다. 미국과 영국 등에서 공무원 노동조합은 단체활동을 통해 공무원들의 집단적 의사가 고위공직자나 국회의원 등 다양한 이해관계자들에게 전달되도록 하여 근로조건의 향상은 물론 그들에게 유리한 입법 로비를 촉발하는 압력단체 역할도 수행하는 것으로 알려져 있다(Ban & Riccucci, 1993).

공무원 노사관계는 민간 노사관계와 크게 여섯 가지 측면에서 차이가 난다(Leap, 1991, 유민봉, 1997: 480 등 재인용).

첫째, 공무원 노사관계는 당사자 이익보다 공익을 우선한다는 점에서 민간의 노사관계와 구별된다. 민간의 노사관계는 매우 제한적인 경우를 제외하고는 당사자 이해가 최우선적이다.

둘째, 공무원 노동조합이 단체행동(예: 파업)에 들어가면 다른 대체 서비스를 찾기 어렵기 때문에 사용자인 정부에 대하여 매우 강력한 영향력을 미칠 수 있다. 이런 연유로 행정서비스 공급 중단으로 비롯될 수 있는 혼란과 불안을 방지하고자 일부 국가는 일반직 공무원에 대하여 노동삼권을 모두 인정하지 않고 있기도 하다.

셋째, 단체교섭 과정에서 공공 부문 교섭 대표는 다른 이해관계자들의 개입과 영향력 행사 때문에 제한된 재량권만 가지고 참여하게 된다. 보수 및 연금과 같은 각종 복지제도가 공공단체 교섭의 대상에서 제외되는 것이 일반적이다.

넷째, 공공 부문에서는 교섭 결과에 따라 당장 행정서비스가 단절될 수도 있어서 이해관계자들의 관심이 높지만, 대체 상품이나 서비스를 찾기 쉬운 민간 단체활동에 대한 이해관계자들의 관심은 비교적 낮다.

다섯째, 단체교섭으로 노사간 합의가 이루어지면 그것은 단체협약서로 효력이 발생하게 되는데, 법률에 우선할 수 없는 공공 부문에서의 협약서의 효력은 민간에 비해 약하다.

5. 한국 공무원 노사관계의 발달과정

우리나라에서는 광복 직후부터 철도, 전력 등 현업부문에 공무원 노동조합이 설치되기 시작하였으나, 1953년에 이르러서야 노동관계법의 제정으로 근대적 노사관계 형성의 계기가 마련되었다고 볼 수 있다.

1963년 개정된 노동조합법과 노동쟁의조정법으로 공무원의 단결권과 공익사업에서의 단체행동권은 크게 제한받았고, 1980년 개정된 노동쟁의조정법은 국가, 지방자치단체, 공공 부문 근로자의 쟁의행위를 금지하였다. 그러나 1987년 노동관계법 개정은 한국에서 공공기관 노사관계가 활성화되는 데 중요한 전환점을 만들어 주었다. 이때부터 노동조합의 설립을 사실상 자유화하고, 공공기관 근로자의 쟁의권에 대한 제한을 대폭 완화함으로써 공공 부문 노사관계가 형성될 수 있는 계기가 되어 많은 신생노동조합이 생겨났고 따라서 공공 부문의 조합원수도 급격하게 늘어났다. 그러나 1987년 노동관계법 개정시에도 공무원의 단결권 제한 조항의 개정이 이루어지지 않아 정부와 정부 투자 공공기관 등의 노사관계에는 큰 변화가 없었다.

우리나라의 공무원 노사관계 환경은 1991년 국제노동기구(International Labor Organization: ILO)에 가입한 이후, 그리고 1997년 IMF 경제위기를 겪으면서 크게 변화하였다.2) 2006년 공무원노조법이 시행되면서 6급 이하 일반직 공무원에게

---

2) ILO는 1948년 제87호 "결사의 자유 및 단결권 보호에 관한 협약"(Freedom of Association and Protection of the Right to Organise Convention)에서 노동자가 노동조합을 만들어

까지 단체활동이 허용되기 시작했고, 2021년 노동조합 가입 범위 중 공무원의 직급 제한이 없어져서 공무원 단체활동의 활성화가 이루어져 오고 있다.

즉 국민 전체의 이익을 위해 존재하면서 국가와 특별권력 관계에 있는 공무원이 공직사회 내부 문제로 인해 만에 하나 국민과 국가에 피해를 주게 되면 공무원의 궁극적인 존립 자체를 스스로 부정하는 모습을 보일 수 있다는 우려가 강했지만, 대부분의 나라에서 공무원 단결권만큼은 폭넓게 보장하고 있고 국제 기준에 부합하는 공무원 권익 보호 확대가 공무원들의 사기와 직무 열의를 높이는데 긍정적이란 공감대가 형성되고 있다.

6. 외국의 공무원 노사관계 경험

1) 미국

각국의 공무원 노사관계는 당해 국가의 정치, 경제 및 사회적 여건에 따라 서로 다르게 발전해왔다. 미국은 1912년 로이드 라 폴레트(Lloyd La Follet Act)의 규정에 따라 연방정부가 공무원 노동조합의 결성을 승인하고 공무원의 단결권을 허용하였고, 1962년 케네디 대통령은 대통령령 제10988호를 발효하여 연방 공무원에 대해 단결권 및 단체교섭권을 허용하였다(Blum & Helburn, 1997). 그 후 1969년 닉슨 대통령의 대통령령 제11491호에 의하여 연방노사관계협의회(Federal Labor Relation Council: FLRC)가 창설되었고, 1978년 미국 공무원인사개혁법(Civil Service Reform Act) 제정으로 연방노사관계협의회가 폐지되고 그 기능이 연방노사관계청(Federal Labor Relation Authority: FLRA)으로 승계되어 공공 부문의 노사갈등 해결의 소관 부처가 창설되었다. 미국 연방정부는 1993년 클린턴 대통령의 대통령령 제12871호에 따라 공무원 노사관계에 노사 파트너십 관점을 강조

가입하는 자유를 국가는 보장하여야 하며, 노동자의 이러한 자유에 아무런 제약을 가해서는 안 된다고 규정하고 있다. 이후 1949년 ILO는 제98호의 "단결권 및 단체교섭권에 대한 협약"(Right to Organise and Collective Bargaining Convention)으로 노동자의 단결권은 보장되어야 하며, 노동조건을 단체협약으로 결정하기 위한 단체교섭을 촉진하는 조치를 국가는 반드시 취해야 한다고 규정하고 있다.

하는 조치를 하였다.3) 이와 같은 노사간 동반자적 관계에 대한 평가는 엇갈리고 있지만 클린턴 정부 동안 공공 부문의 노사관계는 매우 건설적이고 우호적인 방향으로 변화한 것으로 평가되고 있다(Masters & Albright, 1999). 부시 정부 시절 우호적 방향으로 발전해 왔던 연방 노사관계가 잠시 냉각기를 맞았으나, 2009년 12월 오바마 대통령은 연방정부의 협력적 노사관계를 복원하기 위해 대통령 제 13522호를 발표하여 연방정부와 기관별 노사포럼을 구성하였고, 노사포럼의 실행력을 높이기 우위해 연방노사관계위원회(The National Council on Federal Labor-Management Relations: NCFLMR)를 설립하여 이를 중심으로 소모적인 노사관계를 벗어나 공공서비스 수준을 높이고자 하였다.4)

미국 연방 공공 부문 인력의 60%가 노동조합의 영향력 밑에 있으나, 노사협상의 대상 분야에 대해서는 상당한 제약이 가해지고 있고 이는 미국 사회로부터 상당한 지지를 받고 있다. 즉 미국 연방 공무원의 단체교섭은 근로조건, 업무배분 등에 제한되고 있으며, 민간에서는 광범위하게 허용되는 임금이나 부가적 혜택(fringe benefits) 등은 교섭 대상에서 제외된다. 다만 2001년 9·11 테러 이후 미국에서는 국가안보와 관련한 부처들의 통폐합 과정(예: 국토안보부와 국방부 공무원, 공항검색대 근로자 등)에서 연방 공무원 노사관계법 적용 대상 공무원에 대한 노동권 제한 문제가 나타났고 이들의 반발이 문제가 되고 있다.

미국 지방정부 차원에서의 공무원 노사관계는 상당한 편차가 존재한다. 뉴욕주와 같이 민간에 가까운 강력한 공무원노조를 인정하고 있는 곳도 있지만,5)

---

3) 노사가 공동의 관심사를 발견하고 그 부분에 대해서 서로가 동반자적 입장에서 새로운 방법과 프로그램을 모색하는 건설적인 과정과 절차를 존중하여야 한다는 것을 골자로 하고 있다(Masters & Albright, 1999; Wasilisin, 1998).
4) 다만, 오바마 정부의 노사정책에 대해 노동계는 노동자 지향의 정책이 여전히 미흡하다고 평가했고, 보수 세력과 산업계는 진보 정부의 친노조 정책이 미국의 경기 회복과 일자리 창출을 가로막고 있다고 주장한다. 일부 공화당 의원들은 재정 적자 축소를 위해서는 공공 부문에 대한 지출을 억제해야 한다고 주장하면서 연방 공무원노조의 단결권 제한을 위한 입법 활동을 시도하기도 하였다(이장원 외, 2013: 29).
5) 뉴욕주는 공무원인 노조원은 모두가 노동조합에 가입해야 하고, 그들을 대표하는 조합에 조합회비를 반드시 지불해야 하며, 교섭권도 근무 환경뿐만 아니라 보수나 부가적 혜택에 까지 미칠 수 있도록 광범위한 노동권을 인정하고 있다(Ban, 1999).

사우스캐롤라이나주와 미시시피주와 같이 공공 부문 노동조합의 활동을 크게 제한하는 곳도 있다. 단체행동권에 대해서도 미국 지방정부는 연방정부에 비해 상당히 관용적인데, 알래스카주, 캘리포니아주, 오리건주와 같이 경찰과 소방공무원을 제외한 모든 공무원에게 단체행동권(스트라이크)을 허용하는 곳도 있지만, 하와이주, 몬태나주, 로드아일랜드주와 같은 곳은 모든 공무원의 단체행동권을 인정하고 있다(조경호, 2003). 전통적으로 지방정부 공무원의 단체활동에 대해서 자치적 분권 정책을 고수하고 있는 미국은 1980년대 후반부터 주정부 차원에서 공무원의 단체행동을 허용하는 곳이 점차 늘어나고 있고, 이는 곧 공무원의 근로자성을 강하게 인정하고자 하는 통치적 의도로 판단된다. Ban과 Riccucci(1993: 80)의 분석에 따르면 주정부의 노동조합의 설치 비율은 1990년대 이후 계속 민간의 비율을 훨씬 앞지르고 있으며, 노동조합의 설치가 공직사회 내부의 각종 갈등 요인과 불공평성, 그리고 관리자의 무능을 식별하고 제어하는데 효율적인 관리 수단으로 자리매김하고 있다는 평가가 강하다(Kearney & Hays, 1994).

2) 영국

영국 공무원의 노사관계는 민간의 노사관계와 큰 차이가 없다. 영국 공무원 노사관계는 특정 제정 법률 없이 인정된다. 영국 공무원들은 경찰 등 일부를 제외하고는 단결권과 단체교섭권, 단체행동권을 모두 인정받는다(김정한 외, 2010). 영국에서는 1891년 우정성의 집배원연맹(Postmen's Federational)이 처음 구성되면서 공무원 노사관계 역사가 시작되었다. 이후 법률로 1946년 노동쟁의 및 노동조합법이 제정되어 공무원의 단결권이 인정되었다. 노동조합과 정부간의 단체교섭 방법은 청원에 의한 방법, 휘틀리협의회에 의한 방법, 그리고 직접교섭 방법이 있는데, 휘틀리협의회는 1916년 노사관계에 관한 재건위원회의 보고서에 따라 정부가 설립한 산업협동협의회로서 1919년부터 행정부에 편입되었다. 영국에서는 쟁의행위를 금지하는 법률상 규정은 사실상 없지만 행정명령으로 파업은 복무규율 위반으로서 징계의 대상이 되고 있다(조경호·문명재, 2006).

영국에서는 공공 부문의 단체교섭이 법적 구속력을 갖지 않는 것이 가장 큰 특징이며, 교육 분야 등의 특정 분야를 제외하고는 사용자측이 단체교섭에 임해야 하는 의무가 법으로 규정되어 있지 않다. 법적 구속력이 약함에도 불구하고 영국의 공공 부문 단체교섭은 민간에 비해 상대적으로 활발하게 전개되고 있다 (Morgan 등, 2000). 영국의 노사정책은 기본적으로 자유방임주의에 기초하고 있기 때문에 정부가 노사 분쟁에 직접적으로 개입하는 경우는 거의 없다. 다만 영국 정부는 불법적인 파업에 대해서는 해당 당사자에게 책임을 묻고 대화와 협상을 중시하는 노사문화를 존중한다.

3) 일본

일본의 공공 부문 근로자들은 적용법에 따라 일반국가공무원(국가공무원법, 급여법), 지방공무원(지방공무원법), 국영기업 공무원 및 노동자(국영기업노사관계법), 지방공기업 근로자(지방공영기업노동관계법) 등 크게 네 부류로 구분된다. 일본에서는 경찰관, 해상보안청 직원, 소방관, 교도관, 자위관을 제외한 모든 공무원과 공기업 직원에 대해서 단결권이 인정된다. 그러나 국가공무원은 노동조합이 아닌 직원단체를 결성할 수 있을 뿐이다. 직원단체는 근로조건의 유지와 개선을 목적으로 하는 단체이다. 관리 감독하는 지위에 있는 직원이나 기밀 사무를 취급하는 직원은 직원단체에 가입할 수 없지만 자신들의 직원단체를 별도로 조직할 수는 있다. 일본에서 일반직 국가공무원과 일반직 지방공무원의 단체교섭권과 단체행동권은 인정되지 않는다.

일본은 근무조건 법정주의를 채택하고 있으며, 일부 특별직 지방공무원 외에는 단체행동권이 금지되어 있다. 따라서 일본은 공공 부문 종사자의 근로조건에 대한 단체교섭권을 인정하지 않고 있고, 단체행동권도 상당 수준 제한하고 있다고 볼 수 있다.

일본에서도 우리나라와 비슷하게 공무원 노사관계에 있어서 행정개혁이나 인사개혁이 중요한 문제로 부상해 있다. 1980년대 일본 나카소네 정부는 작은 정부를 강조하며 신자유주의에 기반을 둔 행정개혁을 추진하였고, 이후 공무원 정원 조정과 보수 인상 억제, 사회복지 축소 등이 지금까지 이어지고 있어 공무원

노동조합의 기반이 그리 튼튼하지 못하다는 평가가 강하다(길종백·조선일, 2011).

종합적으로 보면 <표 8-1>에서 설명한 바와 같이, 선진국의 공무원 노사관계에서는 공무원의 종류에 따라서 단결권, 단체교섭권, 단체행동권을 개별적으로 고려하여 그 허용 범위가 정해지고 있다. 일반직 공무원의 경우 단결권과 단체교섭권을 부여하고 있는 국가가 많으며, 일본과 독일처럼 협의권만 부여하는 국가도 있다. 일반직 공무원의 단체행동권은 대다수 국가에서 금지되고 있으며, 군인과 경찰공무원 등은 나라에 따라 단결권이 제한되기도 한다.

<표 8-1> 선진국 공무원의 노동기본권 허용 범위

국가	공무원 종류	단결권	단체교섭권	단체행동권
미국	주, 지방공무원	허용	여건에 따라 다양한 규정 존재	
	연방공무원	허용	허용*	×
영국	경찰공무원	단일단체에만 가입 가능	허용	형사벌 대상
	일반공무원	허용	허용	허용
프랑스	경찰과 교도소	허용	허용	불허
	일반공무원	허용	허용	허용
일본	경찰공무원	불허	불허	불허
	현업공무원	허용	허용**	불허
	일반공무원	허용***	협의권만 인정	불허

출처: 서원석(1994: 158)을 기초로 재구성.
  * 임금 등 법정 근로조건 사항은 제한 가능
 ** 예산 사항은 제한 가능
*** 직원단체에 해당함

7. 한국 공무원 노사관계 제도

한국은 공무원직장협의회와 공무원노조 두 축을 중심으로 공무원 노사관계 제도를 운용하고 있다. 공무원직장협의회를 공무원노조 설립 허용의 전 단계로 보는 견해도 있으나 공무원노조와 함께 우리나라 공무원 단체활동의 양축을 이루고 있다고 보는 주장이 더 합리적이다.

1) 공무원직장협의회

우리나라에서는 그동안 남북 분단 및 대치 등을 포함한 특수한 정치적 사정으로 말미암아 공무원 단체활동을 일반직 공무원으로 확대 인정하는 것이 사실상 불가능하였다. 하지만 근래 들어 정부는 공무원 단체활동과 관련 두 가지 적극적인 조치를 단행하였다. 하나는 공무원직장협의회 제도의 시행이고, 다른 하나는 공무원노조 설립이 합법화되었다는 것이다.

공무원직장협의회는 '공무원직장협의회의 설립 운영에 관한 법'(이하, 직장협의회법)의 제정에 따라 1999년 1월 1일부터 시행되고 있는 공무원 노사관계제도의 한 형태이다. 공무원직장협의회는 근무 환경 개선, 업무능률 향상, 고충 처리 등을 위한 직장 내 협의체로 공무원노조와 이원적 체제로 운영되고 있다.

공무원직장협의회는 공무원노조와 다음과 같은 차이가 있다(행정안전부, 2020: 224). 전자는 근로자경영참가법상 노사협의회와 유사하지만, 후자는 공무원 근로조건에 관한 단체협약 체결을 목적으로 한다. 둘째, 전자는 기관 단위로 하나만 설립이 허용되지만(2022년 4월 개정 직장협의회법 제2조의2에 따라 연합협의회 설치도 가능해 짐), 후자는 최소 설립 단위만 제한되기 때문에 복수노조가 가능한 점이 다르다. 셋째, 전자는 그 설립 사실을 소속 기관장에게 통보하면 되지만, 후자는 고용노동부 장관에게 그 설립 신고를 하도록 하고 있다. 넷째, 전자는 협의회 대표와 소속 기관장 사이의 협의 구조 중심이지만, 후자는 교섭상 결정 권한이 있는 자 사이의 교섭구조 중심이란 점에서 차이가 있다. 다섯째, 전자에는 전임자가 인정되지 않지만, 후자에는 전임자가 인정된다. 마지막으로 전자는 정치활동과 관련 명문 규정이 없지만(이 경우에도 국가공무원법과 지방공무원법에서도 금지되긴 하지만), 후자의 경우 공무원노조법 제4조에 의해 정치활동 금지가 명문화되어 있다.

2022년 4월 직장협의회법 개정으로 직장협의회에 가입할 수 있는 공무원의 범위가 확대되었다. 직장협의회에 가입할 수 있는 공무원은 일반직 공무원(직장협의회법 제3조 제1항의1)과 특정직 공무원 중 외무영사직렬, 외교정보기술직렬 외무공무원, 경찰공무원, 소방공무원(동법 제3조 제1항의2), 별정직 공무원(동법 제3조 제1항의5)이다. 그러나 위의 규정들에도 불구하고 국가공무원법 제66조 제1항의 단서 및 지방공무원법 제58조 제1항의단서의 규정에 따라 노동운동이 허용되는 공무원과 지휘 감독의 직책이나 업무의 주된 내용이 인사, 예산, 경리, 물품 출납, 비서, 기밀, 보안, 경비 등에 종사하는 공무원은 협의회에 가입할 수 없도록 하고 있다.

기관장과의 협의 사항은 당해 기관 고유의 근무 환경 개선에 관한 사항, 업무능률 향상에 관한 사항, 소속 공무원의 공무와 관련된 일반적 고충에 관한 사항, 기타 기관의 발전에 관한 사항 외 소속 공무원 모성보호 및 일 가정 양립 사항, 기관 내 성희롱, 괴롭힘 예방 등에 관한 사항도 포함되었다(2022년 4월 개정 동법 제5조), 기관장은 협의회가 문서로 명시하여 협의를 요구하면 성실하게 임해야 하며 협의회와 문서로 합의한 사항에 대하여 기관장은 최대한 이의 이행을 위해 노력하고 협의회의 조직과 운영과 관련하여 소속 공무원에 대해 불리한 조치를 할 수 없도록 하였다(동법 제6조).

직장협의회는 공무원의 근로조건의 유지와 개선을 도모하기 위한 목적으로 조직한 단체 또는 그 연합체를 말하는 것으로 직원단체(employee organization)의 성격을 띤다고 할 수 있다. 직장협의회법은 공무원의 권리보장을 위해 진일보한 제도 임이 분명하지만, 공무원들의 가장 큰 관심사인 보수 문제가 협의의 대상이 될 수 없고, 또한 협의회는 노동조합이 아니기 때문에 직장협의회가 사실상 할 수 있는 것은 협의회 없이도 가능했던 고충 사항에 대한 처리, 근무 환경의 개선 등의 사항들에 머무를 전망이다.

2) 공무원노조

공무원 노동조합 설립은 이미 세계적으로 보편적 현상이 되고 있으며, 국제노동기구 역시 각국에 공무원 노사관계에 대한 각종 규제를 완화하도록 촉구하고 있다. 이러한 세계적인 추세의 영향으로 뒤늦기는 하였으나, 우리나라에서도

2005년 1월 27일에 '공무원의 노동조합 설립 및 운영 등에 관한 법률'(법률 제 7380호. 2006년 1월 28일 시행: 이하 공무원노조법)이 제정되었다. 공무원노조법 제정 이면에는 2000년 이후부터 전국 수준의 직장협의회 조직을 구성하려는 노력이 있었다. 2002년 2월 「공무원직장협의회 발전연구회(전공연)」의 결성이 있었고, 2002년 3월 「대한민국공무원노동조합총연맹(대공련)」, 「전국공무원노동조합(전공노)」의 출범이 잇달았다. 대공련은 2004년 7월 「전국목민노동조합총연맹」과 통합하여 「공무원노동조합총연맹(공노총)」이라는 조직으로 발전하였으며 전공노와 함께 공무원노조법이 제정되기 이전에 법외노조가 되면서 정부와 공무원노조는 본격적인 대결 양상으로 나아갔다. 2004년 12월 공무원노조법이 국회를 통과하면서 이들 법외노조와 정부 사이의 법제화 관련 갈등은 잠깐 가라앉았지만, 2006년 1월 공무원노조법의 시행에 따라 노동조합 설립 신고와 관련한 법내노조와 법외노조 간에 공방은 계속 이어졌고, 현재도 마찬가지이다.

공무원노조법은 공무원의 노동기본권을 보장하기 위해 제정된 법률로서 첫째, 노조법에 대한 특별법적 성격(전체 근로자의 노동기본권 보장의 일반법인 노조법에 대한 특별법), 둘째, 일반공무원의 노동기본권 보장법으로서의 성격(현업공무원과 교육공무원을 제외한 일반공무원의 노동기본권 보장을 위한 법), 셋째, 공무원 노동관계법으로서의 특성도 갖고 있다. 아울러 공무원노조법은 공무원 관계의 이중성, 즉 공무원 관계의 노동관계로서의 보편성 및 공무원의 신분과 직무의 특수성을 조화시키기 위해 단결권 보장 분야에서도 다양한 규정을 두고 있다.

2017년 말 현재 중앙정부와 지방자치단체별 노조들이 복수의 공무원노조에 속해 있으며 조합원 비율은 68.5%이며, 이는 민간의 노조조직률 9.5%에 비하여 매우 높은 수준이다. 민간의 경우 300인 이상 사업장의 노조조직률은 57.3%였으나 30~99인 사업장은 3.5%에 불과했다. 공무원의 경우 노조 가입이 가능한 인원의 규모가 작아 노조조직률이 높다는 해석도 있고(고용노동부, 2018), 공무원들이 노동기본권 확보 및 증진에 대한 열망이 민간기업 종사자들에 비하여 높아서 노조조직률이 높다는 설명도 있다(조경호·문명재, 2006). 또한 지방자치단체 공무원 중 노조 가입 가능 직급 인원이 중앙정부에 비해 상대적으로 많아서 지방자치단체의 노조조직률은 중앙정부보다 더 높다(이장원·조강윤, 2014).

<표 8-2> 주요 공무원노조법 내용 정리

입법체계	노동조합 및 노동관계조정법 제5조 단서에 따른 특별법 형태	
설립 최소단위 (제5조 제1항)	국회·법원·헌법재판소·선거관리위원회·행정부·특별시·광역시·도·시·군·구 (자치구)·특별자치시·특별자치도 및 특별시·광역시·도·특별자치시·특별자치도의 교육청	
정부 대표 (제8조 제1항)	정부 대표: 국회사무총장·법원행정처장·헌법재판소사무처장·중앙선거관리위원회사무총장·인사혁신처장(행정부 대표)·특별시장·광역시장·도지사·시장·군수·구청장(자치구 구청장)·특별자치시장·특별자치도지사 또는 특별시·광역시·도·특별자치시·특별자치도의 교육감	
단체교섭사항 (제8조 제1항)	노동조합에 관한 사항 또는 조합원의 보수·복지 그 밖의 근무조건에 관한 사항	법령 등에 의하여 국가 또는 지방자치단체가 그 권한으로 행하는 정책 결정에 관한 사항, 임용권의 행사 등 그 기관의 관리·운영에 관한 사항으로 근무조건과 직접 관련되지 아니하는 사항은 불가
노동기본권 보장범위 (제11조)	단결권과 단체교섭권(단체협약체결권 포함) 보장, 단체행동권 금지	제11조를 위반하여 파업·태업 그 밖에 업무의 정상적인 운영을 저해하는 행위를 한 자는 5년 이하의 징역 또는 5천만 원 이하의 벌금(제18조).
가입 범위 (제6조 제1항)	일반직 공무원, 별정직공무원, 그리고 특정직공무원 중 외무영사·외교정보기술직렬 외무공무원, 소방공무원, 교육공무원(다만, 교원은 제외), 이상 가입 범위에 해당하는 어느 하나에 해당하는 공무원이었던 사람으로서 노동조합 규약으로 정하는 사람	업무의 주된 내용이 다른 공무원에 대하여 지휘·감독권을 행사하거나 다른 공무원의 업무를 총괄하는 공무원, 업무의 주된 내용이 인사·보수업무 또는 노동관계의 조정·감독 등 조합원 지위를 가지고 수행하기에 적절하지 아니하다고 인정되는 업무에 종사하는 공무원 등은 가입금지, 교정·수사 등 공공의 안녕과 국가안전보장에 관한 업무에 종사하는 공무원은 노조 가입 불허(제6조 제2항)
노조전임자의 지위(제7조)	임명권자의 동의를 받아 노동조합의 업무에만 종사(전임자)하며, 전임기간 동안 전임자에 대한 보수 지급 불가	
정치활동 (제4조)	금지	
노동쟁의조정 (제14조)	노동쟁의조정을 위해 중앙노동위원회에 공무원노동관계조정위원회를 설치	

출처: 공무원노조법 정리.

(1) 최소 설립 단위

공무원은 노동조합을 국회, 법원, 헌법재판소, 선거관리위원회, 행정부, 특별시, 광역시, 특별자치시, 도, 특별자치도, 시·군·구 및 특별시, 광역시, 특별자치시, 도, 특별자치도의 교육청을 최소단위로 하여 설립할 수 있다. 공무원노조를 설립하고자 하는 자는 고용노동부 장관에게 설립신고서를 제출하여야 한다(공무원노조법 제5조 제2항). 교육공무원의 노동기본권을 규정하고 있는 교원노조법은 교원노조의 설립 단위를 전국단위 또는 시도 단위로 한정하고 있다. 이 부분에서 쟁점 사항은 공무원노조의 설립 단위 등 조직 형태 자체를 입법으로 제한하는 것이 너무 과하는 것이다(이철수 외, 2008). 노조조직 형태 자체를 규제하는 것은 단결권 보장의 충실성이라는 점에서 바람직하지 않다는 점을 주장하는 쪽이 있는가 하면, 다른 한편에서는 공무원노조의 특수성과 역사성을 고려할 때 시행 초기에는 단체교섭의 수월성 확보를 위해 조직 형태 제한이 필요하다고도 한다. 그러나 노동조합의 조직 형태는 근로자들의 자유로운 선택사항이므로 법률로 조직 형태를 제한하는 규정은 단결권 선택을 제한할 소지가 있으며, 주요 선진국들은 노조의 조직 형태에 관한 아무런 법적 제한을 두지 않고 있다는 것을 참조하여 규제 완화는 필요하다고 판단된다.

중앙정부의 경우 부처별 노동조합이 결성되어 각 부처 장관과 독립적인 단체교섭을 하여도 임금이나 근로조건 등을 독자적으로 결정할 수 없는 각 부처 장관의 경우 단체 교섭상 많은 애로를 겪을 것으로 예상된다. 또한 현실적으로 모든 부처 공무원의 근무조건은 인사혁신처 및 경제 관련 부처와의 협력이 필수적이므로 부처별 단체협약은 실익이 없다고 할 것이다.

(2) 정부 대표, 교섭의 당사자와 교섭 절차

공무원노조법 시행규칙 제3조는 노동조합의 대표자가 정부 교섭 대표에게 교섭을 요구하는 경우 노동조합 설립신고증 사본을 첨부하도록 요구하고 있어서 일반 노조와는 달리 설립 신고를 하지 않은 공무원노조는 비록 노동조합으로서의 실질적 요건을 갖추었다고 하더라도 정부 교섭 대표에게 교섭을 요구할 수 없게 되어 있다.

교섭당사자를 보면 조합측에서는 공무원노조 대표자, 그리고 정부측에서는 국회사무총장, 법원행정처장, 헌법재판소사무처장, 중앙선관위원회사무총장, 인사혁신처장(행정부 대표) 등 헌법기관의 관리책임자와 각 자치단체장이 된다(공무원노조법 제8조 제1항). 보수 등 중앙정부에서 관리·결정할 권한을 가진 사항에 대해서는 인사혁신처장이 정부 교섭 대표로 참여한다. 아울러, 동 조항은 교섭 사항을 "노동조합에 관한 사항 또는 조합원의 보수·복지 그 밖의 근무조건에 관한 사항"으로 한정하고 있고, 단서 조항을 추가하여 "법령 등에 의하여 국가 또는 지방자치단체가 그 권한으로 행하는 정책 결정에 관한 사항, 임용권의 행사 등 그 기관의 관리·운영에 관한 사항으로서 근무조건과 직접 관련되지 아니하는 사항은 교섭의 대상이 될 수 없다"고 규정하고 있다.

교섭 절차와 관련하여 최근 중요한 개선이 있었다(2021년 1월 공무원노조법 제9조 제4항 개정). 정부 교섭 대표는 교섭을 요구하는 노조가 둘 이상의 경우 해당 노조에 교섭 창구 단일화를 요청할 수 있고, 교섭 창구 단일화된 때에는 교섭에 응해야 하는 것으로 교섭 절차의 개선이 있었다.

(3) 노동기본권 보장 범위

단결권과 단체교섭권을 보장하며, 교섭 사항은 보수, 복지 및 기타 근무조건에 관한 사항에 한정하고 있다. 즉, 근무조건과 관련 없는 정책의 결정 사항이나 인사권 행사 등 기관의 관리 운영 사항은 교섭 대상이 아니다. 또한 공무원노동조합은 파업·태업 등 공무의 정상적인 운영을 저해하는 일체 쟁의행위를 하지 못하며, 노조와 조합원의 정치활동도 금지된다(공무원노조법 제4조).

(4) 가입 범위

노동조합 가입 범위에서 직급 제한이 완화된 점은 공무원 단체활동 활성화 관점에서 진일보했다고 판단된다. 2021년 1월 공무원노조법 제6조 개정에 따라 일반직과 특정직 일부 등의 직급에 따른 노동조합 가입 제한이 없어졌고 실업자와 해고자의 노조 가입을 허용하고, 5급 이상 공무원도 노조에 가입할 수 있는 길이 열렸다. 그간 허용되지 않았던 소방공무원 노조 설립도 허용되었다. 향후 선진국 사례를 참조하여 점차 노조 가입 제외 범위를 축소해 나가는 정책 추진이 필요하다고 판단된다.

(5) 노동조합 전임자의 지위

현재 우리나라는 공무원노조 활동의 전임자를 인정하고 있고, 2023년 12월 11일부터 전임자는 노조로부터 급여를 받으면서 노조 업무에만 종사하도록 하고 있다(공무원노조법 제7조 제1항). 즉, 공무원노조 전임자는 임용권자의 동의를 얻어 노동조합의 업무에만 종사할 수 있고, 임용권자는 전임기간에 대해서는 휴직 명령을 하여야 한다. 아울러, 우리나라는 공무원이 전임자임을 이유로 승급이나 그 밖에 신분과 관련하여 불리한 처우를 하지 못하도록 하고 있다(공무원노조법 제7조 제4항).

(6) 노동쟁의조정과 절차

공무원노조법 제14조는 단체교섭이 결렬된 때 이를 조정·중재하기 위하여 중앙노동위원회에 공무원노동관계조정위원회(이하 위원회)를 설치하도록 하였다. 교원노조도 교원의 노동쟁의를 조정하고 중재하기 위하여 중앙노동위원회에 교원노동관계조정위원회(이하 교원위원회)를 두도록 하고 있다. 공무원과 교원의 경우 쟁의행위가 허용되지 않음에도 불구하고 별도의 독립적인 분쟁 조정기구를 두는 것은 쟁의행위를 금지하는 대신 단체교섭 결렬시 분쟁상태의 장기화를 막기 위함이다.

공무원 노동관계의 특수성을 감안하고 분쟁 조정기구의 전문성과 중립성을 확보할 수 있어야 한다는 점에서 전문 분쟁 해결기관인 중앙노동위원회 내에 공무원노동관계조정위원회를 설치한 점은 일견 합리적이라고 판단된다. 다만 여기서 쟁점은 과연 일반근로자들의 분쟁 조정을 전담하는 중앙노동위원회가 특수성을 지닌 공무원의 분쟁 조정도 담당하는 것이 타당한가이다. 현재의 중앙노동위원회는 분쟁 조정기구가 갖추어야 하는 전문성, 중립성 그리고 공정성 모두를 겸비하고 있기는 하나 민간의 노사관계에서 발생하는 분쟁을 조정하기 위하여 설립된 중앙노동위원회가 교원이나 공무원의 분쟁 조정도 담당함으로써 발생할 수 있는 전문성 저하 가능성도 있다는 문제가 있다. 공무원의 특수성을 고려한다면 교원노조와 일반 공무원노조를 전담하는 별도의 '공공 부문 분쟁 조정위원회(가칭)'을 설치하여 분쟁 조정의 전문성, 중립성 및 공정성을 확보하는 것이 바람직하다(백종섭, 2005).

(7) 부당노동행위 및 중재제도의 효력

공무원노조법은 제17조 제2항에서 동법이 정하지 아니한 사항에 대해서는 제3항에서 정하는 경우를 제외하고는 '노동조합 및 노동관계조정법'(이하 노동조합법)이 정하는 바에 따라야 한다고 규정하고 있다. 또한 2010년 3월 17일 개정 공무원노조법 제18조는 쟁의행위 금지를 위반하여 파업, 태업 또는 그 밖에 업무의 정상적인 운영을 방해하는 행위를 한 자에 대해 5년 이하의 징역 또는 5천만 원 이하의 벌금에 처한다고 규정하였으나, 노동조합법 제90조가 규정하고 있는 일반 근로자 부당노동행위에 대한 처벌인 2년 이하의 징역 또는 2천만 원 이하의 벌금보다 다소 과하다는 지적도 있다.

3) 한국 공무원 단체활동 발전 방향

동서양을 막론하고 과거에는 공무원 노동조합은 공무원이 갖는 신분 관계의 특수성 때문에 결성할 수 없다는 인식이 지배적이었으나, 근래 들어 많은 국가에서 공무원의 근로자성을 인정하자는 인식이 제고되었고, 공무원들에게도 그들의 권익 신장을 목적으로 하는 노동조합의 결성을 허용하여 사용자인 정부와 교섭할 수 있게 하려는 추세가 나타나고 있다.

일부에서 공무원은 국민 전체에 대한 봉사자로서 직무 수행상 공공성과 중립성이 요구되고, 정서적으로 공무원이 자신의 권익을 주장하는 것을 용인할 수 없다는 의견이 있으나 공무원을 하나의 직업인으로 인식하는 사회적 분위기가 조성되고 있는 점을 인정한다면 이제는 한국에서 공무원 단체활동에 대한 인식 변화를 모색할 시점에 이르렀다고 생각된다. 이 때문에 2006년부터 시행중인 공무원노조법의 성공적 운영은 우리나라 공무원 단체활동의 발전 정향을 가늠할 수 있는 중요한 지표가 될 것이다. 공무원 단체활동의 법적 허용으로 공무원노조 활동의 활성화가 기대되고 있지만 공무원의 단체활동은 다자주의를 채택하고 있기에 노동기본권 차원과 함께 공익 추구에 소홀할 수 없는 상황을 직시할 필요가 있다. 인사 정책적으로 공무원 노사갈등 관리도 체계화되어야 하겠고(조경호·문명재, 2006), 이상적인 공무원 단체활동이 적극 발굴 소개될 필요도 있으며(하미승, 2012), 협력적 노사관계 형성을 위한 노사 공동 교육도 강화되어야 할 것으로 보인다.

우리나라 공무원노조 운동은 상당히 정치적이고 전투적으로 포장되어 알려져 있기는 하지만 노조마다 자기 이익을 지키고 실리를 추구하는 경향이 많고, 조합원들은 노조 간부보다 상대적으로 안정과 협력을 추구하는 경향이 강하다고 한다(이장원·조강윤, 2014). 정부와 노조의 목적과 관점에서의 혼선, 중앙정부와 지방자치단체 사이에서 노사관계의 이중적 구조 등의 어려운 문제들을 극복해 나가면서 노사간 협력을 강화해 나간다면 앞으로의 우리나라 공무원 단체활동은 선진 모델로 발전할 수 있을 것으로 본다.

제2절 공무원 소청심사제도

고충처리제도와 함께 소청심사제도는 공무원 권익 보호와 구제의 한 축을 담당한다. 둘다 소청심사위원회에서 담당하는데 이 두 제도는 공무원의 권익 구현을 목적으로 만들어진 것이라는 공통점을 갖고 있다. 공무원 입직 경로의 다양화, 유연근무제 확산, 공무원 단체활동 고도화, 공무원 이직률 상승 등의 공직 변화와 공무원의 권익 보장에 대한 요구 수준이 높아져서 소청에 대한 수요는 줄지 않고 있다. <표 8-3>에 따르면, 최근 5년간 소청심사 처리 평균은 812건으로 2006년~2010년 평균 644건(김용훈, 2012: 555)에 비해 26% 늘었고, 인용률은 계속 감소하고 있어서 공직사회에서 소청심사위원회의 역할 기능이 더욱 중요해지고 있다.

<표 8-3> 소청심사 현황(접수, 처리, 인용)

(단위: 건)

구분	처리 대상			처리 건수	인용					불인용	인용률 (%)
	접수	이월	합계		취소	변경	무효	의무 이행	소계		
2018	712	295	1,007	830	44	180	–	1	225	605	27.1
2019	763	177	940	797	49	170	–	3	222	575	27.9
2020	790	143	933	765	41	168	–	10	219	546	28.6
2021	955	168	1,123	846	53	157	2	4	216	630	25.5
2022	850	277	1,127	821	40	143	2	4	189	632	23.0

출처: 인사혁신처 소청심사위원회 내부 자료.

1. 소청심사제도의 의의

헌법 제6조 제2항과 국가공무원법 제68조(지방공무원법 제60조)에서는 공무원의 신분보장을 구체화하고 있다. 공무원의 신분보장을 위해서 공무원에 대하여 불이익 처분을 할 경우에도 그 요건과 절차를 엄격하게 설정하며, 처분에 대해 사후 구제 기회를 보장하도록 하고 있다.

소청심사제도의 기능은 크게 세 가지로 요약할 수 있다. 첫째, 헌법은 법률이 정하는 사유에 의하지 않고는 그 의사에 반하는 불이익 처분을 받은 공무원이 임용권자 또는 그 상급관청에 직접 이의신청·소원 기타의 방법으로 구제를 청구하거나 법원에 행정소송을 제기하여 구제를 청구할 수 있는 데 공무원의 불이익 처분에 대한 구제 수단으로서 대표적인 것이 소청심사제도이다(소청심사위원회, 2022). 둘째, 소청심사제도의 사법 보완적 기능에 더하여 소청심사제도는 직접적으로 공무원의 신분보장과 직업공무원제도를 확립하는 중요한 기능을 수행한다. 셋째, 소청심사제도는 간접적으로 행정의 자기통제와 자정 기능을 수행하는데 기능한다고 볼 수 있다.

2. 소관 조직현황

소청심사위원회는 국가공무원법 제정으로 이전의 항고심사위원회를 폐지하고 발족하였으며(1963.6.20.) 현재는 인사혁신처, 국회사무처, 법원행정처, 헌법재판소사무처와 중앙선거관리위원회사무처에 헌법기관별 소청심사위원회를 두고 있으며, 지방공무원과 일부 특정직 공무원(교원, 군인, 군무원)도 각 개별법에 설치 근거를 마련하여 별도의 소청심사위원회를 설치·운영하고 있다.

인사혁신처 소청심사위원회는 국가공무원법 제9조에 따라 설립된 준사법적 합의제행정기관이며 인사혁신처 직제상 위원 구성은 위원장 포함 상임위원 5명과 비상임위원 7명으로 한다. 위원의 자격요건도 국가공무원법 제10조①에 규정되어 있는데, 법관·검사·변호사로서 5년 이상 근무자, 대학의 행정학·정치학·법률학 부교수 이상으로 5년 이상 근무자, 3급 이상 또는 고위공무원단 소속 공무원으로 3년 이상 근무자여야 한다.

<표 8-4> 각급 소청심사기관

구분				소청심사기관	
행정부	국가 공무원	경력직	일반직	인사혁신처 소청심사위원회	
			특정직	외무공무원	인사혁신처 소청심사위원회
				경찰공무원	인사혁신처 소청심사위원회 * 자치경찰은 국가공무원 신분으로 인사혁신처 소청 대상 (단, 제주자치경찰은 제외)
				소방공무원	인사혁신처 소청심사위원회 * 지방 소방공무원 국가직으로 전환 ('20.4.1., 「소방공무원법」 개정·시행)
				검 사	소청제도 없음
				교 원	교원소청심사위원회

				장교 및 준사관	• 국방부 중앙군인사소청심사위원회(징계처분 외) • 항고심사위원회(징계처분)
			군 인	부사관	• 각 군 본부의 군인사소청심사위원회(징계처분 외) • 항고심사위원회(징계처분)
			군 무 원		• 국방부 군무원인사소청심사위원회(징계처분 외) • 항고심사위원회(징계처분)
			국가정보원	인사혁신처 소청심사위원회	
			대통령경호실	인사혁신처 소청심사위원회	
		특수경력직	원칙적으로 소청 대상에 포함되지 않음		
	지방 공무원	경력직	• 각 시도 지방소청심사위원회 • 교육소청심사위원회(지방교육청 소속 공무원)		
		특수경력직	원칙적으로 소청 대상에 포함되지 않음		
입법부	국회사무처 소청심사위원회				
사법부	법원행정처 소청심사위원회				
헌 재	헌법재판소사무처 소청심사위원회				
선관위	중앙선거관리위원회사무처 소청심사위원회				

3. 적용 대상

소청심사제도는 공무원이 징계처분 그 밖에 그 의사에 반하는 불리한 처분이나 부작위에 대하여 심사하고 결정하는 시스템을 말한다. 따라서 소청심사는 불이익 처분에 대한 사후 구제를 위한 쟁송절차이며, 준사법적 행정절차이다. 2021년 말 현재 인사혁신처 소청심사위원회 관할 공무원 수는 약 38만 명이 이르고 있고, 일반직 공무원과 경찰, 외무, 소방 등 특정직 공무원이 여기에 포함된다.[6]

---

6) 단, 지방공무원, 교원, 검사, 군인, 군무원은 미포함임.

4. 청구와 처리 절차

소청심사는 공무원이 소청심사청구서를 제출하면서 시작된다. 소청심사청
구서를 제출하기 위해서는 모든 공무원은 소청심사위원회 홈페이지의 온라인 청
구를 이용하거나 자료실의 관련 서식을 다운, 작성 후 이메일이나 방문, 우편,
FAX 등의 방법으로 소청심사위원회에 제출하여야 한다.

소청심사제도는 행정심판제도의 일종으로 상당히 복잡한 절차를 거치면서
문제가 해결되는 과정을 거친다. 소청심사는 상대방의 주장을 듣고 증거를 수집
하여 상세하게 조사하고, 결과를 판단하여 적절한 대응 방안을 제시하게 된다.
소청심사 결정의 종류는 크게 두 가지로 구분된다. 하나는 청구가 이유 있는 경
우이며 이때는 취소, 변경, 무효확인, 의무이행 등의 결정을 하게 되며, 다른 하
나는 청구가 이유 없는 경우이며 이때는 기각 결정을 하게 되며 청구가 부적법하
다고 합의되었을 때 각하 결정을 한다. 이와 같은 결정은 재적 위원 2/3 이상의
출석과 출석위원 과반수 합의로 이루어지며, 2021년 6월 국가공무원법 제14조
개정으로 중징계 감경 결정시 출석위원 2/3 합의로 결정하도록 하여 제도의 엄
격성을 높였다. 소청심사 결정의 효력은 처분 행정청을 기속한다. 소청 결정에
불복시 해당 공무원은 결정서 수령 후 90일 이내 행정소송을 제기할 수 있다.

<그림 8-1> 소청심사 업무흐름도

처분권자가 징계처분 등 처분	○ 징계처분 등 기간
• 징계·강임·휴직·직위해제·면직 　(처분사유설명서를 교부하는 처분) • 전보·전직·기타 불리한 처분	− 징계 의결서 등을 받은 날로 부터 15일 이내 (공무원징계령 제19조)

⇩

소 청 제 기	○ 소청 제기 기간
• 방법 : 인터넷, 직접 방문, 우편, FAX 등	− 처분사유설명서 수령일 또는 처분이 난 것을 안 날부터 30일 이내 (국가공무원법 제76조)

⇩

소청심사청구서 접수	○ 보완 ┌ 즉시 보완 └ 보정요구 : 7일 이내 (소청절차규정 제6조)

⇩

처분청에게 소청심사청구서 부본 통지 및 답변서 제출요구	○ 답변서 제출 기한 : 14일 이내 (소청업무처리지침 제4조)

⇩

답변서 접수 및 검토	○ 답변자료 검토 ※ 소청인에게 처분청 답변서 즉시 송부

⇩

소청인에게 처분청 답변서 부본 송부	사 실 조 사 서류·현지조사·기타	

⇩ ⇩

심사기일 지정통지 • 소청인(대리인) • 피소청인(처분청)	조사보고서 작성 • 원처분, 소청 이유 • 증거 및 조사	○ 작성·검토·결재 ○ 심사기일 통지 – 심사개최 7일 전까지 (소청업무처리지침 제11조)

⇩ ⇩

소청심사 및 결정 • 심사 : 소청인(대리인) ↔ 피소청인(처분청) • 결정 : 취소, 변경, 무효확인, 기각, 각하 등	○ 접수일로부터 60일 이내 결정 (국가공무원법 제76조) ○ 재적 위원 2/3 이상 출석, 출석위원 과반수(중징계는 2/3) 합의 ※ 심사 결정 전까지 소청 취하 가능 – 취하 → 종결

⇩

결정서 작성 및 송부 • 송부 : 소청인(대리인), 피소청인(처분청) ※ 결정 이유 구성 : 처분 사유 요지·소청 이유 요지· 증거 및 판단	○ 결정일로부터 10일 이내 결정서 송부 (소청업무처리지침 제20조)

⇩

행정소송 제기 ※ 소청 결정에 불복 시 • 관할 행정법원(1심)→고등법원(2심)→대법원(3심) ※ 1심은 서울행정법원 또는 지방 법원 본원(행정합의부)	○ 결정서 수령 후 90일 이내 (행정소송법 제13조, 제20조) ※ 피고는 징계 등을 행한 처분청 이 됨

5. 한국 소청심사제도 개선점

2023년은 우리나라 소청심사위원회가 설립된 지 60년이 되는 해이다. 그간 소청심사위원회는 소청심사의 공정성과 국민 신뢰도를 높이기 위해 중징계 대상에 대해 부심제도를 확대하였고, 중징계 감경 결정 때 출석위원의 합의 정족수를 2/3로 강화하였으며, 소송 절차 규정을 개정하여 성 비위 소청 사건 피해자에게 진술권을 보장하는 등의 조처를 한 것은 적절하였다고 판단된다. 앞으로 국민에게 신뢰받는 건강한 조직으로 거듭나고(최재용, 2023.6.19.), 공무원 권익 구제의 최고 공정 기관으로 자리매김하기 위해서는 몇 가지 추가적인 개선도 필요하다고 판단된다.

우선, 소청심사위원회는 소청심사 외에도 직무수행 및 기타 공무원 신분으로 인해서 국가 기관으로부터 공무원들이 겪는 다양한 고충과 권익침해까지 넓게 포괄하여 이를 구제하는 국가 기관이란 기능을 수행하고 있으므로 '공무원권익위원회'로서의 위상을 찾을 필요가 있다(김용훈, 2012).

둘째, 소청심사청구권을 특수경력직 공무원에게도 부여할 필요가 있다. 입직 경로가 다양화되고 있고 유연근무제 등 다양한 공무원 근무 형태가 늘고 있다는 측면을 고려하여 원칙적으로 별정직공무원 등 특수경력직 공무원들이 소청심사를 통한 권리구제를 받지 못하던 문제를 해결할 필요가 있다.

셋째, 각급 소청심사위원회의 독립성을 제고하되, 이들 간의 협력적 거버넌스를 확대하여 교원과 군인 등 특정직과 일반직 공무원에 대한 소청심사제도의 통합적 운영을 시도할 필요가 있다. 각급 소청심사위원회간 정책협의를 활발히 전개할 수 있도록 관계 법령도 개정할 필요가 있다.

넷째, 전 정부 차원에서 소청심사제도 운영상 필요한 역량을 개발해 나갈 필요가 있다(김용훈, 2012; 조경호·진종순, 2022). 소청심사제도의 운영에 필요한 지적자산, 데이터, 노하우 등을 체계적으로 관리하고 이를 수직적, 수평적으로 공유 전파해 나가야 한다.

제 3 절 공무원 고충처리제도와 고충상담제도

최근 조사에 따르면 공직 내에는 여전히 다양한 고충이 발생하고 있는 것으로 보이며, 상사의 과도한 요구, 불법적인 사업 지시, 비인권적 행위, 성 문제 등이 포함되고 있는 것으로 파악되었다(조경호·진종순, 2022). 이에 공무원 권익 보장의 중요한 한 축에 해당하는 고충처리제도의 양대 하위시스템의 활성화가 필요하는 관점에서 고충 심사제도와 고충 상담제도에 대해 알아보고자 한다.

고충처리제도에 대한 학계와 현장의 관심은 요즘 더욱 높아지고 있다. 특히 MZ세대 공무원의 퇴직과 이직이 늘고 있고, 공직사회에 대한 이들의 불만 또한 점차 높아만 가고 있는 상황에서 고충처리제도의 활성화가 더욱 필요하다고 볼 수 있다.7) 여기서는 고충처리제도를 고충처리제도 전반에 대한 것과 고충처리제도의 하위시스템의 하나인 고충 상담제도로 구분하여 설명한다.

1. 고충처리제도

1) 고충의 개념

고충의 사전적 개념은 '괴로운 심정이나 사정'으로, '어려움'으로 순화하여 사용되고 있다. 조선일(2012: 572−573)은 고충의 개념을 다음의 두 가지 관점에서 정의한다. 첫째, 고충(grievance)이란 고용관계와 관련하여 근로자가 느끼는 모든 유형의 불만이며 고용조건을 포함, 모든 법규, 규정, 규칙, 절차, 명령 등의 적용에서 발생하는 근로자의 불평으로까지 확대 정의할 수 있는 매우 포괄적인 개념이다. 둘째, 고충이란 조직과 직장생활과 관련하여 타당성이나 표현 여부와

---

7) 한국행정연구원이 리서치 회사에 의뢰해 중앙부처와 지방자치단체 일반직 공무원 4,000명을 대상으로 조사한 '공직생활실태조사'에 따르면 20대 5급 공무원 10명 중 6명은 기회가 된다면 이직 의향이 있다는 다소 충격적인 조사가 있으며(한국행정연구원, 2023), 공무원이 민간기업 종사자보다 상사 갑질이나 불통 때문에 어려움을 겪고 있다는 조사도 있다 (넥스트리서치, 2022).

무관하게 근로자가 직무와 관련하여 불공정, 부당, 불공평하다고 생각하거나, 믿거나, 느끼는 것 모두를 포함하는 개념이다. 결국 이 두 가지 관점을 종합하면, 고충은 타당성 여부와 상관없이 근로자의 불만이 있을 때 존재하며, 기관에 관한 개인의 생각, 신념, 심지어 느낌 등이 불공정, 부당, 불공평한 데서 나오는 것 모두를 의미한다.

고충의 개념은 공무원의 고충 관련 법과 규정에서도 찾아볼 수 있고, 이들로부터 고충의 내용과 범위를 또한 유추 해석할 수 있다. 크게 세 가지 법과 규정에서 공무원 고충의 개념을 유추할 수 있다.

첫째, 국가공무원법 제76조의2(고충 처리)의 '인사 · 조직 · 처우 등 각종 직무조건과 그 밖에 신상 문제에 대해 인사 상담과 고충 심사를 청구할 수 있다'란 규정이 있고, 둘째, 공무원고충처리규정 제2조(고충 심사 대상)에 '근무조건 · 인사관리 기타 신상 문제에 대하여 인사 상담 및 고충 심사(이하 고충 심사)를 청구할 수 있다고 규정하고 있으며, 셋째, 중앙고충업무처리지침 제4조(고충 처리 대상의 범위)는 근무조건, 인사관리, 기타 신상 문제를 구체적으로 규정하고 있다. 즉 공무원의 고충에 대한 법적 개념은 이론적 개념을 좀더 한정적으로 적용한 것으로 판단된다. 또한 성별 · 종교별 · 나이별 등에 관한 차별대우의 요건이라든가 기타 개인의 정신적 · 심리적 · 신체적 장애로 인해 발생되는 직무 수행과 관련된 규정 사항은 고충의 이론적 개념을 좀더 한정적으로 파악하고 있다고 볼 수 있다.

2) 고충처리제도의 개념과 특징

고충처리제도는 공무원이 근무중 겪는 근무조건, 인사관리, 기타 신상 문제와 관련한 불만에 대하여 심사와 상담을 통하여 공무원의 고충을 해소하는 제도로 공무원이 책임 있는 인사권자에게 고충 상담 또는 고충 심사를 청구하는 제도이다. 고충처리제도는 국가공무원법 제76조의2에 근거하여 고충 심사와 고충 상담을 통해 공무원의 고충을 해소하는 제도이지만, 고충심사위원회의 결정은 권고적인 것으로 법적 구속력은 없다.

고충처리제도는 공무원의 징계처분 불이익 처분, 공무원에 대한 부당한 처우, 각종 신상 문제 등과 관련한 고충 해소를 통하여 폭넓게 공무원의 권익을 보장하는 것을 목적으로 한다. 고충처리제도는 직속상관 혹은 기관장을 통해 불만이나 고충을 해결하는 것이 아니라 제3의 위원회(고충심사위원회)를 통하여 중립적인 위치에서 문제를 해결하는 공식적 방식이다. 위원회는 고충 사안이 해소될 수 있도록 공무원과 관계기관 간의 조정자적 역할을 한다. 위원회는 이를 통해 고충이 있는 공무원의 사기를 진작시키고 직무 능률향상을 통한 대국민 행정서비스의 질을 제고할 수 있다.

1981년 4월 공무원 고충처리제도가 도입된 이래 2007년 공무원고충처리규정을 개정하여 계약직 공무원에게도 청구권을 부여하였고, 2018년 5월 민간인 고충 심사위원 참여가 가능하게 되면서 청구인의 진술권을 보장하고 결정 및 결과처리 규정을 구체화하여 공무원 고충처리제도의 객관성과 공정성을 제고하는 조치를 하였다. 2019년 4월 고충처리 대상 및 절차를 명확히 하고 고충심사 결정에 대한 처리결과 공개 근거를 마련하였으며, 2022년 1월 민간 고충심사위원의 자격을 의료인에게 확대하고 처분청 답변서 제출 및 청구인 송달을 의무화하여 제도의 적용 범위를 넓히고 청구인 권리를 증진하고자 노력하였다. 다만 공개적인 서면 청구를 꺼리는 한국의 행정문화를 고려하여 고충처리 절차상의 어려움, 실효성 부족, 홍보 부족 등의 한계를 극복할 수 있도록 하는 개선이 필요하다. 아울러, <표 8-5>가 보여주듯이 전체 고충 제기 분야 중 임용이나 성과평가 관련 고충 제기가 여전히 다수를 차지하고 있지만 갑질이나 부당업무 지시, 근무 시간과 휴식 관련 고충도 상당수 제기되고 있는 만큼 고충 심사의 전문성을 높이기 위해 민간위원 위촉기준과 적합 분야를 여가와 직장 사회 분야 전문 분야를 포함하도록 확대해 나가야 할 것으로 보인다.[8]

---

8) 현재 민간위원 위촉기준과 적합 분야는 조직 내 적응 어려움이나 내부 인사 문제에 정통한 퇴직공무원, 인사와 조직 문제에 적합한 법학과 행정학 교수, 직장 내 괴롭힘이나 성희롱 문제에 적합한 심리학과 정신건강의학 교수, 법률 검토가 필요한 문제에 정통한 변호사나 공인노무사, 질병 관련 문제에 적합한 의료인으로 되어 있다.

<표 8-5> 고충(심사, 이송, 취하 포함) 제기 분야별 현황

구분	처리 건수	고충 제기 분야						
		승진, 전직, 전보 등 임용	근평 등 성과평가	근무 환경	봉급, 수당 등 보수	근무시간 휴식, 휴가	갑질·부당업무 지시	기타
2018	72	48	3	9	3	6		3
2019	122	81	4	1	10	5	10	11
2020	99	58	8		12	2	12	7
2021	105	53	4	1	10	4	24	9
2022	153	49	21	2	5	4	31	41

출처: 인사혁신처 소청심사위원회 내부 자료.

3) 대상과 절차

고충 심사기관은 5급 이상 국가공무원을 대상으로 하는 인사혁신처 중앙고충심사위원회와 6급 이하 공무원을 대상으로 하는 보통고충심사위원회, 그리고 각 기관 내 고충처리 담당이 있다. 중앙고충심사위원회는 위원장 1명을 포함한 상임위원 5명과 비상임위원 7명으로 구성되어 있고, 위원회 사무를 처리하기 위하여 행정과를 두고 있다. 중앙고충심사위원회는 소청심사위원회가 그 직무를 겸하고 있고, 보통고충심사위원회는 각급 행정기관에 설치되어 있으며, 보통고충심사위원회 결정에 불복하는 경우 그 재심은 중앙고충심사위위원회가 한다 (<그림 8-2> 참조).

〈그림 8-2〉 국가공무원 고충처리 절차

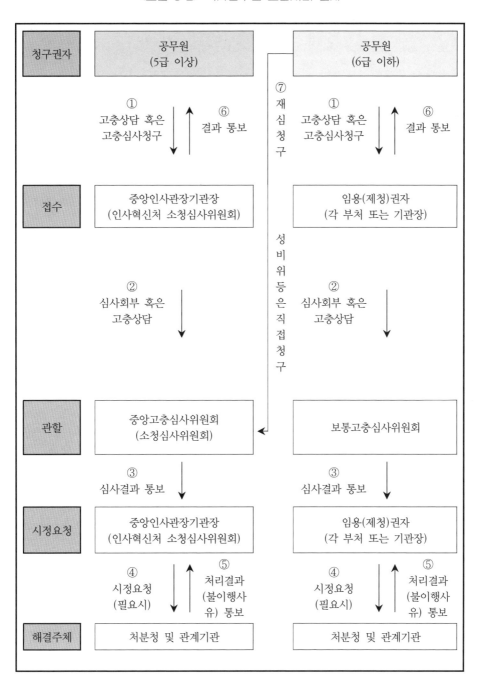

심사 대상 고충의 범위에는 다른 법령으로 구제가 가능한 사항 혹은 당해 행정기관만의 시정조치가 불가능한 사항을 제외한 인사·조직·처우 등과 관련한 근무조건에 관한 사항 및 신상 문제 등이 포함된다.

<표 8-6> 고충 심사 대상 세부 사항

구분	세부 사항
근무조건	봉급·수당 등 보수에 관한 사항
	근무 시간·휴식·휴가에 관한 사항
	업무량, 작업 도구, 시설 안전, 보건위생 등 근무 환경에 관한 사항
	출산·육아·자녀교육, 질병 치료, 주거·교통 및 식사 편의 제공 등 후생복지에 관한 사항
인사관리	승진·전직·전보 등 임용에 관한 사항
	근무성적평정·경력평정·교육훈련·복무 등 인사 운영에 관한 사항
	상훈·제안 등 업적성취에 관한 사항
상·하급자나 동료, 그 밖에 업무 관련자 등의 부적절한 행위	성폭력범죄의 처벌 등에 관한 특례법 제2조에 따른 성폭력 범죄
	성희롱 등 부적절한 언행이나 신체적 접촉
	위법·부당한 지시나 요구
	신체적·정신적 고통을 주거나 근무 환경을 악화시키는 직장 내 괴롭힘
	성별·종교별·나이별 등에 의한 차별대우
기타	개인의 정신적·심리적·신체적 장애 때문에 발생하는 직무 수행과 관련된 고충

출처: 인사혁신처 홈페이지(https://sochung.mpm.go.kr/home/page/sub2_2.do).

고충심사위원회는 고충 심사 청구서 접수한 날로부터 30일 이내 심사 및 결정해야 한다. 부득이한 경우 30일 연장은 가능하다. 고충처리 절차는 심사청구부터 결정까지 다섯 단계를 거친다. 1단계는 심사청구 단계이다. 심사청구 기간에 제한은 없다. 2단계는 답변서(또는 변명서) 제출 요구 단계이다. 3단계는 서류 또는 현지 조사 등 사실조사 단계이다. 4단계는 심사 단계로 필요시 당사자의 출석이 필요한 과정이 된다. 5단계는 인용, 각하, 기각 등을 결정하는 단계이다.

4) 소청심사제도와의 차이점

　공무원 고충처리제도는 공무원의 권익 보호 제도라는 측면에서 소청심사제도와 유사하지만, 첫째, 심사 대상에 있어, 소청은 공무원이 받은 신분상 중대한 불이익 처분이 주요 대상인 반면 고충은 개인에 대한 신분보다는 근무조건·처우·인사상 직면하게 되는 일상의 모든 문제가 대상이 된다. 둘째, 처리의 법적 성격에 있어, 소청은 불이익 처분에 대한 사후 구제 목적의 쟁송절차로서 준사법적 기능을 수행함에 반하여, 고충은 청구인과 피청구인의 사정을 청취하고 적정한 조치를 요구하는 기능을 수행한다. 셋째, 심사 결과의 효력에 있어서, 소청 심사 결과에 행정청은 반드시 기속되나, 고충 심사의 결과는 당해 행정청을 기속하지 않고 스스로 판단·시정조치를 하여야만 효력이 발생한다.

<표 8-7> 소청심사위원회와 중앙고충심사위원회 활동 비교

구분	소청심사위원회	중앙고충심사위원회
위원 구성	소청심사위원과 중앙고충심사위원 겸임	
심사 대상	• 징계처분 및 그 밖에 신분상 불이익 처분 • 관할 : 일반직, 특정직(경찰·소방·외무 등) 등 38만 명	• 인사, 조직, 처우, 성희롱 등 그 밖의 신상 문제 • 관할 : 5급 이상 일반직·특정직 등
정족수 및 결정방법	• 재적 위원 2/3 출석, 출석위원의 과반수(중징계는 2/3) 이상 합의로 결정 • 결정 : 의견 분립 시 출석위원 과반수에 달하기까지 소청인에게 가장 불리한 의견에 순차적으로 유리한 의견을 더하여 결정	• 재적 위원 2/3 출석, 출석위원 과반수 이상 합의로 결정 • 결정 : 의견 분립 시 소청과 달리 단순 합산만 가능, 위원 간 의견 조정을 통해 과반수 이상 되도록 하여 결정
결정의 종류	• 기각, 변경, 취소, 무효확인, 각하 등	• 시정 요청 : 청구가 상당한 이유가 있다고 인정될 경우, 처분청(또는 관계기관의 장)에게 즉각 시정을 요청하는 결정 • 개선 권고 및 의견 표명 : 당장 시정을 요

		청할 정도는 아니나, 위원회가 향후 제도 운용의 지향점을 제시하거나 청구인의 사정에 대해 의견을 표명하는 결정 • 기각 : 고충심사청구가 이유 없다고 인정되는 경우 • 각하 : 고충심사청구가 적법하지 않거나 고충 심사의 실익이 없는 경우
결정의 효력	• 기속력 및 확정력 발생	• 처분청에 대해 기속력 미발생 단, 시정 요청 결정에 대해 처분청은 '처리 결과 또는 불이행 사유'를 위원회에 문서로 통지의무(30일 이내)
결정에 대한 불복	• 행정소송 제기	• 고충 심사 결정은 행정상 소송의 대상이 되는 행정처분이 아니므로, 행정소송 불가능 * 중앙고충심사위원회 결정이 최종결정

5) 한국 고충 심사제도의 개선점

국가공무원의 고충처리제도는 고충 청구 대상 사무의 세분화를 통한 합리성 제고, 고충처리 대상과 절차의 명확화 추진, 고충심사위원회 민간위원 자격 확대 등을 통한 전문성 강화 등의 개선이 있었다는 측면에서 긍정적인 평가가 있지만, 아직 개선의 여지가 많다고 판단된다.

첫째, 지방자치단체의 경우 각급 인사위원회에서 고충 심사 기능을 수행하고 있어서 고충처리가 인사위원회에서 논의되면 인사상 불이익을 받을 수 있다는 선입견이 생겨 고충 심사 활성화에 장애가 되고 있다. 따라서 지방직 공무원의 고충처리 활성화를 위해서 지방자치단체에 별도의 전문 공무원 고충처리 부서를 설치할 필요가 있다.

둘째, 현재 고충 심사 대상은 개인 고충으로 한정되어 있어서 개인 고충으로 해결하기 어려운 제도적 문제나 복수에 해당하는 단체 고충 해결에는 일정한 한계가 있다. 따라서 고충 심사 대상을 확대하여 불합리한 제도나 관행으로 발생하는 고충은 물론 단체 고충을 심사 대상으로 포함하는 방안도 검토할 필요가 있다(조선일, 2012).

셋째, 현재 5급 이상 국가공무원은 중앙고충심사위원회에 직접 고충을 청구할 수 있으나 6급 이하 공무원은 소속기관의 보통고충심사위원회를 거친 뒤에야 중앙고충심사위원회에 재심을 청구할 수 있으며, 지방공무원의 경우는 재심청구 기회가 없어 형평성 문제가 보인다. 따라서 고충 청구 창구에 있어서 직급간 차별 개선과 지방공무원에 대한 형평성 제고를 위해 고충 청구 절차를 개선할 필요가 있다(조선일, 2012).

넷째, 정부 기관에 채용된 비공무원 근로자에게도 고충 심사 청구 권한을 부여할 필요가 있다. 이들 비공무원 근로자가 권익을 보호받을 수 있는 제도적 장치가 전혀 없지는 않다. 근로기준법을 비롯한 노동관계법에서는 근로자가 부당해고 등을 당하였을 때 노동위원회에 제소할 수 있도록 하고 있고, 근로자의 고충 해결을 위한 각종 의무를 사용자에게 부과하는 등 고충처리에 관한 사항을 규정하고 있지만, 정부 기관 소속 비공무원의 경우 근로조건과 복무 관리 등에 있어 공무원 관계 규정을 준용하는 사례가 많아서 노동관계법상 고충처리 방안만으로는 해결이 어려운 부분이 많으므로 이들의 권익 보호를 위한 최소한의 고충처리시스템을 기관 내에 두는 방안을 검토할 필요가 있다(조선일, 2012).

다섯째, 고충처리제도의 활성화를 위해서는 고충이 무엇보다도 자유스러운 분위기에서 스스럼없이 제기되는 조직문화가 토대가 되어야 한다. 이를 위해서는 기관장의 적극적인 관심이 필요하다. 법제처가 인사혁신처와 함께 도입한 리버스멘토링제도를 참고할 필요가 있고,[9] 이와 같은 노력은 부정적 공직문화를 최소화하고 일과 삶의 균형 등 긍정적 조직문화의 구축에 도움을 줄 것이다(예: 박성민, 2017: 362-365).

---

9) 법제처가 2022년부터 시행해 오고 있는 조직문화 개선방안의 하나로 후배가 선배들의 멘토가 되어 젊은 세대의 관점으로 조언을 해주는 것으로, 세대간, 직급간 이해를 높이기 위해 운영해 오고 있다.

2. 고충 상담제도

1) 고충 상담의 필요성

산업사회의 고도화는 근로자에게 스트레스를 유발한다. 공무원도 마찬가지다. 대규모 관료 조직은 공무원에게 불안이나 우울 등 정신건강 상의 문제와 각종 심인성 질환을 일으킬 뿐 아니라, 기관 측면에서도 잠재적 생산성 저하와 의료비 부담 가중 그리고 이직률 상승으로 인한 인적 자원의 손실 등을 가져오게 될 가능성이 있다. 하지만, 근로자들의 당면문제나 스트레스에 대한 책임은 여전히 개인에게 국한되어 있으며, 대부분은 적절한 대처 방법을 찾지 못한 채 음주나 흡연 등에만 의존하며 살아가게 된다.10) 근로자가 스트레스에 효과적으로 대처하고, 개인적인 관리 및 대처 능력을 고양하며, 스트레스를 유발하는 환경적 요인을 수정·보완하기 위해 선진국의 기업들은 일찍부터 근로자지원프로그램(Employee Assistance Programs: EAP)을 도입하여 개인 근로자의 신체적·정서적 문제를 완화하고, 조직의 생산성을 높여 나가고 있다(최수찬, 2005; 이다영, 2022).

고충 상담은 직무성과에 영향을 미칠 수 있는 개인적 문제(개인의 심리적 문제, 직무에서 오는 스트레스, 직장 내 인간관계에서 오는 심리적 갈등)를 완화하기 위해 조직 내부나 외부의 자원을 통해 제공되는 사회 심리적 서비스로 그 개입의 대상은 문제를 가진 근로자와 가족, 친지, 직무조직, 지역사회 전체를 포괄한다고 정리할 수 있다. 공무원이 직장생활에서 얻거나 발생하는 고충(괴로운 심정이나 사정)은 그 유발 원인이 무엇이건 공무원 개인들을 상대로 한 전문적인 고충 상담의 조력으로 해결될 필요가 있다.

---

10) 특히 외상성 사건에 자주 노출되고 긴급성이 요구되는 업무를 수행하는 소방공무원의 수면 부족과 문제성 음주 정도는 국내 일반인의 수십 배에 이르고 있다는 조사 결과 등을 보면 공무원의 정신건강 지원 체계 마련이 시급하다고 볼 수 있다(이다영, 2022). 다행히 인사혁신처는 전 부처 공무원 마음 건강 지원 체계를 마련하고 적극적인 대처를 해나가고 있다(인사혁신처, 2022).

2) 고충 상담의 효과

공무원 고충 상담은 조직 내 소통 활성화와 갈등관리 관점에서 조직과 개인에게 모두 긍정적인 영향을 미친다(조경호·진종순, 2022; 진종순 외, 2022).

첫째, 조직구성원의 불평·불만은 인간 상호 간의 부적응을 위시하여 여러 가지 원인에서 발생하는데 고충 상담 활동은 이와 같은 부적응이나 불만 사항을 사전에 식별하여 조직관리와 인사관리 개선에 활용할 수 있도록 해 준다.

둘째, 고충 상담은 의사소통 및 인간관계 개선을 가져온다. 조직의 규모가 커질수록 의사소통은 상하·수평적으로 활발해져야 하므로 조직은 내부에 적절한 의사소통 체제를 확립하여야 하며 조직구성원 상호간의 활발한 소통을 촉진해야 한다. 소청 심사나 고충 심사 등 공무원 권익 보호를 위한 사후적 조치와 함께 고충 상담처럼 사전적 예방적 조치가 동시에 개선되어야 조직이 활성화된다.

셋째, 고충 상담은 조직 내의 갈등 해소를 가능하게 한다. 고충 상담은 대인적 갈등 해결에 특히 효과적이다(조경호·진종순, 2022; 진종순 외, 2022). 대인적 갈등이란 두 사람 이상이 어떤 문제를 놓고 서로의 견해가 상반되는 경우 이들이 가지는 심리와 이들 간의 심리 관계인데 상사와 부하간·동료 직원간 그리고 민원인과의 관계에서 흔히 발견되는 갈등이다. 사적이 아니라 공적인 문제 즉 조직의 목표와 계획에 관련된 문제의 경우 대인적 갈등은 조직 내 갈등의 기초가 될 수 있다. 고충 상담은 이와 같은 조직 내 갈등 상황을 예방하고 대응할 수 있도록 사전적 조치를 해주는 시스템이 된다.

넷째, 고충 상담은 조직구성원의 사기 양양과 생산성 향상을 돕는다. 조직의 발전은 생산성 조건, 노동의 물리적 조건 외에도 직원들의 협력·참여의식 등의 감정적 요소의 영향도 강하게 받는다. 특히 스트레스 관리가 되면 적극적 의미의 공무원 권익 보호가 이루어져 공무원이 사회적·심리적 측면에서 인간다운 삶을 향유 할 수 있는 여건을 조성할 수 있게 되고(유민봉·박성민, 2014: 57), 적극 행정의 기반이 된다(조경호, 2020).

3) 공무원 고충 상담제도의 현황

우리나라 공무원을 대상으로 하는 고충 상담제도는 1981년 공무원 고충처리제도를 마련하여 개인의 고충에 대해 심사 또는 상담을 청구할 수 있도록 법률로 보장하면서 시작되었고 그 법제는 국가공무원법에 주로 규정되어 있다. 공무원 고충 처리제도는 국가공무원법 제76조에 규정된 소청심사 청구(소청심사위원회), 고충처리 청구(보통고충처리위원회, 중앙고충처리위원회)와 함께 동법 제9장 권익의 보장에 규정되어 있다. 이 가운데 제76조의2(고충 처리)에 "공무원은 누구나 인사·조직·처우 등 각종 직무 조건과 그 밖에 신상 문제와 관련한 고충에 대하여 상담을 신청하거나 심사를 청구할 수 있으며, 누구나 기관 내 성폭력 범죄 또는 성희롱 발생 사실을 알게 된 경우 이를 신고할 수 있다. 이 경우 상담 신청이나 심사청구 또는 신고를 이유로 불이익한 처분이나 대우를 받지 아니한다"고 규정하여 고충처리는 고충 상담을 포함하는 제도로 보고 있다.

2018년 10월 국가공무원법 개정으로 임용권자가 상담 신청을 받은 경우, 소속 공무원을 지정하여 상담하도록 하여 고충 심사와 고충 상담을 명확히 분리하고자 노력하였다. 고충 상담은 공무원 권익 보호와 증진이란 추구 가치 측면에서는 고충 심사와 별반 차이가 없지만 상담 신청자와 상담원에 대한 불이익 금지와 신상 보호의 기본원칙하에 대상, 신청과 청구, 절차 그리고 처리의 측면에서 고충 심사와 차별적으로 이해해야 한다(<표 8-8> 참조). 특히 처리에 있어서 고충상담은 제도안내, 기관통보, 의견 전달 등으로 종결되지만, 고충 심사는 위원회의 심사 결정에 따라 필요한 경우 기관에 시정 요청까지 할 수 있다는 점에서 서로 다르다. 또한 신청과 청구에 있어서 고충 상담은 직접 면담 등 비교적 자유롭게 이루어지지만, 고충 심사는 법령이 정한 청구서 양식에 따라 제출해야 하는 규제가 있다.

<표 8-8> 고충 상담과 고충 심사의 차이

구분	고충 상담	고충 심사
대상	제도 관련 질의, 따돌림, 갑질, 성희롱 등 개인적·일상적 문제에 대한 상담	인사관리, 근무조건, 처우, 성희롱, 갑질 등에 대한 인사상·행정상 조치를 요구
신청·청구	유선, 온라인, 직접 면담 등	법령에 정한 청구서 양식 제출
절차	담당 공무원과 상담	위원회의 심사·결정
처리	제도안내/기관통보/의견 전달 등 종결	필요할 경우 기관에 시정 요청

고충 상담제도의 실효성 제고를 위해 기관장은 소속 공무원의 직급별 인원 등을 고려하여 전담 부서를 지정하여야 하고, 고충 상담 창구(온라인 또는 오프라인)를 운영하면서 부처별 실정에 맞는 세부 운영기준을 마련하여야 한다. 상담원이 임무도 매우 다양하게 발전해 나가고 있다. 상담원은 관계자와 관계부서에 대한 고충 사정을 청취하여야 하고 필요에 따라 자료 제출을 요구할 수 있으며, 고충 신청인에 대한 인사이동 요청이나 감사부서 조사의뢰를 할 수 있고, 다양한 인사 고충 해소에 필요한 사항을 수행하여야 한다.

<표 8-9>의 중앙 고충처리 현황에 따르면, 2018년 제도 개선 이후 고충 상담 건수는 계속 증가하고 있어서 고충 상담제도에 대한 지속적인 관심은 필요하다고 볼 수 있다.

<표 8-9> 중앙 고충처리 현황

구분	처리 건수			고충 심사							기타	
	고충 상담 (건)	고충 심사 (건)	계	계	인용				불인용		이송	취하
					소계	시정 요청	개선 권고	인용률 (%)	기각	각하		
2018	18	72	90	17	7	1	6	41.2	10		26	29
2019	52	122	174	38	11	7	4	28.9	27		49	35
2020	104	99	203	39	14	1	13	35.9	22	3	42	18
2021	128	105	233	40	12	5	7	30.0	28		46	19
2022	122	153	275	76	8	2	6	10.5	66	2	47	30

출처: 인사혁신처 소청심사위원회 내부 자료.

4) 한국 공무원 고충 상담제도의 개선점

국가공무원법 제76조의2(고충 처리)의 수권에 따라 공무원 고충처리는 상담 신청이나 심사의 청구 또는 기관 내 성폭력 범죄나 성희롱 발생 사실 신고로 시작된다. 즉 공무원을 대상으로 하는 고충처리제도는 고충 상담, 고충 심사, 사실 신고로 구분되어 시작된다고 볼 수 있다. 고충 상담제도와 관련하여 몇 가지 개선점은 아래와 같다(조경호·진종순, 2022).

첫째, 국가공무원법 제76조의2(고충 처리)에서 고충 상담과 고충 심사를 구분했지만, 그 처리 절차를 고충처리라는 절차로 규정하고 있어, 상대적으로 더 공개적인 고충 심사와 비공개가 요구되는 고충 상담이 같은 방식으로 수행될 문제가 아직 완전히 사라지지 않고 있다. 고충 상담은 고충처리에 포함된 것으로 모든 처리 절차가 고충 심사 절차와 같게 준용하므로 비교적 개인적인 문제에 관한 상담과 이에 대한 처리를 원하는 인사 상담 또는 고충 상담에 있어 문제가 발생할 가능성이 있다. 따라서 고충 심사청구 절차와 별도로 고충상담 신청 및 처리 창구를 설치하여 운영할 필요가 있다. 이 경우 고충 상담 신청과 처리 담당자는 고충 심사청구 처리 담당자와 구분되도록 하여야 할 것이다.

둘째, 현행 소청심사위원회와는 별도의 공무원 고충처리 조직이 필요할 것으로 판단된다. 고충 상담의 실효성을 높여 고충처리의 효과성을 제고하기 위해서 고충 상담제도의 전문화가 필요하다. 각 부처 고충 상담제도의 운영성과를 점검하고 특성화된 전문 상담관제도 운용을 위해 별도의 고충처리 조직을 소청심사위원회 내에 두거나 인사혁신처의 소속기관으로 두는 방안을 검토할 필요가 있다.

셋째, 고충 상담 관련 통계 관리가 필요하다. 현재는 상담원이 그 역할을 하고 있으나 상담 부서를 전문화하여 기관별 그리고 고충 원인별 고충 통계를 분석하여 고충이 빈번한 기관에 대한 지원을 추진할 필요가 있고, 부처별 전문 상담관 확충 및 교육의 실효성을 높이기 위해서도 고충 상담 관련 통계 관리를 별도로 해야 할 것으로 보인다.

참고문헌

고용노동부. (2018.12.31.). 노동조합 현황.

길종백·조선일. (2011). 공무원 노사관계 변화의 영향 요인에 관한 연구. 「한국인사
　　행정학회보」, 10(2): 149－174.

넥스트리서치. (2022). 「조직문화력 측정을 위한 설문조사」.

노광표·홍주환. (2008). 「공무원 노동조합 조직 연구」. 한국노동연구원.

박성민. (2017). 「인사혁신론: 이론과 실제」. 경기: 박영사.

백종섭. (2005). 공무원 노동조합 제도의 정책적 쟁점과 해결방안. 「한국인사행정학
　　회보」, 4(1).

서원석. (1994). 「ILO 회원국의 공무원 단체활동 비교 연구」. 한국행정연구원.

오석홍. (1993). 「인사행정론」. 서울: 박영사.

유민봉. (1999). 「인사행정론」. 서울: 문영사.

유민봉·박성민. (2014). 「한국인사행정론」. 경기: 박영사.

이다영. (2022). 현장직 공무원의 직무 스트레스 및 정신건강. 2022년도 정부 근무
　　혁신포럼 발제문.

이장원·박준식·조강윤. (2013). 「공무원 노사관계의 현황과 발전방안」. 한국노동연
　　구원.

이장원·조강윤. (2014). 공무원노조 및 조합원 실태조사 결과. 「월간 노동리뷰」,
　　2014년 1월호: 26－38.

이재규 외. (1997). 「인적자원관리론」. 서울: 문영사.

이철수 외. (2008). 「공무원 노사관계의 합리적 운영을 위한 제도개선방안」. 한국노
　　동연구원.

인사혁신처. (2022). 2022년도 주요 업무 현황.

조경호. (2003). 협력적 공무원 노사관계 규칙 모색: 미국 정부의 경험과 시사점.
　　「한국정책과학학회보」, 7(2): 301－326.

조경호. (2020). 「지능정보사회의 공무원 윤리·복무체계 개선방안」. 국회입법조사처.

조경호·문명재. (2006). 공공 부문 노사갈등 해결방안 연구: 영미사례를 중심으로.
　　「한국행정연구」, 15(3).

조경호·진종순. (2022). 공무원 고충 상담제도 개선 요인 연구. 「한국인사행정학회

보」, 21(2): 139－169.

조선일. (2012). 고충처리제도 운영 분석과 발전방안. 한국행정학회 동계학술대회 발표논문집: 572－595.

진송순·조경호·김형성. (2022). 공무원 고충 수준이 이직 의도에 미치는 영향에 관한 연구.「한국자치행정학회보」, 36(1): 79－117.

최수찬. (2005). 근로자의 사회 정서적 문제가 스트레스와 우울 및 자아존중감에 미치는 영향 연구.「한국사회복지학」, 57(4): 177－196.

최재용. (2023.6.19.). '낭만닥터 소청위'를 꿈꾸며(이데일리 기고).

최종태. (1994). 신능력개발시스템(기업교육훈련)의 도입전략. 한국인사관리학회 추계학술대회 발표논문.

하미승. (2012). 정부 기관 노동 조합제도의 운영성과 진단 및 개선방안 연구.「한국인사행정학회보」, 11(3): 79－117.

한국행정연구원. (2023).「2022년 공직생활실태조사」. 국정데이터조사센터.

행정안전부. (2020).「2020 공무원직장협의회 길라잡이」.

Ban, Carolyn. (1999). The Status of Public Personnel Reform in the United States: Themes and Variations. International Symposium Proceedings, Knowledge－Based Society and Human Resources Management in Government, pp. 1－19.

Ban, Carolyn & Norma Riccucci. (1993). Personnel Systems and Labor Relations: Steps toward a Quiet Revitalization. In F. J. Thompson (ed.), *Revitalizing State and Local Public Service: Strengthening Performance, Accountability and Citizen Confidence.* San Francisco, CA: Jossey－Bass.

Berman, E. M., West, J. P. & Richter, M. N. (2002). Workplace Relationships: Friendship Patterns and Consequences(According to Managers). *Public Administration Review,* 62(2): 217－228.

Blum, Albert A. & I. B. Helburn. (1997). Federal labor－management relations: The beginning. *Journal of Collective Negotiation,* 26(4): 255－277.

Kearney, Richard. C. & Stevens. W. Hays (1994). Labor－Management Relations and Participative Decision Making: Toward a New Paradigm. *Public Administration Review,* 54(1): 44－51.

Leap, Terry L. (1991). *Collective Bargaining and Labor Relations.* New York:

Macmillan Publishing Co.

Masters, Marick F. & Robert R. Albright. (1999). The Federal Sector Labor Relations: Climate under Executive Order 12871. *Journal of Collective Negotiations*, 28(1): 69－82.

Morgan, P., N. Allington, and E. Heery. (2000). Employment Insecurity in the Public Sector. in E. Heery & J. Salmon(eds.), *The Insecure Workforce*. London: Routledge.

Trejo, S. J. (1991). Public sector unions and municipal employment. *Industrial and Labor Relations Review*, 45(1): 166－180.

U.S. Office of Personnel Management. (OPM). 1998년부터의 연차 보고서.

Wasilisin, Andrew. (1998). *Approaching Y2K Federal Labor－Management Relations*. The Public Manager. Fall: 25－28.

제 9 장
성과평가

생각해보기

- 성과평가의 필요성에 대해 생각해 보자.

- 성과평가 계획의 수립과정에서 고려해야 할 제반 사항에 대해 논의해 보자.

- 여러 성과평가 방법들의 장단점에 대해 논의해 보자.

- 성과평가 과정에서 범할 수 있는 오류들에 대해 설명해 보자.

- 우리나라에서 현재 실시되고 있는 공무원 성과평가의 문제점을 분석하고, 이를 토대로 성과평가 개선방안에 대해 제시해 보자.

토론해보기

- 공무원에 대한 성과평가를 통해 정부의 생산성과 효과성을 제고할 수 있는지에 대해 찬반 토론하기

- 근무성적평정에 있어 다면평가 실시의 의무화에 대해 찬반 토론하기

- "성과평가결과는 피평정자 본인뿐 아니라 조직구성원 모두에게 공개해야 한다"는 주장에 대해 찬반 토론하기

제 1 절 성과평가의 의의 및 목적

1. 성과평가의 의의 및 근거규정

성과평가(performance appraisal)란 조직구성원의 행태, 직무수행능력, 근무실적 등을 평가함을 의미한다. 정부와 공공기관에서는 근무성적평정이라는 용어가, 민간기업에서는 인사고과라는 용어가 흔히 사용된다. 따라서 정부에서의 근무성적평정이라 함은 공무원의 직무수행능력, 근무실적, 행태 등에 대한 평가를 의미하는 바, 우리나라에서 공무원에 대한 성과평가제도는 '국가공무원법', '지방공무원법', '공무원 성과평가 등에 대한 규정', '공무원 성과평가 등에 관한 지침'을 그 법적 근거로 하고 있다(인사혁신처, n.d.[1]). '국가공무원법' 제51조 제1항은 "각 기관의 장은 정기 또는 수시로 소속 공무원의 근무성적을 객관적이고 엄정하게 평정하여 인사관리에 반영하여야 한다"라고 함으로써 근무성적의 평정을 각 기관장의 의무로 규정[2]하는 한편, 근무성적평정 결과를 인사관리에 반영할 것을 규정함으로써 근무성적평정을 인사관리의 기준으로 삼아야 함을 명시하고 있다. '공무원 성과평가 등에 대한 규정'은 대통령령으로써, 이는 공무원의 성과평가에 대한 사항을 규정함을 목적으로 제정되었다(동 규정 제1조). 동 규정 제22조는 평가결과의 활용에 대해 "소속 장관은 성과계약등 평가 및 근무성적평가의 결과를 평가대상 공무원에 대한 승진임용·교육훈련·보직관리·특별승급 및 성과상여금 지급 등 각종 인사관리에 반영하여야 한다"고 함으로써 '국가공무원법' 제51조 제1항에 나타난 인사관리의 내용을 보다 구체화하여 제시하고 있다. 끝으로 '공무원 성과평가 등에 관한 지침'은 인사혁신처 예규[3]로써 '국가공무원법',

---

[1] https://www.mpm.go.kr/mpm/info/resultPay/bizPay05/
[2] 지방자치단체 공무원들에게 적용할 인사행정의 근본 기준을 확립하고 있는 '지방공무원법' 또한 '국가공무원법'과 마찬가지로 근무성적의 평정에 관한 규정을 두어 "임용권자는 정기 또는 수시로 소속 공무원의 근무성적을 객관적이고 엄정하게 평정하여 인사관리에 반영하여야 한다"고 명시하고 있다(동법 제76조 제1항).

'공무원 성과평가 등에 관한 규정' 등에서 위임한 사항 및 동 법령의 시행을 위해 필요한 제반 사항을 규정하는 것을 목적으로 한다.

2. 성과평가의 목적

그렇다면 이러한 성과평가 혹은 근무성적평정은 왜 실시하는가? 성과평가는 전통적 인사행정(personnel administration)의 관점과 인적자원관리(human resource management)의 관점 모두에서 강조되어 왔다. 전통적 인사행정(personnel administration)과 인적자원관리(human resource management)는 조직구성원에 대한 관점과 접근법에서 차이를 보인다. 전통적 인사행정은 조직구성원에 대하여 조직의 목표를 달성하기 위한 도구적·기능적 관점을 견지하며, 이들의 채용과 승급, 승진, 징계 등과 관련된 규정 및 절차에 초점을 두어 조직구성원에 대한 통제중심적 접근으로 이해될 수 있다. 반면 인적자원관리는 조직구성원을 조직의 목표를 달성하기 위하여 활용할 수 있는 개발가능한 자원으로 보아, 조직의 목표를 효율적·효과적으로 달성하기 위해서는 이들의 니즈(needs)에 관심을 기울이고 충족시켜 줄 필요가 있음을 전제하고 있다. 따라서 채용, 승진, 승급, 징계 등 전통인사행정에서 주로 초점을 둔 인사기능에 더하여 조직구성원의 교육훈련, 일·생활 균형, 웰빙(well-being) 등의 이슈에도 관심을 둔다.

전통인사행정의 관점에서 성과평가는 공무원의 승진, 징계 등 인사조치의 기준이 된다. 앞서 언급하였듯이 '국가공무원법' 등에서는 성과평가 결과를 인사관리의 기준으로 삼을 것을 요하고 있으며, 성과평가를 통한 인사조치는 우리 정부가 채택하고 있는 실적주의 원칙에도 부합한다. 또한 성과평가는 직무설계를 진단하고 개선하는 데 유용한 정보를 제공한다(Klingner, Nalbandian, & Llorens, 2016). 근무성적평정의 결과가 좋지 않은 경우 역량 부족 등 개인 공무원의 문제로 보는 것이 일반적이나, 반드시 개인의 능력이나 노력이 문제가 아닐 수 있다.

---

3) 예규는 "행정사무의 통일을 기하기 위하여 반복적 행정사무의 처리기준을 제시하는 법규문서 외의 문서"이다(법제처, 2021, p. 12).

가령 특정 직위 점직자들이 근무성적평정을 낮게 받는 경향이 지속적으로 나타 난다면, 이는 개인의 역량 문제가 아니라 해당 직위에 부과된 책임이나 업무량 이 너무 많은 등 직무설계상의 이유가 원인일 수 있다(Klingner et al., 2016). 이러 한 경우 근무성적평정의 내용은 해당 직위에 부과된 직무를 점검하여 재설계하 는 데 유용하게 활용될 수 있다.

인적자원관리의 관점에서도 성과평가 혹은 근무성적평정은 유용한데, 근무 성적평정 결과를 통해 부족한 지식, 기술, 역량 등이 무엇인지를 파악함으로써 필요역량 강화를 위한 교육훈련을 제공할 수 있다. 이를 통해 근무성과의 향상 뿐 아니라 개별 공무원의 능력 개발 및 경력 발전에 도움을 줄 수 있다. 또한 성 과평가를 통한 환류과정을 통해 달성해야 하는 목표 및 해당 공무원의 목표달성 정도에 대해 소통함으로써 업무성과를 향상시키도록 동기를 유발할 수 있다(임 도빈·유민봉, 2023; Klingner et al., 2016).

제 2 절 성과평가의 과정 및 고려사항

근무성적평정의 운영과정은 크게 1. 근무성적평정 계획의 수립, 2. 평정 실 시, 3. 평정 결과 조정, 4. 평정 결과의 공개, 이의신청 및 활용으로 나누어 생각 할 수 있다(강성철 외, 2018; 오석홍, 2022). 근무성적평정을 위해서는 먼저 근무성 적평정의 목적을 명확히 하고, 목적에 맞는 평정방법을 선택하여야 한다. 평정의 목적과 이의 달성에 적합한 평정방법을 정하는 과정 외에도 피평정자 범위 확 정, 평정자 선정, 평정요소 선정, 평정의 시기 및 빈도 결정, 평정자에 대한 훈련 실시 등을 거친 후 피평정자에 대한 근무성적평정을 실시하도록 한다. 이후 평 정 결과에 대한 조정을 거쳐 평정 결과를 공개하고 피평정자의 이의신청을 허용 할 수 있다. 아래에서는 근무성적평정의 운영과정 및 이와 관련한 제반 고려사 항을 보다 구체적으로 살펴보기로 한다.

1. 평정 계획의 수립

1) 근무성적평정 목적의 명확화와 평정방법의 선택

근무성적의 평정을 위해서는 평정의 목적을 명확히 하고, 목적에 맞는 평정방법을 선택하여야 한다. 평정의 목적은 승진이나 성과급 등 인사조치를 위한 것일 수도 있고, 개별 공무원의 역량 발전을 위한 피드백 제시일 수도 있으며, 양자 모두일 수도 있다. 평정 실시 전에 평정 결과를 어떤 목적으로 활용하고자 하는지에 대해 명확히 하고, 이에 따라 적절한 평정방법을 택하여야 한다. 예를 들어, 인사조치가 평정의 주요 목적인 경우에는 도표식 평정척도법[4]이 유용할 수 있으나, 개별 공무원의 역량 개발을 위한 피드백 제시가 주요 목적인 경우에는 도표식 평정척도법의 활용이 유용하지 않을 수 있으며 이 때는 오히려 서술법의 활용이 보다 적절하다. 이처럼 평정의 목적과 평정방법은 서로 밀접히 연관되어 있으므로, 평정의 목적을 명확히 할 때 그 목적에 맞는 효과적인 평정방법을 선택할 수 있게 된다.

2) 피평정자의 범위 확정

근무성적평정 입안 시 평정의 대상이 되는 공무원, 즉 피평정자의 범위를 결정해야 한다. 통상 평정의 대상이 되는 공무원은 실적주의 원칙(merit system principles)에 따라 채용된 경력직 공무원 집단[5]이다(강성철 외, 2018; Berman et al., 2020). 이처럼 경력직 공무원 집단 전체가 평정의 대상이 되나, 우리나라의 경우

---

4) 구체적 평정방법에 대해서는 제3절 성과평가의 방법 참고.
5) 국가공무원법 제2조와 지방공무원법 제2조는 각각 공무원의 구분에 관한 조항으로, 양법에 따르면 우리나라 국가공무원과 지방공무원은 경력직 공무원과 특수경력직 공무원으로 구분된다. 경력직 공무원이란 "실적과 자격에 따라 임용되고 그 신분이 보장되며 평생 동안(근무기간을 정하여 임용하는 공무원의 경우에는 그 기간 동안을 말한다) 공무원으로 근무할 것이 예정되는 공무원"을 뜻하며(국가공무원법 제2조 제2항; 지방공무원법 제2조 제2항), 경력직 공무원은 다시 일반직 공무원과 특정직 공무원으로 구분된다. 특수경력직 공무원이란 경력직 공무원 외의 공무원을 의미하며, 정무직 공무원과 별정직 공무원으로 구분된다(국가공무원법 제2조 제3항; 지방공무원법 제2조 제3항).

공무원을 급수에 따라 4급 이상과 5급 이하로 나누어, 4급 이상 공무원의 경우는 성과계약평가를, 5급 이하 공무원의 경우는 근무성적평가를 실시하고 있다. 즉, 계급을 기준으로 다른 평가방법이 적용되는 구조이다.

<그림 9-1>은 4급 이상 공무원의 경우 실시되는 성과계약평가와 5급 이하 공무원에게 실시되는 근무성적평가의 몇 가지 주요 특징을 도식화하여 나타낸 것이다.

<그림 9-1> 공무원 성과평가제도: 피평정자 급수에 따른 도식화

출처: 인사혁신처 공식블로그. https://blog.naver.com/mirae_saram/221434293014

이외에도 오석홍(2022)은 동일한 평정요소로 평정할 수 있는 집단의 범위를 결정하는 것과 한 평정자가(혹은 여러 명의 평정자가 있는 경우, 한 평정자 집단이) 평정할 수 있는 평정자의 수를 정하는 것 또한 피평정자의 범위를 정함에 있어 검

토할 사항임을 지적하고 있다. 인사혁신처 예규인 '공무원 성과평가 등에 대한
지침'에서는 "평가단위는 직급별로 구성하되, 조직전체의 평가결과 조정을 용이
하게 하기 위해 직무의 유사성, 직급별 인원수 등을 고려하여 소속장관이 정"한
다6)고 하여, 동일한 평정요소로 평정할 수 있는 집단의 범위를 정함에 있어 직
급, 직무의 유사성 등을 고려하도록 하고 있다.

3) 평정자의 선정

전통적으로 공무원 근무성적평정의 평정자는 곧 평정대상 공무원의 상급
혹은 상위 감독자를 의미하였다. 그러나 오늘날 평정자는 반드시 감독자에 국한
되지 않으며, 평정자의 범위는 감독자를 비롯해 피평가자 자신, 동료, 부하직원,
시민 등 다양한 관련자로 점차 확대되고 다원화되는 추세이다. 다만 '공무원 성
과평가 등에 대한 규정'은 제8조와 제13조를 통해 평가자에 대한 규정을 두고 있
는바, 이를 살펴보면 아래와 같다.

제8조(평가자 및 확인자)

① 성과계약등 평가의 평가자는 평가 대상 공무원의 업무수행 과정 및 성과를 관찰할
수 있는 상급 또는 상위 감독자 중에서 소속 장관이 지정하고, 확인자는 평가자의 상급
또는 상위 감독자 중에서 소속 장관이 지정한다. 다만, 소속 장관은 평가항목의 특성에
따라 필요하다고 인정되면 일부 평가항목에 대하여 평가자 또는 확인자를 달리 정할 수
있고, 평가자의 상급 또는 상위 감독자가 없는 경우에는 확인자를 지정하지 아니할 수
있다.

제13조(평가자 및 확인자)

① 근무성적평가의 평가자는 평가 대상 공무원의 업무수행 과정 및 성과를 관찰할 수
있는 상급 또는 상위 감독자 중에서 소속 장관이 지정하고, 확인자는 평가자의 상급 또
는 상위 감독자 중에서 소속 장관이 지정한다. 다만, 소속 장관은 평가항목의 특성에 따

---

6) 출처: https://www.law.go.kr/%ED%96%89%EC%A0%95%EA%B7%9C%EC%B9%99/%EA%B3
%B5%EB%AC%B4%EC%9B%90%20%EC%84%B1%EA%B3%BC%ED%8F%89%EA%B0%80%20
%EB%93%B1%EC%97%90%20%EA%B4%80%ED%95%9C%20%EC%A7%80%EC%B9%A8

라 필요하다고 인정되면 일부 평가항목에 대하여 평가자 또는 확인자를 달리 정할 수 있고, 평가자의 상급 또는 상위 감독자가 없는 경우에는 확인자를 지정하지 아니할 수 있다.

출처: '공무원 성과평가 등에 대한 규정'.

'공무원 성과평가 등에 대한 규정' 제8조는 4급 이상 공무원에 대한 성과계약평가 시 평가자에 대한 규정이고, 제13조는 5급 이하 공무원에 대한 근무성적평가 시 평가자에 대한 규정으로써, 양 조항의 내용은 근본적으로 동일하다. 즉, 양 조항 모두 피평정자의 감독자를 평정자로 규정하고 있는바, 우리나라 공무원 근무성적평정의 기본형태는 여전히 전통적인 평정방식, 즉 감독자에 의한 평정을 원칙으로 삼고 있음을 알 수 있다.

또한 동 조항들을 살펴보면 우리나라는 감독자 평정 중에서도 1차 평정자와 2차 평정자를 따로 두는 이중평정제를 원칙으로 취하고 있음을 알 수 있다.[7] 규정에 명시된 바와 같이 1차 평정자의 경우 평가자로, 2차 평가자의 경우 확인자로 명명한다. 1차 평정자(평가자)의 경우 피평정자의 "업무수행 과정 및 성과를 관찰할 수 있는 상급 또는 상위 감독자 중에서 소속 장관이 지정"하고, 2차 평정자(확인자)의 경우 1차 평정자의 감독자 중에 소속 장관이 지정한다(동 규정 제8조, 제13조). 1차 평정자(평가자)의 경우 피평정자의 직근상관(immediate supervisor)이므로 피평정자와의 일상적 업무접촉 정도가 빈번하고, 피평정자의 업무수행을 가까이서 지켜보고 관찰할 수 있는 위치에 있다. 따라서 1차 평정자는 피평정자의 업무수행 능력과 업무수행 수준에 대한 해박한 지식을 가지고 있어 피평정자를 평가하기에 적합한 위치에 있다. 그러나 1차 평정자는 자신과 일상적 업무접촉이 빈번하며 자신이 직접 지휘감독하는 비평정자들의 평가를 후하게 주려는 경향이 있으며, 평정과정에서 특정 비평정자에 대한 우호적 혹은 차별적 행태를 보이기도 한다(Kettl, 2018). 이러한 단점을 보완하기 위하여 1차 평정자(평가자)에

---

7) 감독자 평정에는 감독자 1인이 평정자가 되는 단독평정제, 1차 평정자와 2차 평정자를 따로 두는 이중평정제, 여러 명의 상급자로 구성된 평정자 집단이 평가하는 집단평정제, 평정요소별로 각기 다른 상급자들이 평정하는 분담평정제 등 여러 유형이 있다(오석홍, 2022).

의한 평정이 완료된 후에는 보다 상급 혹은 상위의 감독자인 2차 평정자(확인자)에 의한 평정이 이루어진다. 이처럼 이중평정제의 경우 단독평정제에 비해 피평정자에 대한 보다 객관적이고 공정한 평정을 기하고자 하는 취지에서 도입되었으나, 2차 평정자(확인자)의 경우 상대적으로 피평정자들의 구체적 업무수행 수준과 능력에 대한 이해의 정도가 깊지 않다는 문제점이 있다.

끝으로 '공무원 성과평가 등에 대한 규정' 제8조와 제13조는 단서규정을 통해 "소속 장관은 평가항목의 특성에 따라 필요하다고 인정되면 일부 평가항목에 대하여 평가자 또는 확인자를 달리 정할 수 있"음을 명시하고 있다. 즉, 우리나라 공무원 근무성적평정제의 경우 이중평정제를 원칙으로 하되 분담평정제의 요소도 가미되어 있다.

4) 평정요소의 선정

피평정자의 범위를 확정하고 평가자를 선정하는 것과 더불어 근무성적평정을 위해서는 평정요소를 선정해야 한다. 평정요소의 선정이란 무엇을 평가할 것인지, 피평정자의 근무성적평정 시 평정의 범위와 평정대상이 되는 구체적 요소들을 결정하는 것을 의미한다. '공무원 성과평가 등에 대한 규정'은 제7조의 2를 통해 4급 이상 공무원에 대한 평가항목을, 제14조를 통해 5급 이하 공무원에 대한 평가항목을 규정하고 있는바 구체적 내용을 살펴보면 다음과 같다.

제7조의2(평가항목)

소속 장관은 성과계약등 평가의 평가항목을 성과목표 달성도, 부서 단위의 운영 평가 결과, 그 밖에 직무수행과 관련된 자질이나 능력 등에 대한 평가 결과 중에서 하나 또는 그 이상으로 정할 수 있다.

제14조(근무성적평가의 평가항목 등)

① 근무성적평가의 평가항목은 근무실적과 직무수행능력으로 하되, 소속 장관이 필요하다고 인정하는 경우에는 인사혁신처장이 정하는 범위에서 직무수행태도 또는 부서 단위의 운영 평가 결과를 평가항목에 추가할 수 있다.

---

② 제1항에 따른 평가항목별 평가요소는 소속 장관이 직급별·부서별 또는 업무분야별 직무의 특성을 반영하여 정한다. 이 경우 평가요소는 평가 대상 공무원이 수행하는 업무와 관련성이 있도록 하고, 근무성적평가가 객관적으로 이루어질 수 있도록 정하여야 한다.

③ 근무성적평가는 직급별로 구성한 평가 단위별로 실시하되, 소속 장관은 직무의 유사성 및 직급별 인원수 등을 고려하여 평가단위를 달리 정할 수 있다.

출처: '공무원 성과평가 등에 대한 규정'.

위 평가항목에 관한 규정들에서도 볼 수 있듯이, 공무원의 근무성적평정 요소는 크게 근무실적 요소와 직무수행 관련 자질·능력의 두 가지 요소로 나누어 생각할 수 있다. 두 요소 중 먼저 근무실적 요소의 경우 피평정자의 직무와 관련된 과업(job responsibilities)이 평가의 대상으로 포함되기 때문에 상대적으로 객관적인 평가가 가능하다. 다음으로 직무수행과 관련된 자질이나 능력의 경우, 이는 직무수행과 성과목표 달성에 영향을 미치는 요인(Bryson et al., 2007; Wallace Ingraham & Getha-Taylor, 2005)이며 또한 근무성적평정이 공무원의 역량 발전을 위한 피드백을 제시하고자 하는 목적도 가지고 있음을 감안할 때, 평가요소로 포함시키는 것에 일면 타당성이 있다. 그러나 개인의 직무수행능력이나 자질의 평가에는 주관적 판단이 개입할 여지가 크므로 주의가 필요하다. 아울러, 특히 5급 이하 공무원 평정 시에는 소속 장관이 필요하다고 인정하는 경우 근무실적과 직무수행능력에 더하여 직무수행태도 또한 평가항목에 추가할 수 있도록 되어 있다(동 규정 제14조 제1항). 그러나 직무수행태도(work attitudes)에 대한 평가의 경우 평정자의 주관과 편향이 개입할 여지가 크고 따라서 오류를 범할 여지가 크므로 직무수행태도에 대한 평가가 반드시 필요한 경우인지에 대한 숙고가 선행되어야 하며, 평가 시에는 평정자의 편향과 오류를 최소화할 수 있는 평가방법 및 훈련이 필요하다.

평정요소 선정 시 가장 이상적인 방안은 개별 피평정자의 직무 내용과 책임 범위를 고려하여 그에 적합한 평정요소를 선정하는 것일 것이다. 그러나 현실적으로 생각하였을 때 이러한 선정방식은 많은 시간과 비용을 요할 뿐만 아니라, 피평정자 간 평정 결과의 직접적인 비교를 어렵게 만들며, 따라서 평정 결과를 인사관리에 반영하여야 한다는 법률 규정(예: 국가공무원법 제51조 제1항)의 준수를 어렵게 만든다. 이에 현실적으로는 소속 장관이 직급별·부서별 또는 업무분야별 직무의 특성을 반영하여 평정요소를 정하고(공무원 성과평가 등에 대한 규정, 제14조 제2항) 평정은 직급별로 구성한 평가단위별로 실시하도록 하고 있어(동규정, 제14조 제3항), 책임의 내용이 유사한 직무들에 모두 적용될 수 있는 공통의 평정요소를 선정하는 것이 일반적임을 알 수 있다.

끝으로 평정요소를 선정할 때에는 피평정자들에게 모두 적용될 수 있는 공통의 평정요소를 선정하는 외에도, 각 평정요소를 명확히 정의함으로써 평정자 간 그 의미에 대한 이해가 다르지 않도록, 또한 평정자와 피평정자 간 그 의미에 대한 이해가 다르지 않도록 해야 한다. 또한 중복 혹은 중첩적인 평정요소가 없도록 주의해야 하며, 피평정자 간 차이를 두기 어려워 변별력이 없는 평정요소가 포함되지 않도록 해야 한다.

5) 평정자에 대한 훈련

근무성적평정을 실시함에 앞서 평정자에 대한 훈련이 필요하다. 이는 앞서 논의한 바와 같이 평정자 간 평정요소들의 의미에 대한 상이한 이해를 방지하고 평정요소들의 의미를 명확히 하기 위해서 뿐만 아니라, 근무성적평정에 수반될 수 있는 평정자의 선입견과 편향을 줄여 평정의 오류를 최소화하기 위해서도 필요한 과정이다(Woehr & Huffcutt, 1994).

평정자에 대한 훈련 시에는 근무성적평정의 목적에 대한 소통에 더하여 다음과 같은 내용에 대한 훈련이 이루어질 수 있도록 하는 것이 바람직하다. 첫째, 각 평정요소의 의미를 명확히 하고, 각 평정요소가 무엇을 측정하고자 하는 것인지 그 내용에 대해 교육한다. 이를 통해 평정자가 각 평정요소와 관련이 있는 사항은 무엇이고 무관한 사항은 무엇인지를 인식함으로써 평정시 각 평정요소와 관련이 있는 사항들에 기초하여 평정을 할 수 있도록 훈련해야 한다. 둘째, 평정

요소에 대해 평정등급에 대한 기준을 제시하여 줌으로써 평정자가 일관된 기준을 가지고 평정을 할 수 있도록 한다. 이 때 구체적인 예를 제시함으로써 평정요소와 평정등급에 대한 이해를 보다 효과적으로 도모할 수 있다. 끝으로, 평정자들이 흔히 범하는 오류[8])에 대해 교육함으로써 평정자들이 이러한 오류들에 대해 인지하고 이를 범하지 않도록 의식적으로 주의를 기울일 수 있도록 교육해야 한다.

우리나라의 경우 대통령령인 '공무원 성과평가 등에 대한 규정'을 통해 평정자에 대한 교육의 실시를 명문화하고 있는바, 소속 장관은 근무성적평정 실시전 평가자들에게 평가항목, 평가방법 등에 대한 교육을 실시해야 한다(동규정 제6조의 3). 아울러 인사혁신처 예규인 '공무원 성과평가 등에 대한 지침'에서 평가자에 대한 사전교육 시행의 구체적 지침을 제시하고 있으며, 그 내용은 아래와 같다.

평가자 대상교육
 (1) 소속장관은 최종평가 전에 평가자를 대상으로 반드시 교육 실시
 ① 가급적 매년 초 또는 평가대상기간 초기에 평가자를 대상으로 성과면담, 중간점검, 평가절차, 평가결과 확인 등에 대해 안내
  ※ 평가자의 평가결과에 대한 확인 및 점검을 실시하는 기관에서는 교육 시 반드시
     점검기준 및 결과 활용방안에 대해 안내하여야 함
 ② 최종평가 전에는 평가항목, 평가방법 및 평가절차에 대한 교육 실시
 (2) 교육방법은 전문강사를 활용한 집합교육, 기관 내 인사담당관이 실시하는 직장교육, 교육 동영상 및 사이버교육 등 활용 가능
  ※ 인사혁신처가 제공하는 관련 교육교재(PPT, 동영상, 리플릿) 등 활용가능
 (3) 기관 내 별도의 교육훈련기관이 있는 경우, 관리자 대상 교육과정에 공정한 성과평가를 위한 관리자 역량향상 교과목을 편성하도록 노력하여야 함

출처: '공무원 성과평가 등에 대한 지침'.

---

8) 평정과정에서의 오류에 대한 상세한 논의는 제4절 참고.

하급자에게 업무를 지시하는 중간관리자 혹은 리더의 위치에 있다고 하여 이들이 자동적으로 평정에 대한 지식이나 기술을 습득·인지하고 있으리라고 가정하는 것은 타당하지 않다. 근무성적평정은 승진, 성과급 등 공직사회 제반 인사조치에 중요한 고려사항이 되는 요소이니만큼 평정의 목적과 기준, 방법, 평정 시 평정자가 범할 수 있는 오류 등에 대한 효과적 사전교육을 통해 평정자들이 공정한 평정을 할 수 있는 기반을 마련하는 것이 중요하다.

2. 평정의 실시

근무성적평정 계획을 수립한 후에는 평정을 실시하게 된다. 그렇다면 공무원의 근무성적평정 실시는 언제, 얼마나 자주 이루어지는가? 공무원뿐 아니라 모든 조직의 구성원은 업무를 수행하는 과정에서 지속적으로 상급자와의 상호작용 및 상급자에 의한 관찰에 노출되어 있으므로 모든 업무수행과정에서 평가를 받고 있다고 해도 과언이 아닐 것이다. 그러나 인사관리 목적의 평정은 공식적인 평가와 기록을 요하므로, 여기서는 공식적 평정의 시기와 빈도에 대해 논하고자 한다. 평정의 시기와 빈도에 관해서는 '공무원 성과평가 등에 대한 규정' 제5조에 규정되어 있는바, 그 내용은 아래와 같다.

제5조(평가 시기)
  ① 성과계약등 평가는 12월 31일을 기준으로 실시한다.
  ② 근무성적평가는 정기평가와 수시평가로 구분하여 실시하고, 경력평정은 정기평정과 수시평정으로 구분하여 실시한다.
  ③ 제2항에 따른 정기평가 또는 정기평정은 6월 30일과 12월 31일을 기준으로 실시한다. 다만, 소속 장관은 필요하다고 인정하는 경우에는 정기평가 또는 정기평정 기준일을 달리 정할 수 있고, 정기평가 또는 정기평정을 연 1회 실시할 수도 있다. 이 경우 평가 대상기간은 동일하게 하여야 한다.
  ④ 제2항에 따른 수시평가 또는 수시평정은 제29조에 따른 승진후보자 명부의 조정 사유가 발생한 경우에 실시하되, 수시평가(제17조에 따라 근무성적평가를 실시한 공무원

> 이 있는 경우로 한정한다)는 승진후보자 명부 조정일 현재를 기준으로 실시하고, 수시평
> 정은 정기평정 기준일 현재를 기준으로 실시한다.
>
> 출처: '공무원 성과평가 등에 대한 규정'.

　'공무원 성과평가 등에 대한 규정' 제5조의 내용을 살펴보면, 평가는 정기평가와 수시평가로 구분된다. 먼저 정기평가의 경우, 4급 이상 공무원에 대한 성과계약 등 평가는 1년에 1회 실시하며, 5급 이하 공무원에 대한 근무성적평가는 1년에 2회 실시한다. 구체적으로 성과계약 등 평가는 12월 31일을 기준으로 실시하며, 근무성적평가는 6월 30일과 12월 31일을 기준으로 실시한다. 다만 근무성적평가의 경우 소속 장관이 필요하다고 인정하는 경우 연 2회의 정기평가 대신 연 1회 정기평가를 실시할 수 있으며, 정기평가 기준일을 달리 정할 수도 있다. 다만 이 때에도 평가 대상기간에는 변동이 없어야 한다. 피평정자 전원에 대해 매년 일정한 시기에 이루어지는 정기평가와 달리, 수시평가는 특별한 사유가 있는 경우 실시하게 된다. 동 규정 제5조 제4항에 따르면 우리나라에서 수시평가는 승진후보자 명부의 조정사유가 발생한 경우에 실시한다.

　또한 우리 '공무원 성과평가 등에 대한 규정'에서는 공정한 근무성적평정을 위해 평정자로 하여금 비평정자와 성과면담을 실시할 것을 규정하고 있으며, 평가 대상기간 중 비평정자의 성과목표 수행과정을 점검하도록 하고 있다. 아울러 정기평가 시 평정자는 비평정자와의 면담을 통해 평정대상기간 동안 비평정자의 성과목표 추진결과에 대해 의견을 교환하여야 한다. 이러한 규정을 통하여 우리 정부는 공무원에 대한 근무성적평정을 실시함에 있어 평정자가 일방향적인 관찰과 판단에 의존하여 평가를 하는 것이 아니라, 피평정자와의 쌍방향적 의견 교환과 소통을 통해 피평정자의 업무수행과 결과에 대해 보다 깊이 있게 이해한 후 평정을 실시하도록 하고 있다. 또한 이러한 평정 전 의견교환의 기회는 효과적으로 잘 활용되었을 경우 피평정자에게도 보다 객관적으로 자신의 업무수행 수준에 대해 이해할 수 있는 기회를 제공하는 한편, 평정 결과에 대해 보다 신뢰성 있게 받아들일 수 있도록 하는 장치가 될 수 있다.

제20조(성과면담 등)

① 평가자는 근무성적평정이 공정하고 타당하게 실시될 수 있도록 하기 위하여 근무성적평정 대상 공무원과 성과면담을 실시하여야 한다.

② 평가자는 근무성적평정 대상 공무원의 소관 업무 추진상황 및 환경변화에 대한 대응 여부 등을 확인하기 위하여 평가 대상 기간 중에 근무성적평정 대상 공무원의 성과목표 수행과정 등을 점검하여야 한다.

③ 삭제 [2009.12.31]

④ 평가자가 성과계약등 평가 또는 근무성적평가 정기평가를 실시할 때에는 평정 대상 기간의 성과목표 추진결과 등에 관하여 근무성적 평정 대상 공무원과 서로 의견을 교환하여야 한다.

출처: '공무원 성과평가 등에 대한 규정'.

3. 평정 결과 조정

근무성적평정이 이루어진 후에는 평정 결과에 대한 조정이 이루어진다. 평정 결과 조정은 평정과정에서 평정자의 성향과 능력, 그리고 태도에 따라 오류가 발생할 수 있음을 인정하고 이러한 평정상의 오류와 평정자 간의 불균형을 바로잡기 위한 과정이다. 특히 평정 결과를 각종 인사조치의 기준으로 활용하고자 하는 경우 조정의 필요성은 더욱 커진다고 할 것이다.

평정 결과의 조정은 평정이 이루어진 후 일어나는 사후적 활동이다. 그러나 앞서 언급한 평정자에 대한 교육훈련을 통해 평정의 정확성을 제고함으로써 조정의 필요성이나 정도를 보완하는 효과를 거둘 수 있다. 또한 앞서 살펴본 바와 같이 우리나라의 경우 1차 평정자와 2차 평정자를 따로 두는 이중평정제를 원칙으로 채택하고 있어, 1차 평정자에 의한 평정상의 오류 및 1차 평정자들 간의 편차를 2차 평정자가 조정하는 효과가 있다.

그렇다면 조정자에 의한 조정의 범위는 어떠해야 하는가? 조정의 범위를 정할 때는 조정의 필요성와 조정으로 인해 야기될 수 있는 폐해를 모두 고려하여야 한다. 이는 조정자의 권한 범위와 연관된 문제이다. 한편으로 조정자는 평정상의 오류와 불균형을 시정할 수 있는 범위까지 조정권한이 주어져야 할 것이다. 그러나 다른 한편으로는 조정자에게 너무 많은 권한을 주게 되면 조정자에 의한 권한 남용, 즉 또 다른 오류와 불공정이 발생할 가능성이 생기게 된다. 또한 조정자는 평정자, 특히 1차 평정자와 달리 피평정자의 업무수행을 가까이서 지켜보고 관찰할 수 있는 위치에 있지 않으므로, 피평정자와 일상적으로 접촉하며 피평정자의 업무수행실적과 능력에 대해 해박한 지식을 가지고 있는 평정자의 평정에 대해 실질적으로 평가하기 어렵다는 제약이 존재한다. 아울러 모든 피평정자에 대한 평정의 내용을 세세히 검토하고 판단하기에는 시간적, 물리적 제약 역시 존재한다. 따라서 현실적으로 조정자에 의한 조정은 평정자 간의 불균형을 조정하는, 즉 서로 다른 평정자들이 평정한 여러 피평정자 집단들 간 불균형 여부를 판단하고 이를 조정하는 데 집중되어 있는 경우가 많다.

평정 결과를 조정하는 방법에는 여러 가지가 있다. 먼저 사후적 조정은 아니나 앞서 언급한 바와 같은 이중평정제의 경우 1차 평정자에 의한 평정 결과를 2차 평정자가 점검함으로써 평정상 오류나 편차를 조정하는 효과가 있다. 또한 감독자에 의한 평정뿐 아니라 동료, 부하직원, 시민 등으로부터의 평가 등을 반영하는 다면평정(360−degree appraisal)의 시행 역시 특정 평정자의 평정에만 의존하지 않고 다양한 관점에서 평정을 실시함으로써 평정 오류를 사전 조정하는 효과가 있다.

또한 평정 결과의 조정을 위해 근무성적평정위원회를 둘 수도 있다. '공무원 성과평가 등에 대한 규정'은 제18조 제1항에서 "근무성적평가 결과를 고려하여 평가 대상 공무원에 대한 근무성적평가 점수를 정하고 근무성적평가 결과의 조정·이의신청 등에 관한 사항을 처리하기 위하여 제29조에 따른 승진후보자 명부 작성 단위 기관별로 근무성적평가위원회를 둔다"고 함으로써 평정 결과의 조정 및 이의신청 처리를 위한 위원회 설치를 명시하고 있다. 이 때 위원회 위원은 피평정자의 상급 또는 상위 감독자 중에서 임용권자가 지정하며, 위원회 구성은 5명 이상의 위원을 원칙으로 하되 상급 혹은 상위 감독자가 부족한 경우 2명 이상의 위원으로 위원회를 구성할 수 있다(동규정 제18조 제2항). 평정위원회는 전체 피평정공무원을 평정단위에서 제출한 평가등급에 따라 나누고, 등급 내에서 피평정공무원들을 상대평가하여 순위를 정한다(공무원 성과평가 등에 관한 지침, 2024 일부개정). 위원회는 각 평정단위에서 제출한 순위/등급은 조정할 수 없으며, 평정단위 간 순위를 주로 조정한다(임도빈·유민봉, 2023).

　　끝으로 평정 결과의 조정을 위해 통계학적 방법을 활용할 수도 있다. 가령 여러 평정단위에서 제출한 평정 결과를 기관의 서열명부 작성에 활용하고자 할 경우, 각 평정단위별로 표준편차가 다르므로 원점수를 그대로 활용하여 서열명부를 작성하는 것은 공정성과 정확성 측면에서 문제가 있다(강성철 외, 2018). 따라서 점수를 표준화하여 비교하는 것이 필요한데 이를 표준득점 환산이라 한다. 이외에도 통계적 조정방법에는 가감법, 간격배율법, 백분비등급 환산 등 여러 방법이 있다(오석홍, 2022).

4. 평정 결과의 공개, 이의신청 및 활용

　　조정을 거친 근무성적평정 결과는 피평정자들에게 공개된다(공무원 성과평가 등에 관한 규정 제21조 제1항). 이 때 전체 평정 결과가 피평정자들에게 일괄공유되는 것은 아니며, 피평정자 각 개인에게 해당 개인의 평정 결과만이 공개되는 제한적 공개법을 취하고 있다. 근무성적평정 결과를 피평정자들에게 공개하여 공유하는 것은 평정에 대한 신뢰성과 공정성 인식을 제고하는 데 도움이 될 뿐 아니라, 피평정자가 직무수행에 있어 자신의 부족한 점을 알고 역량을 개발할 수 있도록 함으로써 공무원 개인의 발전에도 도움이 된다. 또한 이는 평정 결과가 부당하다고 생각되는 경우 피평정자가 이의신청을 할 수 있는 개인구제절차의 전제가 된다.

　　앞서 살펴본 바와 같이 평정자는 근무성적평정 전에도 비평정자와 면담 등을 통하여 의견을 교환하지만, 평정이 이루어지고 평정 결과가 피평정자들에게 공개된 후에도 성과면담을 실시한다. 평정 후 성과면담의 경우는 모든 피평정자들과 실시하여야 하는 것은 아니며, 근무성적평정에서 최하위등급을 받은 공무

<표 9-1> 성과면담결과 기록지

성 과 면 담 결 과

소속		직급		성명		평가기간	
성과목표 (단위과제)		중간 추진실적		면담 내용			

년   월   일

평가자   직위(직급) :   성명 :   (서명)

작 성 방 법

※ "면담 내용" 란에는 다음 사항을 기재
  ① 성과목표별 추진실적에 관하여 우수한 점, 보완할 점, 향후 조치가 필요한 사항
  ② 영 제20조 제5항에 따른 사후 성과면담의 경우 면담결과를 반영한 코칭·멘토링·교육 등 성과 및 역량향상 지원 계획

210mm×297mm[백상지 80g/m²]

출처: '공무원 성과평가 등에 관한 지침', 별지 제6호 서식.

원과 실시하도록 규정되어 있다(동 규정 제20조 제5항). 다만 단서규정을 두어 소속 장관이 필요하다고 인정하는 경우에는 최하위등급을 받은 피평정자 외에도 추가로 성과면담 대상 공무원을 정할 수 있도록 하고 있다(동 규정 제20조 제5항). 평정자는 성과면담의 결과를 인사혁신처장이 정하는 바에 따라 기록으로 남기고 관리하여야 한다(동 규정 제20조 제6항). <표 9−1>은 성과면담결과를 기록하는 서식지 예시이다.

근무성적평정 결과에 대해 부당함이 있다고 생각하는 경우 비평정자는 평정 결과에 대해 이의신청을 할 수 있다. '공무원 성과평가 등에 대한 규정'은 제21조를 통해 이의신청에 대해 상세히 규정하고 있는데 그 내용을 살펴보면 다음과 같다. 우선 피평정자가 평정자의 근무성적평정 결과에 대해 이의가 있는 경우에는 확인자에게, 평가 단위에서의 근무성적평정 결과에 이의가 있는 경우에는 평가 단위 확인자에게 이의를 신청하는 것을 원칙으로 한다. 다만, 확인자가 지정되지 않은 경우에는 평가자에게 이의신청을 할 수 있다. 이의신청을 받은 확인자, 평가 단위 확인자, 혹은 평가자는 피평정자의 이의신청이 타당하다고 판단하는 경우에는 평정 결과를 조정할 수 있으며, 이의신청을 받아들이지 않는 경우에는 피평정자에게 이의신청을 받아들이지 않는 사유에 대해 설명해야 한다. 이의신청에 대한 결정을 함에 있어 확인자는 평가자와, 평가 단위 확인자는 평가자 및 확인자와 협의를 하여야 한다. 한편 피평정자가 이의신청 결과에 불복하는 경우 피평정자는 근무성적평가위원회에 평정 결과의 조정을 신청할 수 있다. <그림 9−2>는 이의신청 절차 예시이다.

<그림 9-2> 이의신청 절차 (예시)

① 평가대상자는 이의신청서를 작성하고 관련자료를 준비하여 확인자에게 제출하며, 이의신청을 제기받은 확인자는 평가대상자와 면담하여 이의신청의 이유와 향후 처리절차 및 방법 등에 관하여 의견 교환

② 확인자는 이의신청서와 관련 자료를 검토하고 평가자와 성과면담을 실시하여 평가등급 내지 의견의 적정성에 대하여 논의한 후, 그 결과를 바탕으로 결정서 작성

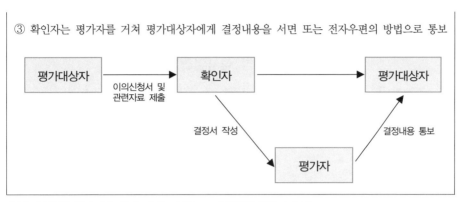

③ 확인자는 평가자를 거쳐 평가대상자에게 결정내용을 서면 또는 전자우편의 방법으로 통보

출처: '공무원 성과평가 등에 관한 지침', <이의신청 절차 (예시)>

<표 9-2>는 이의신청 심사결정서이다. 표에 제시된 바와 같이 확인자는 비평정자의 이의신청의 취지 및 이유에 대해 요약·기재 후 이의신청에 대한 결정내용에 대해 기술하게 된다. 이의신청 결과에 불복한 피평정자가 근무성적평가위원회에 평정 결과의 조정을 신청하는 경우 위원회는 이의신청 내용이 타당하다고 판단될 시 비평정자의 평정 결과를 조정하도록 확인자에게 통보하며, 확인자는 평가자와 협의하여 평가결과를 조정한다.

근무성적평정 결과의 활용에 대해서는 여러 법령에서 규정하고 있다. '국가공무원법'은 "각 기관의 장은 정기 또는 수시로 소속 공무원의 근무성적을 객관적이고 엄정하게 평정하여 인사관리에 반영하여야 한다"라고 규정하고 있고(제51조 제1항), '지방공무원법'도 제76조를 통해 '국가공무원법'상 규정과 동일한 내용, 즉 근무성적평정 결과의 인사조치에의 반영을 명문화하고 있다. 또한 하급 법령인 '공무원 성과평가 등에 대한 규정' 또한 "소속 장관은 성과계약 등 평가 및 근무성적평가의 결과를 평가대상 공무원에 대한 승진임용·교육훈련·보직관리·특별승급 및 성과상여금 지급 등 각종 인사관리에 반영하여야 한다"고 하여 평정 결과가 반영되어야 하는 인사관리의 각 요소를 보다 구체화하여 제시하고 있다.

한편 법령 시행을 위한 구체적 사항을 규정하고 있는 '공무원 성과평가 등에 관한 지침'에서는 공무원 근무성적평정의 활용에 대해 4급 이상 공무원에 대한 성과계약 등 평가의 경우 다음 네 가지 측면의 활용에 대해 규정하고 있다.

〈표 9-2〉 이의신청 심사결정서

이의신청 심사결정서

소속		직급		성명		근무성적 평과결과	

이의신청의 취지 및 이유(요약)

확인자의 결정 내용

년   월   일

확인자 성명 :   (서명)

근무성적평가위원회의 결정 내용

년   월   일

위 원 성명	: (서명)	위 원 성명 :	(서명)
위 원 성명	: (서명)	위 원 성명 :	(서명)
위 원 성명	: (서명)	위 원 성명 :	(서명)

210mm×297mm[백상지 80g/m²]

출처: '공무원 성과평가 등에 관한 지침', 별지 제7호의 2 서식.

첫째, 평정 결과는 성과급 결정을 위한 기초 자료로 활용하며, 이 때 성과급 지급방법 등에 관한 상세한 내용은 인사혁신처 예규('공무원보수 등의 업무지침')로써 정한다. 둘째, 평정 결과는 성과관리카드에 수록되어 각종 인사운영에 반영된다. 동 지침에 따르면 "성과계약 등 평가시 최종평가서에 작성된 주요실적과 상사의 평가의견 및 최종평가등급은 개인별 성과관리카드에 기록되어, 승진·인사심사·인재추천·개방형 및 공모직위 심사 등에 활용"되며, 또한 하급자의 성과를 관리하고 직무성과에 대해 공정하게 평가하는 것을 관리자의 기본책무로 보아 평가자가 비평정자에게 부여한 평가등급을 평가자의 성과관리카드에도 기록하도록 하고 있다. 셋째, 고위공무원단에 속하는 공무원의 경우 "근무성적평정에서 최하위등급의 평정을 총 2년 이상 받은 경우 및 최하위등급의 평정을 1년 이상 받고 정당한 사유 없이 6개월 이상 직위를 부여받지 못한 경우" 적격심사를 실시하도록 하고 있다. 끝으로 근무성적평정 결과는 각 기관의 성과계약 등 평가의 관대화 경향을 측정하는 데도 활용된다.

　　그러나 동 지침은 5급 이하 공무원에 대한 근무성적평정에 대해서는 그 결과의 활용에 대해 따로이 규정하고 있지 않다. 인사혁신처(n.d.)에 따르면 5급 이하 공무원의 경우 근무성적평정 결과는 "승진후보자명부작성, 성과급 지급 및 각종 인사관리에 반영"되는 것으로 제시되고 있다. 그러나 현실에서 평정 결과는 주로 승진의 근거자료로만 활용되는 것이 대다수라는 비판이 있다(임도빈·유민봉, 2023).

제 3 절 성과평가의 방법

　　성과평가를 위한 방법으로 여러 가지가 개발되어 제시되어 왔다. 근무성적평정에 있어 기관은 평정의 목적과 필요에 따라 한 가지 방법을 선택해 사용할 수도 있고, 여러 가지 방법을 혼합하여 사용할 수도 있다. 본 절에서는 여러 성과평가 방법 가운데 흔히 사용되는 방법들에 대해 소개하고 각 방법의 장·단점에 대해 논하고자 한다.

1. 도표식 평정척도법(graphic-rating scales)

　　도표식 평정척도법은 가장 대표적으로 많이 활용되고 있는 방법이다. 도표식 평정척도법 활용시 도표로 된 평정표에 근무실적, 능력, 태도 등에 대한 항목(평정요소)을 기재하고, 각 평정요소마다 피평정자를 평가할 수 있도록 수·우·미·양·가, 탁월·우수·보통·미흡·불량, ①·②·③·④·⑤ 등과 같은 척도를 표시하여 둔다. 평정자는 해당 도표를 활용해 각 평정요소별로 피평정자를 관찰한 후 해당되는 등급을 표시한다. 우리나라에서는 5급 이하 공무원의 근무성적평정 시 도표식 평정척도법을 기본형으로 하여, 다른 평가방법을 보완하여 사용하는 방식을 취하고 있다. <표 9-3>은 도표식 평정척도법을 사용한 공무원 근무성적평가서의 예시이다.

<표 9-3> 도표식 평정척도법을 활용한 공무원 근무성적평가서 (예시)

3. 직무수행능력 평가(50점)					
연번	평가요소	요소별 배점	정　의	평가등급	소계점수
1	소통·공감	6점	▶ 국민 등과 소통하고 공감하는 능력 　- 타인을 존중하는 마음으로 예의있게 대하며, 각기 다른 상황에서 다양한 사람들의 요구와 감정을 적절하게 고려하고 대응함	①　②　③　④　⑤	
2	헌신·열정	6점	▶ 국가에 대한 헌신과 직무에 대한 열정적인 태도 　- 국가적·조직적 차원의 목표를 나의 목표로 고려하고 최선을 다해 공익을 추구하며 국민에게 봉사함 　- 자신의 업무에 대한 자부심을 바탕으로 적극적으로 일하고, 성과 창출을 위해 스스로 업무를 찾아 노력함	①　②　③　④　⑤	

3	창의·혁신	6점	▶ 창의성과 혁신을 이끄는 능력 – 전통적 접근 방식을 넘어 상황에 대한 새로운 통찰력을 보여주며, 새로운 아이디어와 적극적 업무처리를 장려함	① ② ③ ④ ⑤
4	윤리·책임	6점	▶ 공무원으로서의 윤리의식과 책임성 – 정직하고 공정하며 청렴하게 행동하고, 국민에 대한 봉사자로서 가져야 할 윤리의식을 확립함 – 자신의 업무나 정책 결과에 대해 자신과 타인 및 조직에 책임을 지며 의사결정의 영향과 의미를 인지함	① ② ③ ④ ⑤
5	기획력	7점	▶ 상황을 분석하고 실행방안을 수립하는 능력 – 복잡한 상황에서 정보를 수집하며 관련 문제점을 세부 요인별로 체계적으로 비교분석하고, 다양한 방안을 사용하여 해결책을 도출하며 실행방안을 수립함	① ② ③ ④ ⑤
6	성과관리	7점	▶ 업무집행과정을 점검하고 대응하는 능력 – 추진 중인 정책이나 업무를 수시로 점검·관리하여 피드백을 제공하거나 상사에게 보고함 – 문제 발생 시, 신속하게 발생 문제의 해결방안을 제시하거나 직접 해결·처리함	① ② ③ ④ ⑤
7	국익·국민중심	6점	▶ 국익 실현과 국민의 요구 충족을 우선하는 능력 – 업무와 관련하여 국가의 이익을 우선하고, 이를 실현하기 위해 노력함 – 일반국민과 내부수혜자(타 공무원)가 원하는 바를 이해하며, 그들의 요구를 충족시키고자 노력함	① ② ③ ④ ⑤
8	범부처 협업	6점	▶ 범부처적 시각에서 문제를 해결하고 협업하는 능력 – 소속 부처의 이해관계를 넘어 범부처적 시각에서 원활하게 소통함 – 필요한 정보, 인적, 물적자원 등을 공유하여 공동의 문제를 해결하거나 가치를 창출함	① ② ③ ④ ⑤
총 점				

* 평가요소별로 '전혀 그렇지 않다(①)–거의 그렇지 않다(②)–가끔 그렇다(③)–자주 그렇다(④)–항상 그렇다(⑤)'의 5단계로 평가함

출처: '공무원 성과평가 등에 대한 지침', [별지 4] 공무원 근무성적평가서.

도표식 평정척도법은 평정표의 작성과 활용이 수월하다는 장점이 있다. 평정자의 입장에서는 해당하는 평가등급에 표시만 하면 되기 때문에 평정작업이 수월하며, 평가등급을 점수화하여 환산하기가 용이하기 때문에 피평정자 간 평정 결과의 비교 또한 용이하여 승진 등의 인사조치에 그 결과를 활용하는 것 또한 수월하다.

그러나 도표식 평정척도법은 여러 단점 또한 가지고 있는데, 우선 도표식 평정척도법 상 평가요소들은 직무의 특성을 고려하여 커스터마이즈(customize)된 것이 아니라 직무특성에 상관없이 비평정자들에게 일반적으로 폭넓게 적용할 수 있는 특성에 근거하고 있다. 따라서 피평정자의 구체적 직무와 직무특성을 고려한 평정이 어렵다. 둘째, 평정자의 자의적 판단 여지가 많다. 예를 들어, 평정요소들에 대한 평가등급이 수·우·미·양·가, 탁월·우수·보통·미흡·불량 등으로 구분되어 있는 경우, 피평정자의 능력 혹은 태도가 어느 정도 수준일 때 특정 등급을 줄 것인지에 대한 기준이 명확하지 않고 평정자마다 서로 다른 기준을 적용할 가능성이 높다. 셋째, 한 평가요소에 대한 평정이 다른 평가요소에 대한 평정에 영향을 주기 쉽다. 예를 들어 <표 9-3>에서 '2. 헌신·열정'의 평가요소에 높은 평가등급을 준 경우 '4. 윤리·책임'이나 '7. 국익·국민중심' 등의 평가요소에도 높은 평가등급을 부여하기 쉽다. 더 나아가 평정자가 특정 피평정자에 대해 가지고 있는 전체적인 인상(impression) 혹은 긍정적/부정적 인상의 정도가 전체 평가요소 평정에 영향을 미치는 오류 또한 나타나기 쉽다. 끝으로 도표식 평정척도법의 경우 앞서 언급한 바와 같이 일반적 특성을 평가요소로 삼는 경우가 많고 평가요소의 추상성이 높아, 인적자원관리의 측면에서 보았을 때 평정 결과를 바탕으로 피평정자의 직무능력향상과 개발을 위한 구체적이고 유용한 피드백을 제시하기가 어렵다.

2. 강제선택법(forced choice method)

강제선택법은 직무특성에 대한 분석에 기초하여 성공적인 직무수행을 위해서 가장 필요하다고 여겨지는 개인의 특성, 태도, 행동이 무엇인지를 파악한 후, 객관식 질문지의 형태로 여러 특성, 태도, 행동에 대한 기술을 제시한 다음 평정 자로 하여금 피평정자의 특성이나 직무수행을 가장 잘 묘사하고 있는 기술 하나 를 고르도록 하는 방법이다(Klingner et al., 2016). <표 9-4>는 강제선택법의 예시이다.

<표 9-4> 강제선택법

아래 진술 가운데 본 피평정자를 가장 잘 묘사하는 진술 하나만을 골라 체크하시오.

1. 맡은 바 업무를 미루는 일 없이 기한 내에 완수한다.
2. 업무를 수행함에 있어 세부사항에까지 세심한 주의를 기울인다.
3. 심리적 부담감이 큰 상황에서도 맡은 바 업무를 잘 수행한다.
4. 상급자가 일일이 지휘·감독하지 않아도 맡은 바 업무를 책임감 있게 수행한다.

위 <표 9-4>에 제시된 진술문들의 경우 모두 긍정적인 진술문이다. 강 제선택법에 의한 평정 시 평정자들은 주어진 진술문 가운데 어떤 것이 피평정자 의 평정에 있어 가장 열등한 혹은 가장 우수한 진술인지에 대한 정보 없이 해당 피평정자의 특성이나 직무수행에 대해 가장 잘 묘사하고 있다고 판단되는 진술 을 고르게 된다. 이러한 점에서 강제선택법은 평정자의 편견이나 편향에서 오는 오류를 줄일 수 있는 평가방법이라는 장점이 있다. 그러나 강제선택법은 평정자 로 하여금 해당 진술문이 비평정자의 업무에 대한 평가라는 맥락 하에서 구체적 으로 무엇을 의미하는지에 대한 정보 없이 문항을 선택하게 하므로 평정자들로 부터 심리적 반발이 높다. 마찬가지 이유로 강제선택법의 경우 평정자가 평정 결과를 활용해 피평정자에게 피드백을 주고자 할 때 그 유용성이 크지 않은 단 점이 있다.

3. 서열법(ranking method; ranking techniques)

서열법은 여러 피평정자에 대한 상호비교를 통해 이들 간 서열을 정하는 평가방법이다. 서열법에는 크게 피평정자들의 전반적인 특성 혹은 직무수행을 상호비교하는 방법과 평가요소를 세분화하여 각 평가요소별로 피평정자들을 비교하는 방법이 있다. 그러나 전자의 경우 비교의 기준이 모호하므로, 서열법을 사용하는 경우 대개 후자의 방법이 주로 사용된다. <표 9−5>는 평가요소를 세분화하여 각 평가요소별로 피평정자들 간 순위를 매기고 이를 통합하여 피평정자 간 서열을 정하는 후자의 방법에 대한 예시이다.

<표 9-5> 서열법

평정요소 ＼ 피평정자	김XX	이XX	박XX	최XX	정XX	임XX	류XX
직무의 양							
직무의 질							
기획력							
의사전달력							
협상력							
추진력							
신속성							
성실성							
팀워크							
대민지향성							
순위합계							
종합순위							

주의사항: 1. 각 평정요소마다 피평정자 순위를 매길 것.
　　　　 2. 동 순위자가 2명 이상인 경우 동 순위자의 수만큼 다음 순위는 뛰어서 순위를 기입할 것 (예: 2위가 두 명인 경우 다음 순위자는 4위가 됨)

서열법은 각 평가요소별로 여러 피평정자들의 순위를 매기게 함으로써, 평가요소들에 대해 모든 혹은 다수의 피평정자들에게 점수를 후하게 주는 도표식 평정척도법의 문제점을 극복한다는 점에서 장점을 찾아볼 수 있다. 그러나 서열법은 비교해야 할 피평정자의 수가 많은 경우 활용하기가 어렵다는 단점이 있다. 즉 너무 많은 수의 피평정자가 존재하는 경우 평정자가 이들을 상호비교하여 순위를 매기기가 어렵다는 것이다. 또한 서열법의 경우 피평정자 상호 간의 비교를 통해 서열을 정하는 것을 주된 평가방법으로 하기 때문에, 평정 결과를 바탕으로 피평정자에게 직무능력이나 기술 등의 개발과 관련된 피드백을 주기에 적절하지 않은 단점이 존재한다.

4. 강제배분법(forced distribution method)

강제배분법은 평정등급별로 일정 비율을 배분하도록 강제하는 평가방법이다. 가령 수·우·미·양·가의 다섯 가지 평정등급이 있는 경우, 수 10%, 우 20%, 미 40%, 양 20%, 가 10% 등 각 등급별 정해진 비율로 피평정자들의 근무성적을 분포시키도록 하는 것이다. 강제배분법은 근무성적평정이 지나치게 관대화 혹은 엄격화되어 평정 분포가 특정 구간에 집중되는 것을 방지하는 데 효과적인 평가방법이다. 그러나 정해진 비율대로 평정 결과를 분포시키게 되므로 피평정자 집단이 전체적으로 우수하거나 전체적으로 무능한 경우에도 이러한 피평정자 집단의 특성을 제대로 반영하지 못한 채 비율대로 평정 결과를 부여해야 하는 단점이 있다.

‘공무원 성과평가 등에 대한 규정’에 따르면 근무성적평가위원회에서 평가단위에서 제출한 등급 내에서 피평정자들을 상대평가하여 근무성적평가점수를 부여하는 경우 “평가 단위별로 제출한 결과에 따라 3개 등급 이상으로 구분하여 최상위 등급의 인원은 상위 20퍼센트의 비율로, 최하위등급의 인원은 하위 10퍼센트의 비율로 분포하도록 부여”할 것을 규정하고 있다(동규정 제 18조 제5항). 다만 소속 장관이 필요하다고 인정하는 경우 예외적으로 최상위 또는 최하위 등급의 분포비율을 달리 정할 수 있도록 하고 있다(동규정 제18조 제5항). 동규정 제18조의 시행과 관련해 '공무원 성과평가 등에 대한 지침'에서는 근무성적평가위원회에서의 평가에 관해 <표 9-6>에 제시된 세 가지 방식 중의 하나로 할 것을 규정하고 있다.

<표 9-6> 근무성적평가위원회에서의 평가점수 부여방법: 강제배분법의 적용

(1안) 같은 등급 내에서는 동일한 근무성적평가점수를 부여하는 방법

등급(비율)	평가가능점수(예시)
수(2할)	70점
우(2할)	65점
미(3할)	58점
양(2할)	49점
가(1할)	38점

(2안) 같은 등급 내에서는 점수가 동일한 세부단위를 나누어 점수를 부여하는 방법

등급(비율)	세부단위	평가가능점수(예시)
수(2할)	1	70점
	2	69점
	3	68점
	4	67점
	5	66점
우(2할)	1	65점
	2	64점
	3	63점
	4	62점
	5	61점
미(3할)	1	60점
	2	59점
	3	58점
	4	57점
	5	56점

	1	55점
	2	54점
양(2할)	3	53점
	4	52점
	5	51점
가(1할)	–	42점 미만

(3안) 같은 등급 내에서는 근무성적평가 점수 간의 차이가 균등하도록 부여하는 방법

등급(비율)	평가가능점수(예시)
수(2할)	64점 이상 70점 이하
우(2할)	56점 이상 64점 미만
미(3할)	46점 이상 56점 미만
양(2할)	34점 이상 46점 미만
가(1할)	34점 미만

출처: '공무원 성과평가 등에 대한 지침'

5. 중요사건기록법(critical incident method)

중요사건기록법은 피평정자의 직무수행과 관련된 중요한 사건들을 평정자가 기록하거나, 혹은 미리 열거되어 있는 중요한 사건들 중 해당하는 사건에 표시하도록 하는 평가방법이다. 중요사건기록법은 실제 일어난 일에 기반해 피평정자의 행태에 대하여 기록하는 방식이므로 객관적 사실에 초점을 둔다는 장점이 있다. 또한 객관적으로 일어난 일에 근거하여 피평정자의 행태상 개선점에 대해 논의할 수 있으므로 피평정자의 태도 개선과 직무상 발전을 위해 활용하기에 적절한 방법이다. 그러나 피평정자가 보이는 바람직한 혹은 바람직하지 못한 행태가 피평정자마다 다른 경우가 대부분이므로 피평정자들 상호 간의 비교가 어려워 승진 등의 인사조치의 근거로 활용하기 어렵다는 단점이 있다. 또한 평정자로 하여금 중요한 사건들에 관해 직접 기술하도록 하는 경우 시간이 많이

소요된다는 단점이 있다. <표 9-7>은 중요사건기록법의 예시이다.

<표 9-7> 중요사건기록법

평가요소: 팀워크	날짜/장소	바람직한 행동	바람직하지 못한 행동
평가요소: 대민응대	날짜/장소	바람직한 행동	바람직하지 못한 행동

6. 행태기준 평정척도법(behaviorally anchored rating scales; BARS)

행태기준 평정척도법은 도표식 평정척도법과 중요사건기록법이 각 평가방법의 단점을 상호보완할 수 있다는 점에 착안하여, 중요사건기록법과 같이 직무와 관련된 세부평가요소를 정하여 각 평가요소와 관련된 관찰가능한 행태를 가장 바람직한 것부터 가장 바람직하지 못한 것까지 문장으로 기술하여 제시하고, 이러한 문장들로 기술된 행태를 도표식 평정척도법과 마찬가지로 척도화하여 등급을 부여함으로써 피평정자간 상호비교를 가능하게 하는 평가방법이다. 행태기준 척도법을 활용하고자 하는 경우 행태에 대한 기술들은 해당 직무와 관련이 있는 것이어야 하며, 따라서 행태기준 평정척도는 직무수행 담당공무원을 함께 참여시켜 개발하는 것이 바람직하다.

행태기준 척도법의 경우 직무와 관련된 관찰가능한 행태 양상을 기준으로 평가하기 때문에 평정자의 주관에 의한 평정상 오류를 줄일 수 있는 장점이 있고, 직무수행 담당공무원인 피평정자를 평정척도 개발에 참여하도록 하는 경우 피평정자의 신뢰를 확보할 수 있는 장점이 있다. 그러나 행태기준 척도법을 활용하고자 하는 경우 진술문들이 직무와 연관되어 있어야 하므로 직무별로 별도의 평정척도를 마련해야 하고, 따라서 시간과 노력이 많이 소요된다는 단점이 있다. 또한 직무와 관련해 연속선상에서 기술된 행태들 가운데 하나만을 선택함으로써 피평정자를 평가하는 것은, 동일한 개인이 동일 직무를 수행하더라도 경우에 따라 다양한 행태를 보일 수 있음을 고려하지 않은 다소간 비현실적인 평가방법이라는 문제점이 있다.

7. 서술적 보고법(essay; narrative report)

서술적 보고법은 피평정자에 대한 근무성적평정을 서술형 문장으로 기술하여 작성하는 방법이다. 서술적 보고법은 근무성적평정의 방법 가운데 가장 역사가 오래된 방법이나, 평정자의 시간과 노력이 과도하게 소요된다는 점, 평정자의 피평정자에 대한 전반적 인상(impression)과 편견 등 자의적 판단이 개입할 여지가 크다는 점, 평정자의 글쓰기 실력에 평정이 어느 정도 좌우되는 면이 있다는 점, 그리고 피평정자 간 평정 결과의 상호비교가 힘들다는 단점이 있다(Klingner et al., 2016). 따라서 서술적 보고법은 근무성적평정을 위해 단독으로 사용되는 평가방법이라기보다 다른 방법을 보완하기 위한 보조적 수단으로 활용되는 경우가 대부분이다. '공무원 성과평가 등에 대한 지침'에서 제시하고 있는 공무원 근무성적평가서 파일 내 피평정자에 대한 평가자의 최종의견을 서술하도록 한 부분은 서술적 보고법을 활용하는 것이라 볼 수 있다. <표 9-8>은 공무원 근무성적평가서 내 서술적 보고법적 요소를 보여주고 있다.

<표 9-8> 공무원 근무성적평정 시 서술적 보고법 활용 예시

4. 평가자 의견 및 종합평가			
성과면담 결과 및 평가자 의견			
성과면담 실시일			
평가자 최종의견 (면담결과 포함)	우수한 점	근무실적	직무수행능력
	보완할 점		
평가등급 및 점수			

출처: '공무원 성과평가 등에 대한 지침', [별지 4] 공무원 근무성적평가서

8. 목표관리제(management by objectives; MBO) 평정법

목표관리제 평정법은 상급자와 하급자(피평정자) 간의 상호협의를 통해 피평정자가 달성해야 하는 목표를 설정하고, 이에 기초하여 피평정자가 목표 달성을 위한 직무를 수행하며, 설정된 목표에 비추어 직무수행의 성과를 평가하고 피평정자에게 환류(feedback)하는 평가방식이다. 이 때 개인 공무원의 직무수행 목표는 조직 차원의 목표와 밀접히 연관된 것이어야 한다. 목표관리제는 목표설정 과정에 직무수행자가 직접 참여하여 상급자와의 협의를 통해 직무수행 목표를 설정함으로써 목표에 대한 이해와 수용의 정도를 높일 수 있으며, 명확한 목표의 설정을 통해 직무수행자(피평정자)의 직무동기를 유발하고, 이를 통해 생산성 향상을 꾀하는 방식이다.

우리나라의 경우 고위공무원을 포함한 4급 이상의 공무원에 대한 근무성적

평정은 성과계약등 평가에 의하도록 되어있다. 이들은 평가대상 기간 동안의 해당 기관의 임무 등을 기초로 평가자와 성과계약을 체결하여야 한다(공무원 성과평가 등에 관한 규정, 제9조 제1항). <표 9-9>는 이들이 성과계약 체결에 사용하는 성과계약서 양식 중 개인 성과목표 설정에 관한 부분이다. '공무원 성과평가 등에 대한 지침' 내 별지 1의 성과계약서 파일 내 제시되어 있는 성과계약서 작성 요령에 따르면, 성과목표란 전략목표 혹은 상위 목표를 달성하기 위한 피평정자 개인의 성과목표를 의미하며, 성과목표의 수는 가급적 5개 이내로 한정하여야 한다. 다음으로 평가지표란 성과목표 달성도를 측정하기 위하여 사전에 정하는 기준으로써, 평가지표를 측정하는 기준과 목표점을 작성하도록 한다. 이 때 성과목표 또는 평가지표별 비중 설정은 각 부처 사정에 따라 설정이 가능하다. 끝으로 실행계획란에는 성과목표 및 평가지표를 달성하기 위해 피평정자가 평가대상 연도 동안 추진할 구체적인 활동에 대해 간결히 기술하도록 한다.

<표 9-9> 성과계약서

성 과 계 약 서

(앞 쪽)

평가대상기간	○○○○연도

	소속	직위	성명	서명
평가대상자				
평가자				

국민 전체에 대한 봉사자이며, 국민에 대하여 책임을 다하는 대한민국 정부 공무원으로서 주어진 임무와 목표를 달성하기 위해 甲과 乙은 상호 합의에 의해 다음과 같이 성과계약을 체결한다.

작성일 :　　. 　. 　. (승계시 사유도 추가 기재)

1. 개인 성과목표

No.	성과목표	평가지표		실행계획
		평가지표명 (측정방법 포함)	목표점	
1				
2				
3				
4	직원 동기부여 및 역량개발	면담 실시율	100%	− 성과계획 수립, 중간 점검, 최 종 성과면담 실시
		직원 만족도 평가	85점	− 멘토링 및 연구모임 운영으로 역량강화 − 업무 자율성 부여를 통한 동 기부여

출처: '공무원 성과평가 등에 대한 지침', [별지 1] 성과계약서 중 일부 발췌.

성과계약등 평가는 성과계약서에 작성한 내용을 기준으로 이루어지는데, 이에 대해서는 '공무원 성과평가 등에 대한 규정' 내 평가방법에 대한 조항을 두어 규정하고 있다. 구체적으로, 동 규정 제10조 제1항에서는 "성과계약 등 평가는 평가대상 기간 중 평가 대상 공무원의 소관 업무에 대한 성과계약의 성과목표 달성도 등을 고려하여 평가하고, 평가등급의 수는 3개 이상"으로 할 것을 규정하고 있다. 단, 고위공무원의 경우 '고위공무원단 인사규정' 제20조 제2항에 의거, 평가등급은 매우우수·우수·보통·미흡·매우미흡의 다섯 등급으로 한다.

다음으로 '공무원 성과평가 등에 대한 규정' 제10조 제2항에서는 평가지표에 따라 평가 대상 공무원이 달성한 성과목표의 추진결과 등을 평가할 것을 규정하고 있으며, 제3항을 통해 성과계약 등의 평가시에는 단순히 성과목표의 달성 정도만이 아니라 성과목표의 중요도 및 난이도, 평가 대상 공무원의 자질 및 태도 등을 고려하여 평가할 수 있다고 규정하고 있다. 아울러 제3항에서는 업무상 비위 등을 저지른 공무원에게는 최하위등급을 부여할 수 있음을 규정하고, 동조 제4항을 통해 최하위등급 부여의 요건 및 절차 등에 대해서는 인사혁신처장이 정하는 기준 및 범위를 고려해 소속 장관이 정할 것을 규정하고 있다.

끝으로 동조 제5항에서는 고위공무원에 대한 성과계약등 평가의 경우 평가 등급별 인원분포 비율은 장관이 정하되, "최상위 등급의 인원은 평가 대상 공무원 수의 상위 20 퍼센트 이하의 비율"로, 하위 두 개 등급(미흡 및 매우 미흡의 등급)의 인원은 "평가 대상 공무원 수의 하위 10퍼센트 이상의 비율로 분포하도록 하여야" 함을 명시하고 있다. '공무원 성과평가 등에 대한 지침'에 따르면 고위공무원단에 속하는 공무원의 경우 성과계약 등 평가에서 최하위등급을 총 2년 이상 받은 경우와 최하위등급을 1년 이상 받고 정당한 사유없이 6개월 이상 직위를 부여받지 못한 경우에는 적격심사를 실시한다.

제 4 절 성과평가 과정에서의 오류

공정하고 객관적인 근무성적평정은 평정 결과에 대한 피평정자의 신뢰와 수용성 확보 측면 등에서 매우 중요하다. 그러나 평정은 주관성을 지닌 인간에 의해 이루어지고 평정의 방법 또한 결함 없이 완벽한 평정의 방법은 없기에, 현실에서 이루어지는 근무평정 과정에서 여러 가지 오류가 발생할 수 있다. 이러한 오류에 대해 인식하고 이해하는 것은 평정 과정에서의 오류의 발생을 줄이기 위한 방법을 모색하는 데 있어 전제가 된다 할 것이다. 이에 본 절에서는 평정 과정에서 발생하는 오류에 대해 살펴보기로 한다.

1. 후광효과[9](halo effect; spillover effect)

후광효과는 피평정자의 어떤 한 가지 특성에 대한 평정자의 판단이 해당 피평정자에 대한 다른 평가요소 평정에도 영향을 미치는 현상을 의미한다. 평정자가 피평정자에 대해 긍정적으로 생각하는 한 가지 요인이 피평정자를 더욱 빛나보이게 하는 후광으로 작용하여 피평정자에 대한 전체적인 평정에 영향을 주는 것이다. 예를 들어, 피평정자의 업무태도가 성실한 경우 업무태도에 대한 좋은 평가가 업무수행 실적에 대한 평가에까지 긍정적인 영향을 미쳐 업무수행 실적도 우수한 것으로 평가하는 경우를 들 수 있다. 이러한 후광효과는 피평정자에 대한 긍정적인 평가뿐 아니라 부정적인 평가의 경우에도 마찬가지로 발생할 수 있다. 평정자가 피평정자의 일부 특성에 대해 부정적인 평가를 할 때, 이러한 부정적인 평가 혹은 인식은 피평정자의 다른 부분에 대한 평가에도 부정적 영향[10]을 줄 수 있다.

후광효과는 도표식 평정척도법에서 특히 나타나기 쉬운 오류이다. 한 가지 평가요소에 대한 등급의 부여가 나머지 평가요소에 대한 등급 부여에도 영향을 미치기 쉽다는 것이다. 이러한 후광효과를 줄이기 위해서는 각 평가요소의 의미를 명확히 하고, 평정자로 하여금 각 평가요소의 의미를 명확히 이해하도록 하는 것이 중요하다. 또한 서로 유사한 평가요소들의 경우 이들 간의 배치를 멀리 떨어지게 하는 것도 후광효과 감소에 도움이 된다. 아울러 평정을 각 평가요소별로 진행하는 방안도 생각해볼 수 있다. 즉, 한 평가요소에 대해 모든 피평정자들의 평정을 완료한 후, 다음 평가요소에 대한 평정을 진행하는 방식을 취함으로써 후광효과를 줄일 수 있다.

---

9) 후광효과라는 용어 대신 연쇄효과, 광배효과, 현혹효과 등의 표현을 사용하기도 한다.
10) 이러한 경우를 가리켜 블랙 마크 효과(black mark effect)라는 용어를 사용한다.

2. 집중화 경향(central tendency)

집중화 경향은 평정자가 피평정자들에게 부여한 평정점수의 분포를 살펴보았을 때 대부분이 중간 등급의 점수에 집중되어 있는 경향을 의미한다. 즉 대다수의 피평정자가 비슷비슷하게 중간 정도의 점수를 받는 경향이다. 이러한 집중화 경향은 평정자가 평가요소에 대한 이해가 부족하거나, 근무성적평정 자체에 회의를 느끼거나, 시간적 여유가 부족한 상황에서 평정을 진행해야 하는 경우 등 다양한 이유로 발생한다. 또한 집중화 경향은 평정 결과로 인해 발생할 수 있는 조직 내 불화나 갈등, 대립 등 조직구성원들의 유대를 저해할 수 있는 상황에 대한 우려로 인해 평정자가 평정에 대한 심리적 부담을 느끼는 경우에도 발생할 수 있으며, 평정자가 비평정자에 대해 잘 알지 못하는 경우에 발생하기도 한다.

이러한 집중화 경향을 방지하기 위해서 각 평정등급별 정해진 비율로 피평정자들의 근무성적을 분포시키도록 하는 강제배분법(forced distribution method)을 적용할 수 있다. 그러나 강제배분법의 경우 각 평정등급별 정해진 비율대로 성적을 분포시키게 되므로 피평정자 집단이 전체적으로 우수하거나 전체적으로 무능한 경우에도 이러한 피평정자 집단의 특성을 제대로 반영하지 못한 채 비율대로 평정 결과를 부여해야 하는 단점이 있다. 또한 강제선택법(forced choice method)을 적용하는 경우도 집중화 경향을 방지할 수 있는데, 이는 앞서 논의한 바와 같이 강제선택법에 의한 평정시 평정자는 주어진 진술문 가운데 어떤 것이 피평정자의 평정에 있어 가장 우수한 혹은 가장 열등한 진술인지 알 수 없어 의도적으로 중간 등급의 진술을 선택하는 것이 불가능하기 때문이다.

3. 관대화 경향(leniency error)과 엄격화 경향(severity error)

관대화 경향과 엄격화 경향의 경우 앞서 논의한 집중화 경향과 마찬가지로 평정자가 피평정자들에게 부여한 평정점수의 분포가 어느 한 구간에 몰려있는 경향을 보인다. 그러나 중간 등급 점수에 분포가 집중되어 있는 집중화 경향과 달리, 관대화 경향의 경우 평정자가 비평정자에 대해 관대하게 평정점수를 부여함으로써 평정 결과의 분포가 높은 점수 쪽에 치우쳐 나타나게 된다. 이와 반대로 엄격화 경향의 경우 평정자가 엄격하게 평정점수를 부여하여 평정 결과의 분포가 낮은 점수 쪽에 치우쳐 나타난다. 이러한 관대화 경향 및 엄격화 경향은 남들에 비해 보다 엄격한 혹은 보다 관대한 성향을 가지고 있는 평정자 개인의 특성[11] 때문에 나타나기도 하며, 평정 후 하급자들과의 껄끄러운 관계를 피하고자 하는 심리적 방어 기제로 인해 관대화 경향이 나타나기도 하는 등 다양한 원인으로 발생할 수 있다.

관대화 경향과 엄격화 경향 역시 집중화 경향의 경우와 마찬가지로 강제배분법을 적용하여 이러한 경향을 방지할 수 있다. 그러나 강제배분법의 경우 위에서 논의한 바와 같이 피평정자 집단의 집단적 특성(예: 우수한 집단, 무능한 집단)을 고려하지 못한다는 단점이 있다. 한편 주어진 진술문만을 보고서 평정자가 각 진술문에 부여된 평정점수를 예측할 수 없는 강제선택법의 적용도 관대화 경향 및 엄격화 경향을 방지하는 데 유용할 수 있다.

4. 시간적 오류: 최근효과(recency effect)와 초두효과(primacy effect)

근무성적평정은 전체 평정대상기간 동안의 피평정자의 직무수행에 대해 이루어진다. 따라서 평정대상기간 중의 모든 직무수행실적, 사건, 능력 등이 동일한 비중으로 평가되는 것이 타당하다. 그러나 현실적으로 사람은 시간의 흐름에 따라 인지적 오류를 경험하게 되며 이러한 오류는 평정 결과에도 영향을 미치는데, 이러한 시간적 오류에는 크게 최근효과와 초두효과가 있다. 최근효과는 사람의 인지(cognition)상 평정시점에 가까운 시기에 일어난, 즉 비교적 최근에 일어난 사건이나 근무수행 실적을 과거에 일어난 사건이나 실적에 비해 보다 잘 기

---

11) 평정자 개인이 관대하거나 엄격한 성향을 가지고 있음으로 인해 다른 평정자에 비해 피평정자에 대한 평정등급(점수)의 부여가 지속적으로 높게 혹은 낮게 이루어지는 경우 이를 일관적 오류(constant error)라 한다.

억하며, 따라서 최근의 사건이나 실적이 평정자의 평정에 더 크게 영향을 미치게 되는 오류를 의미한다. 이와 반대로 초두효과란 사람이 나중에 주어진 정보보다는 초기에 주어진 정보를 보다 잘 기억하는 인지상 오류에 기인한 것으로, 평정자에게 초기의 근무실적이나 능력 등으로 인상을 남긴 경우 이러한 초기의 실적이나 능력이 근무성적평정에 크게 영향을 미치게 되는 오류를 뜻한다.

이러한 최근효과와 초두효과로 인한 평정 상 오류를 줄이기 위해서는 피평정자의 직무수행과 관련된 중요한 사건들을 기록하는 중요사건기록법(critical incident method)의 활용을 고려해볼 수 있다. 또한 사전협의를 통해 설정된 목표의 달성 정도를 기준으로 하여 직무수행의 성과를 평가함으로써 결과중심적인 (results-based) 접근법을 취하고 있는 목표관리제 평정법을 적용하는 것도 평정 결과에 시간적 오류가 미치는 영향을 최소화할 수 있는 방안일 것이다.

5. 개인적 편향(personal bias): 선입견(prejudice)과 고정관념(stereotypes)

앞서 언급한 여러 오류 외에 평정자 개인이 가지고 있는 편향(bias)도 평정 결과에 영향을 미치게 된다. 이러한 개인적 편향의 대표적인 예로 선입견과 고정관념을 들 수 있다. 선입견(prejudice)이란 개인이 다른 개인이나 집단에 대하여 실제 경험에 앞서 사전에 접한 부정확한 정보에 기반해 형성한 타당성이 결여된 태도를 뜻한다. 가령 특정 성별이나 인종, 종교 등에 대해 평정자가 가지고 있는 선입견이 근무성적평정에 영향을 미칠 수 있다. 한편 고정관념(stereotypes)은 특정 집단의 일반적인 특성을 해당 집단 구성원 개인의 특성으로 간주하는 것을 의미한다. 이러한 고정관념 역시 평정에 영향을 미쳐 평정 결과를 왜곡할 수 있다. 개인적 편향이 평정 결과의 왜곡을 가져오는 것을 방지하기 위해서는 평정자에 대한 사전교육을 통해 이러한 편향과 오류에 대해 인지하도록 하고, 평정자 개인이 가지고 있는 편향이 평정 과정에 영향을 미치지 않도록 의식적인 노력을 기울이도록 훈련하여야 한다.

제 5 절 성과평가에 대한 비판 및 개선방향

근무성적평정은 경쟁 원리의 적용을 통해 실적 중심의 인사관리 체계를 확립하고 행정의 생산성과 효과성을 제고하고자 하는 목적으로 도입되었다. 근무성적평정의 도입 이후 우리 정부는 관련 법령의 제정 및 개정 등을 통하여 제도 개선에 애써왔다. 예를 들어 '공무원 성과평가 등에 대한 규정'에 평가자에 대한 사전교육에 관한 조항(제6조의 3)을 신설하여 근무성적평정 실시 전에 평가자로 하여금 평가방법과 평가항목 등에 대한 사전교육을 받도록 규정한 것이나, 평정 결과를 피평정자 공무원 본인에게 공개하고 부당하다고 생각될 경우 이의신청을 할 수 있도록 법령을 개정한 것 등은 근무성적평정의 객관성과 신뢰성을 확보하기 위한 노력의 일환이라 할 것이다.

그러나 이러한 노력에도 불구하고 여전히 근무성적평정 혹은 공무원 성과평가에 대한 여러 비판이 존재하는바, 본 절에서는 이러한 비판과 근무성적평정의 문제점에 대해 살펴보고 개선방향에 대해 논의하고자 한다. 성과평가에 대한 비판은 크게 공무원 성과평가 자체에 대한 회의적 비판과 성과평가의 과정에서 나타나는 문제점들에 대한 비판으로 나누어 볼 수 있다.

먼저 공무원 성과평가 자체에 대한 회의적 시각의 비판이 존재하는데, 이는 공무원에 대한 성과평가가 과연 해당 제도의 도입이 의도한 대로 정부의 생산성과 효과성 제고에 도움이 되는지에 의문을 표하는 시각이다. 행정학의 기존 문헌들은 공무원들의 경우 민간 부문 종사자들에 비하여 내재적 동기부여요인(intrinsic motivators)에 더 많은 가치를 부여하는 것으로 제시하여 왔다(Bellé, 2013; Crewson, 1997; Houston, 2006; Rainey, 1982). 이러한 점에 주목하여 Oh and Lewis (2009)는 성과평가가 내재적으로 동기부여된 공무원들의 업무성과 향상에도 효과적인 기제가 될 수 있는지를 미국 연방정부 공무원들의 인식을 중심으로 연구하였다. Oh and Lewis(2009)의 연구결과는 많은 연방정부 공무원들이 성과평가제도를 통한 생산성 제고에 회의적임을 보여준다. 즉, 내재적 동기부여가 중요한 공무원들의 경우 성과평가제의 실시는 이들에 대한 동기부여의 메커니즘으로 적절하지 않을 수 있다는 것이다. 이와 비슷한 맥락에서 Choi and Whitford (2013)는 성과급이 미국 연방정부 공무원들의 직무만족(job satisfaction)에 미치는 영향에 대한 연구를 통해 성과급 제도의 적용을 받는 공무원일수록 직무에 대한 만족도가 떨어지며, 자신이 속한 조직에 대해서도 가장 부정적인 태도를 보임을 제시하였다. 이러한 연구 결과를 바탕으로 Choi and Whitford(2013)는 공공부문에서의 성과급 제도의 효과성에 대해 제고해 볼 것을 촉구하였다.

공무원 성과평가제도에 대한 또 다른 비판의 갈래는 공공부문에서의 성과평가제도 실시 그 자체에 대한 회의보다는 성과평가의 과정에서 나타나는 문제점들에 대한 지적을 내포하고 있다. 이러한 비판 가운데 몇 가지를 소개하면 다음과 같다. 우선 직무분석이 제대로 이루어지고 있지 않아 효율적인 근무성적평정이 어렵다는 비판이 있다. 4급 이상 공무원에 대한 성과계약 등 평가의 경우 개인이 달성해야 하는 목표를 명확히 설정하고 직무기술서상 개인의 직무 범위를 명확히 하여 해당 직무를 수행하는 자의 업무 및 책임 범위에 대해 명확히 파악할 수 있도록 하는 것이 중요하다. 그러나 계급제적 전통으로 말미암아 아직까지 직무 중심의 업무 분장이 제대로 이루어지지 않는 경향이 있어 성과계약 평가를 실시하는 데 한계가 존재한다. 아울러 비단 4급 이상 공무원에 대한 성과계약 평가방식의 근무성적평정뿐만 아니라, 5급 이하 공무원에 대한 근무성적평가의 경우라 할지라도 근무성적을 제대로 평가하기 위해서는 피평정자의 직무 및 책임의 범위가 명확히 정해져 있어야 한다. 그러나 현재까지 우리나라의 경우 직무분석이 제대로 이루어지고 있지 않아 피평정자의 업무 범위 및 책임의 범위를 특정하기가 어렵다.

다음으로 근무성적평정의 결과를 신뢰하고 수용하기 위해서는 평정자인 상급자에 대한 신뢰가 중요한데, 이와 관련하여 평정자들이 평정의 목적 및 방법에 대한 이해가 부족하다는 지적이 있다. 아울러, 평정과정에서 직무수행 실적이나 능력과 관계없이 근속연수에 따라 평정 등급(점수)을 부여하는 역산식 평정이 이루어지는 관행에 대한 지적도 있다.

평정과정에서 발생하는 오류에 대한 비판 역시 존재한다. 앞서 살펴본 바와 같이 평정과정에서 후광효과, 집중화 경향, 관대화 경향, 엄격화 경향, 최근효과, 초두효과, 선입견과 고정관념 등 많은 오류가 발생할 수 있으며, 이러한 오류는 평정 결과의 객관성과 신뢰성, 그리고 수용성에 영향을 미친다. 이에 더하여 도표식 평정척도법, 강제배분법, 서열법, 중요사건기록법 등 다양한 평정방법들은 각기 장점과 더불어 방법 자체에 내재하는 한계 또한 가지고 있다.

끝으로 현재 근무성적평정 체제 하에서는 피평정자의 감독자 중에서 평가자와 확인자가 지정되고(공무원 성과평가 등에 관한 규정 제8조 및 제13조), 근무성적평가 결과의 조정 및 이의신청 처리를 담당하는 근무성적평가위원회 위원 구성 역시 피평정자의 감독자 중에서 지정됨으로써(동규정 제18조) 사실상 공무원의 근무성적평정에 있어 감독자의 평가만이 가장 중요하게 고려되는 감독자 중심의 평정이라는 비판이 있다.

위와 같은 비판들은 모두 현재의 근무성적평정 제도 및 실행에 대한 타당한 비판으로, 이러한 비판에 기초하여 근무성적평정을 개선하기 위한 방향을 제시하면 다음과 같다. 첫째, 직무 중심의 직위분류제 요소를 강화하여 직위를 기준으로 업무와 책임의 범위를 명확히 하여야 한다. 직무상 업무 및 책임의 범위가 명확할 때 이를 개인 수준의 성과 목표를 설정하는 토대로 삼을 수 있으며, 이는 효과적인 근무성적평정이 가능하도록 한다.

다음으로 평가자에 대한 현 교육훈련의 실효성에 대해 점검하고 진단 결과에 따라 교육훈련의 내용과 방법을 개선하여야 한다. 평가자들에 대한 보다 효과적인 교육훈련의 실시를 통하여 평가자들이 평정의 목적과 방법에 대하여 충분히 이해하도록 하며, 평정제도 자체의 취지를 무색하게 하는 역산식 평정 등 기존 관행에 대한 문제점을 강조하고 이를 지양하도록 하여야 한다. 또한 평가자가 가질 수 있는 편향과 범할 수 있는 여러 오류들에 대하여 교육하여 평가자들이 이를 스스로 인지할 수 있도록 하고, 이러한 편향과 오류가 평정 결과를 왜곡하지 않도록 의식적인 노력을 기울일 수 있도록 훈련하여야 한다.

마지막으로 현재의 감독자 중심 평정에 대한 제고가 필요하다. 감독자 외에도 동료, 하급자, 시민(민원인) 등 피평정자의 직무수행과 연관 있는 다양한 사람들의 의견을 활용하는, 소위 다면평가제도(360-degree evaluation)의 실질적 활용방안에 대한 신중한 재검토가 필요하다. 다면평가제도는 '공무원 성과평가 등에 관한 규정'상 공무원의 능력개발 및 인사관리를 위하여 실시할 수 있도록 되어 있으며(동 규정 제28조 제1항), '공무원 성과평가 등에 관한 지침'에 따르면 다면평가의 결과는 공무원의 역량개발, 교육훈련, 승진, 전보, 성과급 지급 등에 활용이 가능하다. 과거 다면평가제도는 많은 정부기관들에서 활용되었으나, 공무원의 근무 실적에 대한 객관적 평가보다는 인기투표라는 비판과 함께 그 활용이 크게 줄어들기도 하였다. 그러나 다면평가제도는 피평정자의 직무수행에 대한 지식이 있는 여러 관련자들의 평가를 수렴할 수 있어, 특정인의 관점에서만 평가할 때 나타날 수 있는 오류들을 상쇄할 수 있는 등 그 장점 또한 크다. 따라서 다면평가제도 시행시 발생하는 문제점들에 대한 분석을 토대로 다면평가제도를 보다 효과적으로 활용할 수 있는 방안에 대한 고민이 필요하다고 할 것이다.

참고문헌

강성철·김판석·이종수·진재구·최근열 (2018).「새 인사행정론」(제9판). 대영문화사.

「국가공무원법」: https://www.law.go.kr/%EB%B2%95%EB%A0%B9/%EA%B5%AD%EA%B0%80%EA%B3%B5%EB%AC%B4%EC%9B%90%EB%B2%95

「지방공무원법」: https://www.law.go.kr/%EB%B2%95%EB%A0%B9/%EC%A7%80%EB%B0%A9%EA%B3%B5%EB%AC%B4%EC%9B%90%EB%B2%95

「고위공무원단 인사규정」: https://www.law.go.kr/%EB%B2%95%EB%A0%B9/%EA%B3%A0%EC%9C%84%EA%B3%B5%EB%AC%B4%EC%9B%90%EB%8B%A8%20%EC%9D%B8%EC%82%AC%EA%B7%9C%EC%A0%95

「공무원 성과평가 등에 관한 규정」: https://lawnb.com/Info/ContentView?sid=L000009712_0_20160624#P21

「공무원 성과평가 등에 관한 지침」: https://www.law.go.kr/%ED%96%89%EC%A0%95%EA%B7%9C%EC%B9%99/%EA%B3%B5%EB%AC%B4%EC%9B%90%20%EC%84%B1%EA%B3%BC%ED%8F%89%EA%B0%80%20%EB%93%B1%EC%97%90%20%EA%B4%80%ED%95%9C%20%EC%A7%80%EC%B9%A8

법제처 (2021).「행정규칙 입안·심사 기준」: https://www.moleg.go.kr/board.es?mid=a10404000000&bid=0007&act=view&list_no=210344&tag=&nPage=1&keyField=&keyWord=%ED%96%89%EC%A0%95%EA%B7%9C%EC%B9%99&cg_code=

오석홍 (2022).「인사행정론」(제9판). 박영사.

인사혁신처(n.d.). 성과평가제도. : https://www.mpm.go.kr/mpm/info/resultPay/bizPay05/

인사혁신처 공식블로그(2019). 공무원 성과평가제도 어떻게 변해왔을까? : https://blog.naver.com/mirae_saram/221434293014

임도빈·유민봉 (2023).「인사행정학」(제6전정판). 박영사.

Bellé, N. (2013). Experimental evidence on the relationship between public service motivation and job performance. *Public Administration Review*, 73(1), 143−153.

Berman, E. M., Bowman, J. S., West, J. P., and Van Wart, M. R. (2020). *Human*

Resource Management in Public Service: Paradoxes, Processes, and Problems (6th ed.,) Thousand Oaks, CA: Sage Publication.

Bryson, J. M., Ackermann, F., & Eden, C. (2007). Putting the resource-based view of strategy and distinctive competencies to work in public organizations. *Public Administration Review*, 67(4), 702−717.

Choi, S., & Whitford, A. B. (2013). Merit−based pay and employee motivation in federal agencies. *Issues in Governance Studies*, 63(1), 1−10.

Crewson, P. E. (1997). Public−service motivation: Building empirical evidence of incidence and effect. *Journal of Public Administration Research and Theory*, 7(4), 499−518.

Houston, D. J. (2006). "Walking the walk" of public service motivation: Public employees and charitable gifts of time, blood, and money. *Journal of Public Administration Research and Theory*, 16(1), 67−86.

Kettl, D. F. (2018). *Politics of the Administrative Process*. Los Angeles, CA: CQ Press.

Klingner, D. E., Nakbandian, J., and Llorens, J. (2016). *Public Personnel Management: Contexts and Strategies* (6th ed.,) New York, NY: Routledge.

Oh, S. S., & Lewis, G. B. (2009). Can performance appraisal systems inspire intrinsically motivated employees? *Review of Public Personnel Administration*, 29(2), 158−167.

Wallace Ingraham, P., & Getha-Taylor, H. (2005). Common sense, competence, and talent in the public service in the USA: Finding the right mix in a complex world. *Public Administration*, 83(4), 789−803.

Woehr, D. J. and Huffcutt, A. I. (1994). Rater training for performance appraisal: A quantitative review. *Journal of Occupational and Organizational Psychology*, 67(3), 189−205.

제 3 부

인사정책

제10장

채용정책

생각해보기

• 공직사회에서 중요하게 고려해야 할 채용의 원칙은 무엇인가?

• 한국 공직사회의 생산성을 증진하기 위해서는 공개경쟁채용과 경력경쟁채용 중 어느 것을 확대하는 것이 바람직한가?

• 공직사회에서 균형인사정책을 효과적으로 실행하기 위한 방안은 무엇인가?

• 공직사회에서는 적극적 평등실현 조치가 유지되어야 하는가? 만약 그렇다면/그렇지 않다면 그 이유는 무엇인가?

• 최근 공무원 시험 경쟁률이 낮아지는 것은 바람직한 현상인가? 만약 그렇다면/그렇지 않다면 그 이유는 무엇인가?

토론해보기

• "우수한 민간 인재를 채용하기 위해서는 개방형 직위의 임금을 대폭 상승해야 한다"에 대한 찬반 토론하기

• "공직사회에서는 적극적 평등실현 조치 성격의 채용제도가 유지되어야 한다"에 대한 찬반 토론하기

• "공무원의 민간기관 인사교류는 확대되어야 한다"에 대한 찬반 토론하기

• "가능한 블라인드 채용은 지양되어야 한다"에 대한 찬반 토론하기

어떤 사람을 공직에 채용하는가에 따라 공직사회 전반이 달라진다는 점에서 채용은 공직사회 인사관리의 근본이자 첫걸음이라 할 수 있다. 공직사회의 채용은 민간부문의 채용과는 다소 다르게 운영되기에 그 특성을 제대로 파악할 필요가 있다. 우수한 인재를 적극적으로 채용하여 공직사회의 생산성, 효율성, 전문성을 향상시키는 것이 공무원 채용의 주요 목적 중 하나이지만, 공무원은 국민에 대한 대표성도 가지기에 민주성, 형평성 등의 가치도 함께 고려해야 한다. 또한 채용의 기회는 누구에게나 차별 없이 동등하게 제공되어야 하기에 절차적 공정성 역시 채용에 있어 반드시 고려되어야 한다.

최근 한국의 공직사회에서는 아래의 사례들과 같은 채용 관련 개혁이 나타나고 있다. 변화하는 인사행정 환경에 보다 능동적으로 대응하기 위해서는 끊임없는 채용제도 혁신이 필요한 것이다. 특히 우리나라에서는 대표적으로 공개경쟁채용, 경력경쟁채용, 개방형 임용, 균형인사정책, 블라인드 채용, 인사교류 등이 주요 채용정책으로 시행되어 왔다. 따라서 본 장에서는 이러한 채용정책들을 분석하고 한국의 공직사회에 적용될 수 있는 바람직한 채용정책 개혁 방안을 살펴보고자 한다.

공모직위 제도 개선 적용 사례

모 부처 공무원 ㄱ 주무관은 6급 승진 2년차로, 특정 분야 핵심 인재이자 부처 최고 직원으로 평가받고 있음에도 3년 6개월의 승진소요 최저연수를 충족하지 못해 5급 승진이 불가능했다. 하지만 공모 직위 대상 확대 및 지원자격 완화와 같은 인사제도 개선을 통해 승진요건을 갖추지 못해도 5급 공모 직위로 지원이 가능해짐에 따라 ㄱ 주무관은 해당 분야 공모 직위(5급)에 지원, 승진했다.

출처: 인사혁신처(2022a). 공무원 공모 직위 5급까지 확대, 지원 자격 완화.

'21년도 인사교류 우수기관 주요 사례

방위사업청은 개청 이래 최초로 지자체(창원시)와 인사교류를 추진했다. 중앙부처의 방위산업 정책을 지역 현장에 적합하도록 적용함으로써 지역 방위산업 중소기업의 매출

성과를 증대하고, 지역 기반형 방위산업 지원 사업을 효과적으로 수행했다.

출처: 인사혁신처(2022b). 범정부 소통·협력 이끄는 인사교류 우수기관 시상.

제1절 채용의 의의

1. 채용의 의미와 채용 과정

새로운 직원을 고용하거나 조직에 특정 직무를 부여하는 행위를 의미하는 채용(hiring)은 다소 포괄적인 의미로 사용된다. 채용은 조직이 새로운 인재를 모집하기 위한 구인과정을 통해 조직에 적합한 인재를 선발하고, 일정기간 동안의 시보 등을 거쳐 임용하는 일련의 과정이라 할 수 있다(인사혁신처 홈페이지 참조). 한국의 공무원 채용 절차 역시 <그림 10−1>과 같이 인재를 모집하고, 모집한 인원을 선발하며, 선발한 공무원의 신분관계를 설정하고 그들에게 일정한 직무를 부여하는 임용과정까지를 포함하는 포괄적인 단계라 할 수 있다. 이와 같이 채용은 모집, 선발, 임용 단계 모두를 포함하는 과정이다.

공직사회에서의 인적자원 모집은 잠재적 인적자원을 찾아내어 이들이 지원하도록 유도하는 과정을 의미하는데, 이는 모집방법에 따라 소극적 모집과 적극적 모집으로 구분할 수 있다. 전자는 채용계획을 홈페이지, 구인구직 사이트 등에 공개하고 구직자들이 스스로 지원하도록 하는 방안이며, 후자는 젊고 유능한 인재들이 공직에 매력을 느끼고 그들 스스로가 적극적으로 지원할 수 있도록 하는 모집방안이다(유민봉·임도빈, 2016: 191). 최근 모집방법은 소극적 모집에서 적극적 모집으로 변화하고 있다. 적극적 모집을 실행하기 위해 정부는 합리적인 인사계획을 수립하고 공직 지원자들에게 홍보를 강화하며, 지원 절차를 간편화·신속화하고, 채용시험을 객관화하여 우수한 인재를 공직에 유치하고자 노력하고 있다(백종섭 외, 2016).[1]

---

1) 최근 들어 공무원 공개경쟁채용시험의 경쟁률이 지속적으로 하락하고 있는 이유로 다음과

<그림 10-1> 5급과 7·9급 공무원 채용절차

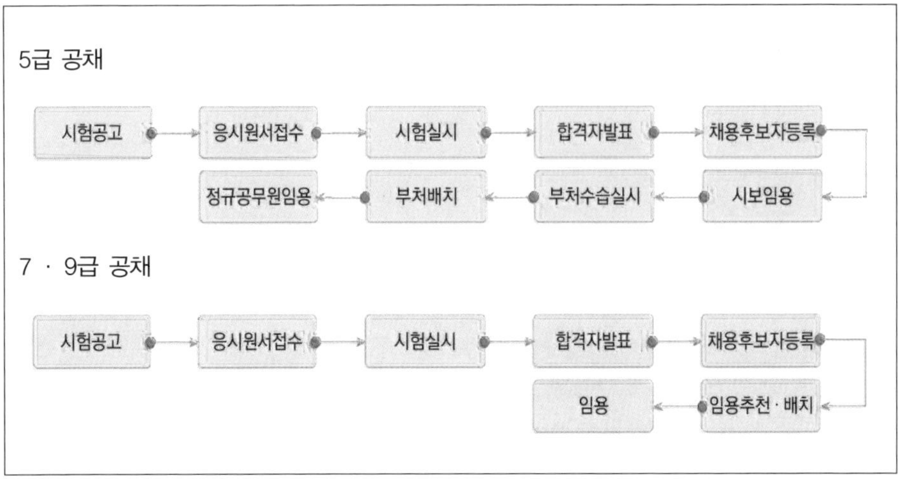

출처: 인사혁신처 홈페이지.

모집이 이루어진 다음 인적자원을 확보하는 선발과정이 시행된다. 공직 지원자 중에서 직무에 가장 적합한 인원을 선발하는 과정이 선발이다(김정인, 2018). 우수한 인재, 직무에 적합한 인재를 선발하기 위해서는 무엇보다도 선발 평가도구의 타당성과 신뢰성이 확보되어야 한다. 이는 채용의 공정성과도 관련이 있다. 만약 선발시험의 타당성과 신뢰성이 확보되지 않는다면 선발절차의 공정성을 저해할 수 있다. 우선 선발시험의 타당성(validity)은 "선발도구가 선발하고자 하는 내용을 정확하게 측정했느냐의 문제에 대한 것"이다(김정인, 2018: 116).[2] 반면 선발시험의 신뢰성(reliability)은 "측정도구의 측정결과가 얼마나 일관되게 나타나는

같은 사항들이 제시된다. 전반적으로 공직의 사회적 지위가 낮게 인식되면서 공무원들의 낮은 보수, 높은 업무강도, 경직된 조직문화 등에 지친 공무원들의 이직이 증가하고 있다는 것이다. 즉 공직에 대한 매력도가 낮아지면서 공무원 시험 경쟁률이 지속적으로 하락하고 있다(머니투데이, 2023). 이와 관련된 자세한 내용은 공개경쟁채용 파트에서 후술도록 한다.

2) 선발시험의 타당성은 기준타당성(criterion validity), 내용타당성(content validity), 구성타당성(construct validity)으로 이루어지는데, 기준타당성은 선발시험이 본래 예측하고자 했던 기준과 어느 정도 밀접한 관련성이 있는가에 대한 것이며, 내용타당성은 선발시험이 직무수행에 필요한 지식이나 기술을 어느 정도 반영하고 있는가에 대한 것이다. 구성타당성은 측정하고자 하는 추상적 개념이 실제 어느 정도 구체적으로 측정되었는가를 살펴보는 것이다(김정인, 2018: 116-117).

가와 같은 일관성(consistence)"을 의미한다(유민봉·임도빈, 2016: 215).[3]

<표 10-1> 채용 관련 용어정리

모집(recruitment): 선발시험에 응할 잠재적 인적자원을 찾아내어 지원하도록 유도하는
  행위
선발(selection): 모집 후에 이루어지는 인적자원 확보과정
임용(appointment): 공무원의 신분관계를 설정하는 임명과 일정한 직무를 부여하는
  보직행위

합리적이고 객관적인 선발시험을 통해 적합한 지원자를 선발한 다음 이들을 공직에 임용하는 절차가 이루어진다. 국가공무원법에 의하면 공무원 임용의 원칙은 실적제를 기반으로 하며, 예외적으로 균형인사를 기반한 적극적 정책이 시행되고 있다.[4] 특히 임용을 어느 범위까지 포함할 것인가에 대해서 다양한 의견이 제시될 수 있다. 좁은 의미의 임용은 채용과정의 하나로서 신규채용에 국한되어 설명할 수 있지만, 보다 광범위한 임용은 신규채용뿐만 아니라, 승진임용, 전직, 파면 등 다양한 범위까지 포함하는 용어로 활용된다.[5] 이와 유사하게 임용이 이루어지는 방법에 따라 내부임용과 외부임용으로 구분된다(이하 백종섭외, 2016: 138). 내부임용은 조직 내에서 발생하는 인사관계 변화로서, 이에는 수직으로 이루어지는 승진임용, 강임, 수평적으로 이루어지는 배치전환, 전직 등이 있다. 반면 외부임용은 조직 외부의 인력을 조직 내부로 확보하는 과정을 의미

---

3) 선발시험의 신뢰성은 시기에 따라 종적 일관성과 횡적 일관성으로 구분된다. 전자는 같은 집단을 서로 다른 시기에 측정한 선발시험의 측정결과가 일관적으로 나타나는 것을 의미하며, 후자는 동일한 시기에 서로 다른 집단을 측정한 선발시험의 측정결과가 일관적으로 나타나는 것을 의미한다(김정인, 2018: 117).

4) 국가공무원법 제26조에 의하면 "공무원의 임용은 시험성적·근무성적, 그 밖의 능력의 실증에 따라 행한다. 다만, 국가기관의 장은 대통령령 등으로 정하는 바에 따라 장애인·이공계전공자·저소득층 등에 대한 채용·승진·전보 등 인사관리상의 우대와 실질적인 양성 평등을 구현하기 위한 적극적인 정책을 실시할 수 있다"라고 임용 원칙을 제시하고 있다.

5) 이와 관련된 대표적인 논의가 공무원 임용령에서 제시된 임용의 정의이다. 이에 의하면 임용은 "신규채용, 승진임용, 전직(轉職), 전보, 겸임, 파견, 강임(降任), 휴직, 직위해제, 정직, 강등, 복직, 면직, 해임 및 파면" 등 매우 광범위한 범위까지 포함한다.

한다. 따라서 본 장에서는 임용을 채용의 관점에서 외부임용 특히 신규채용에
국한해 설명하기로 한다.

<그림 10-2> 임용의 유형

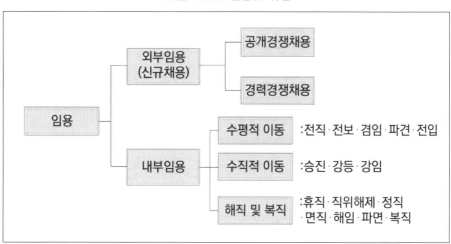

출처: 강성철 외(2018: 284).

2. 신규채용 유형

1) 공개경쟁채용

국가공무원법, 공무원 임용령 등에 의하면 대표적인 외부 신규채용으로 공
개경쟁채용(이하 공채)과 경력경쟁채용(이하 경채)이 있다. 전자인 공채는 "공무원
의 결원보충이 있을 경우 불특정 다수인을 대상으로 공개경쟁을 통해 공무원을
선발하는 제도"이다(박천오 외, 2016: 204). 이는 "공무원 신규채용시 불특정 다수
인을 대상으로 경쟁시험을 실시하여 공무원으로 채용하는 제도로서 균등한 기회
보장과 보다 우수한 인력의 공무원 선발"을 목적으로 한다(인사혁신처 홈페이지).
따라서 공채는 불특정 다수인을 대상으로 선발하는 제도로서 공정성을 확보하고
지원자의 능력과 실적에 따라 적임자를 채용한다는 측면에서 실적제에 달성에
기여한다. 공채시험 종류는 5급 공채(일반직: 행정·기술직), 7급 공채(행정·기술직),

9급 공채(행정·기술직)가 있다. 시험실시 기관의 경우, 5급 공채는 인사혁신처장이며, 7·9급 공채는 인사혁신처장과 소속장관(인사혁신처장이 실시하는 시험 제외)이 된다.

공채 시험을 성공적으로 운영하기 위해서는 다음의 요건을 갖출 필요가 있다(이하: 강성철 외, 2018: 286-287). 첫째, 적절한 공고가 이루어져야 한다. 채용계획과 자격 요건은 모든 국민들이 알 수 있도록 투명하게 공개되어야 한다. 이때 다양한 매체를 통해 채용 공고를 해야 한다. 둘째, 모든 국민들에게 지원의 기회가 개방되어야 한다. 공직에 관심이 있는 국민 누구나가 지원할 수 있도록 기회가 주어져야 한다. 셋째, 지원자는 채용 직위에서 요구되는 합리적인 자격 기준을 갖추어야 한다. 넷째, 채용 전 과정이 모든 지원자에게 공평하게 적용되어야하며, 차별이 금지되어야 한다. 다섯째, 공채는 능력 기준의 선발방식이 공정하게 적용되어야 한다. 즉 지원자의 능력과 적격성의 상대적 평가에 기반한 선발이 이루어져야 하는 것이다. 마지막으로, 공채의 결과가 공개되어야 한다. 선발의 과정이 모든 국민들에게 공개되어야 하고, 절차가 부당하다고 생각되는 지원자들에게는 행정심판 등의 청구 기회가 주어져야 한다.

2) 경력경쟁채용

경채는 "특수한 직무분야에서 공개경쟁채용이 적절하지 않을 때 제한적으로 시행하는 제도"이다(박천오 외, 2016: 204). 경채는 공채가 적용되기 어려운 분야에 적임자를 채용하기 위한 제도로서 관련 직위에 우수한 전문인력과 유경력자를 선발하는 제도이다. 이와 같이 경채는 공채가 부적절하거나 불필요하며, 공채 적용이 어려운 경우 즉 경쟁이 상대적으로 제한된 상황에서 선발절차에 따라 임용 후보자를 결정하는 채용방법이다(강성철 외, 2018: 289). 이는 다수인을 대상으로 경쟁의 방법으로 채용하는 경력경쟁채용시험과 다수인을 대상으로 하지 아니하는 비다수인대상채용시험으로 구분된다(인사혁신처 홈페이지 참조). 시험기관의 경우, 5·7급 경채는 인사혁신처장이, 그외 경채 시험은 소속장관이 된다.

국가공무원법에 의하면 공무원 신규채용은 공채가 원칙이며 경채는 제한된

분야에서 허용된다.6) 이러한 차원에서 경채는 공채제도를 보완하고 직무 및 직위에 적합한 능력있는 인재를 채용한다는 측면에서 장점이 있다. 또한 급격하게 변화하고 복잡해지는 행정수요에 능동적으로 대응하기 위해서는 획일적인 공채제도보다는 자격을 갖춘 지원자들을 대상으로 경쟁 채용하는 것이 더욱 효과적일 수 있다.

그럼에도 불구하고 경채는 다음과 같은 한계점을 지닌다(이하 강성철 외, 2018: 289). 첫째, 경채는 특수한 직무분야, 즉 공채 시행이 부적절한 분야에 적용되기 때문에 지원자의 기회균등을 저해할 가능성이 있다. 둘째, 경채 채용과정에서 정실주의 또는 정치적 압력이 작용하여 실적제를 저해할 수 있다는 단점이 있다. 경채는 공채와 달리 특정 자격을 갖춘 제한된 대상자만을 채용하기 때문에 채용과정에서 정치적 압력이 작용할 가능성이 상대적으로 높다. 이와 같이 경채는 능력있는 인재를 효율적으로 채용할 수 있는 장점이 존재하지만, 채용과정이 공정하지 못하면 그 한계가 더욱 크게 발생할 수 있다. 이에 경채는 공정한 채용을 위해 그 절차와 요건을 엄격하게 운영할 필요가 있다.

3) 공개경쟁채용과 경력경쟁채용 현황

최근 한국 공직사회의 경우 공채와 경채로 신규임용되는 공무원의 수는 비슷하다(인사혁신처, 2023a). 2013년 이후 행정부 국가공무원 중 일반직 공무원의 공채와 경채 비율을 살펴볼 때 2013년 초기에는 경채의 비율이 압도적으로 높았으나(2013년 공채: 36.2%, 경채: 63.8%) 그 비율이 점차 줄어들어 2017년 경우에는 유사해졌다. 그 이후 다시 경채의 비율이 증가하다 2020년에 최고치를 기록하였

---

6) 국가공무원법 제28조 2항에 의하면 경채는 다음과 같은 경우에 시행된다. 퇴직한 경력직공무원의 재임용, 공개경쟁 채용시험으로 임용하는 것이 부적당한 경우와 같은 종류의 직무에 관한 자격증 소지자 임용, 임용 예정직에 관련된 특수 목적을 위하여 설립된 학교 중 대통령령으로 정하는 학교의 졸업자로서 각급 기관에서 실무 수습을 마친 자 임용, 공개경쟁 채용시험으로 결원을 보충하기 곤란한 특수한 직무분야·환경 또는 섬, 외딴 곳 등 특수한 지역에 근무할 자를 임용, 외국어에 능통하고 국제적 소양과 전문 지식을 지닌 자 임용, 과학기술 분야 또는 공개경쟁 채용시험으로 결원 보충이 곤란한 특수 전문 분야의 연구나 근무경력이 있는 자를 임용, 연고지나 그 밖에 지역적 특수성을 고려하여 일정한 지역에 거주하는 자를 그 지역에 소재하는 기관에 임용 등이다.

다. 2021년에는 오히려 공채보다 낮은 분포를 보이다 2022년에는 다시 유사한
분포를 나타내고 있다(<그림 10-3> 참조).

<그림 10-3> 행정부 국가, 일반직공무원 공채·경채 비율 추이

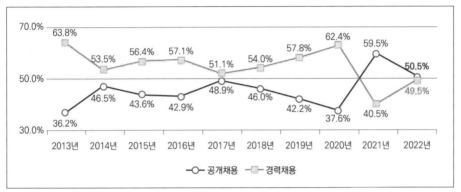

출처: 인사혁신처(2023a: 8).

<표 10-2> 국가/지방공무원의 일반직공무원 공채·경채 비율 추이

구분			'13년	'14년	'15년	'16년	'17년	'18년	'19년	'20년	'21년	'22년
국가공무원	합 계		5,319	8,563	9,018	8,644	8,782	12,025	12,551	8,792	13,043	11,320
	공개채용	인원	1,927	3,985	3,929	3,711	4,291	5,535	5,293	3,308	7,756	5,605
		비율	36.2%	46.5%	43.6%	42.9%	48.9%	46.0%	42.2%	37.6%	59.5%	49.5%
	경력채용	인원	3,392	4,578	5,089	4,933	4,491	6,490	7,258	5,484	5,287	5,715
		비율	63.8%	53.5%	56.4%	57.1%	51.1%	54.0%	57.8%	62.4%	40.5%	50.5%
지방공무원	합 계		11,614	14,655	16,047	16,946	17,153	21,415	24,259	25,485	27,562	23,742
	공개채용	인원	6,934	12,326	12,936	13,802	14,124	17,928	20,241	20,861	23,029	18,907
		비율	59.7%	84.1%	80.6%	81.4%	82.3%	83.7%	83.4%	81.9%	83.6%	79.6%
	경력채용	인원	4,680	2,329	3,111	3,144	3,029	3,487	4,018	4,624	4,533	4,835
		비율	40.3%	15.9%	19.4%	18.6%	17.7%	16.3%	16.6%	18.1%	16.4%	20.4%

* 단위 명.
출처: 인사혁신처(2023a: 8).

반면 지방자치단체 일반직공무원 공채·경채 비율 추이를 살펴보면 국가직에 비해 공채의 비율이 상대적으로 매우 높고 경채의 비율은 낮게 나타났다. 예를 들어 2022년 공채의 비율은 79.6%이지만, 경채의 비율은 20.4%로 나타났다(<표 10-2> 참조). 다시 말해 한국 공직사회의 공채와 경채 비율은 국가공무원 일반직의 경우 경채가 다소 높았으나 현재는 공채가 다소 높은 상황이다. 반면 지방공무원 일반직의 경우 경채의 비율보다 공채의 비율이 지속적으로 높은 상태로 나타나고 있다.

공채와 경채 시험에 있어서의 특이점은 최근 들어 공채와 경채 모두 경쟁률이 지속적으로 하락하고 있다는 것이다. 예를 들어 5급 공채 후보자 경쟁률은 2017년 41.1대 1, 2018년 37.3대 1, 2019년 36.4대 1, 2020년 34.0대 1로 떨어졌다. 2021년 43.3대 1로 잠시 경쟁률이 상승하였지만, 다시 2022년 38.4대 1, 2023년 35.3대 1로 하락했다(인사혁신처, 2023b; 주간조선, 2022). 또한 7·9급 공채시험의 경쟁률은 더욱 큰 폭으로 하락하고 있다. <그림 10-4>에 의하면 2014년의 경우 7급 공채 경쟁률은 83.9%였으나, 2023년에는 40.4%로, 9급 공채의 경우 64.6%(2014년)에서 22.8%로 대폭 하락하였다(머니투데이, 2023). 공채뿐만 아니라 경채시험의 경쟁률 역시 최근 들어 하락하고 있다. 국가공무원 민간경력자 5·

<그림 10-4> 7·9급 공채시험 경쟁률

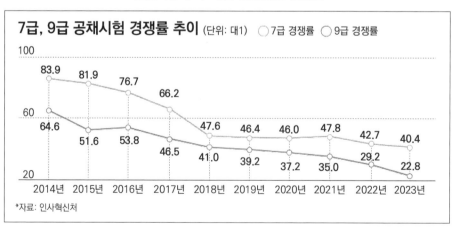

출처: F머니투데이(2023).

7급 일괄채용시험 경쟁률이 2023년 16.9대 1로 이전해보다 다소 상승하였지만, 2019년 26.6대 1, 2020년 24.5대 1, 2021년 15.9대 1, 2022년 14.0대 1로 나타나 지속적으로 하락하고 있는 추세인 것이다(인사혁신처, 2023c).

5·7·9급의 공채시험과 민간경력자 5·7급 일괄채용시험(경채)의 경쟁률이 낮아진 사실과 관련해 그 바람직성에 있어서는 찬성과 반대의 논의가 함께 존재한다. 하지만 공채와 경채 시험 경쟁률 하락은 청년들의 공직에 대한 낮은 선호도를 반영한다(주간조선, 2022).[7] 공직에 대한 낮은 선호도는 낮은 보수, 위계적인 조직문화, 높은 근무강도, 악성 민원에 대한 스트레스 등 다양한 원인에 의해 발생한다. 따라서 향후 청년들의 공직에 대한 매력과 선호도를 증진시키기 위해서는 승진, 보수, 근무여건 등 전반적인 공직사회 개선과 함께 채용시험에 대한 부담도 줄여줄 필요가 있을 것이다.[8] 또한 최근 사회적 행정환경 변화에 부합할 수 있는 직렬·직류들을 보다 다양하게 개발하여 공직의 전문성을 향상시키는 방안도 함께 고려되어야 할 것이다. 일례로 인사혁신처에서는 2020년에 공무원 임용시험령을 개정하고, 빅데이터 등 데이터를 체계적이고 과학적으로 관리·활용하는 전문 행정인력을 채용하기 위해 데이터 직류를 신설해 2023년 데이터직 국가공무원을 선발한다(법률저널, 2022). 데이터직 국가공무원 직급별(5·7·9급) 공채시험 과목은 다음 <그림 10−5>와 같다.

---

7) 통계청의 2021년 사회조사에 의하면 '청년들이 선호하는 직장'으로서 국가기관이 2009~2019년 줄곧 가장 높은 선호도를 나타냈지만, 2021년에는 대기업, 공기업에 이어 3위로 내려갔다(주간조선, 2022).

8) 정부는 공무원 시험 기준을 완화시켜 지원자들의 부담을 줄이고자 노력하고 있다. 우선 2025년부터 5급 공채 시험의 경우 선택과목이 폐지되어 필수과목 3−4과목으로만 2차 시험을 치르게 되며, 외교관후보자 시험은 2차 시험에 학제통합논술시험 Ⅰ·Ⅱ 과목이 한 과목으로 통합된다. 5·7급 공채시험에서 활용되는 한국사 능력 검정시험 성적 인정 기간도 사라지며, 2024년부터는 전산 직렬 채용시험에서 기술사, 기사 자격증 등 필수 자격증 기준도 폐지된다(주간조선, 2022).

<그림 10-5> 데이터직 시험 과목

- **5급 공채 제1차:** 언어논리영역, 자료해석영역, 상황판단영역, 헌법, 한국사
  - **제2차:** 필수(데이터베이스론, 인공지능, 정보보호론), 선택1(알고리즘, 통계)
- **7급 공채 제1차:** 언어논리영역, 자료해석영역, 상황판단영역, 영어, 한국사
  - **제2차:** 데이터베이스론, 알고리즘, 인공지능, 정보보호론
- **9급 공채 제1차:** 국어, 영어, 한국사
  - **제2차:** 데이터베이스론, 알고리즘

출처: 법률저널(2022).

제2절 주요 채용정책

한국의 대표적인 채용정책으로 효율성과 전문성을 우선하는 개방형 임용정책과 사회구성원의 대표성과 민주성을 우선하는 균형인사정책을 중점적으로 살펴볼 필요가 있다. 그외 현재 한국에서 운영되고 있는 블라인드 채용과 인사교류에 대해서도 살펴보고자 한다.

1. 개방형 임용[9]

1) 개방형 임용 의의

개방형 임용은 주로 직위분류제를 채택한 국가에서 시행되고 있다. 개방형 임용제도는 "직업공무원제의 폐쇄형 임용제의 한계를 극복하기 위하여 원칙적으로 모든 직급에 대하여 외부로부터의 신규채용을 허용하는 제도"이다(박천오 외, 2016: 130). 이 제도는 공직을 개방하여 외부 민간 전문가나 경력자, 공직 내 타 부처 공무원을 임용할 수 있도록 하여 새로운 아이디어와 기술을 받아들이고,

---

[9] 개방형 임용은 내부임용과 외부임용의 특성을 모두 지닌 혼합임용으로도 고려할 수 있다. "정부 밖의 인사뿐만 아니라 정부 내부의 공무원이 동시에 지원해서 적격자를 선발하는 제도"를 의미하는 혼합임용으로 개방형 임용제가 대표적이다(박천오 외, 2016: 204).

공직 침체성을 억제하여 새로운 공직기풍을 진작시킴으로써 행정의 전문성과 효율성을 증진하기 위해 도입되었다(강성철 외, 2018: 255).

개방형 임용은 폐쇄형 임용의 한계를 극복하기 위하여 등장한 제도이다 (<표 10-3> 참조)(이하 김렬, 2016: 269). 무엇보다도 개방형 임용은 폐쇄형 임용보다 공직의 개방성, 전문성, 경쟁 등을 강조한다. 또한 새로운 구성원들이 공직에 입직함으로써 관료제의 민주적 통제에도 용이하다는 점에서 긍정적인 측면이 있다. 보다 구체적으로 개방형 임용은 평생근무가 보장되지 않으며, 계급제 보다는 직위분류제와 관련된다. 신규채용은 모든 직위에서 가능하며, 전문지

<표 10-3> 개방형 임용과 폐쇄형 임용의 비교

		개방형 임용	폐쇄형 임용
조직 차원	장점	− 외부 전문가 임용 용이 − 공무원·행정의 전문성 향상 − 행정의 질적 수준 향상 − 조직의 활력 제고 및 관료주의화 방지 − 관료제에 대한 민주적 통제 용이 − 능력기준 활용, 인사의 합리성 제고 − 기관장 리더십 발휘 범위 확대	− 장기 경험 활용으로 능률 향상 − 조직안정성과 행정의 일관성 확보 − 조직 소속감·충성심 강화 − 구성원 간 협력 및 조정 용이 − 연공기준 활용, 인사의 객관성 제고 − 직업공무원제 확립에 기여
	단점	− 장기경험 활용 불가 시 행정능률 저하 − 조직안정성과 행정의 일관성 저해 − 조직 소속감·충성심 저하 − 재직자와 갈등 및 협조 곤란 − 직업공무원제 확립에 불리	− 외부 전문가 임용 곤란 − 공무원·행정의 전문화 저하 − 행정의 질적 수준 향상에 한계 − 조직 침체 및 관료주의화 − 관료제에 대한 민주적 통제 곤란 − 기관장 리더십 발휘 범위 축소
개인 차원	장점	− 경쟁원리에 의한 능력발전	− 재직자의 승진기회 확대 − 한정된 경쟁으로 피로감 약화 − 사기 앙양 및 낮은 이직률
	단점	− 재직자의 승진기회 저하 − 과다경쟁으로 피로감 상승 − 사기 저하 및 높은 이직률	− 경쟁원리 부재로 능력 저하

출처: 김렬(2016: 269).

식이 주요 채용요건이 된다. 보수는 직무급 중심으로 단기적 형평성을 중시하며, 교육훈련은 외부의 전문훈련에 초점을 둔다. 또한 승진임용은 개방적으로 이루어지며, 승진기준은 능력 중심이 된다. 또한 보직관리는 직무수행 위주로 이루어진다.

2) 한국의 개방형 임용제 운영

한국에서 개방형 임용제도는 1999년 국가공무원법 개정을 통해 김대중 정부에서 본격적으로 도입되었다. 도입 초기 개방형 임용제도는 실·국장급 직위 중에서 전문성이 높게 요구되는 직위에 운영되었다(김정인, 2018). 각 부처별로 개방형 임용제를 실시해 오던 것을 2014년부터 인사혁신처가 통합 관리하였으며, 2015년에는 순수 민간인만을 채용하는 경력개방형 직위제도도 도입되었다(유민봉, 2022: 513). 현재 「국가공무원법」 제도 하에서 개방형 임용제는 개방형 직위와 공모직위로 운영된다. 전자는 전문성이 특히 요구되거나 효율적 정책수립을 위해 공직 내부나 외부에서 적격자를 임용할 필요가 있을 경우 운영하는 직위이며, 후자는 효율적인 정책 수립 또는 관리를 위하여 해당 기관 내부 또는 외부의 공무원 중에서 적격자를 임용하는 직위이다.[10]

특히 개방형 직위는 공모직위와 달리 외부 민간의 우수한 인재를 공직에 적극 채용하는 제도로서 공직에 새로운 활력소를 불러일으키고 동시에 정부경쟁력을 증진시키는 것을 주요 목적으로 한다. 개방형 직위 지원자는 <표 10-4>에 제시된 응시요건을 고려하여 해당 부처가 직위별 특성에 따라 선정하고, 지원자 역시 공고 요건 중 하나 이상 충족할 때 지원이 가능하다(이하 인사혁신처 홈페이지). 개방형 직위 및 공모 직위 운영지침에 의하면 개방형 직위의 경우, 고위공무

---

[10] 제28조의4(개방형 직위) ① 임용권자나 임용제청권자는 해당 기관의 직위 중 전문성이 특히 요구되거나 효율적인 정책 수립을 위하여 필요하다고 판단되어 공직 내부나 외부에서 적격자를 임용할 필요가 있는 직위에 대하여는 개방형 직위로 지정하여 운영할 수 있다.

제28조의5(공모 직위) ① 임용권자나 임용제청권자는 해당 기관의 직위 중 효율적인 정책 수립 또는 관리를 위하여 해당 기관 내부 또는 외부의 공무원 중에서 적격자를 임용할 필요가 있는 직위에 대하여는 공모 직위(公募 職位)로 지정하여 운영할 수 있다.

<표 10-4> 개방형 직위 응시요건(예시)

구분	경력	학위	자격증
고위공무원단 (예시)	관련분야 10년 이상 경력소지자 등	관련분야 박사학위 소지 후 7년 이상 경력소지자 등	총 경력 7년 이상 인자로서, 변호사 등 자격증 소지 후 관련분야 경력 4년 이상 등
과장급 (예시)	관련분야 7년 이상 경력소지자 등	관련분야 박사학위 소지 후 4년 이상 경력소지자 등	전산 직렬 기술사 등 자격증 소지 후 관련분야 경력 4년 이상 등

출처: 인사혁신처 홈페이지.

<표 10-5> 개방형 직위와 공모직위 비교

	개방형 직위	공모직위
의의	전문성이 특히 요구되거나 효율적인 정책수립을 위해 공직 내·외부의 경쟁을 통해 적격자 임용	효율적인 정책수립 또는 관리를 위해 공직 내 경쟁을 통해 적격자 임용
직위지정	고위공무원단 직위와 과장급 직위 총수의 20% 내 지정	고위공무원단 직위 총수의 30%, 과장급 직위 총수의 20% 내 지정
선발절차	소속장관·인사혁신처장이 공개모집, 중앙선발시험위원회에서 선발 시험을 진행하여 3명 이내의 임용후보자 추천, 소속장관 최종 선발	소속 장관이 공개모집, 공모 직위 선발심사위원회에서 3명 이내의 임용후보자 추천, 소속장관 최종 선발
임용기간	최소 2년(민간인 3년) 이상 임용, 총 5년 범위에서 임기연장 - 민간인의 경우 성과가 탁월하면 5년 초과 임기연장·상위직급 재채용 가능	2년간 다른 직위로의 임용제한
운영현황	'21.12월 말 기준 473개(고공단 174, 과장급 299)	'21.12월 말 기준 304개 지정(고공단 86, 과장급 218)

출처: 인사혁신처(2022a). 공무원 공모 직위 5급까지 확대, 지원 자격 완화.

원단은 소속 장관별로 고위공무원단 직위 총수의 20% 범위에서 지정할 수 있으며, 과장급 개방형 직위는 소속 장관별로 실·국장 밑에 두는 보조기관 또는 이에 상응하는 직위 총수의 20% 범위에서 지정할 수 있다.[11] 시험공고와 원서접

---

11) 이때 고위공무원단 개방형 직위의 지정비율은 중앙행정기관과 소속기관 간 균형을 유지하

수는 나라일터에서 시행되고, 인사혁신처 소속 '중앙선발시험위원회'에서 1차 서류심사와 2차 심층면접을 통해 객관적이고 공정하게 평가한다. 개방형 직위 민간전문가는 최소 3년 이상 임기가 보장되며, 총 5년 범위에서 계약 연장가능하고 총 5년 근무기간이 초과하더라도 성과에 따라 계약 재연장이 가능하다. 또한 총 임기가 3년을 넘고 성과가 탁월한 경우에는 일반직 공무원으로의 전환도 가능하다.

개방형 임용제가 시행되기 시작한 2000년 이후 전체 개방형 직위 수는 지속적으로 증가하고 있다.[12) 2000년에 개방형 지정 직위의 수는 130개였으나, 2022년에는 475개로 3.65배가 증가하였다. 충원률(충원수/지정 직위수)은 개방형 임용 시행 초기 이후 증가하다가 2005년 이후 다시 감소하였다(2005년 충원률 94%). 그리고 2013년(가장 낮은 충원률: 54%) 이후 다시 증가하고 있는 추세이다. 2000년부터 2022년까지의 기간 동안 평균 지정 직위수는 300.1개이며, 충원수는 235.5명이고, 충원률은 약 79%로 나타났다. 또한 개방형 임용의 외부임용 비율은 2000년대 초기에는 약 10% 중후반이었으나 점차 증가하여 2007년 56.1%까지 증가하다 다시 감소하여 2014년 33.0%까지 감소하였다. 그 이후 다시 증가하여 최근에는 충원 대비 외부임용 비율이 약 60% 정도로 내부임용 보다 높은 분포를 나타내고 있다. 그럼에도 불구하고 한국 공직사회에서 개방형 임용의 외부임용 비율 즉 민간인의 충원은 여전히 제한적으로 이루어지고 있다고 할 수 있다(이종수 외, 2022).

여야 하며, 과장급 개방형 직위를 지정하는 경우에는 개방형 직위의 시행 성과가 크다고 판단되는 기관, 공무원의 종류 또는 직무 분야 등을 고려하여야 한다.

12) 이는 경채의 민간경력자 일괄채용시험제도와 구분되어 논의된다. 민간경력자 일괄채용시험제도는 과거 특별채용과 유사한 성격을 지니지만 특별채용 보다 선발에 관한 절차를 체계적으로 제시하여 공정성을 확보하고 있다. 2011년 5급 공무원을 대상으로 최초 도입되어 2015년부터는 7급까지 확대되었다(이종수 외, 2022: 397). 따라서 민간경력자 일괄채용시험제도는 개방형 공직구조로의 혁신이라는 차원에서 개방형 임용제와 유사점을 지니지만 동일한 것은 아니다.

<표 10-6> 국가공무원 개방형 공무원 임용 현황

연도별	지정 직위수	충원수	충원률 (충원수/ 지정 직위수)	내부임용 (충원 대비 비율)	외부임용 (충원 대비 비율)
2000	130	65	50%	54(83.1%)	11(16.9%)
2001	131	115	88%	96(83.5%)	19(16.5%)
2002	139	118	85%	95(80.5%)	23(19.5%)
2003	142	124	87%	87(70.2%)	37(29.8%)
2004	154	136	88%	75(55.1%)	61(44.9%)
2005	156	146	94%	79(54.1%)	67(45.9%)
2006	207	166	80%	94(56.6%)	72(43.4%)
2007	220	196	89%	86(43.9%)	110(56.1%)
2008	188	136	72%	64(47.1%)	72(52.9%)
2009	182	149	82%	82(55.0%)	67(45.0%)
2010	198	157	79%	86(54.8%)	71(45.2%)
2011	246	194	79%	108(55.7%)	86(44.3%)
2012	311	235	76%	147(62.6%)	88(37.4%)
2013	421	227	54%	145(63.9%)	82(36.1%)
2014	430	288	67%	193(67.0%)	95(33.0%)
2015	443	300	68%	172(57.3%)	128(42.7%)
2016	442	341	77%	138(40.5%)	203(59.5%)
2017	444	334	75%	123(36.8%)	211(63.2%)
2018	445	366	82%	146(39.9%)	220(60.1%)
2019	458	390	85%	163(41.8%)	227(58.2%)
2020	469	405	86%	161(39.8%)	244(60.2%)
2021	473	432	91%	170(39.4%)	262(60.6%)
2022	475	398	84%	163(41.0%)	235(59.0%)

출처: 나라장터 홈페이지 재구성.[13]

3) 개방형 임용 한계와 개선방안

폐쇄형 임용이 오랫동안 지속되어 온 한국의 공직사회에서 개방형 임용제도가 도입된지 20여 년이 지났다. 개방형 임용은 전문성과 능력이 있는 민간 전문가들을 공직에 임용하여 생산성을 증진시켰으며, 공직의 활성화에 기여했다는 점에서 의의를 지닌다. 특히 2014년 개방형 직위 선발을 전담하는 별도의 '중앙선발시험위원회' 설치·운영과 2015년 민간인만을 모집·선발하는 경력개방형 직위를 도입함으로 인해 민간 인재 외부 임용률은 지속적으로 증가하고 있다는 점에서 그 성과가 있다고 할 수 있다(나라지표 홈페이지).[14]

하지만 개방형 임용제도는 여전히 그 한계를 지니고 있다. 첫째, 개방형 임용은 부처 내 특정 직위에 결원이 존재하는 경우 채용이 이루어지기 때문에 부처나 특정 직위의 특성에 따른 민간 우수 인재 확보에 어려움이 존재할 수 있다(이종수 외, 2022: 397). 또한 같은 맥락에서 민간 우수 인재의 충원이 충분히 이루어지지 않고 있다. <표 10-6>에서 살펴보듯이 외부임용이 지속적으로 증가하고 있으며 내부임용 보다 높게 나타나고 있기는 하지만, 여전히 개방형 임용은 제약적으로 이루어지고 있다.[15] 이처럼 민간 우수 인재의 채용이 쉽지 않아 무늬만 개방형 임용제라는 비판이 끊임없이 제기되었다. 여전히 내부임용 비율이 높은 이유는 한국의 공직사회에서는 공무원 출신에 대한 상대적 선호가 높기 때문이다(이종수 외, 2022: 397).

---

13) https://www.index.go.kr/unity/potal/main/EachDtlPageDetail.do?idx_cd=1020

14) 이는 정부의 적극적 직위조정 등 지속적인 개방 노력, 고위공무원단제도 시행에 따른 임용 요건 완화, 중앙인사관장기관의 '중앙선발시험위원회' 운영으로 선발의 전문성 강화 및 우수 민간 인재 영입 지속 확대, 경력개방형 직위제도 도입, 민간 임용자의 일반직공무원 전환 근거 마련, 연봉 책정범위 확대 등과 같은 다양한 처우개선을 통해 민간임용 및 개방성이 지속·확대되었기 때문이다(나라지표 홈페이지 참조).

15) 대표적인 예로 '2015~2019년 부처별 개방형 직위 임용 현황'에 의하면 45개 정부 부처별로도 개방형 직위 운영에 큰 차이가 나타났다. 인사혁신처와 여성가족부, 국가인권위원회, 민주평화통일자문회의는 5년간 민간인 채용 비율이 100%였지만, 기획재정부는 39명 중 6명(15%), 외교부는 160명 중 34명(21%), 산림청은 27명 중 6명(22%), 통계청은 30명 중 9명(30%) 등이며 방송통신위원회는 5명 전부를 공무원으로 채용하였다(굿모닝충청, 2020).

둘째, 현재 운영되고 있는 개방형 임용제는 민간 우수 인재들에게 충분한 매력을 어필하지 못하는 한계가 있다. 특히 개방형 임용자에 대한 충분한 처우 개선이 이루어지지 못하고 있다. 임기가 최소 3년 이상 보장되고 연장이 가능하지만, 임용기간이 제한되어 있다는 점에서도 한계가 있다. 민간 우수 인재가 공직에 입직하기에는 보수가 충분하지 않으며, 한국 노동시장의 직업 이동성이 낮고 임용기간이 짧다는 점을 고려할 때 민간 우수 인재가 공직을 지원할 때의 선호도가 낮을 수밖에 없을 것이다(강성철 외, 2018).

셋째, 한국의 공직사회는 오랫동안 계급제에 기반한 폐쇄형 임용제를 유지해 왔기 때문에 개방형 임용에 대한 기존 직업공무원들의 부정적 인식이 높은 편이다(조성한 외, 2011: 141-142). 특히 공채시험이라는 폐쇄형 경로를 통해 입직한 공무원들은 개방형 임용제로 입직한 공무원들의 업무성과를 긍정적으로 평가하기를 꺼리는 경향이 있다. 이러한 폐쇄형 공직문화가 정착되어 아무리 우수한 민간 인재가 공직에 입직한다 하더라도 기존 직업공무원들과의 융화가 원활하게 이루어지지 않는 한계가 발생한다.

넷째, 상대적으로 중앙부처 개방형 직위에 비해 지방자치단체의 개방형 직위 운영이 미흡하다. 현재 지방공무원법과 지방자치단체의 개방형직위 및 공모직위의 운영 등에 관한 규정에서 개방형 임용에 관한 제도적 장치가 마련되어 있다. 그러나 국가공무원의 국·과장급에 비해 지방공무원의 개방형직위 및 공모직위 대상이 낮으며(예: 시·도는 5급 이상, 시·군·구는 6급 이상 공무원 또는 이에 상당하는 공무원), 개방형 직위의 경우 범위(직위 총수의 10%)가 중앙부처보다 낮은 상황이다.[16] 이와 같은 상황에서 우수한 민간 인재가 지방자치단체에 지원할 가능

---

16) 지방자치법 제29조의4(개방형직위)에 의하면 지방자치법 등 지방자치단체의 조직 관계 법령이나 조례·규칙에 따라 시·도는 5급 이상, 시·군·구는 6급 이상 공무원 또는 이에 상당하는 공무원으로 임명할 수 있는 직위 중 임기제공무원으로도 보할 수 있는 직위는 개방형직위로 본다라고 규정되어 있다. 그리고 지방자치단체의 개방형직위 및 공모직위의 운영 등에 관한 규정에 따르면 개방형 직위의 지정은 1급부터 5급까지의 공무원 또는 이에 상응하는 공무원과 시·군 및 자치구별로 2급부터 5급까지의 공무원 또는 이에 상응하는 공무원으로 임명할 수 있는 직위 총수의 100분의 10 범위에서 지정할 수 있으며, 개방형 직위를 지정하는 경우에는 그 실시 성과가 크다고 판단되는 기관, 공무원의 종류 또는 직무분야 등을 고려하여야 한다.

성은 중앙부처보다 더욱 낮다고 할 수 있다.

따라서 향후 개방형 임용제의 성공적인 정착을 위해서는 다음과 같은 방안을 고려할 필요가 있을 것이다. 첫째, 우수한 민간 인재가 개방형 직위에 적극 지원할 수 있는 정책적 수단을 활용할 필요가 있다. 우선 개방형 직위의 보수를 향상하는 방안을 고려할 필요가 있다. 물론 공무원 보수 특성상 민간수준으로 개방형 직위 보수를 향상시키기는 어렵겠지만, 민간 출신의 우수한 인재가 공직에 매력을 느껴 더욱 활발하게 공직에 지원할 수 있도록 적극적인 보상정책을 마련할 필요가 있을 것이다. 근무시간 조정, 유연화 등의 다른 우대정책들도 마련하여 우수 민간 인재가 공직을 선호하고, 지원할 수 있는 방안을 마련해야 한다.

둘째, 개방형 임용 범위를 확대할 필요가 있다. 현재 개방형 임용의 범위가 고위공무원단과 과장급 중심의 고위직에 한정되었다는 비판이 있다. 개방형 임용의 궁극적인 목적은 공직 침체를 예방하고 다양한 경험이 있는 인재를 외부 인사로 채용함으로써 공직사회 활력을 증진시키는 것이다. 이러한 개방형 임용제의 목적을 고려해 볼 때 현재 고위공무원단과 과장급 개방형 직위에서 개방형 임용 범위를 보다 하위 직급으로 확대하는 방안을 고려할 필요가 있다. 이와 관련해 최근 정부에서 공무원 임용령을 개정하여 개방형 임용 범위를 4급 이상 임기제 공무원으로 확대하기로 한 것은 상당히 의미가 있다고 할 수 있다.[17] 또한 같은 맥락에서 정부는 개방형 직위 및 공모 직위의 운영 등에 관한 규정을 개정하여 공직 내 경쟁을 통해 적격자를 임용하는 공모 직위 범위를 고위공무원단과 과장급에서 5급(이하 '담당급 직위')까지 확대하기로 하였다.

셋째, 직업공무원의 개방형 임용 공무원에 대한 인식 전환이 필요하다. 직업공무원들은 여전히 개방형 임용 공무원들에 대해 '어차피 나갈 사람', '잠시 머물다 갈 사람'으로 인식하는 경향이 있다. 이 때문에 관리자급인 개방형 임용 공무원들의 업무지시도 원활하게 받아들여지지 않는 한계가 있다(김정인, 2020:

---

17) 정부의 공무원 임용령 개정안에 의하면 각 기관에서 요청하는 개방형 직위에 적합한 민간 우수 인재를 발굴하여 응시를 안내하는 정부 민간 인재 영입 지원(정부 헤드헌팅)의 범위를 4급 이상 임기제 공무원으로 확대하기로 하였다(메디컬 월드, 2023).

465). 향후 개방형 임용제를 개선하기 위해 직업공무원들이 개방형 임용 공무원들과 조화를 이룰 필요가 있다. 이때 공직사회 생산성이 효과적으로 향상될 것이라는 인식을 가져야 할 것이다.

마지막으로, 우수한 민간 인재를 유치하기 위해서는 적극적 모집활동이 필요하다. 민간서치펌, 대학, 관련단체 등에 의뢰하는 등 더욱 다양한 홍보를 통해 우수한 외부전문가를 유치할 수 있도록 노력할 필요가 있다(나라지표 홈페이지 참조).

2. 균형인사정책

1) 균형인사정책 의의

한국의 공직사회는 채용과정의 대표성, 민주성, 형평성 증진을 위해 균형인사정책(balanced-personnel policy)을 시행하고 있다(김정인, 2018). 균형인사정책은 "과거로부터의 차별적인 인사관행으로 인해 상대적으로 공직에서 소외되었던 여성, 장애인, 과학기술인력, 지방인재 등 소수집단을 적극적으로 공직에 임용하고 활용하는 인사제도"를 의미한다(유민봉·박성민, 2013: 418). 균형인사정책은 형평성, 다양성, 민주성 등의 행정가치를 중시하는 사회적 경향을 반영하는 정책이다(Colvin, 2107). 따라서 균형인사정책은 다양성 관리, 적극적 평등실현, 대표관료제 등과 같은 이론적이고 규범적 차원을 포함하는 정책 차원의 개념으로 볼 수 있다(조태준·김상우, 2021).

특히 균형인사정책은 대표관료제를 실현하기 위한 한국의 대표적 인사정책이다(임도빈·유민봉, 2019). 균형인사정책은 채용과정에서 차별을 시정하는 적극적 조치라는 관점에서 대표관료제와 유사한 맥락이라고 할 수 있다. 균형인사정책은 고용할당제 또는 가산점 등의 방식으로 대표관료제의 이념과 가치를 실현하기 위한 적극적 평등 실현 제도라고도 할 수 있는 것이다. 그럼에도 불구하고 한국의 균형인사정책은 서구의 대표관료제 정책[예: 미국의 적극적 평등실현조치(affirmative

action)]과는 다소 차이가 있다. 미국의 적극적 평등 실현 조치가 인종과 민족 등의
대표성을 우선 한다면, 한국의 균형인사정책은 유교적 전통에 따른 권위주의 문
화, 남성 우위 문화, 수도권 중심의 지역소외로 인한 성별, 지역, 계층, 이념 등의
대립을 극복하기 위하여 도입되었다는 점에서 차이가 나타난다(진종순, 2009;
Bradbury & Kellough, 2011). 즉 한국의 균형인사정책은 과거 성장위주 정책에서 벗
어나 공공가치 실현과 공동체 발전에 대한 관심이 증가함에 따라 정부의 인사운영
에 있어서도 실적주의 인사원칙과 함께 공직 구성의 다양성과 대표성, 형평성 등
을 제고하는 통합인사정책이라고 할 수 있다(인사혁신처 홈페이지 참조).

<그림 10-6> 한국의 균형인사제도 추진전략

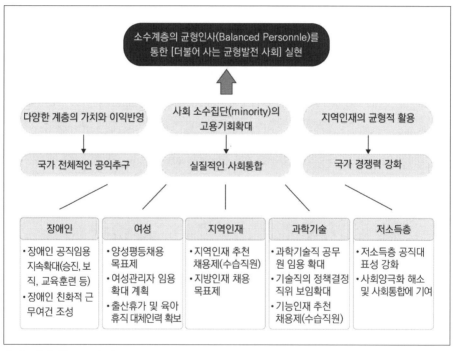

출처: 김정인(2018: 619).

균형인사정책은 인구구성의 대표성을 확보하기 위해 반드시 도입·운영될
필요가 있다. 오랫동안 공직사회에서 소외되었던 다양한 계층들이 공직에 입문

하기 위해서는 이들을 제도적·정책적으로 보호할 수 있는 장치가 필요하다. 또한 균형인사정책은 공직사회 인구구성의 다양성을 확보하여 조직 내 창의성을 증진시키고 궁극적으로 생산성을 향상시킨다는 점에서 긍정적으로 평가된다. 이러한 다양성 관리 차원에서도 균형인사정책은 더욱 활성화될 필요가 있다.

2) 균형인사정책 현황

한국은 2005년에 국가공무원법을 개정하여 장애인·지방인재·이공계·저소득층 등이 공직에 원활하게 진출할 수 있도록 하였으며, 실질적 평등을 구현하기 위한 적극적 우대정책을 실시하고 있다.[18] 국가공무원법 제26조(임용의 원칙)에서 "공무원의 임용은 시험성적·근무성적, 그 밖의 능력의 실증에 따라 행한다. 다만, 국가기관의 장은 대통령령 등으로 정하는 바에 따라 장애인·이공계전공자·저소득층 등에 대한 채용·승진·전보 등 인사관리상의 우대와 실질적인 양성 평등을 구현하기 위한 적극적인 정책을 실시할 수 있다."라고 규정하면서 균형인사정책의 법적 근거를 마련하였다. 같은 맥락에서 지방공무원의 경우 균형인사는 2007년에 지방공무원법을 개정하여 균형인사대상을 확대하는 등 제도적 기반을 마련하였다.[19]

그 후 정부 균형인사를 정착하기 위한 제도적·정책적 노력이 지속되다가 2018년에 공직 내 통합인사 정책의 중장기 비전과 목표를 제시하고 정책대상별 추진과제를 담은 '제1차 균형인사 기본계획(2018~2022)'을 수립하였다. 이 계획은 '차별없는 균형인사를 통한 사회적 가치의 실현'이라는 비전을 달성하기 위한 범정부 차원의 종합적인 균형인사 정책이다. 기존 균형인사정책이 주로 여성, 장애

---

18) 물론 이전에도 성별의 다양성을 중시하는 채용정책인 '여성채용목표제'가 1996년부터 시행되었다. 그럼에도 불구하고 2005년 국가공무원법 개정을 통해 공직 내 소수집단에 대한 인사관리상 우대와 실질적 양성평등 구현의 적극적 우대정책이 실현되었다고 할 수 있다(조태준·김상우, 2021).

19) 지방공무원법 제25조(임용의 기준)에서는 "공무원의 임용은 시험성적, 근무성적, 경력평정, 그 밖의 능력의 실증(實證)에 따라 한다. 다만, 지방자치단체의 장과 지방의회의 의장은 대통령령으로 정하는 바에 따라 장애인, 이공계 전공자, 저소득층 등에 대한 임용·승진·전보 등 인사관리상의 우대와 실질적 양성평등을 실현하기 위한 적극적인 정책을 실시할 수 있다."라고 규정한다.

<표 10-7> 제1차 균형인사 기본계획의 주요 내용

구분	내용	대상
공직 내 실질적 양성평등 제고	① 여성관리자 임용 확대: 고위공무원단 10% 이상, 본부 과장급 21% 이상 ② 업무영역별 성별 불균형 해소: 주요직위 여성임용 확대, 양성평등채용목표제 강화 ③ 일과 생활의 균형 강화: 모성보호 강화를 위한 다각적 지원체계 마련	여성
장애인이 일하기 좋은 공직 여건 조성	① 의무고용률 이행 제고: 법정 의무고용 비율의 두 배 이상 ② 중증장애인 채용 확대: 중증장애인 채용 시, 정원 외 초과현원 인정 ③ 장애인공무원 근무환경 개선 ④ 장애인공무원 역량강화 ⑤ 장애인 친화적 조직문화 조성 등	장애인
우수한 지역인재 채용으로 지역대표성 강화	① 지역인재 선발 확대: 지방인재채용목표제 적용 기간 연장 ② 고졸인재 선발 확대: 특성화고 등 지역인재 9급 수습 직원 선발 강화	지방 거주자
4차 산업혁명시대 정부대응성 강화	① 이공계 관리자 임용 확대: 고위공무원단 임용 비율 30% 및 5급 신규채용 40% 달성 ② 과학기술 인재 적극 활용: 4차 산업혁명시대 대비 직렬 개편 등 ③ 과학기술 인식 제고: 기본교육과정 중 과학기술 관련 교육 의무화 등	이공계 전공자
사회통합형 인재 채용 확대	① 저소득층: 저소득층 구분모집 비율 및 적용 시험 확대 검토 ② 다문화가족: 퇴직공무원 사회공헌사업, 권역별 공직 설명회 개최 등을 통한 홍보 강화. 향후 사회진출 증가가 예상되는 다문화가정 2세의 공직 활용 방안 마련 ③ 북한이탈주민: 북한이탈주민의 공직 내 다양한 활용 분야 개발	저소득층, 다문화 가족, 북한이탈주민

출처: 인사혁신처(2018). 「제1차 균형인사 기본계획(2018~2022)」; 조태준·김상우(2021) 재인용.

인, 지역인재 등 정책대상별 분절적 정책으로 추진되고 채용할당이라는 단기적 성과달성에 초점을 맞췄다면, '제1차 균형인사 기본계획'은 채용-인사관리-조직문화 전반에 걸친 종합적 균형인사 정책을 시행하였다는 점에서 중요한 의의

가 있다(김정인, 2018: 617).[20]

보다 구체적으로 한국 공직사회의 균형인사정책은 다음과 같이 시행되고 있다. 첫째, 가장 대표적인 균형인사정책은 양성평등 정책이다. 1995년 여성발전 기본법 제정에 따라, 1996년 시행된 '여성채용목표제'는 목표를 달성하여 2003년 부터 '양성평등채용목표제'로 전환해 운영하고 있다(김정인, 2018).

<그림 10-7> 행정부 국가공무원 여성 현원 및 비율 추이

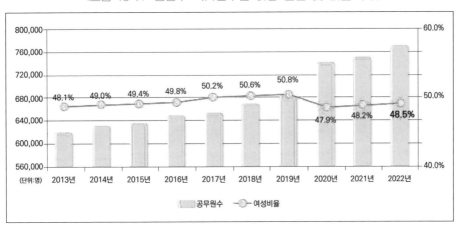

출처: 인사혁신처(2023d). 2022년 국가공무원 인사통계.

그 결과 여성의 공직 진출이 활발해져 여성공무원 비율은 상당히 증가하였다. 지난 10년(2013년부터 2022년) 기간 동안 행정부 국가공무원 여성비율은 약 50% 정도로 과거에 비해 크게 증가하였다. 2017년부터 2019년까지 여성공무원은 남성공무원 수를 초월하였다. 이와 같이 양적인 측면에서는 양성평등이 어느 정도 이루어졌다고 할 수 있다. 그럼에도 불구하고 여전히 고위직(관리직)의 여성 비율은 높지 않은 편이다. 2021년말 기준으로 여성공무원은 전체 고위공무원의 약 10%를 차지하여 전체 여성공무원에 비해 과소대표 되었다고 할 수 있다(인사 혁신처 홈페이지).

---

20) 정부는 2023년에 공직사회 다양성·포용성·통합 제고를 위해 '제2차 통합(균형)인사 기본 계획(2023~2027)'을 준비하고 있다(인사혁신처 홈페이지 참조).

둘째, 장애인 고용 우대정책이 실행되고 있다. 장애인들의 소득보장 기회를 제공하고, 사회참여 기회를 확대하기 위한 장애인 고용정책은 2009년부터 국가 및 지방자치단체에서 장애인 의무고용률이 2%에서 3%로 상향되면서 활성화되었다. 그리고 2007년 공무원임용시험령을 개정하여 중증장애인만 응시할 수 있는 '중증장애인 일괄 경력경쟁채용시험'을 도입하였다(김정인, 2018: 614).[21] 그 결과 중앙행정기관의 연도별 장애인 고용률은 지속적으로 증가하였으며, 2021년말 3.68%로 정부부문 장애인 법정 의무고용률 3.4%를 초과하였다(인사혁신처 홈페이지 참조).

<그림 10-8> 연도별 중앙행정기관의 장애인 고용률

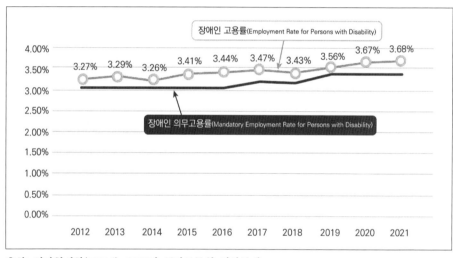

출처: 인사혁신처(2023d). 2022년 국가공무원 인사통계.

셋째, 우수한 인재의 수도권 집중현상에 대비하고 지역 간 인재 불균형을 해소하기 위하여 지역에 대한 인재 우대정책을 실시하고 있다. 이는 '지방인재 채용목표제'와 '지역인재 추천채용제'로 운영된다. 전자는 우수한 인재를 채용하

---

21) 이외에도 정부에서는 신규채용 시 장애인 구분모집제 실시, 중증장애인 경력경쟁채용, 장애인공무원 인사관리지침 법적 근거 마련, 장애인 수험편의 지원 확대 등 다양한 정책수단을 도입하여 운영하고 있다(인사혁신처 홈페이지 참조).

기 위해 2007년부터 5급 국가공무원 공채시험에서 운영되었으며, 2015년에는 7급 국가공무원 공채시험에서도 도입 운영되고 있다.[22] 후자는, 공직의 지역대표성 제고, 국가 균형 발전 제고, 고졸 출신 공직 진출 확대를 위해 2005년부터 인턴제 방식으로 운영되고 있다. 2005년에 6급으로 선발해오다 2010년부터는 7급으로 선발하고 있으며, 2012년에는 9급으로까지 확대하여 선발하고 있다(인사혁신처 홈페이지 참조).[23]

넷째, 이공계 출신 지원자 우대정책이 실시되고 있다. 정부는 '균형인사 기본계획'을 통해 5급 국가공무원 신규 채용 시 40%를 이공계 공무원으로 채용하고, 고위공무원의 30% 이상을 이공계 공무원으로 임용하도록 권고하고 있다(인사혁신처 홈페이지 참조). 마지막으로, 사회통합과 사회양극화 문제를 해결하기 위해 사회통합인재 채용 차원에서 저소득층 고용 우대정책이 실시되고 있다. 보다 구체적으로 2009년 저소득층 공직 진출제도를 도입하여 운영하고, 9급 공채 인원의 2% 이상 및 9급 경채 인원의 1% 이상을 저소득층(국민기초생활보장법에 따른 수급자 또는 한부모가족지원법에 따른 지원대상자)으로 채용하고 있다. 그리고 신규 소수집단(예: 다문화 가족, 북한이탈주민 등)을 위해 공직 채용정보를 지속적으로 제공하고 있다(인사혁신처 홈페이지 참조).

3) 한국 균형인사정책의 한계와 발전방안

한국 공직사회에서 균형인사정책은 사회적 소수 또는 약자들의 공직 진출을 확대하고 그들의 역량을 충분히 발휘할 수 있도록 하는 근무여건을 마련했다는 점에서 긍정적인 의미를 지닌다고 할 수 있다. 다만, 현재 운영에 있어서 다

[22] 이는 5·7급 공채 및 외교관후보자 선발시험 중 선발예정인원이 10명 이상인 시험단위에서, 지방인재(서울시를 제외한 지방소재 학교 출신 합격자)가 일정비율(5급·외교관 20%, 7급 30%)에 미달할 경우 선발예정인원 외에 추가로 선발하는 제도이다(인사혁신처 홈페이지 참조).

[23] 이는 지역인재 7급의 경우 학사학위 취득(예정)자를 학교추천을 통해 선발하여 1년간 수습근무 후 일반직 7급 국가공무원으로 임용여부를 결정하며, 지역인재 9급은 특성화고·마이스터고 등 졸업(예정)자를 학교추천을 통해 선발하여 6개월간 수습근무 후 일반직 9급 국가공무원으로 임용여부를 결정하는 제도이다(인사혁신처 홈페이지 참조).

음과 같은 한계점이 고려되고 있기에 이에 대한 개선방안을 적극적으로 마련할 필요가 있다.

첫째, 균형인사정책은 대표관료제를 기반으로 사회적 약자를 우선 채용하는 제도이다. 하지만 이로 인해 오히려 능력 있는 지원자가 차별을 받는 역차별(reverse discrimination) 문제가 발생할 수 있다. 균형인사정책이 할당제 또는 가산제 등으로 운영되기에 사회적 소수 또는 약자 보호는 결국 다른 계층의 피해를 초래할 수밖에 없다. 최근 이러한 염려가 현실화 되고 있다. 2023년 6월 29일 미국 연방대법원(Supreme Court)은 미국 대학입시의 소수 인종을 우대하기 위한 적극적 평등실현조치(affirmative action)가 위헌이라고 판결하여 큰 파장을 불러 일으키고 있다. 공정한 입학을 위한 학생들(SFA)이 하버드대학교와 노스캐롤라이나대학교를 상대로 제기한 헌법소원에서 미국 연방대법원은 6대 2, 6대 3 의견으로 위헌결정을 내렸다(한국일보, 2023).[24] 물론 이러한 결정은 미국의 대학입시 소수 인종 우대정책 위헌결정이라는 점에서 채용 등 적극적 평등실현조치를 전면 부정하는 것은 아니다. 또한 이는 한국의 균형인사정책들과는 다소 성격이 다르기에 위 판결을 그대로 적용하기는 어려울 것이다. 그럼에도 불구하고 다양성을 중시하는 정책들이 이러한 판결에 부정적인 영향을 받을 수밖에 없기에 균형인사정책들이 다소 위축될 가능성이 충분히 존재한다. 이미 미국에서는 이러한 판결 결과가 전 사회적으로 영향을 미치는 모습이 포착되고 있다(중앙일보, 2023).

<미국 적극적 평등실현조치 연방법원 위헌 판결 영향 사례:
미국 기업 내 다양성 조치도 불안>

미국 대학들의 소수 인종 입시 우대 정책에 위헌 결정이 내려진 것과 유사하게 기업 내 다양성 조치도 안팎에서 도전받고 있다고 월스트리트저널(WSJ)이 3일 보도했다.

미국에선 2020년 5월 흑인 남성 조지 플로이드의 사망 사건을 계기로 기업들의 다양

---

24) 존 로버츠 대법원장은 다수 의견에서 "너무 오랫동안 대학교들은 개인의 정체성을 가늠하는 잣대로 기술, 학습 등이 아니라 '피부색'이라는 잘못된 결론을 내렸다. 미국의 헌정사는 그런 선택을 용납하지 않는다. 학생들은 인종이 아니라 개개인의 경험에 따라 대우받아야 한다"고 주장하였다(한국일보, 2023).

성·형평성·포용성(DEI) 정책이 강화됐다. 그러나 불확실한 경제 상황으로 인해 사내 DEI 관련 예산과 인력은 설 자리를 잃고 점점 줄고 있다.

여론조사 기관 갤럽이 대기업 인사 책임자 140명을 대상으로 한 설문조사를 보면 향후 12개월 내 DEI 예산을 늘릴 계획이라고 응답한 비율은 59%로, 지난해의 84%보다 대폭 줄었다. 워싱턴 DC에서 컨설팅 회사를 운영하는 돈 크리스천도 WSJ에 "기업 고객들이 다양성 예산을 삭감하고 있다"고 말했다.

사람들의 인식도 변하고 있다. 지난 3월 인력공급업체 켈리가 1,500명의 최고 경영진, 이사회 멤버, 부서장을 대상으로 실시한 설문조사 결과 이들 중 약 20%만이 다양성에 관해 열린 대화를 나눌 의향이 있다고 답했다. 이는 전년도의 30%보다 감소한 수치다.

지난 5월 발표된 퓨 리서치 센터의 설문조사에선 조사 대상자 중 약 40%가 다양한 인종이 함께 일하는 직장이 별로 중요하지 않다고 답하기도 했다.

다양성 정책에 대한 직장 구성원들의 불만도 적지 않다. 우선 소수자들은 회사의 다양성 정책이 여전히 미흡하다는 입장이다. 지난 5월 온라인에서 열린 다양성 관련 토론회에서 버라이즌과 제록스 임원들은 유색인종 채용과 승진이 더딘 점에 직원들이 실망했다는 점을 언급했다. 특히 제록스 내 일부 흑인 직원과 경영진은 회사가 약속을 충분하고도 신속히 이행하지 않는 것에 우려를 표명하기도 했다고 제록스 내 다양성 책임자인 예타 톨리버는 전했다.

반면 회사의 다양성 정책으로 오히려 불이익을 받는다는 불만도 높다. 글로벌 헤드헌팅 회사인 '하이드릭&스트러글스'의 DEI 담당 조너선 맥브라이드는 "고객사들은 (다양성 정책으로) 일부 직원들을 소외시키지 않을까 우려하고 있고, 특히 백인 남성 직원의 소속감이 떨어지고 있다고 말한다"고 전했다.

근로환경 자문 업체인 킨센트릭의 설문조사에 참여한 백인 남성 절반 이상은 직장에서 평가절하되거나 자신의 기여를 충분히 인정받지 못하는 것처럼 느낀다고 답했다. 비(非)백인 남성 가운데 같은 답을 한 비율은 약 43%였다.

출처: 중앙일보, 2023년 7월 5일자 기사 발췌

따라서 향후 정부는 할당제 또는 가산점 부여라는 다소 기계적이고 소극적인 균형인사정책에서 벗어나 다양한 정책 방안을 모색할 필요가 있을 것이다.

둘째, 한국의 균형인사정책은 채용정책에만 머무르는 한계가 있다. 균형인사정책이 성공적으로 정착하기 위해서는 다양한 사회구성원들이 공직사회에서 잘 적응하도록 하는 것도 매우 중요하다. 이를 위해 균형인사정책은 채용정책에서 확대하여 승진, 성과관리, 보직관리 교육훈련 등 인사관리 전반과 연계해서 적용될 필요가 있을 것이다(김상숙 외, 2020). 이와 관련된 대표적인 논의가 관리자급에서의 양성평등 정착이다. 앞으로는 채용에 있어서 어느 정도 성과가 나타난 양성평등정책을 넘어 관리자급에 있어서도 여성 등 약자, 소외계층의 진출을 확대시키는 방안이 필요하다. 이를 위해 관리직 및 주요 직위에서의 성별 등 특성을 고려한 임용 현황을 지속적으로 관리하여 공직 내 인사관리에서 차별적 요소를 해소하고 실질적 평등을 실현할 수 있도록 해야 한다.[25]

셋째, 장애인 등 사회적 소수 계층의 공직 입직이 양적으로 증가하였다는 점에서는 의의를 지니지만, 이들이 일할 수 있는 근무여건이 충분히 마련되지 못했다는 점에서는 한계를 지닌다. 장애인 등 사회적 소수 계층이 일하기 좋은 환경이 형성될 때 그들의 역량은 더욱 증진될 수 있으며 균형인사정책의 궁극적인 목적이 달성될 수 있다. 향후 정부는 장애인 공무원 희망보직제 실시 등 그들을 위한 근무지원을 확대해 나갈 필요성이 있다.[26]

넷째, 한국의 균형인사정책은 성과관리 및 실적관리와의 연계가 충분히 이루어지지 않고 있다. 균형인사정책은 소외 계층을 우대하여 채용하는 정책이기 때문에 다소 전문성이 낮은 계층이 공직에 입직할 수 있다. 물론 균형인사정책이 사회적 약자를 보호하기 위한 형평성 우위의 정책이라 하더라도 궁극적으로는 공직사회 생산성이 증진되지 않는다면 균형인사정책을 지속하기는 어려울 것이다. 따라서 균형인사정책을 성과관리와 연계할 필요성이 있다. 균형인사정책을 채용-인사관리-조직문화와 연계하여 시행하고, 조직 내 생산성을 향상시킬

---

25) 정부는 여성관리직 비율 개선을 위하여 그간 '여성관리자 임용현황 관리'(2002~2006년 5급 이상, 2007~2017년 4급 이상)를 지속적으로 추진해오고 있다. 대표적인 예로 2018년부터 관리 대상을 실질적인 의사결정권한을 갖는 고위공무원단 및 본부과장급으로 상향하여 추진해나가고 있으며, 여성관리자 후보자풀 확대를 위해 2017년 말 '균형인사지침'을 개정하여 중앙부처별로 주요직위(본부 실·국별 주무부서, 공통부서의 기획·인사·예산·감사 담당부서의 과장-총괄/담당계장-총괄/담당주무관)를 지정하고, 양성평등 주요직위 임용 노력을 의무화하고 있다(인사혁신처 홈페이지 참조).
26) 정부는 2015년부터 보조공학기기와 근로지원인 서비스를 제공하고 있다(인사혁신처 홈페이지 참조).

수 있는 방안을 함께 고려해야 할 것이다.

3. 그 외 인사정책

1) 블라인드 채용

블라인드 채용은 "입사지원자들이 이력서에 성별, 출신지, 출신 대학, 사진 등 차별적 요소로 작용할 수 있는 사항들을 기재하지 않음으로써 지원자들의 개인적 배경이 심사위원들에게 영향을 미치지 않고, 편견에서 벗어나도록 하는 것"을 의미한다.[27] 블라인드 채용의 목적은 학연, 지연, 혈연의 연고주의를 탈피하여 채용의 공정성과 투명성을 증진하기 위한 것이다(김정인, 2018). 이러한 특성으로 인해 블라인드 채용은 무자료면접 또는 백지면접이라고도 명명된다(임도빈·유민봉, 2019). 현재 한국의 공무원 시험에서 블라인드 채용은 다음과 같이 진행된다(뉴시스, 2023). 공무원 선발에 있어 공채는 2005년도부터 응시원서에 학력란을 없애고 면접에서도 학력, 연령, 시험성적 등의 정보를 제공하지 않고 있으며, 경채의 경우에도 2017년 8월부터 직무수행에 불필요한 신상정보를 제시하지 않는 '이력서 표준서식'을 마련하였다.

블라인드 채용은 첫째, 일반면접에서 발생할 수 있는 면접자의 편견 또는 학연·지연 등으로 인한 평가자의 오류를 방지할 수 있다는 점에서 장점이 있다(Meena, 2016). 둘째, 평가자의 선입견을 최대한 제한하여 평가의 공정성과 객관성을 증진할 수 있는 장점이 있다. 그럼에도 불구하고 블라인드 채용 방식이 과연 선발의 타당성과 신뢰성을 확보할 수 있는가에 대해서는 의문이 제기된다(이하 임도빈·유민봉, 2019: 208). 블라인드 채용은 평가자의 편견 없이 측정한다는 측면에서 타당성이 높다고 할 수 있지만, 평가자의 자의성에 따라 블라인드 채용을 한다면 오히려 이는 타당성을 저해할 수 있다. 또한 블라인드 채용의 측정결과가 시간과 장소에 따라 달라질 수 있어 신뢰성을 더욱 저해시킬 수 있다는 점

---

27) 다음 백과사전(2023), 블라인드 채용.

에서 한계가 있다.

이와 관련해 최근 정부는 블라인드 채용이 연구직 등에서는 우수한 인재를
채용하는 데 적합하지 않다는 이유로 국가공무원 임용시험 및 실무수습 업무처
리 지침(예규)를 개정하여 블라인드 채용을 탄력적으로 운영하기로 하였다(인사혁
신처, 2023e). 연구직 공무원 채용 시 기존에는 학위취득기관을 제외한 전공·학
위·논문 등을 바탕으로 평가를 실시하였으나 이를 개선하여 각 기관별로 연구
능력 검증을 위해 학위취득기관을 포함한 필요정보를 정할 수 있도록 하여 블라
인드 채용을 탄력 적용하기로 한 것이다.

<표 10-8> 블라인드 채용 표준질문서

구분	질문내용	응답
사회적 책임	– 귀하가 생각하는 국가의 사회적 약자에 대한 책임은 무엇입니까? – 탈북자가 1년간만 같이 살게 해달라고 하면 어떻게 하시겠습니까?	
성격	– 가장 존경하는 사람은 누구입니까? – 개인적인 스트레스는 어떤 방식으로 해결합니까? – 자신의 성격에서 장·단점은 무엇이라고 생각합니까?	
취미생활	– 지난 휴일에는 하루를 어떻게 보내셨습니까? – 최근에 가장 감명깊게 읽은 책은 무엇입니까?	

출처: 임도빈·유민봉(2019: 207).

2) 인사교류

인사교류는 "담당 업무의 성격이 같은 범위 내에서 기관 간 이동이 자유스
러운 인사체계"를 의미한다(강성철 외, 2018: 262). 인사교류는 보수나 계급의 변동
없이 수평적으로 자리 이동하는 배치전환의 한 유형으로 볼 수 있다. 인사교류
의 목적은 공무원의 능력발전뿐만 아니라 기관의 직무수행 향상을 위한 것이다
(임도빈·유민봉, 2019: 284). 한국의 공직사회 신규채용은 중앙인사기관이나 광역
지방자치단체에서 일괄채용하는 경우가 많아 사실상 지원자들이 원하는 곳에서

첫 업무를 시작하기 어렵다. 이러한 상황에서 인사교류를 허용하는 것은 개인의 능력·경력발전, 개인의 적성에 맞는 근무처 근무를 통한 개인의 동기부여 증진 등 다양한 차원에서 긍정적인 영향을 미칠 수 있다(강성철 외, 2018: 262). 또한 범정부적 인사교류 확대는 기관 간 칸막이 행정을 줄이고 협업을 촉진시키며, 상호 기관 간 전문성을 공유하여 원활하고 빠른 의사결정을 통해 속도감 있는 정책추진을 지원할 수 있다는 장점도 지닌다(인사혁신처, 2023). 특히 인사교류는 기관 차원에서 인력활용의 고립주의를 탈피하여 융통성 있는 인력 활용에 기여할 수 있는 방안이다. 뿐만 아니라 공무원들의 시야를 넓혀 기관 간 파벌과 배타성을 줄일 수 있다. 특히 현대사회에서는 공공업무가 상호 관련성 및 통합성이 높아 원활한 업무 수행에도 기여할 수 있다(강성철 외, 2018).

인사교류의 유형은 <표 10-9>와 같다. 인사교류는 우선 정부기관 교류(정부기관 상호 간 교류와 지방자치단체 상호 간 교류)와 민간기관과의 교류로 분류된다.28) 한국의 인사교류는 국가공무원법과 지방공무원법에 기반을 두고 시행되고 있다.29) 현재 한국에서는 계획인사교류와 수시인사교류로 나누어 시행하고 있다(<표 10-10> 참조).

---

28) 민간기관과의 교류에서 대표적인 예인 민간근무 휴가제의 경우 국가공무원법 제71조 제2항 1호 "국제기구, 외국 기관, 국내외의 대학·연구기관, 다른 국가기관 또는 대통령령으로 정하는 민간기업, 그 밖의 기관에 임시로 채용될 때"에 법적 근거를 마련하고 있다.

29) 국가공무원법 제32조의2(인사교류)에 의하면 인사혁신처장은 행정기관 상호 간, 행정기관과 교육·연구기관 또는 공공기관 간에 인사교류가 필요하다고 인정하면 인사교류계획을 수립하고, 국무총리의 승인을 받아 이를 실시할 수 있다. 또한 지방공무원법 제30조의2(인사교류)에 의하면 교육부장관 또는 행정안전부장관은 인력의 균형 있는 배치와 지방자치단체의 행정 발전을 위하여 교육부 또는 행정안전부와 지방자치단체 간, 시·도를 달리하는 지방자치단체 간에 인사교류가 필요하다고 인정하면 교육부 또는 행정안전부에 두는 인사교류협의회가 정한 인사교류 기준에 따라 인사교류안을 작성하여 해당 지방자치단체의 장 또는 지방의회의 의장에게 인사교류를 권고할 수 있다. 이 경우 해당 지방자치단체의 장 또는 지방의회의 의장은 정당한 사유가 없으면 인사교류를 하여야 한다.

<표 10-9> 인사교류 유형

정부기관의 교류		민간기관과의 교류
정부기관 상호간 교류	지방자치단체 상호 간 교류	

• 중앙부처 상호 간
• 정부－공공기관 간
• 정부－대학·연구기관 간
• 중앙－지방자치단체 간
	• 교육담당·자치담당 중앙부처－
	  지방자치단체 간
	• 광역자치단체－기초자치단체 간
	• 광역자치단체 내의 기초자치단체 간
	• 자치단체－교육·연구기관 및 공공
	  기관 간
	• 이웃 자치단체 간
		• 민간근무 휴가제
		• (민간 전문가 파견제)

출처: 강성철 외(2018: 265).

<표 10-10> 한국 인사교류 현황

	계획인사교류	수시인사교류
목적	정부 인력의 균형있는 배치 및 효율적 활용, 국가정책수립과 집행의 연계성 확보	맞벌이, 육아, 부모봉양 등 공무원 고충해소
대상직급	실·국장급(고위공무원), 과장급(3~4급), 실무자급(4~9급) 및 민간전문가	행정부 및 지자체 4~9급 일반직 공무원
기관유형	중앙↔중앙, 중앙↔지방, 중앙↔공공(연구)기관	중앙↔중앙, 중앙↔지방, 지방↔지방
선정기준	－ 업무연관성, 상호 협조 필요성이 큰 직위 － 국정과제 및 현안 추진, 기관 간 소통과 협력, 전문성 상호 활용, 조직 활력 제고 등 교류를 통해 시너지를 창출할 수 있는 직위 등	－ 일 직렬·계급의 나라일터 신청자 중 희망부처, 지역 등 조건이 매칭된 자
교류형태	－ 상호 파견형식, 필요시 전출입 가능 － 교류기간 1년단위(5년 범위 내 연장 가능) 근무 후 원소속 복귀	1:1 또는 다자간 상호 맞교환(부처간 전보 또는 국가·지방간 경력채용)
제한요건	－ 승진임용 제한기간 중에 있는 자 － 전출제한기간이 지나지 않은 자 － 일반승진시험 요구 중에 있는 자	－ 법령에 의하여 전보가 제한되는 자 － 시보임용 중인 자 및 필수실무관으로 지정된 자

출처: 인사혁신처 홈페이지.

　　정부기관 간 인사교류는 중앙부처 상호 간, 정부－공공기관 간, 정부－대학·
연구기관 간, 중앙－지방자치단체 간 교류가 대표적이다. 이 중에서 지난 10년
동안(2013년부터 2022년까지) 중앙부처 간 일반직 공무원 인사교류 현황을 살펴보
았다. <표 10-11>에서 보듯이 일반직 공무원의 경우 전체 전보 수 중에서 부
처 간 인사교류 분포는 그리 높지 않았으며, 부처 간 전보 수는 일관되지 않게
나타났다. 2013년부터 2017년까지의 인사교류는 다소 활성화 되었으나, 2018년
이후 다시 감소되는 경향이 있었다. 특히 부처 간 인사교류는 업무 관련성이 높
고 부처 간 협업의 필요성이 큰 직위, 기능이나 고객이 중첩되어 교류가 필요한
직위, 특정 이익집단의 영향력에서 벗어날 필요가 있는 직위, 인사교류를 통해
정책개발과 업무혁신이 발생할 수 있는 직위에서 이루어지는 것이 원칙이며, 이
와 관련해 인사교류가 이루어진 것으로 나타났다(강성철 외, 2018: 265).[30]

<표 10-11> 부처 간 인사교류 현황(2013년-2022년)

	2013	2014	2015	2016	2017	2018	2019	2020	2021	2022
일반직 전체 전보 수	52,061	59,242	54,419	48,310	54,996	55,400	57,927	58,573	60,705	60,729
일반직 부처 간 전보 수	930	917	1,059	949	1,149	938	980	881	1,126	916
부처 간 인사 교류 비율 (일반직 부처 간 전보 수/ 일반직 전체 전보 수)	1.79%	1.55%	1.94%	1.96%	2.08%	1.69%	1.69%	1.50%	1.85%	1.50%

출처: 인사혁신처 행정부 국가공무원 인사통계 저자 재구성(2013~2022년).

---

30) 2021년도 인사교류 우수기관 주요 사례로 국무총리 표창을 받은 사례가 있다. "규제혁신을
총괄하는 국무조정실 소속의 ㄱ 사무관은 법령 정비를 총괄하는 법제처에서 인사교류 근
무를 하며, 행정처분 서식에 해당 처분에 대한 이의제기 방법 등을 명시하는 내용의 일괄
정비를 추진했다. 이에 따라 현장 중심의 국민 편의 제고에 기여했다는 평가"를 받았다(인
사혁신처, 2022b).

이외에도 중앙부처와 지방자치단체 간 인사교류가 있다. 이는 효율적인 국가와 지역발전 추진, 중앙과 지방의 협력체계 구축, 중앙과 지방의 우수 인재를 상호 근무하게 하여 협력 증진 등과 같은 행정운영에 있어서의 시너지 효과를 창출하는 것에 목적을 두고 있다(강성철 외, 2018: 266).

<표 10-12> 중앙-지방간 인사교류 상세 현황

	2017년	2018년	2019년	2020년	2021년
계	288건	294건	364건	342건	326건
4급 이상	72건	80건	117건	115건	104건
5급	118건	124건	156건	149건	140건
6급 이하	98건	90건	91건	78건	82건

출처: 나라지표.[31]

<표 10-12>에 의하면 전반적으로 중앙과 지방의 인사교류가 증가하고 있음을 알 수 있다. 특히 6급 이하 중·하위직 공무원의 인사교류 증가보다 5급과 4급 이상 공무원의 인사교류가 더욱 빠르게 증가하고 있었다. 그럼에도 불구하고 중앙부처 간 인사교류보다 중앙부처와 지방자치단체 간 인사교류는 여전히 부족한 상황이다. 향후 중앙부처와 지방자치단체의 상호협력 증진을 위해서는 인사교류를 보다 적극적으로 활성화할 필요가 있을 것이다.

인사교류는 기관 간 칸막이 행정 예방, 상호 이해, 협업 증진, 상호 전문성 공유 등과 같은 유용성을 가짐에도 불구하고, 여전히 정부 내 기관 간 인사교류에 제약이 존재한다. 따라서 다음과 같은 인사교류 개선방안들을 고려할 필요가 있을 것이다. 첫째, 기관 간 인사교류를 더욱 확대할 필요가 있다. 기관 간 인사교류가 지속적으로 활성화되고 있기는 하지만 여전히 인사교류 실적은 미미한 상황이다. 특히 한국은 폐쇄적인 조직문화, 칸막이 행정, 공무원의 인사교류 시 승진 및 보수에 있어서의 불이익 인식으로 인해 인사교류가 활성화되지 못하는

---

31) https://www.index.go.kr/unity/potal/main/EachDtlPageDetail.do?idx_cd=1040

상황이다. 둘째, 인사교류의 시너지 효과를 더욱 증진시키기 위해서는 전문분야 인사교류를 확대할 필요가 있다. 현재 공무원 인사통계에 의하면 일반직 공무원 인사교류 대부분은 행정기술관리운영 직군이 차지하고 있으며, 전문직, 연구직 등의 인사교류는 매우 미미한 상황이다. 특히 미래사회의 환경변화와 이에 대한 효과적인 대응역량 강화를 고려할 때 과학기술·재난안전·경제·인구 등 전문분야 인력 간 인사교류 확대가 더욱 필요한 상황이다.

셋째, 정부 내 인사교류를 보다 다양화할 필요가 있다. 이제까지 인사교류는 대부분 중앙부처 간 인사교류가 주를 이루고 있었다. 그러나 중앙과 지방의 상호협력을 위해서는 중앙부처와 지방자치단체 간의 인사교류가 더욱 활성화될 필요가 있으며, 이외에도 중앙부처와 공공기관 인사교류도 확대하여 정책기관과 집행기관 간 상호 이해와 정책협조를 증진시킬 필요가 있을 것이다. 특히 지방자치단체 간 인사교류 확대도 필요하다. 물론 지방자치단체는 자치단체장(임명권)이 서로 다르고 자치단체장이 유능한 인재를 타 자치단체에서 근무하도록 하는 것을 원하지 않는 경우가 많아 현실적으로 인사교류가 어려운 것이 사실이다 (강성철 외, 2018: 268). 그럼에도 불구하고 인사교류가 가져오는 긍정적 효과를 고려할 때 인사교류를 적극적으로 활성화할 필요가 있을 것이다.[32]

---

32) 이에 정부는 중앙-지방 간 인사교류 확대를 위해 인사교류 대상풀을 보다 확대하고 4급 이상 관리자급의 교류 확대를 통해 중앙부처와 지방자치단체 간의 정책결정과 집행 간 연계를 강화할 예정이다(인사혁신처, 2023e).

참고문헌

강성철·김판석·이종수·진재구·최근열. (2018). 「새인사행정론」(제9판), 서울: 대영
　　문화사.

굿모닝충청. (2020). "5년간 정부 부처 '개방형 직위제' 공무원 비율 절반 이상"
　　2020년 10월 12일자 기사.

김렬. (2016). 「인사행정론」(제2판), 서울: 박영사.

김상숙·이근주·김진숙·이창길. (2020). 중앙정부와 지방자치단체의 양성평등 균형
　　인사정책 비교 분석. 「한국인사행정학회보」, 19(2): 67－91.

김정인. (2020). 「인간과 조직을 위한 행정학」, 서울: 박영사.

김정인. (2018). 「인간과 조직: 현재와 미래」(제2판), 서울: 박영사.

뉴시스. (2023). 연구직 공무원 경력채용도 블라인드 폐지 추진. 2023년 5월 14일자
　　기사.

머니투데이. (2023). "안정적 직장은 무슨…박봉에 욕먹고 공황장애" 공무원이 떠난
　　다. 2023년 6월 26일자 기사.

메디컬 월드. (2023). 인사혁신처 '공무원임용령' 개정안 입법예고…주요 내용은?.
　　2023년 6월 23일자 기사.

박천오·권경득·권용수·조경호·조성한·최성주. (2016). 「인사행정론」, 서울: 법문사.

법률저널. (2022). 내년 데이터직 국가공무원 35명 첫 선발…의미는? 2022년 12월
　　21일자 기사.

백종섭·김동원·김철우·이근주·조선일. (2016). 「인사행정론」, 서울: 창민사.

유민봉. (2022). 「한국행정학」(제7판), 서울: 박영사.

유민봉·임도빈. (2016). 「인사행정론: 정부경쟁력의 관점에서」(제4판), 서울: 박영사.

유민봉·박성민. (2013). 「한국인사행정론」(전면개정판), 서울: 박영사.

이종수 외. (2022). 「새행정학 3.0」, 서울: 대영문화사.

인사혁신처. (2023a). 2022년 인사혁신통계연보.

인사혁신처. (2023b). 5급 공채·외교관 선발 1차시험 경쟁률 35.3대1. 보도자료.

인사혁신처. (2023c). 5·7급 민간경력자 채용 경쟁률 16.9대 1로 소폭 상승. 보도자료.

인사혁신처. (2023d). 2022년 국가공무원 인사통계.

인사혁신처. (2023e). 2023년 주요업무 추진계획.

인사혁신처. (2022a). 공무원 공모 직위 5급까지 확대, 지원 자격 완화. 보도자료.

인사혁신처. (2022b). 범정부 소통·협력 이끄는 인사교류 우수기관 시상. 보도자료.

인사혁신처. (2018). 제1차 균형인사 기본계획(2018~2022).

임도빈·유민봉. (2019). 「인사행정론: 정부경쟁력의 관점에서」(제5판), 서울: 박영사.

조성한·이근주·전영한·권태욱. (2011). 개방형 직위제의 성과 영향요인에 대한 연구: 폐쇄형 임용자의 인식을 중심으로. 「한국인사행정학회보」, 10(2): 119-148.

조태준·김상우. (2021). 균형인사정책의 추진성과와 발전방향에 관한 연구. 「한국정책과학학회보」, 25(1): 173-197.

주간조선. (2022). 인기 없어서? 5·7급 공무원시험, 과목 줄이고 연령 내려. 2022년 11월 8일자 기사.

중앙일보. (2023). 미국 기업 내 다양성 조치도 불안. 2023년 7월 5일자 기사.

진종순. (2009). 균형인사정책의 효과성에 관한 연구: 적극적 대표성을 중심으로. 「한국정책과학학회보」, 13(4), 43-69.

한국일보. (2023). 미국 대법원 "소수 인종 우대 대입 정책은 위헌"… 메가톤급 파장 일 듯. 2023년 6월 30일자 기사.

Bradbury, M., & Kellough, J. E. (2011). Representative Bureaucracy: Assessing the Evidence on Active Representation. *The American Review of Public Administration*, 41(2): 157-167.

Colvin, R. A. (2007). The Rise of Transgender-inclusive Laws: How Well Are Municipalities Implementing Supportive Nondiscrimination Public Employment Policies?. *Review of Public Personnel Administration*, 27(4): 336-360.

Meena, K. A. V. I. T. A. (2016). Blind Recruitment: The New Hiring Buzz for Diversity Inclusion. *International Journal of Business and General Management (IJBGM)*, 5(5): 25-28.

제11장

연금과 보상정책

생각해보기

- 공무원 보수는 어떠한 점에서 민간기업의 보수와 차이가 있는가?

- 공무원 보수를 결정하는 요인은 무엇이며, 적정한 보수수준이 중요한 이유는 무엇인가?

- 보수유형별 장단점은 무엇이며, 어떠한 보수유형이 현실에 가장 적합한가?

- 공무원연금제도는 어떠한 점에서 보수와 다른 의미가 존재하는가?

- 최근 우리나라 공무원연금제도에서 중요한 문제점은 무엇인가? 그리고 이에 대해 어떠한 해결방안이 적합한가?

토론해보기

- "공무원 보수는 어느 정도가 가장 적정한 것인가"에 대한 토론

- "직무급과 성과급은 서로 조화를 이룰 수 있는가"에 대한 토론

- "모수적 개혁과 구조적 개혁 중 어떤 것이 더 현실적으로 적합한가"에 대한 토론

- "신규 공무원들의 이직문제와 관련하여 공무원연금제도의 변화가 필요한가? 필요하다면 어떠한 변화가 필요한가"에 대한 토론

공무원이 조직을 위해 열심히 일하는 경우 조직은 이에 대해 합당한 수준의 보상을 제공해야 할 것이다. 보상은 조직구성원들이 조직을 위해 헌신할 수 있도록 동력을 제공한다는 점에서 중요한 의미를 지니는바, 인적자원을 관리하기 위한 핵심적인 요소에 속한다.

보상(compensation)이란 조직이 조직구성원의 직무수행 결과에 따라 제공하는 포괄적인 범위의 유·무형의 급부를 의미하며, 크게 금전적 보상과 비금전적 보상으로 구분된다. 공공분야에서 금전적 보상은 화폐로 지급되어 직접보상의 성격을 지닌 기본급, 수당, 성과급 등이 있고, 비금전적 보상은 금전적 이익을 간접적으로 제공하여 간접보상의 성격을 지닌 보험, 연금, 후생복지 등이 있다. 또한 비금전적인 보상은 비물질적이고 심리적인 보상으로 직무자체에서 발생하는 만족감, 안정감, 성취감 등과 직무환경에서 주어지는 근무조건, 근무시간, 근무환경 등을 포함한다. 공공조직에서 다양한 보상유형들은 조직 내·외부적으로 중요한 역할을 하게 된다. 먼저 조직내부에서는 공무원의 직무행동과 조직의 발전방향이 일치하는 데 도움을 주고, 조직외부에서는 우수한 인력들이 공직으로 더 많이 진출하도록 유도한다. 이러한 점에서 보상정책은 공공조직의 경쟁력을 높이고, 조직운영의 효율성을 높이기 위해 중요한 부분이다. 본 장에서는 이러한 보상정책 중에서도 직접보상의 핵심인 보수제도와 간접보상에서 최근 이슈가 되고 있는 연금제도를 중심으로 내용을 살펴보고자 한다.

제 1 절 공무원 보수제도

보수는 노동경제학적 측면에서 근로자의 노동력 제공에 따른 금전적 보상으로 이해할 수 있다. 공공분야에서도 보수는 공무원이 조직목표를 달성하기 위해 기여한 활동의 대가, 즉 임금의 성격을 지닌다. 그리고 임금은 개인차원에서는 생계유지 문제, 직무동기 문제 등과 관련이 있고, 조직차원에서는 인적자원 확보 문제, 성과관리 문제, 재정문제와 관련이 있는 등 다양한 관리 이슈들과 연계되어 있다. 이러한 부분과 관련하여 보수는 다음 4가지 특성을 지닌다(Milkovich, Newman & Gerhart, 2016).

첫째, 보수는 직무를 수행함에 따른 대가의 성격을 지닌다. 조직구성원이 조직에서 주어진 역할을 수행하고 그의 노동력을 제공한 대가를 지불받는 것이다. 둘째, 조직에 필요한 인적자원을 확보하는 수단이다. 조직은 적정한 수준의 보수를 안정적으로 제공함으로써 조직활동에 필요한 유능한 인력을 확보하고 또한 이들이 지속적으로 조직에 근무하도록 할 수 있다. 셋째, 조직구성원들의 근무의욕을 높일 수 있는 동기부여 수단이다. 조직구성원들은 직무상 맡겨진 역할을 수행하기 위해 노력하고 이에 대해 적절한 보상을 받는 경우 더 열심히 근무하려는 의욕을 가지게 된다. 넷째, 성과평가 후 결과 정보를 제공하는 환류수단이다. 조직구성원들은 업무수행 후 자신의 성과에 대해 평가를 받고 이에 대한 결과로 보수를 받으며, 이는 성과평가 결과에 대한 정보를 제공한다.

1. 공무원 보수의 개념과 특성

공무원의 보수는 국가공무원 제46조에서 "직무의 곤란성과 책임의 정도에 맞도록 계급별·직위별 또는 직무등급별로 정한다"고 규정되어 있다. 그리고 공무원보수규정 제4조에서는 보수를 "봉급과 그 밖의 각종 수당을 합산한 금액"으로 정의하고 봉급에 대해 "직무의 곤란성과 책임의 정도에 따라 직책별로 지급되는 기본급여 또는 직무의 곤란성과 책임의 정도 및 재직기간 등에 따라 계급(직무등급이나 직위를 포함)별, 호봉별로 지급되는 기본급여"라고 부가설명하고 있다. 이러한 봉급은 계급·직무등급 및 호봉에 따라 금액(봉급표)이 정해져 있으며, 직종(일반직과 이에 준하는 공무원, 연구직, 경찰·소방직, 초중고 교원, 군인 등 11개)에 따라서도 별도의 봉급표가 구성되어 있다. 또한, 공무원보수규정 제4조는 수당을 "직무여건 및 생활여건 등에 따라 지급되는 부가급여"로 명시하고 있다. 수당은 기본급여에서 고려되지 못한 부분을 보완하여 보수제도의 탄력성을 높이기 위해 도입되었으며, 상여수당, 가계보존수당, 특수지 근무수당, 특수근무수당 등 다양한 유형이 존재한다.

그 외 국가공무원 제46조에서는 연봉제의 경우 보수 내용을 "연봉과 그 밖의 각종 수당을 합산한 금액"으로 구분하여 규정하고 있다. 이때 연봉은 공무원 보수규정 제4조에서 "매년 1월 1일부터 12월 31일까지 1년간 지급되는 기본연봉과 성과연봉을 합산한 금액"으로 정의하고, 기본연봉은 "개인의 경력, 누적성과와 계급 또는 직무의 곤란성 및 책임의 정도를 반영하여 지급되는 기본급여의 연간 금액"으로, 성과연봉은 "전년도 업무실적의 평가결과를 반영하여 지급되는 급여의 연간 금액"으로 명시하였다. 또한, 공무원보수규정 제4조는 공무원 보수의 인상과 관련된 주요 기준으로 "승급"과 "승격"을 설명하고 있다. 승급은 "일정한 재직기간의 경과나 그 밖에 법령의 규정에 따라 현재의 호봉보다 높은 호봉을 부여하는 것"이고, 승격은 "외무공무원이 현재 임용된 직위의 직무등급보다 높은 직무등급의 직위(고위공무원단 직위는 제외)에 임용되는 것"을 말한다.

그런데 공무원의 보수는 공공부문에 종사하는 인력에 대한 보수라는 점에서 민간기업의 보수와 차이점이 존재한다. 사기업과 달리 여러 가지 측면을 고려해야 하는 공무원 보수의 특징을 살펴보면 다음과 같다(임도빈·유민봉, 2019).

첫째, 직무 외 환경적 요소의 영향을 받는다. 공공조직에서는 연공서열에 따라 보수가 결정되거나 근무평정이 형식적으로 이루어지면서 직무내용이 보수에 직접 반영되지 않는 경우가 존재한다. 또한 순환보직에서 업무의 강도와 난이도 조정이 일관성 있게 이루어지지 않으며, 보직이동과 업무내용의 변경에 따라 보수가 변화하지 않는다. 그리고 공무원이 최소한의 삶을 영위할 수 있도록 표준생계비를 보장하기 위한 목적에서 보수가 결정되기도 한다.

둘째, 법률적 통제를 받는 등 보수결정방식이 다르다. 민간기업의 조직구성원의 보수수준은 근로자와 경영인의 합의로 이루어지지만, 공무원의 보수는 국민의 세금으로 충당되면서 노동권의 제약을 받는 등 기타 제약이 존재하고 법적·정치적·사회적 합의가 필요하다. 또한, 정부 재정과 관련하여 예산의 영향을 받고 경직성이 강하며, 지역 또는 공공서비스 유형에 따라 업무가 다양하여 민간과 다른 방식으로 보수가 결정된다.

셋째, 노동의 대가를 시장의 가치로 산정하기 어렵다. 공무원이 제공하는 공공서비스는 시장에서 제공되지 않으므로 시장가격이 정확하게 형성되기 어렵다. 따라서 공공서비스의 가치를 산정하거나 유사한 노동의 대가를 찾는 것이 힘들며, 그로 인해 보수수준이 다른 요인들에 의해 결정된다.

넷째, 공직서비스동기(public service motivation)의 영향으로 비금전적 보상이 중요하다. 공공부문의 종사자들은 공공을 위해 봉사하는 것에 높은 가치를 부여하고 상대적으로 금전적 보상에 낮은 가치를 부여하면서 비금전적 보상을 중시한다. 우리나라의 경우는 공무원이라는 신분에 의미를 부여하고 체면을 중시하는 성향으로 나타나기도 한다(유민봉·심형인, 2011; 이창길, 2022 재인용).

2. 공무원 보수수준

민간기업의 경우 조직구성원의 보수를 결정할 때 매출, 이윤, 성과 등을 가장 중요하게 고려하며 조직 내부에서 적정한 보수수준을 결정한다. 이에 비해 공공조직은 시장에서 거래되는 서비스를 생산하는 것이 아니므로 사회구성원들의 동의 등과 같이 환경적 요인을 포함하여 고려해야 할 사항이 많다. 따라서 공무원의 보수수준은 다음과 같은 요인들에 의해 결정된다(김판석 외, 2021; 이창길, 2022).

첫째, 정부의 보수 지불능력이다. 정부가 공무원의 보수, 즉 인건비를 부담하기 위해서는 국민의 담세능력과 예산 현황을 고려해야 한다. 공무원 급여는 정부 예산으로 지급되고 정부 예산은 국민들의 세금으로 마련되므로 공무원 급여의 상승에 대해 국민들의 비판이 발생하지 않도록 국민의 입장에서 정부의 인건비가 결정되어야 한다.

둘째, 민간부분의 임금수준과 인상률이다. 국가공무원법 제46조에서는 공무원 보수를 "민간 부문의 임금 수준과 적절한 균형을 유지"하도록 명시하고 있다. 이를 위해 정부는 공무원보수규정 제3조에 따라 "민간의 임금, 표준생계비 및 물가의 변동 등에 대해 조사"하여 공무원 보수수준을 민간의 임금과 근접한 수준으로 결정하기 위해 노력하고 있다.

셋째, 공무원의 총인원 규모, 전년도 보수수준과 인상률이다. 공무원의 보수수준은 공무원의 규모와 관련이 깊다. 예를 들어 공무원 수가 많아진다면 정부예산은 한정되어 있으므로 개인별 평균보수수준이 낮아질 수 있다. 또한, 전년도 보수수준과 인상률은 현재 보수수준을 결정할 때 기준이 된다. 예를 들어 전년도 급여인상률이 상당히 높았다면 이에 대한 국민들의 비판적인 여론을 우려하여 올해 급여인상률은 다소 감소시킬 수 있다.

넷째, 경제성장률과 물가수준이다. 국내외 경제상황이 좋지 않아 경제성장률이 낮을 때에는 국민들의 소득이 줄어들고 이와 함께 국민들의 세금납부액도 감소하므로 공무원의 보수를 높이기 어렵다. 또한 물가수준은 공무원의 실질소득에 영향을 미치므로 물가상승분을 반영하여 보수를 결정해야 할 것이다.

다섯째, 공무원노동조합의 단체교섭 영향이다. 공무원은 노동설립 및 운영 등에 관한 법률 제8조에 의해 공무원노동조합을 설립할 수 있고 정부교섭대표와 단체교섭 및 단체협약을 체결할 수 있다. 초기에는 민간영역에 비해 이러한 제도가 제대로 갖추어지지 않았고 제도 내 여러 가지 제약이 존재하여 그 실효성이 높지 않았다. 그러나 2005년경 관련 법률이 제정되고 노사협력의 필요성에 대한 공감대가 형성되면서 점차 공무원노동조합의 활동이 활발해지고 있다.

그렇다면 이러한 요인들에 의해 결정되는 공무원 보수는 적정한 수준인가? 공공조직을 효과적으로 운영하기 위해 적정한 보수수준을 유지하는 것은 매우 중요할 것이다. 이를 위해 다음 내용에 기반하여 보수의 적정성을 판단해 보아야 할 것이다.

첫째, 공무원의 기본적 생계보장이다. 공무원도 일반국민처럼 자신의 삶을 안정적으로 영위하는 것이 필요하므로 이를 위해 기본 생계유지가 가능한 수준의 보수가 지급되어야 한다. 공무원은 자신의 보수로 현재의 삶을 영위하는 데 문제가 없다면 자신의 업무에 집중할 수 있고, 부정부패에 빠질 위험을 예방하는 데에도 도움이 될 것이다. 그리고 생계를 보장할 수 있는 적합한 보수수준을 산출하는 방법에는 표준생계비를 참고하는 방법과 도시근로자의 연령대에 따라

가계소득 지출의 변화를 반영하는 방법 등이 있다.

둘째, 민간기업의 보수와 비교하여 상대적 보수수준의 결정이다. 민간과 비교하여 상대적으로 낮은 보수수준은 공무원의 근무의욕과 사기를 떨어뜨릴 수 있고, 공무원이라는 직업에 대한 자긍심을 저하시킬 수 있다. 나아가 궁극적으로는 공공분야에 유능한 인재를 확보하는데 어려움을 겪을 수 있어 국가경쟁력이 낮아질 수 있다. 이러한 부분들을 방지하기 위해 공무원의 보수를 민간기업 보수의 90% 이상의 수준으로 설정해야 한다는 주장이 있으며, 민간부문과 비교하기 위해 개인 대 개인비교법과 직무 대 직무비교법 등을 사용할 수 있다(Biggs & Richwine, 2012). 그리고 보수수준의 적정성을 정확하게 판단하기 위해서는 민간부문에서 공공부문과 비교할 수 있는 유사한 능력을 갖춘 사람이나 유사한 성격의 직무를 찾는 것이 중요하다. 그 외에도 보수와 함께 후생복리 수준을 감안하여 민간부문과 공공부문의 보수수준을 비교해야 할 것이다(김판석·김태일·김민용, 2000).

3. 보수의 유형

보수의 유형은 기본급에 대한 보수 결정기준에 따라 분류할 수 있는데, 이때 다양한 결정기준이 사용된다. 대표적으로 직무와 관련성이 없는 보수유형으로 생활급과 연공급이 있고 직무적 요인을 고려한 보수 유형으로 직무급, 직능급, 성과급이 있다.

1) 생활급

생활급은 생계비(cost of living)를 기준으로 보수를 결정하는 것으로 생계유지를 위한 생활비의 규모를 어느 수준으로 결정할 것인가가 중요한 부분이다. 생활비용의 수준은 기초적인 생활수준부터 결혼생활과 가족부양에서 발생하는 생계비, 자녀학비, 주거비용, 물가 등 다양한 요소들에 의해 결정된다. 따라서 생활급은 공무원의 나이, 자녀의 수, 근무지역, 물가상승률 등을 고려하여 산정되어야 한다.

이러한 보수체계는 공무원에게 기본적인 생활을 보장해 주려는 목적을 지니며, 공무원들이 자신의 직무를 수행하는데 전념하고, 업무과정 중 사익을 추구함으로써 부패가 발생할 가능성을 줄이는데 기여하고자 한다. 그러나 이 보수유형은 공무원 개인의 직무 또는 능력과 무관하게 보수가 결정되기 때문에 직무수행 노력을 향상시킬 유인이 존재하지 않는 단점이 있다. 따라서 조직의 목표를 달성하거나 개인의 성과를 향상시키는 수단으로는 유용하지 않다.

2) 연공급

연공급은 공무원 개인의 특성인 학력, 근무경력, 재직기간 등을 기준으로 보수를 결정하는 유형이다. 주로 근무기간에 따라 보수수준을 결정하는 체계로 근무경력이 오래될수록 보수가 높아지며 대표적인 보수형태에는 호봉제가 있다. 이러한 보수체계는 공무원의 근무경력이 증가할수록 전문지식, 기술, 업무능력 등이 향상되고, 조직에 대한 기여도가 증가한다는 인식을 기반으로 한다. 즉 공무원의 전문성과 조직에 대해 기여한 부분을 보상해주기 위해 보수를 결정한다.

이러한 보수체계에서는 조직구성원들이 자신의 미래보수를 예측하는 것이 가능해지므로 안정적으로 직무에 전념할 수 있게 된다. 또한 장기간 조직에 근무할 유인이 생기므로 조직에 대한 충성도가 높아지고, 조직 내부에 위계질서가 확립되는 효과가 있다. 안정적인 보수체계와 정기승급 등의 특징은 직업공무원제를 확립하는 데에도 도움을 주게 된다. 반면, 공무원 개인의 직무 또는 능력과 무관하게 보수가 결정되기 때문에 생활급과 유사하게 능력있는 젊은 조직구성원들의 근무의욕을 저하시키는 단점이 있다. 또한 해마다 지속적으로 호봉이 증가하여 조직이 부담해야 할 인건비가 늘어나고, 일반행정가 중심으로 인력이 양성되면서 장기간 근무하는 인력이 많아져 조직문화에 폐쇄적인 성격이 강해지는 특성이 있다.

3) 직무급

직무급은 해당 직무(job)의 특성인 난이도, 책임도, 중요도 등을 평가하여 이를 기준으로 보수를 결정하는 유형이다. 즉, 직무의 특성에 따라 등급을 나누고 이에 따라 보수를 차별화하는 임금체제로서 동일한 부서라도 직무등급에 따라 보수가 달라지는 등 직무관련성이 가장 높고 직무와 보상이 직접적으로 연계되는 특징을 지닌다. 이를 위해 직무를 분석하고 직무의 가치를 상대적으로 평가하는 것이 필요하며, 직위분류제 하에서 활용하는 것이 적합하다.

이러한 보수체계는 직무에 대한 정확한 평가를 통해 '동일 직무에 대한 동일 보수(equal pay for equal work)' 원칙을 지킬 수 있는 장점이 있다. 그러나 직무에 대한 분석과 가치평가가 어려운 경우 이러한 보수체계를 적용하는데 제약요인으로 작용할 수 있으며, 직무에 기반한 채용이나 배치 전환이 자유롭게 이루어지지 않는다면 조직구성원들의 수용도가 저하된다. 우리나라에서는 대표적으로 고위공무원단에서 직무급을 적용하고 있으나 여전히 활용되는 경우는 많지 않다. 그럼에도 불구하고 호봉제로 인한 인건비 부담을 줄이고 직무의 전문화 및 기여도에 따른 공정한 보수를 위해 직무급에 대한 관심이 증가하고 있는 상황이다.

4) 직능급

직능급은 공무원의 지식, 능력, 역량 등의 직무수행능력을 기준으로 보수를 결정하는 유형이다. 이때 능력은 직무와 관련된 능력(잠재능력을 포함) 또는 역량을 의미하며, 이는 역량을 많이 가진 사람일수록 직무 수행에서 우수한 결과를 보일 것이라는 인식에 기반한다. 따라서 개인이 가진 업무기술과 지식, 능력이 증가하면 이와 연계하여 임금도 높아지는 체계이다(Milkovich, Newman & Gerhart, 2010). 이때 역량급은 개인의 업무능력을 산정하기 위해 업무기술의 깊이(depth)인 특정 기술의 심화정도, 업무기술의 수평적 범위(breadth)인 기술의 다양성, 업무기술의 수직적 범위(height)인 기술의 관리능력 등을 고려하게 된다(Siegel,

2010).

이러한 보수체계에서 조직구성원들은 주어진 직무 외에 다양한 업무를 수행할 수 있기 때문에 적극적인 업무 태도를 보이고 조직의 사기도 증가할 수 있다. 또한 조직구성원들이 역량을 높이는데 관심이 많아 학습하는 조직 분위기가 조성되고 근로의욕이 높아져 업무성과가 향상되고 이직률이 감소하는 등의 효과가 나타날 수 있다. 반면에 업무유형과 기술수준이 다양한 경우 개별 구성원들의 역량수준을 상대적으로 비교·평가하는 것이 어려워지므로, 평가의 공정성을 판단하는데 장애물로 작용하게 된다. 그리고 조직구성원들의 능력을 향상시키기 위한 훈련 및 교육비용이 증가할 수 있고, 이러한 교육 및 훈련의 기회가 각 구성원들에게 공정하게 주어지지 않는다면 조직 내부에 불만이 생길 수 있는 단점이 있다.

5) 성과급

성과급은 공무원 개인의 성과를 기준으로 보수를 결정하는 유형이다. 이를 위해 연(年)간 단위로 성과를 평가하고 그 평가결과를 기반으로 기본급을 설정한다. 성과평가 유형에는 성과계약 등 평가, 근무성적평가 등이 있으며 무엇보다 성과에 대한 평가가 신뢰성 있게 이루어지는 것이 중요하다. 그리고 성과의 범위에 따라 개인성과급제, 부서성과급제, 조직성과급제 등 다양한 유형이 존재한다.

이러한 보수체계는 일한 만큼 보상이 주어진다는 점에서 보수의 근본적인 의미에 충실하고 직무관련성이 높은 장점이 있다. 즉, 일을 열심히 하면 그에 상응하는 대가가 지불되므로 업무에 몰입하도록 동기를 부여하는 수단이 될 수 있다. 따라서 개인의 성과와 목표를 조직의 목표나 성과와 연결하여 성과급을 활용한다면, 조직의 목표를 성공적으로 달성하는 데 도움이 될 수 있다. 그리고, 합리적이고 공정한 보수체계로서 실질적인 형평성을 높이고 조직구성원들의 제도에 대한 수용도도 높일 수 있는 장점이 있다.

반면에 성과급 보수체계에도 몇 가지 한계점이 존재한다. 첫째, 급여체계의 가장 기본이 되는 성과측정 부분이다. 공공부문에서는 업무가 서로 중첩되거나, 공동업무로 진행되는 경우가 많아 개인별 또는 집단별로 성과를 구분하여 측정하는 것이 어려운 경우가 존재한다. 따라서 이러한 경우 업무특성을 반영한 성과급 형태를 선택하여 적용하는 것이 중요하다. 둘째, 성과에 기반하여 보수가 지급되므로 성과 수준에 따라 보수의 격차가 커진다. 보수에 격차가 나타나면 구성원들은 이러한 차이를 줄이기 위해 노력하게 되며, 그 결과 경쟁이 심화되거나 위화감이 조성될 수 있다(한승주, 2010). 그리고 이에 대해 보수의 효과성이 높아지나, 형식적인 형평성이 낮아진다는 평가가 있다(이창길, 2022).

제 2 절 우리나라 공무원의 보수제도

우리나라 공무원의 보수는 기본급과 부가급으로 구성되어 있으며 기본급은 봉급으로 불리우고 부가급은 수당과 실비변상으로 구성된다. 그리고 기본급인 봉급의 경우 보수의 지급방식에 따라 호봉제와 연봉제로 구분된다.

1. 봉급제도(1) : 호봉제

우리나라 공무원의 보수(기본급)를 지급하는 방식에는 호봉제가 있는데 이는 월급제(monthly pay) 중 하나로 가장 전통적인 보수지급방식이다. 호봉제는 호봉에 따라 한달 급여의 기본금액이 정해지는 것으로 나머지 보수의 항목은 호봉과 연동되거나 다른 요인에 의해 결정된다. 호봉제는 고전적 보수(old pay)로서 생활비 증가에 따라 매년 인상되고 보수가 인상된 부분은 기본급에 포함되며, 연공서열에 기반하여 보수가 인상되는 특징을 지닌다(Tropman, 2001).

이러한 보수의 지급방식은 변화가 규칙적으로 나타나므로 예측이 가능하고 안정적인 측면이 있다. 그러나 조직을 운영하는 데 장애를 유발하는 요소도 일부 존재한다(Tropman, 2001). 첫째, 보수가 직무와 관련성이 없어 직무에 집중할 수 있도록 동기부여하는 역할이 미흡하고 둘째, 조직구성원들은 보수를 당연히 받을 수 있는 수급권(entitlement)의 성격으로 이해하며 셋째, 모든 직급은 보수에 대한 상한선이 존재하여 보수를 높이는 것이 용이하지 않다. 또한, 넷째, 조직의 입장에서는 생산성과 상관없이 인건비가 증가하는 부담이 발생하게 된다.

2. 봉급제도(2) : 연봉제

우리나라 공무원의 봉급을 지급하는 방식에는 호봉제 외에도 연봉제가 있다. 연봉제는 연(年) 단위로 다양한 보수 항목을 통합하여 총액을 결정하는 보수체계를 의미한다(Milkovich, Newman & Gerhart, 2010). 연봉제는 조직구성원에 대해 특정기간의 실적과 공헌도, 능력 등을 평가하고 이를 기반으로 연간 급여액을 결정하며 계약하는 형태로 보수가 지급되는 특징이 있다. 즉, 능력을 기반으로 임금이 지급되는 체계의 성격을 지니고 있어 지급방식의 변화보다 임금체계의 변화로 이해되는 경우가 많다(박상언, 2000; 양병무, 1994).

연봉제에서 봉급은 1년간 지급되는 기본연봉과 성과연봉을 합산하여 결정된다. 이때 기본연봉은 경력, 성과, 계급, 직무의 곤란성과 책임의 정도 등을 반영하고 성과연봉은 전년도 업무실적을 평가한 결과를 반영하여 정해진다. 우리나라에서는 연봉제를 다음 세 가지 유형으로 사용하고 있다. 첫째, 고정급적 연봉제이다. 고정급적 연봉제는 성과측정이 어려워 개별직위마다 고정된 연봉을 적용하는 제도로 이 경우 공무원보수규정에서 정한 연봉 외에 가족수당, 직급보조비, 정액급식비 등을 지급한다. 그리고 이러한 연봉제는 차관급 이상 정무직공무원(선출 정무직 및 임명 정무직)에게 적용된다. 둘째, 성과급적 연봉제이다. 성과급적 연봉제에서 연봉은 계급별로 설정된 연봉한계액 범위 내에서 정해지고, 계급별 기본연봉과 업무실적의 평가결과에 따라 차등지급되는 형태로 성과연봉이 구성된다. 그리고 이러한 연봉제는 일반직, 별정직 등 1~5급(상당) 공무원과 임기제공무원에게 적용되고 있다. 셋째, 직무성과급적 연봉제이다. 직무성과급적 연봉제는 직무의 특성과 함께 직무성과 결과를 반영하여 연봉제를 결정하는 것으로, 기본 구조는 성과급적 연봉제와 동일하다. 다만, 기본연봉이 기준급과 직무급 두 가지로 구성되고 성과급 비중이 성과급적 연봉제보다 높다는 점에서 차이가 존재한다. 그리고 이러한 연봉제는 현재 고위공무원단에 적용되고 있다.

<표 11-1> 연봉제 유형 및 적용대상

	적용대상 공무원
고정급적 연봉제	정무직 공무원
성과급적 연봉제	1급 내지 5급(상당) 공무원 치안정감부터 경정까지에 해당하는 경찰공무원 소방정감부터 소방령까지에 해당하는 소방공무원
	국립대학의 교원(국립대학의 장 제외)
	임기제공무원(한시임기제공무원 제외)
직무성과급적 연봉제	고위공무원단에 속하는 공무원(연구직 공무원과 지도직공무원 등 호봉제가 적용되는 공무원 제외)

출처 : 인사혁신처 홈페이지(www.mpm.go.kr)

　　연봉제는 기존의 호봉제의 단점을 개선하기 위해 도입한 보수제도로 다음과 같은 긍정적인 효과가 기대된다(유규창·박우성, 2001). 첫째, 성과중심의 보상을 실시하기 때문에 역량있는 우수한 인력을 확보할 수 있으며, 능력에 비례하여 보상할 수 있는 장점이 있다. 둘째, 직무성과에 따라 보상이 주어지므로 조직구성원들의 근무의욕을 높이는 동기부여 효과를 기대할 수 있다. 이러한 동기부여 효과를 통해 궁극적으로 조직의 목표를 달성하고 직무성과를 높일 것으로 기대된다. 셋째, 더 많은 보상을 원한다면 성과를 높여야 하므로 조직구성원들은 자신의 역량을 개발하기 위해 적극적으로 노력할 것이다. 넷째, 성과에 기반하여 보수가 결정되므로 생산성의 증가없이 인건비가 상승하는 현상이 억제되며, 이는 궁극적으로 인력관리의 효율성을 높일 것이다. 다섯째, 성과와 연계하여 조직을 운영·관리함에 따라 개별구성원의 권한과 자율성이 강화되고 조직의 문화와 조직구성원의 행태도 성과중심 문화와 성과중심 형태로 변화한다.

그러나 연봉제에도 부정적인 효과가 존재하는데 첫째, 연봉을 산정하는 데 필수요소인 직무성과를 객관적으로 명확하게 측정하기 어려운 경우가 있다. 공공조직은 업무특성상 성과의 내용과 의미가 불명확하여 이에 대한 논란이 발생할 수 있고, 직무성과도 측정하기 어려운 경우가 종종 존재한다. 둘째, 성과평가와 관련하여 조직구성원들간 성과를 기반으로 한 경쟁이 심화될 수 있고, 이를 통해 조직 내 위화감이 조성되거나 업무수행 과정에서 구성원들간 협력이 잘 이루어지지 않을 수 있다. 셋째, 성과에 기반하여 개인간 보상에 차이가 존재함에 따라 보수의 적정성 및 형평성에 대한 의구심이 발생할 수 있다. 넷째, 보상을 높이기 위해 성과 달성에 치중한 나머지 단기적 성과에 집착하고 장기 과제에 무심할 수 있다. 다섯째, 호봉제에 익숙한 조직구성원들이 성과 기반의 연봉제를 도입하는 데 저항하거나 반대할 수 있다. 이 경우 혼합연봉제 등을 활용하여 점진적으로 변화를 추진할 필요가 있을 것이다(김성수, 2010).

3. 성과보수제도

우리나라는 1995년 행정부 소속 4급 이하 공무원을 대상으로 근무실적이 우수한 공무원(상위 10%)을 선발하여 '특별상여수당'을 지불하였다. 이것이 우리나라에서 처음 도입된 성과급제도였다. 이때 지급대상 공무원의 범위와 지급규모는 크지 않았으나, 업무성과에 대한 평가를 기반으로 제공한 보상이라는 점에서 의미가 있었다. 그 후 IMF위기를 맞아 공직사회의 경쟁력과 성과를 높이기 위한 방안으로 성과급제도의 적용범위가 점차 확대되었으며, 1999년부터 국장급 이상에 성과연봉제, 과장급 이하에 성과상여금제도를 적용하게 되었다. 그리고 이후에도 몇 번의 변화를 거쳐 현재에는 1~5급 관리직 및 고위공무원에게 성과연봉제가 사용되고, 일반직 6급 이하 등의 공무원에게는 성과상여금제도가 적용되고 있다. 20년 이상 성과급이 지급되면서 정부기관 등 다수의 기관에서 성과급제도가 자리잡게 되었으며, 일부 지방과 직종 등에서는 운영상 문제가 발생하는 경우가 있어 제도의 완전한 도입을 위해 추가적인 노력이 요구되고 있다.

성과연봉제의 경우 직무성과급적 연봉제와 성과급적 연봉제가 실시되고 있
으며 전자의 경우 고위공무원단에 속하는 공무원에게 적용되고, 후자의 경우 1
급 내지 5급(상당) 공무원, 국립대학 교원, 임기제공무원 등에 사용되고 있다. 성
과연봉은 기본적으로 전년도 업무성과의 평가결과에 따라 평가등급을 나눈 후,
등급별로 보상수준에 차등을 두어 지급한다. 먼저 고위공무원의 경우 '고위공무
원단 인사규정(제20조의2)'에 따른 성과계약 등에 기반하여 전년도 업무실적을 객
관적 지표(성과목표달성도 등)를 기준으로 평가하고 4개의 등급(매우 우수, 우수, 보통,
미흡·매우 미흡)으로 나눈다. 그리고 각 평가등급에 따라 지급률(18%, 12%, 8%, 0%)
에 차이를 두어 성과연봉을 결정·지급한다. 또한 3~5급 공무원은 공무원 보수
규정(제39조)에 따라 4개의 등급(S등급, A등급, B등급, C등급)으로 구분하고 각 등급
별로 다양한 지급률(8%, 6%, 4%, 0%)을 적용하여 성과연봉을 지불한다.

<표 11-2> 성과연봉제의 평가등급별 인원비율과 지급률

등급	3-5급			
	S등급	A등급	B등급	C등급
인원비율	20%	30%	40%	10%
지급률	8%	6%	4%	0%
등급	고위공무원단			
	매우 우수	우수	보통	미흡·매우 미흡
인원비율	20% 이하	자율		10% 이상
지급률	18%	12%	8%	0%

출처: 고위공무원단 인사규정 제20조의2; 공무원 보수규정 제70조; 공무원 보수규정 제39조..
cf) 지급액: 지급기준액(기준연봉액) X 등급별 지급률

그리고 성과상여금은 일반직 6급(상당) 이하 공무원을 대상으로 근무성적,
업무실적 등이 우수한 직원에게 연 1회 이상 지급하고 있다(공무원수당 등에 관한
규정 제7조2). 성과상여금의 지급방법은 소속장관이 기관특성 등을 고려하여 자율
적으로 지정할 수 있고, 대표적인 지급방법에는 개인별 차등, 부서별 차등, 개인

별 차등과 부서별 차등을 병행, 부서별 차등 지급 후 부서 내 개인별 차등 지급 등의 방법이 있다. 개인별 지급등급은 근무실적인 근무성적평정결과(공무원 성과평가 등에 관한 규정 제4조)에 의해 결정되며, 필요한 경우 소속장관은 정부업무평가, 부서업무평가, 다면평가자료 등 다양한 기준을 활용하여 등급을 결정할 수 있다.

개인별 차등지급시 성과상여금은 4등급으로 나뉘고 지급기준은 다음과 같다. 성과평가 결과가 상위 20% 이내에 해당되는 경우 S등급으로 분류되어 지급기준호봉액의 172.5%를 성과상여금으로 받고, 상위 20~60%에 해당되는 경우 A등급으로 분류되며 지급률은 125%가 적용된다. 그리고 60~90%에 해당되는 경우 B등급으로 분류되어 85%의 지급률이 적용되고 마지막 90~100%에 속하면 C등급으로 분류되어 0%의 지급률이 적용된다. 다만, 소속장관은 10%p 범위 내에서 지급인원을 조정할 수 있으며, 직무 또는 업무의 특성상 필요한 경우에는 인사혁신처장의 기준에 따라 지원금액 및 지급액을 다르게 설정할 수 있다(공무원 수당 등에 관한 규정 별표2의4).

<표 11-3> 성과상여금의 평가등급별 인원비율과 지급률

지급등급	S등급	A등급	B등급	C등급
인원비율(%)	상위 20%	40%	30%	하위 10%
지급률(%)	172.5%	125%	85%	0%

출처: 공무원 수당 등에 관한 규정 제7조의2 및 별표2의4.
cf) 지급액: 지급기준액(기준호봉액) X 등급별 지급률
    부처에서 등급수 3개 이상, 인원비율 및 지급률을 조정할 수 있음

4. 수당제도

우리나라 공무원에게 지급되는 보수에는 부가급으로 수당과 실비변상이 있다. 수당은 직무여건 및 생활여건 등에 따라 지급되는 부가급여를 말한다. 수당은 공무원수당 등에 관한 규정에 따라 5개 분야 14종으로 구분되며, 실비변상은 동 규정에서 4종으로 구성되어 있다. 먼저 상여수당에는 상위직급의 대우공무원

으로 선발된 공무원에게 지급하는 대우공무원수당, 근무연수에 따라 지급되는 정근수당, 근무실적 등이 우수한 사람에게 지급하는 성과상여금수당 3가지 유형이 있다. 그리고, 가계보전수당에는 부양가족이 있는 공무원에게 지급하는 가족수당, 재외 근무지 학교에 다니는 자녀가 있는 재외공무원에게 지급하는 자녀학비보조수당, 군인, 재외공무원에게 지급하는 주택수당, 육아휴직한 공무원에게 지급하는 육아휴직수당 4가지 유형이 있다.

또한 특수근무수당에는 위험한 직무에 종사하는 공무원에게 지급하는 위험근무수당, 특수한 업무에 종사하는 공무원에게 지급하는 특수근무수당, 병가·출산휴가·유산휴가·사산휴가, 육아휴직 또는 공무상 질병휴직 중인 공무원의 업무를 대행하기 위한 공무원에게 지급하는 업무대행수당, 군법무관에게 지급하는 군법무관수당 4가지 유형이 있다. 그 외에도 초과근무수당에는 5급 이하 공무원으로서 규정된 근무시간 외 근무한 공무원에게 지급하는 시간외 근무수당, 4급이상의 관리자에게 지급하는 관리업무수당, 현업공무원 야근근무수당, 현업공무원 휴일근무수당 4가지 유형이 있다. 마지막으로 교통이 불편하고 문화·교육시설이 거의 없는 지역이나 근무환경이 특수한 기관에 근무하는 공무원에게 지급하는 특수지 근무수당이 있고, 실비변상에는 정액급식비, 명절휴가비, 연가보상비, 직급보조비 4가지 유형이 있다.

<표 11-4> 공무원수당의 유형과 실비변상

분류	수당 유형	내용
상여수당	대우공무원수당	상위직급의 대우공무원으로 선발된 공무원에게 지급
	정근수당	근무연수에 따라 지급
	성과상여금	근무실적 등이 우수한 사람에게 지급
가계보전수당	가족수당	부양가족이 있는 공무원에게 지급
	자녀학비보조수당	재외 근무지 학교에 다니는 자녀를 둔 재외공무원에게 지급
	주택수당	하사 이상 중령 이하 군인 및 재외공무원에게 지급
	육아휴직수당	육아휴직한 공무원에게 지급

특수지근무수당	특수지근무수당	근무환경이 특수한 기관에 근무하는 공무원에게 지급
특수근무수당	위험근무수당	위험한 직무에 종사하는 공무원에게 지급
	특수업무수당	특수한 업무에 종사하는 공무원에게 지급
	업무대행수당	병가·출산휴가·유산휴가·사산휴가, 육아휴직 또는 공무상 질병휴직 중인 공무원의 업무 대행 수당
	군법무관수당	군법무관에게 지급
초과근무수당	초과근무수당	규정된 근무시간 외 근무한 5급 이하 공무원에게 지급
	관리업무수당	4급 이상의 관리자에게 지급
실비변상	정액급식비	월 14만원 정액 급식비 지급
	명절휴가비	설날과 추석날 지급
	연가보상비	연차휴가를 미사용한 부분에 대해 지급
	직급보조비	원활한 업무 추진을 위해 직급별 차등 지급

출처: 인사혁신처 홈페이지(www.mpm.go.kr).

제 3 절 공무원 보수제도의 문제점 및 개선방안

1. 우리나라 공무원 보수제도의 문제점

1) 연공급적 성격

우리나라 공무원의 보수는 주로 '직무의 곤란성과 책임의 정도 및 재직기간 등에 따라 계급별·호봉별'로 기본급여가 결정되며(공무원 보수규정 제4조), 연공급의 성격이 강하다. 일반직공무원의 경우, 1급 23호봉, 2급 25호봉, 3급 27호봉 등 계급별 호봉수가 정해져 있으며, 이러한 봉급표에 기반하여 보수가 결정된다. 즉 공무원은 1년이 경과할 때마다 1호봉이 승급[1]되고 증가한 호봉에 따라 상승

---

[1] 승급이란 일정한 재직기간이 경과하거나 법령의 규정에 따라 현재의 호봉보다 높은 호봉을 부여하는 것을 말한다(공무원보수규정 제4조).

하는 보수구조를 가진다. 연공급의 경우 업무의 난이도 및 업무의 성격과 무관하게 계급과 호봉에 따라 보수가 결정되며 동일한 계급과 동일한 호봉인 경우 같은 수준의 보수가 지급된다.

연공급은 공무원의 근무기간이 증가하면 업무에 대한 숙련도가 높아지는 것을 전제로 한다. 따라서 전례와 관련이 있거나 반복적인 성격의 업무는 과거의 경험이 도움이 되고 숙련도가 중요하므로 연공급 형태가 적합하다. 반면, 최근 환경의 변화로 새로운 업무가 증가하고 전문성이 요구되는 경우 경험보다는 창의성이 더욱 강조되면서 연공급을 적용하기 어려운 경우가 나타나고 있다(하혜수 외, 2022). 또한 연공급은 공무원들의 무사안일한 태도를 방지하고 지속적으로 업무에 대한 몰입도를 높이는 역할에 적합하지 못하다는 우려가 나타나면서 새로운 보수체계를 요구하는 목소리가 커지고 있다. 우리나라는 이러한 변화 속에 연공급을 대체 또는 보완할 보수체계로 성과급제와 직무급제를 검토하게 되었다.

2) 수당의 비대화

우리나라 공무원의 보수는 연공급에 기초한 봉급(기본급)과 수당으로 구성된다. 봉급은 계급과 호봉에 따라 결정되는 기본급여이고 수당은 직무여건과 생활여건에 따라 지급되는 부가적인 성격의 급여이다(공무원 보수규정 제4호). 특히 우리나라의 봉급은 계급·직무등급 및 호봉에 따라 금액(봉급표)이 정해지고, 직종(일반직과 이에 준하는 공무원, 연구직, 경찰·소방직, 초중고 교원, 군인 등 11개)에 따라 별도의 봉급표가 마련되어 있다. 따라서 봉급의 경우 표준화된 형태로 운영되므로 분야별 또는 지역 등에서 나타나는 직무의 특성과 차이점들을 보수에 유연하게 반영하기 어려운 점이 있다.

이와 같은 직무의 차이점(직무여건, 생활여건 등)을 보수에 반영하기 위해 도입된 것이 수당이며, 우리나라의 경우 공무원의 보수체계를 보완하기 위하여 수당의 유형이 다양하게 발달하였다. 과거부터 직무관련 여건의 다양성을 수당의 신설 또는 조정을 통해 보수에 반영하면서 타 국가대비 다양한 수당의 유형이 발달하였고, 상대적으로 수당이 복잡화·비대화된 구조를 가지고 있다. 그 결과, 보수에서 기본급이 가지는 본래의 의미와 기능이 훼손되고, 보수에서 기본급이 가지고 있는 대표성이 약화되었다는 비판을 받고 있다(김판석 외, 2021).

3) 적정보수 수준에 대한 논쟁

현대 사회에서는 4차 산업혁명 등으로 경제가 빠르게 성장하고 통신기술이 급격하게 발달하는 한편, 국제적인 교류가 활발해지면서 자유로운 거래가 활성화되고 경제적 욕구가 증대되는 현상이 나타나고 있다. 이러한 변화 속에 공직도 하나의 직업이라는 인식이 확대되면서 공무원 보수에 대한 인상 요구가 커지고 있다. 이는 보수를 노동의 대가로 인식하고, 자신의 업무에 대해 정당한 보상을 바라는 인식이 확대되면서 나타나는 현상으로, 특히 MZ세대 등 젊은 세대에게 중요한 의미로 부각되고 있다.

공무원 보수는 국가공무원법에 보수 결정원칙이 정해져 있는 등 민간에 비해 상당히 엄격하게 운영되는데 이는 공공분야에 다양한 제약조건이 존재하기 때문이다. 공무원 보수의 인상과 관련하여 대표적으로 논의되는 제약요건에는 다음 다섯 가지가 있다.

첫째, 공공서비스에 대한 요구가 증가하는 속에 공무원 보수를 인상하는 것은 정부의 재정에 부담을 줄 수 있다. 사회의 변화와 함께 다양한 공공문제가 발생하면서 정부의 기능과 역할에 대한 요구 또한 커지고 있다. 사회문제를 해결하려는 노력 속에 공공서비스 유형 및 공무원 수가 증가할 수 있으며 이 경우 정부의 재정부담이 증가하게 되어 공무원의 보수를 인상하는데 제약으로 작용할 수 있다.

둘째, 우리나라의 경우 정부의 역할이 커지면서 국방비, 사회복지비용 등이 증가하는 반면, 고령화 및 저출산으로 정부의 재정수입이 줄어들 수 있다. 이러한 현실 속에 공무원의 보수를 인상하는 것은 상대적으로 중요하지 않은 문제로 인식될 수 있다.

셋째, 공무원의 보수를 인상할 경우, 공무원 수가 상당하므로 민간의 급여를 함께 인상시키는 계기를 제공할 수 있고 국가 전체의 물가를 견인하는 부작용이 발생할 수 있다. 따라서 공무원의 보수를 인상시키는 것은 사회적 영향을 고려하여 신중하게 결정해야 한다.

넷째, 우리나라는 과거부터 공무원을 나라의 녹(祿)을 먹는 사람으로 생각하여 청렴과 검소를 미덕으로 여겼다. 따라서 공무원의 급여가 낮은 것을 도덕적으로 바람직한 모습으로 이해하고 사회적으로 당연시하는 풍토가 존재한다.

다섯째, 공무원의 급여가 세금으로 지급되므로 공무원이 사회 평균적인 수준보다 많은 보수를 받는 것에 대해 부정적으로 생각하는 경향이 있다. 공무원의 급여가 높아지는 것을 세금의 낭비로 생각하거나 평등의식 차원에서 바람직하지 않은 것으로 이해하여 사회적으로 동의를 얻기가 어렵다.

그 외에도 적정한 보수수준을 결정하는 데 어려움이 존재한다.

첫째, 공무원의 보수로 적정한 수준을 생계비를 보장하는 수준으로 생각한다면, 표준생계비 수준을 적용하여 적정성을 살펴보아야 할 것이다. 표준생계비는 도시근로자의 가계소득 지출 수준을 기반으로 계산할 수 있고 이를 기본급여 비율(약 80%)로 산정하여 비교한다면 약 8급 28호봉, 7급 20호봉, 5급 10호봉 수준이 된다(2020년 3분기 기준). 이 경우 저축을 하지 않고 보수의 전액을 가계지출로 사용하는 수준의 표준생계비가 필요한데 이는 현실에서 공무원이 부여받는 급여수준과 차이가 있다.

둘째, 공무원의 임금과 민간의 임금수준을 비교한다면 적절한 대상을 찾아 비교 및 적정성을 평가해야 할 것이다. 2018년 기준 공무원의 보수수준은 100인 이상 민간기업 근로자의 보수와 비교시 약 85% 수준에 달한다. 이러한 현상은 공무원 보수체계에서 직급별 초임급여가 낮은데 기인하며(하혜수 외, 2022), 직급별 초임의 공무원 급여는 정부투자기관 또는 민간 대기업에 비하여 상대적으로 낮고 연차별 증가율 역시 낮은 수준이다. 그러나 공무원의 보수가 민간 기업의 보수보다 낮다는 의견에 동의하지 않는 입장도 존재한다. 공무원의 보수와 비교하는 대상으로 민간의 어떤 부분을 선정하느냐에 따라 평가가 달라질 수 있기 때문이다. 예를 들어 중견기업, 공공기관, 대기업의 보수와 비교한다면 상대적으로 낮은 수준이나, 민간에는 100인 미만의 중소기업 등 다양한 규모의 기업이 존재하기 때문에 소규모 기업의 보수와 비교한다면 공무원의 보수가 적지 않을 수 있다. 또한, 공무원의 경우 정년까지 근무할 수 있고, 민간 기업의 종사자들은 상대적으로 근무기간이 짧은 것을 고려하여, 생애를 기준으로 받는 급여의 총액을 비교한다면 공무원의 보수수준이 민간보다 낮지 않다는 입장이 있다.

셋째, 업무수준을 적정하게 반영하는 보수수준을 결정하는 데 어려움이 존재한다. 민간에서는 조직구성원들의 생산성을 매출액으로 산정하여 보수에 반영하는 방식으로 급여가 정해진다. 즉 수익과 비용 차원에서 조직구성원의 기여도가 산출되므로 그에 합당하는 보상이 주어지는 것이다. 이에 비해 공직에서는 공공서비스를 생산하지만 민간과 다르게 생산된 상품 및 서비스를 시장에서 거래하지 않으므로 적정한 가격을 측정할 수 없다. 따라서 공무원의 성과 또는 생산성을 화폐로 명확하게 산정할 수 없는 한계점이 존재하고 이를 기반으로 적정한 보상을 결정하는 데에도 어려움이 존재한다.

4) 성과급의 부분적 도입

우리나라는 2000년부터 공무원 보상체계에 성과급제도를 도입하게 되었다. 예를 들면 5급 이상 국가공무원과 3급 이상 지방공무원에게 성과급제를 적용하고, 국가공무원 6급 이하 공무원과 지방공무원 4급 이하에게는 성과에 따라 인센티브를 제공하는 성과상여금제를 도입하였다. 그리고 고위공무원단의 경우는 직무성과급적 연봉제를 도입하고 선출직과 정무직 공무원에게는 고정급적 연봉제를 도입하여 성과기반 보수체제를 마련하고자 하였다.

그러나 우리나라의 성과급제도는 활성화·보편화되지 못하고 부분적·형식적으로 도입되었다는 비판이 존재한다. 첫째, 전체 보수에서 성과연봉의 비율이 상대적으로 높지 않다. 예를 들어 우리나라 5급 이상의 국가공무원과 3급 이상 지방공무원의 총 급여에서 성과연봉이 차지하는 비중은 약 20%에 달한다(하혜수 외, 2022). 경제개발협력기구(OECD)에 참여한 국가 중 성과급 비율이 40~50%에 달하는 경우가 있음을 고려할 때, 우리나라에서도 성과급제도의 수준은 아직 보완이 필요하며, 성과급제도가 전국적으로 정착될 수 있도록 더 많은 노력이 요구될 것이다.

둘째, 공무원의 보수에서 성과연봉의 차등 수준이 크지 않고 조직구성원들의 성과를 높이기 위한 수단으로 사용하기에는 한계점이 존재한다. 즉, 고위공무원단의 경우 성과등급에 따라 기준액의 4% 정도의 차이를 두고, 5급 이상 국가공무원과 3급 이상 지방공무원의 경우 성과등급별 2%의 차이를 부여한다. 이와 같이 성과등급별 차이가 크지 않다면 조직구성원들이 성과등급을 높이려는 의지가 크지 않아 근로의욕을 높이는 효과 역시 미미할 것이다.

2. 우리나라 공무원 보수제도의 개선방안

이와 같이 현대 사회의 복잡한 공공문제를 해결하고 정부의 경쟁력을 높이는데 우리나라 공무원 보수제도가 적합하지 않다는 논의가 부각됨에 따라 이를 해결하기 위한 다양한 방안들이 등장하고 있다.

1) 직무급의 도입

연공급 중심의 보수체계는 직무와 무관하게 보수가 결정됨으로써 직무를 수행함에 따른 노력을 제대로 보상해주지 못 하는 문제가 존재한다. 따라서 이러한 문제점을 개선하기 위해 직무에 따라 보상받을 수 있는 보수체계를 수립하는 것이 필요하다. 즉 동일한 직무에 동일한 임금이라는 원칙에 부합하도록 보수체계를 수립하여 공정한 보수 및 합리적인 수준의 보상체계를 만들어야 할 것이다. 그리고 이러한 차원의 해결방안으로 직무급에 대한 논의가 등장하고 있다.

직무급(job-based pay)이란 공무원이 담당하고 있는 직무의 난이도와 중요도를 고려하여 보수수준을 산정하는 것으로 직무를 기반으로 한 보수체계라는 점에서 연공급제와 차이가 있다. 즉 직무급에서는 철저한 직무분석이 중요하며 직무의 특성을 분석한 뒤 직무평가를 통해 상대적인 직무의 가치를 산정하고 이에 부합하는 보상수준을 정하게 된다. 따라서 연공급에서 중요한 요소로 사용되었던 계급과 호봉에 대해 고려하지 않고 직무가치에 따라 등급을 분류하여 차등화된 보수를 지급하게 된다.

우리나라의 경우 오랜 기간동안 공직에서 계급제적 전통과 연공서열주의 문화 등이 존재하여 왔던바, 이러한 조직문화와 융화될 수 있는 절충방안으로 변형된 직무급에 대한 논의가 진행되었다. 이는 기존의 계급제와 보수제도에 직무급적 요소를 추가하는 것으로 직급별 차이를 고려하여 다양한 유형으로 적용될 수 있다(하혜수 외, 2022). 예를 들어 고위공무원단은 직무급적 요소를 가지고 있으므로 직무급 비중을 증가시키고 그 외 직급들은 연공급 또는 성과급 형태로 운영되므로 직무급 요소를 추가할 수 있을 것이다. 계급제의 전통이 강한 선진국의 경우에도 완전한 직무급보다는 기존의 제도에 직무급적 요소을 추가하는 형태로 운영하고 있다(전별, 2020).

2) 기본급의 강화

공무원 보수제도에서 또 하나의 문제점으로 제시되고 있는 수당의 과도한 사용 문제를 해결하기 위해서는 기본급 체제에 대한 보완이 필요하다. 우리나라 공무원의 기본급은 계급과 호봉 등에 근거하여 연공급 중심으로 결정되는 경향이 강하므로, 계급별 호봉제를 사용하면서 직무의 차이를 반영하여 적절하게 보상되지 않는 문제점이 존재한다. 예를 들어 승진시에는 '실질적인 계급별 호봉제'보다 '차감형 절충형 호봉제'를 사용하는데, 이 경우 승진에 따라 기본급여가 충분히 상승하지 못하여 중간직급 입직자에 대한 보상이 다소 불리하다(진재구, 1995). 계급제에 부합하고 직업공무원제를 발전시키면서 이러한 문제를 해결하기 위해서는 직급별·호봉 간 격차 및 승진시 호봉 간 격차를 확대하는 방안을 도입해야 할 것이다.

또한, 우리나라 공무원은 상·하 직급에 따라 기본급의 격차수준이 다르다. 하위직급에서는 기본급의 차이가 크지 않고 상위직급으로 올라갈수록 호봉에 따른 차이가 상대적으로 커진다. 공직에서 상위 직급으로 승진하기 위해서는 상당한 시간이 소요되므로 근속기간에 따라 기본급이 상승하는 속도는 공무원들의 기대수준에 미치지 못 하는 경우가 많다. 따라서 하위 직급의 경우에도 호봉 간 기본급의 차이가 충분해야 할 것이다. 그리고 이러한 변화를 통해 수당을 기본급에 통합하여 기본급 중심의 보수체계를 확립하는 것이 필요하다. 또한 합리적인 보수 구조를 마련하기 위하여 수당을 지불하는 경우 그 내용을 투명하게 공개하는 것도 중요할 것이다.

3) 적정 수준의 보상

공무원 보수는 인력 증가에 따른 재정적 부담, 공무원의 청렴성에 대한 사회적 요구, 국방비와 사회복지비용의 증가, 경제와 물가에 미치는 영향, 공무원 보수의 인상에 대한 문화적 저항감 등 다양한 제약 속에 결정이 된다. 따라서 공무원 보수를 인상하기 위해서는 다양한 요소를 고려해야 한다. 그럼에도 불구하고 우수한 인재를 영입하고 기존 인력들의 외부 유출을 방지하며 근무의욕을 높이기 위해서는 적정한 급여수준을 보장하는 것이 중요하다.

공무원 보수를 조직구성원들이 만족할 수 있는 적정 수준으로 산정하기 위해서는 물가인상률, 생계비, 민간 기업의 보수 등을 고려해야 할 것이다. 특히 공무원은 노동권에 제약(단체행동권 금지)이 존재하여 임금협상력이 부족하고, 공공분야에 특화된 업무경험으로 민간 영역으로 이직이 자유롭지 못하며, 영리사업 종사 및 부동산투기 금지 등 공직윤리가 엄격하여 보수가 중요한 소득원천이다. 따라서 정부는 공무원의 생계를 보장할 수 있는 보상수준을 제공해야 할 것이다. 그 외에도 민간 기업에서 근무할 경우 기대되는 보상수준과 공직에 종사하는 경우 지급되는 보상수준의 차이가 크다면 공직자의 사기가 저하될 것이다. 따라서 공무원의 보상수준을 결정할 때 민간의 보수수준도 고려하여 적절한 수준으로 산정하는 것이 중요하다.

4) 성과급의 확산

성과급은 일한 만큼 보상이 주어지는 제도로 공무원들이 자신의 업무에 몰입하고 성과를 높이도록 동기부여하는 데 도움을 주어 공공조직의 경쟁력을 높이는데 유용한 제도이다. 특히 최근 다양한 공공문제를 해결하기 위하여 정부의 역량에 관심이 많아지면서 성과급 도입에 더욱 적극적인 모습을 보이고 있다.

이러한 성과급을 공직 전반에 도입·확대하기 위해서는 첫째, 기존 보수에서 성과급의 비중을 높여야 한다. OECD 선진국 중 직위분류제를 채택한 국가는 성과급의 비중이 약 40~50% 수준이고 계급제적 전통이 발달한 국가는 성과급의 비중이 약 20% 수준이다(하혜수 외, 2022). 이와 비교할 때 우리나라는 과거부터 계급제적 문화가 강하고 성과급에 대한 수용성이 낮아서 성과급의 비중이 상대적으로 높지 않은 편이다. 따라서 성과급을 통해 기대되는 긍정적인 효과를 높이기 위해서는 성과를 기반으로 하는 운영체계를 마련하고, 고위공무원단의 경우 이에 적합한 구조를 지닌바 성과급 비중을 높이는 등 부문별 적합성을 고려하여 성과급을 확대해야 할 것이다.

둘째, 성과 등급 간 보수의 차이를 증가시켜야 한다. 성과급의 유효성을 높이려면 성과 등급 간 차이를 확대하여 성과에 기반한 보수의 체감도를 높이는 것이 필요하다. 고위공무원단의 경우 성과급의 등급 간 지급률 차이가 4%~8% 수준인데, 향후 등급 간 10% 수준의 지급률 차이를 두어 성과기반 보수가 부여하는 혜택을 높일 수 있다. 셋째, 성과급 대상 단위를 다양화한다. 성과급 계산 단위에는 개인과 집단이 있다. 그런데 우리나라의 경우 공직분류제, 행정문화, 성과평가제도 등에서 성과급과 적합성이 높은 제도가 미흡하여 개인단위 성과급제 도입에 어려움이 존재한다. 이에 비해 부서나 팀 단위의 성과를 평가하여 성과급을 부여하는 집단성과급제는 우리나라 공공조직 내 문화와 적합성이 높고 운영방식도 상대적으로 용이하다. 따라서 다양한 단위의 성과급제를 도입하여 성과급을 확대할 필요가 있다.

제4절 공무원 연금제도

1. 공무원 연금제도의 개념 및 의의

1) 공무원 연금제도의 개념 및 도입배경

공무원 연금제도(government employees pension program)는 국가가 공무원들을 위해 운영하는 사회보장제도이다. 보수가 공무원에게 지급하는 직접적인 노동의 대가라면 연금의 경우는 미래의 자산이자 생활보장적 성격의 간접적 보상의 성격을 지닌다. 공무원연금은 국민연금과 같이 넓은 의미의 공적 연금에 속하여 연금가입은 선택이 아닌 의무사항이고, 세대간 부양체제의 성격을 지닌다. 그리고 퇴직 후 생활을 보장하는 목적을 가진 퇴직연금의 유형이며, 공무원이라는 특정 직업을 가진 이들에게 적용되는 특수직역연금 중 하나이다.

선진국의 경우 공무원연금이 제도적으로 도입되었던 시기를 살펴보면 먼저 영국, 독일, 프랑스 등의 유럽에서는 1800년대 이후 퇴직연금제도가 법제화되었다. 독일의 경우 1889년 산업노동자를 위한 노령보험프로그램을 도입하였으며, 덴마크는 복지체제를 개선하고 빈곤상태를 완화하기 위해 연금제도를 도입하였다. 그리고 미국은 이보다 늦은 1920년에 퇴직연금의 제도화가 이루어졌으며, 1936년경에 사회보장법(social security act)이 제정되면서 주와 지방정부까지 퇴직연금제도가 확대되었다. 그에 비해 우리나라는 1949년경 국가공무원법에 연금제도에 관한 규정이 마련되었고, 1960년에 공무원연금법을 제정하여 공무원 연금제도에 관한 법적 기반을 갖추게 되었다.

이와 같이 공무원 연금제도를 도입하게 된 배경은 직업공무원제도의 확립과 밀접한 관련을 가진다. 직업공무원제도는 젊고 유능한 인재를 선발하여 오랜 기간동안 공공조직에 종사하면서 관련 전문성을 갖추도록 인력을 관리·운영하는 제도이다. 이 경우 인력들이 오랜 기간 조직을 위해 봉사하는 것에 대한 보상이 필요한데, 정부는 연금제도를 통해 그러한 부분을 채우고자 하였다. 예를 들

어 공무원에게 퇴직, 사망, 부상, 질병, 장애 등의 요인들이 발생하는 경우 정부
는 이에 대해 적절히 보상함으로써 공무원과 그 가족의 생활을 안정화시키고 그
들에 대한 복지 혜택도 강화하고자 한다(공무원연금법 제1조).

2) 공무원 연금제도의 의의

공무원 연금제도는 공무원 보수와 함께 중요한 인사행정의 도구로서 다음
과 같은 다양한 의미를 지닌다(하혜수 외, 2022). 첫째, 사회보장적 의미이다. 공무
원 연금제도는 공무원이 질병, 상해, 사망 등의 위험에 노출되었을 때 이에 대응
하고 공무원 또는 가족들을 보호하기 위한 조치의 성격을 가진다. 예를 들어 공
무원연급법에서는 퇴직유족연금과 비공무상 장애급여가 규정되어 있다. 퇴직유
족연금의 경우 퇴직연금을 받을 권리가 있는 공무원이 퇴직한 후 사망한다면 해
당공무원의 유족에게 연금을 지급한다. 그리고 비공무상 장애급여는 공무원이
공무 외 사유로 질병, 부상 등을 겪어 장애로 인한 퇴직을 한다면 퇴직 후에 장
애 등급에 따라 연금을 지급한다. 또한 공무원 연금제도는 퇴직한 경우 노후생
활을 안정적으로 지낼 수 있도록 도와주는 사회보장 장치이기도 하다. 공무원
연금법에서는 퇴직한 공무원에게 재직한 기간에 따라 퇴직연금 또는 퇴직일시금
을 지급하여 퇴직 후 삶의 경제적 문제를 완화하고자 한다.

둘째, 사기 제고의 의미이다. 공무원의 보수수준은 100인 이상 규모의 민간
기업에서 기대할 수 있는 보수의 85.2% 수준에 그치는 등 민간분야에 비해 상대
적으로 낮다. 이러한 낮은 보수수준은 해당 공무원에게 공정하지 못한 보상으로
인식될 수 있고 이 경우 공무원의 불만이 증가하거나 근무의욕이 저하될 수 있
다. 이러한 상황에 공무원연금제를 운영하여 퇴직 후 삶에 경제적 지원을 제공
한다면 공무원으로 근무할 당시에 받은 낮은 보수를 보완하는 효과가 나타날 수
있다. 그리고 이러한 보상은 공무원으로서 자부심과 사기를 높이고 국가에 대해
헌신하려는 자세도 강화할 수 있다.

셋째, 기본권 제약에 대한 보상의 의미이다. 공무원은 국민들의 공익을 위해
봉사하는 업무를 담당하고 있으므로 업무상 국민들에게 미치는 영향이 상대적으

로 더 크다. 이러한 파급효과를 고려하여 공무원들은 노동권과 관련하여 단체행동권이 금지되어 있는 등 기본권에 제약이 존재한다. 즉 공무원들은 자신의 권익을 지키기 위해 시위, 태업, 파업 등의 단체행동을 할 수 없고, 취업과 재취업에도 제약이 존재한다. 그 외에도 고위공무원의 경우 재산을 등록 및 공개할 의무가 있으며 정치적 중립성을 지키기 위해 정당 가입과 선거 개입 등도 제한된다. 공무원연금은 이러한 다양한 불이익들에 대해 부분적으로나마 보상하려는 성격이 있다.

넷째, 직업공무원제 확립에 관한 의미이다. 공무원이란 직업은 신분 보장에 따른 직업의 안정성은 높지만, 낮은 보수로 인해 우수한 인력을 확보하는 데 어려움이 존재한다. 공무원 연금제도는 퇴직 후 경제적 보상을 보장하여 공무원에 대한 종합적 보상수준을 높이면서 이러한 문제점을 해결하는 데 도움을 준다. 또한 공무원연금제는 국민연금과 달리 퇴직 후 소득수준에 따른 지급률의 변화가 없는 등 장기 근무를 유도하는 인센티브의 역할을 하여 장기근속을 전제하는 직업공무원제의 발전에 도움을 줄 수 있다.

3) 공무원연금에 관한 이론적 근거

공무원연금은 퇴직연금 유형 중 하나로 퇴직연금에 대한 다양한 이론적 논의가 공무원연금에 대해서도 이론적 근거로 제시되고 있다. 첫째는 공로보상설이다. 이는 고용주가 장기간 근무한 직원에 대해 감사하는 의미로 제공하는 보상으로 이해하는 것이다. 즉 국가는 고용주로서 공무원이 국가를 위해 오랜 기간동안 헌신한 공로를 인정하고 그에 대한 대가로 연금을 제공한다.

둘째는 위자료설이다. 이는 조직의 사정으로 조직구성원이 퇴직을 하거나 업무과정에서 재해 등이 발생하여 퇴직을 하는 경우 사용자가 조직구성원에게 이에 대한 위자료를 제공하는 것으로 퇴직연금을 이해한다. 이는 조직구성원이 일반적인 퇴직자가 아닌 다른 사유로 퇴직하는 경우에 이에 대한 배상의 의미로 퇴직연금이 제공되는 것으로 바라본다.

셋째, 보수후불설이다. 이는 조직구성원이 재직 중에 제공한 노동의 대가로 보수를 받았으나 노동의 실질가치를 환산한 경우 보수가 그 대가로 충분하지 않은 것으로 이해한다. 즉 퇴직연금을 조직구성원이 재직 중 지급받지 못한 임금 또는 이윤의 일부를 퇴직 후 지불받는 것으로 본다. 이는 노동조합측의 시각에서 바라보는 것으로, 우리나라는 공무원이 재직 중 연금의 일부를 기여금 형태로 적립하는 부분이 있으므로 임금후불의 성격을 지니기도 한다.

넷째, 사회보장설이다. 조직구성원이 재직 중 받은 보수는 당시의 생활비로 사용되고 노후를 위한 자금으로 축적되지 않은 것으로 이해하는 시각이다. 이에 퇴직연금을 사용자가 조직구성원의 노후생활을 보장하기 위하여 추가적인 자금을 지원하는 것으로 본다. 우리나라의 경우, 공무원연금의 재원이 부담금, 적자보전금, 기여금 등으로 구성되어 다양한 이론적 논의를 연금의 근거로 사용하고 있다(하혜수 외, 2022). 예를 들어 국가와 지방자치단체가 지급하는 부담금과 적자보전금은 공무원의 공로를 인정하고 보상하는 위로의 성격이 강하여 공로보상설과 위자료설 등이 근거가 되고, 공무원이 지급하는 기여금은 노동의 대가 중 일부를 적립하는 성격이 강하므로 보수후불설이 근거가 된다.

2. 우리나라 공무원 연금제도의 현황

1) 적용대상 및 비용부담

우리나라는 1949년 국가공무원법을 제정하면서 공무원연금에 관한 조항을 만들었고 1960년 공무원연금법을 만든 후 여러 차례 개정을 거듭하여 현재와 같은 연금제도를 구비하게 되었다. 공무원연금법이 적용되는 대상은 상시적으로 공무에 종사하는 공무원으로 국가공무원법과 지방공무원법상 공무원, 그 밖의 법률에 의한 공무원(보건진료원, 공익법무관 등) 등으로 구성된다. 또한 청원경찰, 정액 급여를 받는 상임위원, 전임직원 등 대통령령으로 정해진 국가 및 지방자치단체의 직원 일부도 포함된다. 반면, 군인은 군인연금법의 적용을 받아 공무원연금법의 대상이 아니며, 선거에 의해 선출하는 공무원들도 대상에서 제외한다(공무원연금법 제3조).

공무원연금의 비용을 부담하는 방식에는 근로자의 기여 여부에 따라 기여제와 비기여제로 나뉜다. 먼저 기여제는 연금급여에 필요한 비용을 사용자와 연금수혜자가 함께 부담하는 방식으로 한국과 일본 등에서 사용하는 방식이다. 그리고 비기여제는 연금급여에 필요한 비용을 사용자가 전액부담하는 방식으로 독일, 영국, 스웨덴 등에서 사용하고 있다. 또한, 공적연금제도는 연금급여 수준이 사전에 결정되어 있는 확정급여형제도로서 이러한 연금지출은 기금적립방식과 예산부과방식으로 재원을 마련하여 운영된다. 이때 기금적립방식(pay-as-you-go system)은 공무원들이 가입기간 동안 정기적으로 보험료를 납부하여 기여금을 적립하는 방식으로 우리나라에서 기본적으로 사용하는 재정운용방식이다. 기금적립방식의 특징을 살펴보면, 기금을 장기적으로 마련하고 기금의 운용과 투자를 통해 나오는 이자와 사업수익으로 연금을 지불하며, 운영상 한계점으로 관리운영의 어려움, 기금투자위험, 기금고갈 가능성 등이 존재한다. 반면, 예산부과방식은 기금적립금을 보유하지 않고 정부가 매년 퇴직급여 소요분을 세출예산으로 편성하여 운영하는 방식이다. 우리나라는 연금제도가 운영되는 과정에서 수입·지출상 불균형구조가 심화되어 2001년부터 국가나 지방자치단체의 정부보전금으로 연금적자를 충당하는 등 예산부과방식을 보완적으로 사용하고 있다. 예산부과방식의 특징으로는 운영과 관리비용이 적게 드는 반면, 정부의 연금비용 부담이 크며 이러한 부담은 세금으로 충당하게 되어 후세대의 부담이 가중되는 문제점이 있다.

2) 연금재정의 확보와 관리

우리나라의 공무원연금 재정방식을 구체적으로 살펴보면, 공무원은 매월 '기여금(employ contribution)'으로 기준소득월액의 일정비율(9%)을 납부하고, 국가와 지자체도 '부담금(employer contribution)'으로 보수예산의 일정비율을 감당(보수월액의 9%)하여 재원을 조달한다. 그리고 매년도의 기여금(공무원)과 연금 부담금(국가와 지자체)으로 당해 연도의 급여비용을 충당하지 못하는 경우에는 정부가 추가로 부족분을 부담(정부보전금)하게 된다. 추가로 사용자 책임급여인 재해보상급여과 퇴직수당, 그리고 부조적 성격의 재해부조금과 사망조위금 등의 비용은 국가나 지방자치단체가 전액을 부담한다.

<표 11-5> 공무원연금의 재정방식

비용부담	급여지급
기여금(공무원) − 기준소득월액의 9% 부담금(국가/지자체) − 보수월액의 9%	퇴직급여 − 퇴직연금 등 4종 유족급여 − 유족연금 등 5종
정부보전금(국가/지자체)	급여부족분
재해보상부담금(국가/지자체)	재해보상/부조급여
퇴직수당부담금(국가/지자체)	퇴직수당

출처: 공무원연금공단 홈페이지(www.geps.or.kr).

공무원 연금제도의 회계는 크게 연금회계와 기금회계로 구분되는데, 연금회계는 공무원이 부담하는 기여금과 국가 또는 지방자치단체가 부담하는 부담금 등을 수입으로, 연금급여 등을 지출로 기재한다. 그리고 기금회계는 연금회계에서 적립된 기금을 관리운용하는 회계이다. 연금회계와 기금회계의 관계를 살펴보면, 연금회계에서 수지흑자나 적자가 발생하면 해당 흑자분과 부족분이 기금회계에 전입처리 및 이입충당되고, 이를 통해 두 회계가 서로 긴밀하게 연결된다. 또한 연금회계에서 기금회계로 전입되는 전입금은 적립금과 결산 잉여금으로 구성되는데 적립금은 미리 예산에 계상된 금액으로 당해 연도 중에 기금수입이 되고, 결산잉여금은 결산 후 남는 금액으로 당해 연도에 기금수입이 된다.

3) 연금급여의 종류

공무원연금 급여는 크게 단기급여와 장기급여 두 가지 유형으로 나뉘며 단기급여에는 공무로 인한 질병·재해·부상 등과 관련있는 공무상요양비·재해부조금·사망조위금 등이 해당된다(공무원연금법 제25조, 제34조). 그리고 장기급여에는 퇴직·사망·장애와 관련된 급여로 퇴직급여 4종, 유족급여 6종, 장해급여 2종, 순직유족급여 2종, 퇴직수당 등 15종의 유형이 있다(공무원연금법 제25조, 제42조).

<표 11-6> 공무원연금 급여의 종류와 내용

구분	종류	내용
단기 급여	요양급여 공무상요양비	공무상 질병·부상으로 요양기관에서 요양을 할 때 또는 공무상 질병·부상 치유 후 재발한 때
	재해부조금	공무원의 주택이 수재·화재 기타 재해로 인하여 재해를 입은 때
	사망조위금	공무원의 배우자, 부모(배우자의 부모 포함), 자녀가 사망한 때, 공무원이 사망한 때
장기 급여	퇴직연금	공무원이 10년 이상 재직하고 퇴직한 때
(퇴직급여)	퇴직연금일시금	10년 이상 재직 후 퇴직한 공무원이 퇴직연금에 갈음하여 일시금으로 지급받고자 할 때
	퇴직연금 공제일시금	10년 이상 재직 후 퇴직한 공무원이 10년을 초과하는 재직기간 중 일부기간을 일시금으로 지급받고자 할 때
	퇴직일시금	공무원이 10년 미만 재직하고 퇴직한 때
	퇴직수당	공무원이 1년 이상 재직하고 퇴직 또는 사망한 때
(장해급여)	장해연금	공무상 질병·부상으로 인하여 장애상태로 퇴직한 경우
	장해보상금	장해연금에 갈음하여 일시금으로 지급받고자 할 때
(유족급여)	유족연금	10년 이상 재직한 공무원이 재직 중 사망한 때 퇴직연금 또는 조기퇴직연금 수급자가 사망한 때 장해연금 수급자가 사망한 때
	유족연금부가금	10년 이상 재직한 공무원이 재직 중 사망하여 유족연금을 청구한 때
	유족연금 특별부가금	퇴직연금수급권자가 퇴직 후 3년 이내에 사망한 때
	유족연금일시금	10년 이상 재직한 공무원이 재직 중 사망하여 유족연금에 갈음하여 일시금으로 지급받고자 할 때
	유족일시금	10년 미만 재직한 공무원이 사망한 때
	순직유족연금 순직유족보상금	공무상 질병·부상으로 사망시
	위험직무순직 유족연금 위험직무순직 유족보상금	위험직무 수행 중 사망시

출처: 공무원연금공단 홈페이지(www.geps.or.kr).

제 5 절 공무원 연금제도의 문제점 및 개선방안

1. 우리나라 공무원 연금제도의 문제점

1) 연금재정 문제

공무원연금은 1993년부터 지출이 정부 수입을 초과하게 되었고 2001년에는 기금이 고갈되었다. 정부는 이러한 지출의 부족분을 채우기 위해 일반조세를 통해 연금재정을 지원하였으며, 이러한 노력에도 수입 초과 지출 부분이 지속되면서 연금재정에 문제가 발생하게 되었다. 즉 정부가 보전하는 금액이 늘고 정부보전금 비율 역시 지속적으로 증가하면서 향후에 재정부담이 더욱 커질 것으로 우려되었다. 기금부족 문제를 해결하기 위하여 2009년 노무현 정부는 연금을 '덜 받는 구조'로 연금개혁을 추진하였다. 그러나 그 후에도 적자폭이 줄어들지 않고 확대되자 2015년 박근혜 정부는 공무원연금과 사학연금에 대해 '더 내고 덜 받는 구조 개혁'을 추진하였다.

이러한 노력에도 현재까지 연금재원 고갈문제와 적자문제는 해결되지 않고 있으며, 2020년 기준 퇴직공무원과 군인에게 연금으로 지급해야 할 돈(연금충당부채)은 1,000조 원을 넘은 상황이다(원다연, 2021). 비록 연금충당부채가 일반 부채와 다르게 전부 국가가 부담할 빚이라고 할 수 없지만, 연금법상 적자는 국고로 보전하도록 되어있는 규정을 고려할 때 국민의 세금과 밀접한 관련이 있는 중요한 부분이다. 이와 같이 연금충당부채가 지속적으로 증가함에 따라 가장 근본적인 원인으로 부양률(연금수급자 수/현직공무원 수)의 상승에 대한 관심이 증가하고 있다. 즉 첫째 원인은 문재인 정부 등에서 공무원 수가 증가한 것이고 둘째 원인은 공무원의 고령화로 연금 수급자의 비율이 증가한 것이다.

2) 기금운용 문제

연금의 위기는 제도의 문제 외에도 관리의 문제가 복합적으로 작용하여 나타난 것이다. 우리나라는 중앙인사기관인 인사혁신처가 공무원연금에 대한 정책과 제도개발을 담당하고 있으며, 공무원연금공단에서는 이를 집행하는 업무를 수행하고 있다. 공무원연금공단의 업무는 크게 세 가지로 구분되며 기여금 등 제비용 징수업무, 퇴직급여 등 지급업무로 구성된 연금업무와 금융기관 예입, 유가증권 투자 등 기금운용업무, 학자금 대여 등 국가위탁업무를 맡고 있다. 기금운용업무는 기금재원을 금융상품 등으로 운용하여 투자수익을 산출하고 이를 급여지급, 후생복지사업 등에 사용하도록 함으로써 연금재원의 안정성을 높이는 것이다.

연금제도를 건실하게 운영하기 위해 기금증식이 중요하므로 기금 운영사업은 전문인력을 기반으로 전문화되어야 하나, 과거에 부실하게 운영된 경우가 많았다. 대표적으로 1997년 IMF 외환위기는 정부의 구조조정에 따른 인력 감축을 유발하여 연금재정 적자 상황을 초래하고 기금규모를 크게 축소시켰다. 그리고 우리나라의 연금기금은 일시금제도, 재정 예탁, 후생복지사업 등으로 충분한 적립과 증식이 이루어지지 않았다. 기금운용 수익으로 연금회계의 적자가 충분히 보전되지 않고 연금적자 규모가 계속 확대됨에 따라 실효성 있는 대응방안이 필요한 상황이다. 특히 연금기금은 대규모의 공적자금으로서 국가 경제정책의 성공적 운영을 위해 정부에 예탁할 필요가 있으나, 예탁수익률(정기예금 금리에 1% 가산)이 상대적으로 낮아 연금재정을 악화시키는 요인으로 손꼽히고 있다. 최근 공공자금관리기금법이 제정되어 예탁수익률이 국·공채 발행금리 수준 등으로 개선되었으나 안정적인 투자수단이 되기에는 여전히 부족하다.

3) 사회보장기능 문제

공무원연금제는 기금적자 증대, 연금충당부채의 확대, 국민 조세 부담에 대한 부정적 여론 등에 의해 지속적으로 개혁에 대한 요구에 직면하고 있다. 그동안 '더 내고 덜 받는 구조개혁'이 진행되었으나 여전히 기금적자 부분이 해결되지 않아 추가적인 개혁도 예상되고 있다. 이러한 개혁들은 기여금을 높이고 연금 지급을 축소하는 방향으로 진행되면서 공무원연금의 사회보장 기능을 더욱 약화시킬 것으로 기대된다.

공무원 연금제도의 사회보장기능이 약화된다면 다음과 같은 문제가 발생할 가능성이 커지므로 이에 대한 고민이 추가적으로 필요할 것이다(하혜수 외, 2022).

첫째, 공무원의 생활유지 기능이 약화된다. 모수적 연금 개혁이 진행되면 공무원은 자신의 기여금을 적립하여 퇴직 후 받는 정도의 혜택을 누리게 된다. 또한 공무원연금의 소득대체율을 40%로 운영한다면 연금수준이 재직시 보수의 절반에도 미치지 못하여 퇴직한 공무원은 기본적인 생활을 영위하기 어려울 것이다.

둘째, 공익봉사에 대한 보상이 사라진다. 공무원은 민간영역에 종사하는 것과 달리 국가와 지역공동체를 위해 봉사와 희생을 하므로 낮은 보수, 노동쟁의권 금지 등 다양한 제약이 존재한다. 우리나라는 이러한 부분을 보완하고자 공무원에게 신분 보장과 높은 연금을 보장하고자 하였는데, 공무원연금과 국민연금 간 차이가 없어진다면 공무원에게 상대적으로 불이익이 가해지는 효과가 발생할 것이다.

셋째, 연금공백으로 노후생활 보장기능이 약화된다. 고위공무원단의 경우 50세 후반, 일반 공무원은 주로 60세에 정년퇴직을 하게 되므로 65세부터 공무원연금이 지급된다면 5년간 또는 6~7년간 연금 공백이 나타나게 된다. 만약 저축과 자산이 없다면 퇴직한 공무원은 연금 공백 기간동안 소득이 없어 노후생활이 보장되기 어려울 것이다. 또한 4급 이상 공무원은 공직자윤리법 제17조에 의해 재취업에 제한이 있으므로 소득 부재상황을 벗어나기 어려울 것이다.[2]

---

2) 정무직 공무원, 4급 이상 공무원, 특정분야(경찰, 감사, 조세, 식품위생 등)의 7급 이상 공무원은 퇴직일로부터 3년간, 퇴직 전 5년 동안 소속하였던 부서 또는 기관의 업무와 관련된 기관에 취업할 수 없다(하혜수 외, 2022).

4) 구조개혁 문제

공무원연금 개혁은 크게 모수적 개혁과 구조적 개혁으로 구분할 수 있다. 모수적 개혁(parametic reform)은 연금재원의 확보와 연금 수혜자 규모에 초점을 두는 개혁인 반면, 구조적 개혁은 연금제도의 구조에 관심을 두는 개혁이다(민효상, 2011: 35). 지금까지 우리나라의 공무원연금 개혁은 모수적 개혁에 집중되었으며, 많은 논의가 있었음에도 불구하고 구조적 개혁은 추진력 있게 이루어지지 않았다. 예를 들어 2015년에 시행되었던 '더 내고 덜 받는 개혁'은 대표적인 모수적 개혁으로 연령의 조정, 연금지급률 인하, 기여금과 부담금 조정 등이 주요 개선내용이었다. 이러한 개혁은 기금적자를 근원적으로 해결하는 방법이 될 수 없다는 논의 속에 향후 구조적 개혁의 필요성이 더욱 부각될 것이다.

최근 구조적 개혁에 대한 논의는 공무원연금과 국민연금의 통합에 대한 논의로 연결되고 있다. 그리고 이 대안에 대해서는 첫째 공무원연금의 성격 즉 국가에 대한 희생과 봉사에 대한 보상 차원의 목적과 국민연금의 목적에 차이가 있다는 비판이 존재한다. 국민연금과의 통합을 추진할 경우 공무원 노조의 저항이 예상되며 추가적인 혜택이 보장되지 않는다면 기본권 제한, 상대적으로 낮은 보수 문제를 해결하는 대안이 필요하다. 둘째 공무원연금의 적자문제가 국민연금의 적자로 전파될 수 있다는 주장이 있다. 국민연금의 경우 보험요율(4.5%)이 낮고 저출산·고령화가 심화되고 있어 국민연금의 재원 역시 고갈될 수 있다는 우려의 목소리가 커지고 있다.

2. 공무원 연금제도의 개선방안

이러한 공무원 연금제도의 문제점은 국가재정을 위협하고 있어 정부조직 내부뿐 아니라 사회에서도 연금개혁에 대한 요구가 커지고 있다. 이와 관련하여 향후 개선방안에 대해 살펴보면 다음과 같다.

1) 기여금과 지급액 조정

공무원 연금제도는 2009년과 2015년 등 여러 차례의 모수적 개혁을 통해 기여율과 지급률이 조정되었다. 예를 들면 1969년부터 수차례 공무원 징수료율을 상향조정하였고, 2009년에는 기초보수 부분을 보수월액에서 기준소득월액으로 변경하였으며, 2015년에는 기여율 인상(7% → 9%)과 함께 지급률 인하(1.9% → 1.7%) 조치도 추진하였다. 그 외에도 2015년에는 퇴직연금 수급요건을 조정(20년 → 10년)하였고, 연금 지급개시 연령을 연장(60세, 65세 → 65세)하였으며, 연금액을 한시적으로 동결(물가인상률 연동 → 5년간 동결)하는 등 다양한 부분을 조정하였다. 그러나 이러한 노력에도 불구하고 그 효과는 기대에 미치지 못하고 있다.

기여율과 지급률을 조정하는 '더 내고 덜 받는' 개혁이 성공하기 위해서는 장기적인 계획 하에 적절한 목표를 설정하는 것이 필요하다. 즉 연금재원의 적자분을 해소하면서도 공무원의 기본생활이 보장될 수 있는 기여금과 지급금을 설정하는 것이 중요할 것이다. 먼저 기여금은 기준소득월액 및 기여율과 관련이 있으므로 고소득자를 고려하여 기준소득월액을 설정하고, 적정한 기여율로 인상하는 것이 필요하다. 그리고 지급금에 대해서는 사회보장기능이 가능한 지급률과 소득대체율을 산정하는 것이 바람직하다. 특히 사회보장기능을 약화시키지 않으려면 기여금과 부담금의 비율에 차이를 두어 정부의 부담금을 높이는 비대칭 구조에 대해서도 고려해 볼 필요가 있다(하혜수 외, 2022). OECD 선진국의 경우 개인의 기여금보다 정부의 부담금을 높여 정부의 책임을 강화하고 있기 때문이다(유민봉·임도빈, 2016; 전주열 외, 2018).

주요 선진국의 공무원연금 기여율과 부담률

OECD 선진국에서는 개인의 부담을 줄이고 공무원에 대한 사회보장 기능을 강화하기 위하여 개인의 기여금과 정부의 부담률을 비대칭적으로 운영하고 있다(유민봉·임도빈, 2016; 전주열 외, 2018). 주요 선진국의 공무원연금 기여율과 부담률은 <표 11-7>과 같다.

영국와 스웨덴, 독일은 공무원의 기여율이 0%이고 국가에서 전액 부담하는 비기여제 방식으로 운영하고 있다. 그리고 프랑스는 2017년 공무원 기여율이 증가하여 11.1%가 되었고 부족분은 국가가 부담하는 방식을 선택하고 있다. 미국은 구연금제도(Civil Service Retirement System: CSRS)와 신연금제도(Federal Employment Retirement System)로 구분되며, 구연금제는 기여율과 부담률이 각각 7%였으나, 신연금제는 기여율 0.8%와 부담률 13.7%로 변화되었다.

<표 11-7> 선진국의 공무원연금 기여율과 부담률

구분	영국	스웨덴	독일	프랑스	미국		한국
					구연금제	신연금제	
기여율	0%	0%	0%	11.1%	7%	0.8%	9%
부담률	12~18.5%	22.8%	41.5%	부족분	7%	13.7%	9%

출처: 하혜수 외(2022) 재인용.

2) 기금운용 전략

공무원 연금제도의 안정화를 위해서는 재정운영의 건실함이 중요하고 공무원연금공단의 업무 중 수익을 창출할 수 있는 기금운영 사업이 중요하다. 과거에 공무원 연금재원이 고갈되면서 공단의 기금운영 사업에 대한 관심이 커지고 전문성 강화에 대한 요구가 증가되었으며 사업운영 방법에 대한 개선요구도 지속적으로 등장하고 있다. 불어나고 있는 연금적자를 해결하기 위해서는 재원운영 방식에 대해 실효성 있는 대책 마련이 필요하다.

예를 들어 연금 급여자금을 확보하기 위해 기금이 보유한 유가증권을 매각하거나 복지시설용 부동산을 처분하는 등 투자수익 외에 다양한 접근방법을 고려해야 한다(강성철 외, 2018). 그리고 연금재정을 안정화시키기 위해 전문인력을 확보하는 등 재원운영의 전문성과 연금기금의 수익성을 증대시키는 방향도 고려해야 한다. 또한 기금사업의 다양한 목표 중에서 수익성 증대에 더 많은 관심을 가지고 노력하는 모습도 필요하다. 예를 들어 연금기금을 정부에 예탁하는 경우 예탁수익률이 민간영역 대비 여전히 낮으므로, 시장금리 수준의 수익을 보장받을 수 있도록 조정하는 것이 필요하다. 정부예탁 방식은 수익률이 일정수준으로 보장되어야 연금기금을 유지하는 데 도움이 되는 안전한 투자수단으로 자리잡을 수 있을 것이다. 추가로 공무원 연금제도에서 운영하는 후생복지사업에서도 기업경영 방식을 도입하여 책임경영체제를 수립하고 수익성을 높이는 방안을 모색해야 한다.

3) 연금 공백의 개선

2016년 공무원연금법이 연금 지급개시 연령을 단계적으로 상향조정하도록 개정됨에 따라 향후 공무원의 소득 공백이 예상되고 있다. 2022년부터 연금 지급개시 연령이 61세로 변경되었고, 지속적으로 연금 지급개시 연령이 높아져 2033년에는 65세로 늦춰질 계획이다. 이 경우 퇴직자는 1년부터 5년까지 연금과 소득이 모두 없는 소득 공백 상황에 놓여질 가능성이 매우 높다.

이러한 소득공백에 대응하기 위하여 다음과 같은 대안을 고려할 수 있다(하혜수 외, 2022).

첫째, 연금 조기 지급방안이다. 65세에 퇴직한 공무원은 65세 이전에 연금을 지급받기 위해 감액된 금액으로 연금을 신청할 수 있다. 이 경우 퇴직연금 지급 시점에 못 미치는 연수마다 5%씩 금액이 감액되며, 지급을 연기하는 경우에도 동일한 비율로 가산되어 지급받을 수 있다.

둘째, 재고용 방안이다. 연금이 지급되지 않는 기간동안 퇴직한 공무원을 재고용하여 근로소득을 제공하는 것이다(이선우·최일환, 2020:132). 이때 공무원은 시간제 근무, 기간제 공무원, 임시직 공무원 등의 조건으로 고용될 수 있으며, 이들을 고용한 조직에서는 해당 공무원의 능력과 노하우를 활용할 수 있다.

셋째, 보수 피크제 도입이다. 대표적으로 정년을 유지하며 보수를 줄이는 재원절감형 보수 피크제와 정년을 연장하며 보수를 줄이는 정년 연장형 보수 피크제를 사용할 수 있다. 이 대안은 필요한 재원이 크지 않다는 장점과 함께 청년층의 고용을 줄이게 된다는 단점을 가진다.

넷째, 재취업 제한제도 개선이다. 이는 공직자윤리법의 재취업 금지규정을 완화하여 퇴직자의 재취업 기회를 확대하는 것이다. 즉 퇴직자의 직무관련성을 기준으로 재취업을 금지하기보다는 공무원 개인별로 이해 충돌과 직권 남용 여부를 심사하여 재취업의 기회를 증가시키는 방법이다.

4) 구조개혁 방향

기존에 주로 사용하였던 모수적 개혁의 한계점이 부각되면서 연금제도의 구조적 틀을 개혁해야 한다는 주장이 제기되고 있다. 연금제도는 통합형, 분리형, 부분 분리형으로 운영될 수 있는데 최근 구조적 개혁으로 논의되는 형태는 공무원 연금제도와 국민연금의 통합으로 통합형을 전제하고 있다. 이는 신규공무원에게 국민연금의 보험률과 소득대체율을 적용하여 퇴직 후 일반 노동자와 동일한 방식으로 공무원연금을 지급하는 방식으로 최종적으로 공무원 연금제도를 국민연금으로 일원화하는 것을 목적으로 한다. 통합방식으로는 2층제와 3층제에 대한 논의가 있으며 2층제의 경우 1층에 공적연금제, 2층에 퇴직연금제를 배치하고 3층제의 경우 3층에 저축계정인 개인연금을 더한다.

통합형 연금은 공무원연금과 국민연금의 통합으로 규모의 경제효과를 유발할 수 있고, 2층의 퇴직연금과 3층의 개인연금이 1층의 공적연금 급여가 축소되는 부분을 충당할 수 있는 장점이 있다. 그러나 여전히 다음과 같은 문제점이 존재하여 구조적 연금개혁에 대한 논란은 지속될 것으로 보인다(하혜수 외, 2022).

첫째, 재직자의 보험금이 퇴직 공무원의 연금급여로 지출되므로 현직자의 기초연금, 퇴직연금, 개인연금을 보장하기 어렵다.

둘째, 통합 이전에 가입한 공무원은 낮아진 기여금에도 높은 급여를 받지만, 통합 이후 가입한 공무원은 국민연금 수준의 급여를 받게 되어 가입시점에 따른 형평성 문제가 발생하게 된다.

셋째, 공익을 위한 공무원의 헌신과 높은 윤리기준의 적용 등 공무원의 특수성에 대한 보상이 사라짐에 따라 공무원에게 상대적 불이익이 가해지게 된다.

넷째, 점차 국민연금의 수급자가 증가하고 고령화 추세가 지속될 경우 국민연금도 고갈되면서 더 큰 적자문제에 부딪칠 수 있다.

다섯째, 공무원 보수가 낮은 상태에서 공무원 연금제도의 상대적 우위성이 사라진다면 유능한 인재의 유치와 평생 공직 종사를 기반으로 하는 직업공무원제가 약화될 수 있다.

참고문헌

강성철 외. (2018). 「인사행정론」. 서울: 대영문화사.

김성수. (2010). 「한국 기업의 성과주의 인사시스템 변천」, 서울: 서울대학교.

김판석·김태일·김민용. (2000). 공사 부문 보수 격차 비교 분석. 「한국행정학보」. 34(4): 115−137.

김판석 외. (2021). 「인사행정론」. 서울: 법문사.

민효상. (2011). 왜 2009년 공무원연금제도 개혁은 점진적(moderate) 개혁에 머물렀는가?: 정책결정과정과 정치·제도적 특성을 중심으로. 「한국정책학회보」, 20(1): 333−361.

박상언. (2000). 성과주의 임금제도와 인적자원관리: 비판적 고찰과 대안적 관점. 「산업노동연구」, 6(1): 59−93.

양병무. (1994). 연봉제 도입실태와 문제점 및 개선방향. 「임금연구」, 2.

유규창·박우성 (2001). 「21세기형 성과주의 임금제도」. 서울: 명경사.

유민봉, 심형인. (2011). 공무원이 조직생활에서 경험하는 체면 현상과 행위에 대한 질적연구: 근거이론(Grounded Theory)을 적용하여. 「한국행정학보」, 45(1): 199−225.

유민봉·임도빈. (2016). 「인사행정론: 정부경쟁력의 관점에서」. 서울: 박영사.

이선우·최일환. (2020). 공무원연금법 개정에 따른 공무원 정년 후 소득공백 문제 대응방안 연구. 「한국공공관리학보」, 34(1): 117−139.

이창길 (2022). 「인적자원행정론」. 서울: 법문사.

임도빈·유민봉. (2019). 「인사행정론」. 서울: 박영사.

전별. (2020). '동일노동 동일임금'을 위한 직무급의 도입과 법적 과제. 「외법논집」, 44(3): 393−418.

전주열 외. (2018). 「주요 선진국의 공적연금제도 사례조사 및 비교분석」. 세종: 한국법제연구원.

진재구. (1995). 공무원 보수체계의 실태와 그 개선 방향. 「한국정책학회보」, 4(2): 185−210.

하혜수 외. (2022). 「인사행정: 행정 논리와 정치 논리」. 서울: 윤성사.

한승주. (2010). 성과급제도에 대한 공무원의 대응 : 근거이론의 적용.「한국행정학보, 44(4): 29－58.

원다연. (2021). 공무원·국민연금 부담 1000조원 넘었다. 이데일리. 2021.4.21.

인사혁신처 홈페이지. www.mpm.go.kr

공무원연금공단 홈페이지. www.geps.or.kr

Biggs, A. G., & Richwine, J. (2012). Finding Answers to the Public Compensation Question. *Public Administration Review*, 72(6): 780－781.

Milkovich, G. T., Newman, J. M. & Gerhart, B. (2016). Compensation. Mcgraw－Hill Education.

Siegel, G. B. (2010). Designing and Creating an Effective Compensation Plan. In Stephen E. Condrey(ed.), *Handbook of Human Resource Management in Government*. Jossey－Bass.

Tropman, J. E. (2001). The Compensation Solution: How to Develop an Employee－Driven Rewards System. Jossey－Bass.

제12장

공직윤리와 부패방지

공직에 종사하는 공무원이 마땅히 지켜야 할 도리 또는 공무원으로서 직업
윤리로서 공직윤리에 대한 논의는 국민 전체에 대한 봉사자로서 공무원이 어떠
한 가치관, 윤리관, 국가관을 갖추고 있어야 하는지를 검토하는 것이다. 이러한
공직윤리를 공무원에게 내재화하고 공직사회 전체에 확산하도록 공직문화를 혁
신하는 것이 필요하다. 동시에 공직을 수행하는 과정에 공무원들이 부패에 연루
되지 않도록 부패를 방지할 수 있는 법·제도적 장치를 마련해야 한다. 이 장에
서는 공직윤리와 공직문화, 그리고 부패방지 대책을 다룬다.

제 1 절 공직윤리

공직윤리는 공직에 종사하는 공무원이 지켜야 할 행동 규범으로, 국민 전체
에 대한 봉사자로서 공무원이 공공가치 실현을 목적으로 전문성, 책임성, 청렴
성, 공정성, 다양성, 민첩성 등 급변하는 행정환경 변화에 대응하기 위한 역량을
발휘하면서 준수해야 할 행동 규범을 의미한다. 공직을 수행하는 공무원은 공공
의 이익을 수호하는 책무를 지고 있기 때문에 일반 시민이나 민간부문에 종사하
는 종사자들보다 더 높은 윤리 의식과 기준이 요구된다. 공무원들은 공직 업무
를 능률적으로 수행하여야 할 책임 뿐만 아니라 국민 전체를 위한 공공의 이익
을 수호하여야 하는 책무를 지고 있다. 이러한 측면에서, 공직을 수행하는 공무
원들에게는 일반 조직 구성원들에게 요구되는 성실 의무, 복종 의무, 직장 이탈
금지 의무 외에 공직 업무의 수행상 일반 국민 고객에게 공정하고 친절하여야
하고, 영리 업무에 종사하는 것이 제한되며, 청렴하고 공무원으로서 품위를 유지
하여야 하는 등의 추가적인 행동 규범과 기준이 요구된다. 특히, 공직자로서 공
무원이 준수해야 할 행동강령이나 의무사항 등을 규정한 각종 법령이나 지침 등
(예, 국가공무원법, 공직자윤리법, 부패방지권익위법, 공무원복무규정, 공직자 행동강령, 공
무원 헌장 등)이 현재 운용 중에 있다.
　　공직윤리의 현대적 의미는 최근 20~30대의 젊은 세대가 전체 공무원의

40% 이상을 차지하고 있는 상황에서, 공직자로서 어떠한 가치관과 행동 기준을 갖추고 공직에 입문하게 할 것이며, 공직사회 전체에 어떠한 공직윤리를 확산하여 바람직한 공직 문화로 정착되게 할 것인가에 대한 검토가 있어야 할 것이다.

1. 공직윤리 의의

공직윤리를 공직을 수행하는 공무원의 부패 예방이나 공직자로서 지켜야 할 행동 규범이나 기준을 충족하였는지를 판단하는 기준으로 이해하는 소극적 공직윤리에서 국민 전체의 봉사자로서 국민의 행복과 삶의 제고를 위하여 공직을 수행하는 全 과정에 법령 등 법적 의무의 준수는 물론이고 업무 수행과 관련된 다양하게 요구되는 핵심 공직가치도 동시에 준수하는 것으로 이해되는 적극적 공직윤리로 이해될 필요가 있다.

공직가치가 공무원의 사고와 행동에 영향을 미치는 신념(김상묵, 2017), 공직자로서 당연히 갖추고 있어야 할 바람직한 가치관(윤태범, 2015), 공공의 이익에 봉사하기 위해 공적 영역에서 추구해야 하는 바람직한 신념체계와 태도(인사처, 2016) 등으로 정의되고 있는데, 한마디로 요약하면, 공무원으로서 공직수행의 판단기준 및 방향성을 물론 미래지향적이고 보편타당한 가치를 내포하고 있다. 인사혁신처는 이러한 핵심 공공가치로 국가·사회에 대한 가치기준(국가관)으로 애국심, 민주성, 다양성 가치를, 올바른 공직수행 자세 기준(공직관)으로 책임감, 투명성, 공정성 가치를, 마지막으로 공직자가 갖추어야 할 개인윤리 가치 기준(윤리관)으로 청렴성, 도덕성, 공익성 등을 제시하고 있다.

포스트 코로나·제4차산업혁명시대 급변하는 행정환경과 신냉전적 국제관계의 도래 등 글로벌 초위험사회로의 진입은 정부로서는 과감한 혁신을 통한 국가 경쟁력을 제고할 필요가 있다. 이러한 혁신은 혁신의 주체이자 대상이 되는 공무원의 인식 변화가 필수적이며, 공직사회의 지배적인 가치, 신념 및 태도인 공직 가치와 공직 윤리는 물론 공직문화의 혁신이 그 출발점이 된다. 특히, 포스트 코로나·제4차산업혁명시대 새로운 정부의 출범과 함께 국가와 정부의 역할

을 재정립하여 신공공성 핵심 공공가치와 공직윤리 혁신을 연계한 인본행정, 적
극행정, 자율행정, 생산성 중시 행정의 공직문화 혁신 수준을 진단·관리 함으로
써 현장 중심의 유연한 공직문화 확산과 일 잘하는 유능한 정부를 구현하는 것
이 필요할 것이다.

　공직사회가 역동성을 상실하고 무사안일에 머무는 분위기가 만연되면 당연
히 부패가 만연되고 행정의 효율성과 민첩성을 기대할 수 없다. 최근 젊은 세대
들의 기존의 방식과 다른 의사소통과 일과 삶의 균형 강조, 그리고 공정하고 투
명한 조직 및 성과관리 요구 등은 그동안 공직사회에 비공식적이지만 수용되어
온 조직 및 부서 중심주의적 가치관과 업무태도 등이 상당한 변화를 요구받고
있다. 공직에 대한 가치나 자부심도 많이 낮아지고 있어서 젊은 세대를 중심으
로 이직이 높아지고 있는 현상은 이러한 공직에 대한 가치와 윤리의식 등 전반
적으로 그동안 공직윤리에 대한 소극적인 이해와 접근에서 적극적이고 현대적
의미로서 공직윤리를 재검토할 시기라 여겨진다.

2. 공직윤리의 기준: 新공공성(New Publicness)[1]

　공직을 수행하는 공무원이 지향해야 할 가치로서 공익(과정설 vs 실체설), 공
공성(공공성 훼손, 탈공공성)에 대한 이론적 논의가 있다.[2] 그럼에도 불구하고, 공
직자로서 지향해야 할 구체적인 공공가치와 행동 규범을 제시하지 못하고 있으
며, 공공 가치들 간에 위계성이나 선후관계 등에 대한 실제적이고 명료한 답을
주지 못하는 한계가 있음은 부인하기 어렵다.

　이러한 맥락에서 최상옥(2016;2020)은 기존의 공공성 논의가 새로운 행정환
경에 제대로 대응하기 어려운 한계를 지적하면서, 새로운 행정환경에 대응하기
위한 정부와 국가의 역할의 재정립과 함께 "공공성의 회복이나 회귀"가 아닌 새

---

1) 신공공성에 대한 핵심내용에 대한 기술은 최상옥(2016;2020)의 논문에서 일부 발췌하여 재
정리하였다.
2) 대부분의 인사행정 또는 행정학 교과서에서 행정윤리, 공직윤리, 공무원의 행동(가치기준과
행동규범) 판단기준으로 공익(설), 공공성 등의 내용을 기술하고 있다.

로운 공공성의 재정립의 필요성을 역설하며 "신공공성(New Publicness)"개념을 주장하고 핵심 공공가치를 제시하였다.

　신공공성 핵심가치는 정부역할, 책임성 범위, 정부개입 및 규제, 정부혁신관리, 생산 및 자원배분, 행정속도 등의 측면에서 정리될 수 있따. 구체적으로, 20세기 산업화시대 신공공관리론에 입각한 기존의 공공성의 핵심가치는 정부의 역할이 도구적 효율성에 초점을 맞추고 있으며, 정부의 책임성의 범위도 개별적 책임과 자율성에 기초를 두면서, 정부의 개입이나 규제도 최소한에 머물도록 하는 수동적 중립성, 정부혁신관리 및 생산·자원배분에서도 경쟁적이고 제한적인 다양성을 강조하고 있음에 반해, 21세기 저성장·고령화·고위험의 뉴노멀시대 행정환경에 적합한 핵심 공공가치로는 정부의 역할이 보다 인본적인 보장성을 강조하면서, 개별적이 아닌 공유된 책임성과 자율성 강조와 적극적인 정부의 개입과 규제, 그리고 종합적인 다양성관리를 통한 정부혁신관리와 생산 및 자원배분에서도 경쟁적이 아닌 포용적 공감성을 요구받고 있으며, 행정의 속도 또한 일정한 매뉴얼에 의한 절차라기 보다 신속하고 민첩한 서비스 제공의 민첩성을 기대하고 있다고 정리할 수 있다. 이러한 산업화시대와 대별되는 뉴노멀시대의 신공공성을 비교 요약하면 아래 <표 12-1>과 같다.

<표 12-1> 핵심 공공가치: 산업화시대 vs. 뉴노멀시대

구분	20세기 산업화시대 공공성	21세기 뉴노멀시대 공공성
지향 목표	도구적 효율성	인본적 보장성
책임성	개별적 책임성	공유된 책임성
규제/개입	수동적 중립성	적극적 중립성
혁신 관리	제한적 다양성	종합적 다양성
자원배분	경쟁적 효과성	포용적 공감성
행정속도	적절 절차(due process)	민첩성

1) 인본적 보장성

경쟁과 비용절감을 통한 효율을 강조하는 공공서비스 전달을 강조한 신공 공관리론의 도입 이후, 서비스의 질 저하, 취약계층 소외 등 공공성의 훼손을 가 져왔다. 신공공관리론을 비판하면서 대두된 다양한 접근의 핵심은 어떻게 하면 공공서비스 제공에 민간 참여의 장점을 살리면서 동시에 공공성을 높일 것인가 에 대한 논의다. 독일 공법학계는 이러한 논의를 보장(gewahrleistung; guarantee) 국가 개념에서 시작하고, 민간에 의한 공공서비스 전달에서 국가의 책임이 무엇 이고 어디까지인가에 대한 논의의 발전이었다. 국가는 민간에 의한 공공서비스 전달에서, 당초 공공서비스 제공 목표가 제대로 달성되도록 보장해야 할 책임이 있으며, 누구에 의해 어떤 방식으로 공공서비스 전달이 이뤄지든, 시민에게 제대 로 된 서비스 제공을 보장하는 것이 행정의 지향목표이자 공공가치의 핵심이라 고 본다. 이러한 보장성은 인본적이며 공공서비스의 공적 책임을 강화한 보장성 의 강화로 축약될 수 있으며, 이러한 '인본적 보장성'이 21세기 뉴노멀시대의 정 부와 행정이 지향해야 할 핵심 공공가치가 되어야 할 것이다. 정리하면 보장국 가에서의 민영화는 단순히 정부 기능을 시장으로 이양하는 것이 아니라 정부가 서비스 제공의 최종적인 보증자로서의 역할을 해야 한다는 점을 강조한다. 국가 는 서비스 전달 기능을 민간에 이양하되 민간과의 협력 및 전략적인 기능 수행 을 통해 적정하고 충분한 급부 제공을 관철해야 한다는 것이다.

2) 공유된 책임성

불확실성과 모호성이 증대되는 뉴노멀 시대에는 정책과정에 있어서 다양한 조직들 및 행위 주체들의 참여로 정책과정의 불확실성이 높아지게 된다. 다양한 조직들이 정책 과정에 참여하여 다수의 정책과 이슈들을 생성하고 다수의 책임 자들이 관여하는 상황이 발생하는데, 이러한 상황에서는 공유된 책임성을 바탕 으로 한 자율적인 참여와 상호 협력이 필요하다. 공유된 책임성과 자율성의 부 재는 수직적·단절적 행정 기능의 분화에서 비롯되고 있으며, 이는 궁극적으로 행정의 수직적·수평적 협력거버넌스 체계로의 변화를 유도해야 할 과제이다. 이러한 협력적 거버넌스체계로의 변혁은 개인, 부서, 조직 간의 협업역량을 강화할 것이며 협업 성과관리를 통한 행정의 공공성의 실현에 기여할 것이다. 개별 부서(조직)의 성과가 아닌 부서(조직)간 협업의 총체적 성과가 장기적으로 불확실하고 고위험의 행정환경에 대응할 수 있는 뉴노멀시대 행정의 핵심 공공가치로 인식되어야 한다.

3) 적극적 중립성

적극적 중립성이란 "공공서비스의 분배 및 국가적 문제로 인식 혹은 증폭될 수 있는 집단 간 분쟁의 조정 과정에서 사회적 약자의 입장을 적극적으로 배려하는 행정의 규범적 가치"를 의미한다. 행정의 중립성에 관한 지배적 논의는 공무원의 정치적 중립을 통한 행정의 안정성 및 전문성 제고를 강조하였다. 이러한 기존 관점은 행정을 특정 정치 집단이 아닌 국민 전체를 위한 봉사 행위로 규정하고 이를 달성하기 위한 전제 조건으로서의 중립성을 강조했지만, 결과적으로는 행정의 중립성이 기계적 중립성으로 귀결되고 행정의 역할을 정치적 결정을 충실히 수행하는 수동적 행위로 전락시켰다. 부의 분배를 두고 일어난 구조적 변화가 고착화가 되어가고 있는 현실의 사회적 갈등 상황에서 제3자적 입장만을 강조하는 기계적/수동적 중립성은 정치적 목소리를 내기 힘든 사회적 약자의 분노를 심화시켜 문제 해결을 더욱 어렵게 할 우려가 있다. 적극적 중립성은 경제적, 정치적 힘의 불균형 심화로 인한 구조화된 불평등의 완화/극복을 위한 행정의 적극적 역할을 강조한다.

4) 종합적 다양성

다양성은 인종, 문화, 종교, 나이, 성별, 민족 등과 같은 여러 가지 차원을 포함하며, 조직 구성원들 사이에 존재하는 여러 차원에 대한 동일성과 차이에 대한 지각에 의해 결정된다(Wise and Tschirhart, 2000). 뉴 노멀시대에는 기존의 문제해결 형태나 조건과는 전혀 새로운 그리고 복잡하고 불확실성이 높은 문제의 해결을 요구받고 있기 때문에, 새로운 시각에서 문제를 진단하고 해결기제를 찾아야 한다. 다양하고 이질적 문화와 특성을 지닌 연합된 개인들과 조직들로 구성된 조직인사관리가 뉴노멀시대의 공공성 논의에서 필요할 것이며, 이에 대한 준칙으로서의 종합적 다양성은 그 중요성이 지대할 것이다.

뉴노멀 시대의 요구되는 종합적 다양성은 개인과 조직의 물리적 차이는 물론 문화적 차이를 인식하고 그 차이의 가치에 의미를 부여하면서 동시에 그러한 차이를 개방적인 태도와 문화로 학습하는 과정을 통해 동일성(sameness)을 추구하는 것을 의미한다. 종합적 다양성을 인정하고 가치를 부여하기 위해서는 조직 구성원들에게 계속적인 훈련이 요구되는데, 뉴노멀시대에 문화적으로 다양한 구성원들과 조직을 통합시키고 유지하는 것은 다양성의 가장 중요한 요소 중의 하나이며, 종합적 다양성 훈련은 일시적인 행사가 아닌 조직 구성원들이 조직에서 함께 어우러지고 생활하기 위한 중요한 과정으로 인식된다(Riccucci, 1997).

5) 포용적 공감성

공감(compassion)은 다른 사람의 불행에 대한 감정적 동조 현상이라고 정의할 수 있다. 공감하는 과정이 바로 개인에서 공동체로 연결되는 고리의 역할을 한다. 정부 정책이 공감을 기초로 입안될 경우 뉴노멀 시대의 새로운 환경이 만들어 내는 불평등과 경쟁에서 낙오된 사회적 소외계층에 대한 보호의 강화를 기대할 수 있다.

공감성은 시장의 생산과 자원배분 과정이 끝난 이후의 단계에서 요구되는 공적 가치라고 할 수 있으며 이를 실현하기 위해서는 정부 뿐 아니라 보다 넓은 의미의 공공부문의 사회적 약자 보호를 위한 보다 적극적인 개입이 요구된다. 또한 정부 정책에서 공감성의 적극적 구현을 위해서는 전통적 행정의 가장 중요한 가치 중 하나인 절차적 정당성으로부터 조금은 자유로울 필요가 있다. 공감을 위해서는 절차 뿐 아니라 내용을 바탕으로 한 의사결정이 요구되는 경우가 많기 때문에 실제로 정책을 집행하는 과정에서 잠재적 정책수혜자의 내용적 필요성을 적극적으로 반영할 수 있도록 정책 담당자의 재량권을 좀 더 폭넓게 허용해야 할 필요성이 요구된다.

6) 민첩성

민첩성은 불확실성이 확대되고 있는 행정환경에서 매뉴얼이나 정해진 절차에 의한 행정의 속도로는 위험 상황이나 최일선의 주민이나 고객들의 수요와 요구를 만족시킬 수 없는 뉴노멀 상황이 전개될 가능성이 높아지고 있다. 우리가 경험한 코로나19 상황을 대응하는 과정에서 기존의 매뉴얼이나 적법 절차에 의한 늑장 대응 등은 실제 행정 현실에서는 작동되고 있지 않고 있다는 사실을 확인할 수 있었다. 결국, 신속하고 민첩하게 행정의 수요와 요구를 진단하고 이에 적절한 대처와 처방을 신속하고 기민하게 제공하지 않을 경우에는 문제 상황을 더욱 악화시키거나 제대로 해법을 제시하지 못하는 우를 범하지 말아야할 것이다. 뉴노멀시대에 행정의 속도에 대한 고민과 검토가 공공가치의 핵심요소로 등장하고 있는 것은 최근 인공지능, 디지털 전환시대에 불확실하고 급변하는 행정환경에 신속하게 대응하여야 할 공직 가치의 핵심 요소로 여겨지고있다.

3. 공직윤리의 법규와 행동규범

공직을 수행하는 공무원이 갖추어야 공직가치와 윤리적 기준이 높다고 하여 공무원의 윤리적 행동을 보장하는 것은 아니다. 공무원의 윤리적 행동을 보장할 수 있는 보다 실행력을 담보할 수 있는 법적 강제력을 마련하는 것과 법적 제재력을 갖추고 있지 않더라도 공무원에게 기대하는 규범 내용을 명시하여 공무원에게 내면화를 기대하는 강령을 채택할 수 있다.

1) 공직윤리 관련 법규

우리나라에서는 국가공무원법과 공직자윤리법, 청탁금지법, 그리고 부패방지법에 공무원으로서 지켜야 할 윤리적 기준과 행동규범을 명시적으로 제시하였고, 이를 위반한 공무원에게는 불이익 처분을 내리게 한다.

① 국가공무원법

국가공무원법(제55조~제67조)과 국가공무원 복무규정에서 공무원이 준수해야 할 행동규범과 기준을 명시적으로 규정하고 있다.

- 성실 의무: 모든 공무원은 법령을 준수하며 성실히 직무를 수행해야 한다.
- 복종의 의무: 공무원은 직무를 수행할 때 소속 상관의 직무상의 명령에 복종하여야 한다.
- 직장 이탈 금지: 공무원은 소속 상관의 허가 또는 정당한 사유가 없으면 직장을 이탈하지 못한다. 수사기관이 공무원을 구속하려면 그 소속 기관의 장에게 미리 통보하여야 한다. 다만, 현행범은 그러하지 아니하다.
- 친절·공정의 의무: 공무원은 국민 전체의 봉사자로서 친절 공정하게 직무를 수행하여야 한다.
- 종교 중립의 의무: 공무원은 종교에 따른 차별 없이 직무를 수행하여야 하며, 소속 상관이 종교적 차별에 위배되는 직무상 명령을 한 경우에는 따르지 아니할 수 있다.
- 비밀 엄수의 의무: 공무원은 재직 중은 물론 퇴직 후에도 직무상 지득한 비밀을 엄수하여야 한다.
- 청렴의 의무: 공무원은 직무와 관련하여 직접 또는 간접을 불문하고 사례·증여 또는 향응을 접수할 수 없으며, 직무상의 관계 여하를 불문하고 그 소 속 상관에 증여하거나 소속 공무원으로부터 증여를 받아서는 아니 된다.
- 외국 정부의 영예 등의 수령 규제: 공무원이 외국 정부로부터 영예 또는 증여를 받을 경우에는 대통령의 허가를 얻어야 한다.
- 품위 유지의 의무: 공무원은 직무의 내외를 불문하고 그 품위를 손상하는 행위를 해서는 아니 된다.
- 영리 업무 및 겸직 금지: 공무원은 영리를 목적으로 하는 업무에 종사하

지 못하며, 소속 기관의 장의 허가 없이 다른 직무를 겸할 수 없다.

- 정치운동의 금지: 공무원은 정당 기타 정치단체의 결성에 관여하거나 이에 가입할 수 없다. 또한 공무원은 선거에서 특정 정당 또는 특정인의 지지나 반대를 하기 위한 행위(법 제65조 2항 각호)를 하여서는 아니 된다.

- 집단 행위의 금지: 공무원은 노동운동이나 그 밖에 공무 외의 일을 위한 집단 행위를 하여서는 아니 된다. 다만, 사실상 노무에 종사하는 공무원은 예외로 한다.

국가공무원 복무규정에는 국가공무원 제55조부터 제59조까지, 제59조의2 및 제60조부터 제67조까지의 규정에 따른 국가공무원의 복무에 관한 사항을 규정하고 있다. 그 주에서 주요한 내용을 보면 다음과 같다.

- 책임 완수: 공무원은 국민 전체의 봉사자로서 직무를 민주적이고 능률적으로 수행하기 위하여 창의와 성실로써 맡은 바 책임을 완수하여야 한다.

- 근무기강의 확립: 공무원은 법령과 직무상 명령을 준수하여 근무기강을 확립하고 질서를 존중하여야 한다. 또한 공무원은 집단·연명(連名)으로 또는 단체의 명의를 사용하여 국가의 정책을 반대하거나 국가정책의 수립·집행을 방해해서는 아니 된다.

- 친절·공정한 업무처리: 공무원은 공사(公私)를 분별하고 인권을 존중하며 친절하고 신속·정확하게 업무를 처리하여야 한다. 또한 공무원은 직무를 수행할 때 종교 등에 따른 차별 없이 공정하게 업무를 처리하여야 한다.

② 공직자윤리법

공직자윤리법은 공직자 및 공직후보자의 재산등록, 등록재산 공개 및 재산형성과정 소명과 공직을 이용한 재산취득의 규제, 공직자의 선물신고 및 주식백지신탁, 퇴직공직자의 취업제한 및 행위제한 등을 규정함으로써 공직자의 부정한 재산 증식을 방지하고, 공무집행의 공정성을 확보하는 등 공익과 사익의 이해충돌을 방지하여 국민에 대한 봉사자로서 가져야 할 공직자의 윤리를 확립함을 목적으로 하고 있다. 공직자윤리법에서 공무원이 지켜야 할 행동규범과 기준은 아래와 같다.

- 이해충돌 방지 의무(공직자윤리법 제2조의2): 국가 또는 지방자치단체는 공직자가 수행하는 직무가 공직자의 재산상 이해와 관련되어 공정한 직무수행이 어려운 상황이 일어나지 아니하도록 노력하여야 한다. 공직자는 자신이 수행하는 직무가 자신의 재산상 이해와 관련되어 공정한 직무수행이 어려운 상황이 일어나지 아니하도록 직무수행의 적정성을 확보하여 공익을 우선으로 성실하게 직무를 수행하여야 한다. 공직자는 공직을 이용하여 사적 이익을 추구하거나 개인이나 기관·단체에 부정한 특혜를 주어서는 아니 되며, 재직 중 취득한 정보를 부당하게 사적으로 이용하거나 타인으로 하여금 부당하게 사용하게 하여서는 아니 된다. 퇴직공직자는 재직 중인 공직자의 공정한 직무수행을 해치는 상황이 일어나지 아니하도록 노력하여야 한다.
- 재산등록 및 공개: 재산등록 대상 공무원은 기본적으로 일반직 4급 이상 공무원이다. 즉, 4급 이상의 공무원과 법관 및 검사, 대령 이상의 장교, 총경 이상의 경찰공무원과 소방정 이상의 소방공무원 등은 등록의무자가 된 날부터 1개월 이내에 재산을 등록하여야 한다(공직자윤리법 제3조).

그리고 재산공개 대상 공무원은 기본적으로 1급 이상의 일반직 및 별정직 공무원이다. 재산공개 대상 공무원 속에는 대통령과 국무위원 등 정무직 공무원과 그 밖에 지방자치단체의 장, 지방의회의원 등 지방자치단체의 정무직 공무원, 치안감 이상의 경찰공무원 및 특별시·광역시·도·특별자치도의 지방경찰청장, 지방 국세청장 및 3급 공무원 또는 고위공무원단에 속하는 공무원인 세관장 등이 포함된다. 공직자윤리위원회는 등록 기간 또는 신고 기간 만료 후 1개월 이내에 공직자 본인과 배우자 및 본인의 직계존속·직계비속의 재산 사항을 관보 또는 공보에 게재하여 이를 공개하여야 한다(공직자윤리법 제10조).

- 선물 신고: 공무원 또는 공직 유관 단체의 임직원 및 가족이 외국 또는 그 직무와 관련하여 외국인으로부터 선물을 받은 때에는 지체 없이 소속 기관·단 체의 장에게 신고하고 당해 선물을 인도하여야 한다(공직자윤리법 제15조). 신고 대상 선물은 당해 국가의 시가로 미화 100달러 이상이거나 국내 시가로 10만 원 이상인 선물이며, 이때 신고된 선물은 신고 즉시 국고에 귀속된다.

- 퇴직 공직자의 취업 제한: 공직자윤리법상의 재산등록의무자인 4급 이상의 공무원 및 공직 유관 단체의 임원 등은 퇴직일로부터 3년간 퇴직 전 5년 동안 소속하였던 부서 또는 기관의 업무와 밀접한 관련성이 있는 일정 규모 이상의 영리를 목적으로 하는 영리사기업체(취업제한기관)에 취업할 수 없다. 다만, 관할 공직자윤리위원회의 승인을 받은 때에는 취업이 가능하다(공직자윤리법 제17조).

- 주식백지신탁: 주식백지신탁 대상자들은 '재산공개 대상자'와 재정경제부 및 금융위원회 소속 4급 이상 공무원으로, 본인 및 그 이해관계자 모두가 보유한 주식의 총 가액이 1천만원 이상 5천만원 이하의 범위에서 대통령령으로 정하는 금액을 초과할 때에는 초과하게 된 날부터 1월 이내에 당해 주식을 매각하거나, 신탁 또는 투자신탁('주식백지신탁')에 관한 계약을 체결하고 그 행위를 한 사실을 등록 기관에 신고하여야 한다. 다만, 주식백지신탁심사위원회로부터 직무 관련성이 없다는 결정을 통지받은 때에는 그렇게 하지 않아도 된다(공직자윤리법 제14조의4)

③ 청탁금지법(부정청탁 및 금품등 수수의 금지에 관한 법률)

청탁금지법은 2016년 제정된 법으로, 공직자 등에 대한 부정청탁 및 공직자 등의 금품 등의 수수(收受)를 금지함으로써 공직자 등의 공정한 직무수행을 보장하고 공공기관에 대한 국민의 신뢰를 확보하는 것을 목적으로 한다. 이 법의 적

용을 받는 공직자 등에는 공무원과 공직유관단체 및 기관의 장과 그 임직원, 각
급 학교의 장과 교직원 및 학교법인의 임직원, 그리고 언론사의 대표자와 그 임
직원 등이 포함된다(청탁금지법 제2조). 부정청착의 금지는 동법 제5조에 해당되는
사항으로 누구든지 직접 또는 제3자를 통하여 직무를 수행하는 공직자등에게 부
정청탁을 해서는 아니된다(동법 제5조1항). 구체적인 부정청탁의 행위에 해당되는
내용은 아래와 같다(동법 제5조1항 1호~14호).

- 인가·허가·면허·특허·승인·검사·검정·시험·인증·확인 등 법령(조례·
  규칙을 포함한다. 이하 같다)에서 일정한 요건을 정하여 놓고 직무관련자로
  부터 신청을 받아 처리하는 직무에 대하여 법령을 위반하여 처리하도록
  하는 행위
- 인가 또는 허가 취소, 조세, 부담금, 과태료, 과징금, 이행강제금, 범칙금,
  징계 등 각종 행정처분 또는 형벌부과에 관하여 법령을 위반하여 감경·
  면제하도록 하는 행위
- 모집·선발·채용·승진·전보 등 공직자등의 인사에 관하여 법령을 위반
  하여 개입하거나 영향을 미치도록 하는 행위
- 법령을 위반하여 각종 심의·의결·조정 위원회의 위원, 공공기관 주관
  시험·선발 위원 등 공공기관 의사결정에 관여하는 직위에 선정 또는 탈
  락되도록 하는 행위
- 공공기관이 주관하는 각종 수상, 포상, 우수기관 선정 또는 우수자·장학
  생 선발에 관하여 법령을 위반하여 특정 개인·단체·법인이 선정 또는
  탈락되도록 하는 행위
- 입찰·경매·개발·시험·특허·군사·과세 등에 관한 직무상 비밀을 법령
  을 위반하여 누설하도록 하는 행위
- 계약 관련 법령을 위반하여 특정 개인·단체·법인이 계약의 당사자로 선
  정 또는 탈락되도록 하는 행위
- 보조금·장려금·출연금·출자금·교부금·기금 등의 업무에 관하여 법령
  을 위반하여 특정 개인·단체·법인에 배정·지원하거나 투자·예치·대

　여·출연·출자하도록 개입하거나 영향을 미치도록 하는 행위
- 공공기관이 생산·공급·관리하는 재화 및 용역을 특정 개인·단체·법인에게 법령에서 정하는 가격 또는 정상적인 거래관행에서 벗어나 매각·교환·사용·수익·점유하도록 하는 행위
- 각급 학교의 입학·성적·수행평가·논문심사·학위수여 등의 업무에 관하여 법령을 위반하여 처리·조작하도록 하는 행위
- 병역판정검사, 부대 배속, 보직 부여 등 병역 관련 업무에 관하여 법령을 위반하여 처리하도록 하는 행위
- 공공기관이 실시하는 각종 평가·판정·인정 업무에 관하여 법령을 위반하여 평가, 판정 또는 인정하게 하거나 결과를 조작하도록 하는 행위
- 법령을 위반하여 행정지도·단속·감사·조사 대상에서 특정 개인·단체·법인이 선정·배제되도록 하거나 행정지도·단속·감사·조사의 결과를 조작하거나 또는 그 위법사항을 묵인하게 하는 행위
- 사건의 수사·재판·심판·결정·조정·중재·화해, 형의 집행, 수용자의 지도·처우·계호 또는 이에 준하는 업무를 법령을 위반하여 처리하도록 하는 행위

　부정청탁을 받은 공직자 등은 부정청탁을 한 자에게 부정청탁임을 알리고, 이를 거절하는 의사를 명확히 표시하여야 한다(동법 제7조1항). 공직자 등은 또한 직무 관련 여부 및 기부·후원·증여 등 그 명목에 관계없이 동일인으로부터 1회에 100만원 또는 매 회계연도에 300만 원을 초과하는 금품 등을 받거나 요구 또는 약속해서는 아니 된다 (동법 제8조1항).

　④ 부패방지법(부패 방지 및 국민권익위원회의 설치와 운영에 관한 법률)
　부패방지법은 국민권익위원회를 설치하여 고충민원의 처리와 이에 관련된 불합리한 행정제도를 개선하고, 부패의 발생을 예방하며 부패행위를 효율적으로 규제함으로써 국민의 기본적 권익을 보호하고 행정의 적정성을 확보하며 청렴한

공직 및 사회풍토의 확립에 이바지함을 그 목적으로 한다.

부패방지법 제7조는 공직자의 청렴의무로 규정하고 있다. 공직자는 법령을 준수하고 친절하고 공정하게 집무하여야 하며 일체의 부패행위와 품위를 손상하는 행위를 하여서는 아니된다. 또한 동법 제8조는 공직자가 준수해야 할 행동강령을 대통령령·국회규칙·대법원규칙·헌법재판소규칙·중앙선거관리위원회규칙 또는 공직유관단체의 내부규정으로 아래의 내용을 규정하도록 하고 있다(제1항~제4항).

- 직무관련자로부터의 향응·금품 등을 받는 행위의 금지·제한에 관한 사항
- 직위를 이용한 인사관여·이권개입·알선·청탁행위의 금지·제한에 관한 사항
- 공정한 인사 등 건전한 공직풍토 조성을 위하여 공직자가 지켜야 할 사항
- 그 밖에 부패 방지와 공직자 직무의 청렴성 및 품위유지 등을 위해 필요한 사항
- 공직자가 공직자 행동강령을 위반한 때에는 징계처분을 할 수 있다.
- 징계의 종류, 절차 및 효력 등은 당해 공직자가 소속된 기관 또는 단체의 징계관련 사항을 규정한 법령 또는 내부규정이 정하는 바에 따른다.

또한, 동법 제56조는 "공직자는 그 직무를 행함에 있어 다른 공직자가 부패행위를 한 사실을 알게 되었거나 부패 행위를 강요 또는 제의받은 경우에는 지체 없이 이를 수사기관·감사원 또는 위원회에 신고하여야 한다"고 규정하고 있으며, 제62조는 "누구든지 신고자에게 신고나 이와 관련한 진술, 자료 제출 등(이하 "신고등")을 한 이유로 불이익 조치를 하여서는 아니 된다. 누구든지 신고등을 하지 못하도록 방해하거나 신고자에게 신고등을 취소하도록 강요해서는 아니 된다"라고 규정하고 있어 신고자에 대한 신분보장을 규정하고 있다.

2) 공직윤리 관련 행동규범

국가공무원 선서문과 공무원 헌장에서는 공직자로서 행동규범과 지침을

제시하고 있다. 국가공무원법 제2조제2항에 의한 공무원 취임선서는 국가공무원 복무규정 별표1의 선서문에 따르도록 하고 있다. 공무원은 최초로 임용되어 임용장을 수여 받을 때, 소속기관의 장 앞에서 선서문을 낭독하는 방식으로 선서를 하도록 한다. 선서문 내용은 "나는 대한민국 공무원으로서 헌법과 법령을 준수하고, 국가를 수호하며, 국민에 대한 봉사자로서의 임무를 성실히 수행할 것을 엄숙히 선서합니다"라고 되어 있다. 즉, 헌법과 법령을 준수할 의무, 국가을 수호할 의무, 국민의 봉사자로서 임무를 성실히 수행할 의무 등을 강조하고 있다.

또한 공무원 헌장은 대한민국 공무원으로서 자부심을 갖고, 헌법가치를 실현하며 국가에 헌신하고 국민에 봉사하며, 국민의 안녕과 행복을 추구하고 조국의 평화통일과 지속가능 발전에 기여하도록 한다. 구체적인 실천강령으로는 공익 우선과 투명하고 공정하게 책임을 다하고, 창의성과 전문성을 바탕으로 적극적으로 업무를 수행하고, 다양성을 존중하고 민주행정을 구현하며, 청렴하고 규범과 건전한 상식에 따라 행동하도록 규정하고 있다.

<그림 12-1> 공무원 헌장

우리는 자랑스러운 대한민국의 공무원이다. 우리는 헌법이 지향하는 가치를 실현하며 국가에 헌신하고 국민에게 봉사한다. 우리는 국민의 안녕과 행복을 추구하고 조국의 평화 통일과 지속 가능한 발전에 기여한다. 이에 굳은 각오와 다짐으로 다음을 실천한다.

하나. 공익을 우선시하며 투명하고 공정하게 맡은 바 책임을 다한다.

하나. 창의성과 전문성을 바탕으로 업무를 적극적으로 수행한다.

하나. 우리 사회의 다양성을 존중하고 국민과 함께 하는 민주 행정을 구현한다.

하나. 청렴을 생활화하고 규범과 건전한 상식에 따라 행동한다.

이와 같이 공직윤리 관련 법규와 행동규범이 현실적인 실행력을 확보하기 위해서는 공식적이고 실질적인 규범 중에서도 공직사회 현장에 맞게 지속적으로 현행화를 할 필요가 있으며, 동시에 단순히 선언적 의미만을 지닌 행동 규범과 지침 또한 공무원들에게 내재화가 될 수 있도록 공직문화를 혁신하는 노력을 강구해야 할 것이다.

4. 공직문화 혁신[3]

공직문화의 혁신은 공직을 수행하는 업무 방식의 변화뿐 아니라, 공직을 수행하는 공무원들의 의식과 관행의 개선과 변화가 동반할 때 그 효과를 극대화할 수 있다. 또한 공직문화 혁신은 개별 부처의 조직문화인 하위문화를 넘어서는 상위문화로서의 공직문화 혁신을 유도하는 것으로 이해되어야 하다. 이러한 의미에서 부처 내 조직문화 혁신만을 강조하거나 변화를 유도하는 제한적인 접근으로는 공직사회 저변에 배태된 공직 문화 혁신과 변화를 이끌어내기에는 한계가 있다는 점을 명확하게 인식할 필요가 있다.

공직사회는 행정환경 변화에 능동적으로 대응하기 보다는 본인이 관여한 정책에 대한 책임 추궁을 회피하려는 경향이 있으며, 또한 자발적 혁신 참여에 대한 인센티브가 부족하여 실질적인 공직사회 혁신에 적극적이지 못한 실정이다. 그동안 정부의 공직문화 혁신 노력에도 불구하고 여전히 그 성과를 내지 못하고 있는 이유이기도 한다.

공직문화의 변화 필요성을 조사한 결과 '정부 변화 필요성'에 대하여는 기관장은 높게 인식하고 있으나, 직원들은 상대적으로 낮게 인식하고 있는 것으로 나타났고, 일방적 Top-Down 방식의 혁신추진으로 인해 실제 현장 혁신의 주체가 되는 하위직의 혁신 참여도가 낮으며 이로 인해 공직문화 혁신이 성공하지 못하였다.

---

[3]공직문화 혁신 관련 내용은 저자가 인사혁신처(2022) 연구과제(과제명: 공직문화 혁신지표 개발연구)를 수행하면서 작성한 보고서를 일부 발췌하여 수정 보완한 내용임.

<그림 12-2> 공직문화 변화 필요성 인식 조사 결과

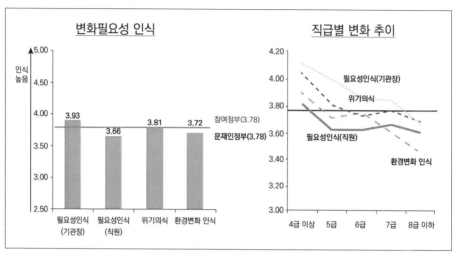

출처: 조세재정연구원(2022). 공무원 공직사회의 자발적 혁신문화 조성을 위한 정부혁신과제
연구.

<그림 12-3> 혁신 활동에 대한 만족도

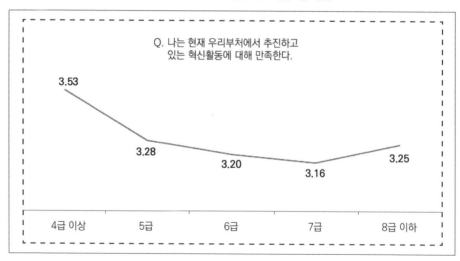

1) 공직문화의 개념

공직문화를 개념적으로 이해하고 정의를 내리기 위해서는 우선 공직을 어
떻게 정의할 것인가에 대한 검토가 선행되어야 함. 공직이란 "국가 기관이나 공

공단체의 일을 맡아보는 직책이나 직무" 또는 "직책 가운데 공적인 영역을 위해 존재하는 직책, 구체적으로는 공권력과 공적 자원을 동원하거나 관리하는 직책" 을 의미한다. 공직은 국가 기관이나 공적인 업무를 수행하는 공공조직과 공직자 를 연결하는 개념으로 이해되어야 하며, 이러한 측면에서 공직은 개별 조직에만 적용될 수 있는 개념이 아닌 개별 조직 단위 경계를 넘어서는 것으로 이해되어야 한다. 이러한 의미에서, 공직문화는 조직 경계를 넘어 공직사회를 구성하고 있는 관료들의 행태를 포괄적으로 설명할 수 있는 개념이라 할 수 있다.

한편, 공직문화를 일종의 직업문화(occupational culture)로 볼 수 있는데, 예를 들면 직업의 유형으로서 교사문화, 변호사문화, 의사문화 등과 구별되는 공직문화는 공직사회의 지배적인 가치, 신념, 태도, 행동양식이라고 정의할 수 있다. 공직문화는 직업문화로서 국가(사회)문화 및 조직문화와 구별됨. 문화가 가치(values)와 관행(practices)으로 구성된다고 볼 때, 국가문화(national culture), 조직문화, 직업문화에서 이러한 가치와 관행의 설명력이 다르게 나타났다(Hofstede et al, 1990). 즉, 국가문화는 대부분 가치에 의해 설명되지만, 조직문화는 주로 관행에 의해 설명되며, 국가문화와 조직문화 사이에 존재하는 직업문화는 가치와 관행 모두에 의해 설명된다(Hofstede 외, 1990).

Hofstede 외(1990)는 노르웨이와 덴마크의 조직들을 대상으로 국가문화, 직업문화, 조직문화를 비교하였는데, 국가문화는 대부분 가치에 의해 설명되지만, 조직문화는 주로 관행에 의해 설명되며, 국가문화와 조직문화 사이에 존재하는 직업문화는 가치와 관행 모두에 의해 설명된다는 보고 있다. 이를 공직문화에 적용해보면 공직문화는 공직자의 가치관과 정부조직의 관행, 양자를 통해 설명되는 문화라 할 수 있다.

요약하면, 공직문화는 공직자의 가치(관)과 정부조직의 관행의 양자를 통해서 설명될 수 있다는 것이다. 공직가치는 를 공무원의 사고와 행동에 영향을 미치는 신념(김상묵, 2017), 공직자로서 당연히 갖추고 있어야 할 바람직한 가치관(윤태범, 2015), 공공의 이익에 봉사하기 위해 공적 영역에서 추구해야 하는 바람직한 신념체계와 태도(인사처, 2016) 등으로 개념화하고 있는데, 주로 핵심 공직

<그림 12-4> 국가문화, 직업문화, 조직문화

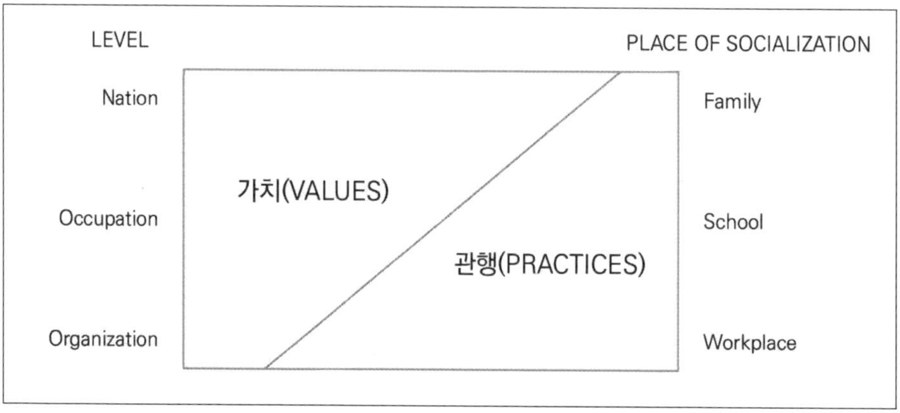

출처: Hofstede et al.,1990, p. 312.

가치로서 국가·사회에 대한 가치기준(국가관)으로 애국심, 민주성, 다양성 가치를, 올바른 공직수행 자세 기준(공직관)으로 책임감, 투명성, 공정성 가치를, 마지막으로 공직자가 갖추어야 할 개인윤리 가치 기준(윤리관)으로 청렴성, 도덕성, 공익성 등을 제시하고 있다.

공직 가치와 관행 간 관계를 명시적으로 밝히고 있지는 않지만, 공직가치는 공무원으로서의 바람직한 행동을 규정하는 당위적 규범인 공직윤리와 맞물려 있으므로(오석홍, 2013: 191), 공직 가치를 준수하는 것은 규범적 실천(normative practice)이 이해되고 있다(Whitesman & Walters, 2015: 88). 특히, 공직 가치는 사회화 과정과 조직학습 과정을 통하여 조직구성원들의 관행(practices)이 가치(values)로 내재화되거나 전환되는 과정에 주목하고 있다(Hofstede, 1990). 따라서, 단순한 습관적 대응(habitual responses)에 의해서가 아닌 상징, 영웅, 의식 등을 포함한 관행(practices)의 학습과 후속적 조직내 사회화 과정을 통하여 관행이 가치로 전환됨을 강조하고 있다.

2) 공직문화 혁신 필요성과 방향

최근 제4차산업혁명과 코로나 펜데믹 현상 등으로 사회 전반에 다양한 변화가 발생하고 있는데, 단순한 조직구조의 신설·통폐합, 조직구성원 사기 진작 등 미시적 처방만으로는 국민과 공무원의 요구에 대응할 수 없고 정부성과를 제고하기 어려운 상황에 직면하고 있다(민경률 외, 2021; 박광국, 2021). 또한 `21년말 기준 국가공무원 중 MZ세대로 분류할 수 있는 20/30대 비율은 41.4%(인사처, 2022)로 나타났으며, 이들 세대와 기성 세대 간 갈등이 공직사회에 확산되고 있는데, 일하는 방식, 업무스타일(잦은 회의, 야근 등), 업무 몰입도, 의사소통, 열정·경험 등의 차이에서 오는 갈등이 확산되고 있다(공생공사, 2022.2.14.).

　　정부는 이러한 급격한 환경변화에 대응하기 위해 여러 혁신을 추진해 왔으나, 그동안의 정부혁신은 주로 조직개편이나 제도개혁과 같은 하드웨어 중심으로 이루어졌으며, 변화를 수용하는 소프트웨어 측면의 혁신은 미비하였다(이상철, 2012). 2021년 한국행정연구원에서 실시한 공직생활실태조사 중 공직생활 혁신 행동인식 수준을 묻는 질문에서 50대를 제외한 모든 연령층의 긍정 응답비율이 50%를 넘지 못하는 것으로 나타난 점도 공직문화 혁신 노력이 성공적이지 못함을 시사하고 있다. 공직문화의 혁신은 공직사회의 변화뿐 아니라 국민이 체감하는 행정서비스 질 제고로 이어져야 하나, 국민의 기대와 요구를 충분히 반영하고 있지 못하다는 사실이다.

　　공직문화 혁신과 관련된 신공공성 핵심가치는 무엇보다도 초위험사회가 직면하게 될 위험의 일상화와 불확실성의 증가는 필연적으로 국가와 정부의 역할이 인간의 존엄성 확보와 인권 보호의 헌법적 가치로서 공공가치의 실현을 정부의 역할과 기능을 이해하고 그 답을 찾아야 할 것이다. 위험사회의 일상화에 따른 고위험 디지털 사회에 요구되는 공공의 가치는 바로 인간에게 당연히 내재된 가치로서 인감의 존엄성 확보를 위한 '인본적 보장성'으로 이해되어야 하며, 이는 고위험 디지털 행정 환경에 특별히 요구되는 정부의 역할과 행정이 추구해야 할 목표로 자리매김 되어야 할 것이다.

　　둘째, 포스트 코로나시대 초위험사회는 국가와 사회 제 부문이 각자의 영역에서 공공서비스의 생산과 소비의 주체와 객체로서의 역할과 책임을 수행하는 것이며, 공유된 책임성(shared responsibility)측면에서 상호간의 협력과 선의의 경쟁으로 공공가치의 실현 목표를 달성하는 것임. 국가와 정부가 인간의 존엄성과 인권을 보장하면서 공공서비스의 적정 수준(양과 질적 수준 포함)을 시민과 함께 공유된 책임성을 통하여 협력적 거버넌스 체계를 실효적으로 구축·운영하는 것이 중요하다.

셋째, 포스트 코로나시대 요구되는 국가와 정부의 위험관리 혁신선도자로서 그동안 많이 논의되지 않았던 속도(speed)와 기민함을 강조하는 민첩성(Agility)의 강조이다. 포스트 코로나·제4차산업혁명시대 공공서비스의 양적·질적 수준에 대한 국가의 최종적 보장·확증과 동시에 신속하고 기만한 제공을 요구받고 있다. 관성적으로 적용되던 매뉴얼이나 경직된 규정·지침에 근거한 공공서비스 제공으로는 포스트 코로나시대에 예기치 않은 초위험·불확실한 사회에 즉각적인 대처가 어려운 경우가 많고, 늑장 대응이나 대처로 문제를 더 악화하는 경우가 발생할 수 있기 때문이다.

넷째, 뉴노멀시대 타인이 겪는 고통이나 불행이 자신의 겪는 고통과 불행이라고 감정이입을 통한 상호이해의 공감과 포용으로 포용적 공감성이 필요하다. 포용적 공감성은 시장의 생산과 자원배분 과정이 끝난 이후의 단계에서 요구되는 공공 가치로 사회적 약자 보호를 위한 정부의 적극적 역할을 강조한다.

3) 공직문화 혁신 5대 지향

2023년 3월 14일 인사혁신처는 민첩하고 유연한 공직문화를 혁신하기 위해 공직문화 수준을 객관적으로 진단할 수 있는 지표를 마련하였다고 발표하였다. 공무원의 인식과 행태가 국민 중심으로 변화할 수 있도록 공직문화 수준을 진단하기 위한 '공직문화 혁신지표'를 개발하였다는 것이다. 공직문화 혁신지표는 공직문화가 나아갈 방향으로 설정한 공익·공정·적극·공감·협력 등 5대 공직문화 혁신지향에 맞춰 공직문화를 개인·조직·제도 차원에서 객관적으로 진단할 수 있도록 46개의 문항(표 00 참조)으로 구성되어 있다. 인사처는 올해부터 지표를 활용해 매년 공직문화 수준을 객관적으로 측정·진단하고 정부 차원의 공직문화 수준 및 성별·직종·입직경로 등 응답자의 주요 특성에 따른 분석 결과를 공개할 예정이다. 이러한 분석 결과를 바탕으로 인사처는 부처별 맞춤형 상담(컨설팅)을 제공하고, 각 부처는 부처 실정에 맞는 공직문화 혁신 실천계획을 수립·시행하게 된다. 즉, 공직문화 혁신지표를 활용해 데이터 기반의 공직문화 혁신을 추진한다. 공직문화의 혁신 방향을 결정하는데 고려되어야 요소로 공무원 인재상, 공무원 헌장과 공무원 실천강령, 신공공성 공공가치, 미국 행정부 공무원 윤리헌장, 그리고 주요 OECD국가 정부 미래 필요역량 등을 검토 및 고려하였다.

첫째, 공무원 인재상으로 공무원의 사고태도역량이 1) 공감·소통·배려, 2) 헌신·열정·적극, 3) 창의·혁신·변화, 4) 윤리·책임·청렴의 4대 핵심 구성요소로 체계화되어 있는데, 이는 공무원이 갖추어야 할 바람직한 사고와 태도의 구성요소로서 공직사회에 지배적인 가치관 및 신념체계, 태도 그리고 행태로서의 공직문화의 구성요소로 가치(values)와 관행(practices)에 반영 및 투영되는 것을 기대할 수 있다.

둘째, 공직문화 진단 지표 개발의 방향으로 공직자로서 갖추어야 할 가치관(신념체계)과 행동양식(태도)로 '공무원 헌장'과 '공무원 헌장 실천 강령'에 내포되어 있는 공직문화가 지향해야 할 방향으로 검토할 수 있으며, 인사혁신처에서도 공무원 인재상 정립과정에 공무원 헌장과 관련된 내용을 고려하였다. 우선, 공무원은 공익우선과 헌법적 가치 준수해야 한다. 공무원 헌장 전문에서도 명백하게 밝히고 있듯이, 공무원은 자랑스런 대한민국 공무원으로 헌법이 지향하는 가치를 실천하며 국가에 헌신과 국민에게 봉사하고, 국민의 안녕과 행복을 추구하고 조국의 평화통일과 지속 가능한 발전에 기여해야 한다. 둘째, 공무원은 투명·공정·책임의식과 태도를 갖추어야 한다. 공무원은 국민의 알권리를 존중하고, 국민의 관점에서 정부의 정책결정과 집행과정을 투명하게 공개하도록 노력해야 하며, 공무원의 업무처리는 공정해야 하며, 그 공정함은 결과는 물론 그 절차의 공정성도 확보해야 하는 것을 의미함. 공무원의 책임은 법률과 규정을 준수하는 객관적 의미뿐만 아니라 국민에 대한 봉사자로서 국민을 위해 좋은 정책과 제도를 만들어 더 나은 서비스를 제공해야하는 적극적 책임을 의미한다. 셋째, 공무원은 창의성과 전문성을 바탕으로 적극적으로 업무를 수행해야 한다. 담당 직무수행에 필요한 지식과 기술 이외에도 문제해결능력, 의사소통능력, 자원확보능력, 업무추진력, 홍보 능력, 업무 열정 등 정책성과를 제고할 수 있는 창의적이고 전문적인 역량을 의미함. 의욕적이고 능동적인 업무 태도와 열정, 그리고 끊임없는 자기계발을 통한 적극적 업무처리와 역량 강화를 의미한다. 넷째, 공무원은 다양성 존중과 참여·소통 협력행정을 추구해야 한다. 다양성을 이해하고 다양성의 가치와 이익을 추구해야 할 것이며, 다양한 이해관계자들의 참여와 종합적 소통으로 민주적 문제해결을 지향하는 협력행정을 추구하는 것을 의미함. 특히, 복잡한 이해관계의 조정과 협력은 다양성을 존중하고 추구하는 공무원의 소통·협력 의지와 태도에 달려 있다. 다섯째, 공무원은 청렴하고 봉사하여 타인의 모범이 되어야 한다. 공무원의 행위와 결과가 부패하지 않고 정당해야 한다는 의미이며, 규범과 상식에 어긋나지 않는 사회적 책임도 다하여 국민들에게 귀감이 될 수 있어야 함을 의미한다. 이와 같이 공무원 헌장과 공무원 헌장 실천 강령에서 강조하고 있는 공직문화가 지향해야 방향으로, 1)공익우선과 헌법적 가치 지향, 2)투명－공정－책임지향, 3)창의·전문－적극 지향, 4)다양성 존중 참여·소통·협력 지향, 5)청렴·봉사·품격 지향 등의 5대 지향으로 정리될 수 있다.

셋째, 공직문화 혁신을 통한 유능하고 일 잘하는 정부 구현 목표는 국가와 정부가 지향해야 할 공공가치와 직접적으로 연결되어 있으며, 포스트 코로나·제4차 산업혁명시대 행정환경의 복잡성·불확실성·급변동성은 초위험사회에 직면한 국가와 정부의 역할에 대한 근본적인 변화와 이에 따른 공무원의 인식과 태도의 혁신이 요구되는 등 공공가치 재정립과 공직문화 혁신이 요구되는 시기이다. 새로운 행정환경에 기민하게 대응하기 위한 국가와 정부가 지향해야 할 공공가치는 기존의 공공성 회복을 넘어서는 새로운 공공가치의 지향을 의미하는 것으로 신공공성(New Publicness)의 체계화를 요구한다(최상옥, 2022, 2016). 신공공성 핵심가치는 인본적 보장성, 공유된 책임성, 적극적 중립성, 포용적 공감성, 민첩성, 종합적 다양성 등으로 요약할 수 있는데, 공직문화 혁신과 관련된 핵심 공공가치 위험사회의 일상화에 따른 고위험 디지털 사회에 요구되는 공공의 가치는 바로 인간에게 당연히 내재된 가치로서 인감의 존엄성 확보를 위한 '인본적 보장성'으로 이해되어야 하며, 공유된 책임성(shared responsibility) 측면에서 상호간의 협력과 선의의 경쟁으로 공공가치의 실현 목표를 달성하는 것이다. 포스트 코로나시대 요구되는 국가와 정부의 위험관리 혁신선도자로서 그동안 많이 논의되지 않았던 속도(speed)와 기민함을 강조하는 민첩성(Agility)의 강조이며, 관성적으로 적용되던 매뉴얼이나 경직된 규정·지침에 근거한 공공서비스 제공으로는 포스트 코로나시대에 예기치 않은 초위험·불확실한 사회에 즉각적인 대처가 어려운 경우가 많고, 늑장 대응이나 대처로 문제를 더 악화하는 경우가 발생할 수 있기 때문임. 뉴노멀시대 타인이 겪는 고통이나 불행이 자신의 겪는 고통과 불행이라고 감정이입을 통한 상호이해의 공감과 포용으로 포용적 공감성이 필요하며 포용적 공감성은 시장의 생산과 자원배분 과정이 끝난 이후의 단계에서 요구되는 공공 가치로 사회적 약자 보호를 위한 정부의 적극적 역할을 강조하는 인본적 보장성, 공유된 책임성, 민첩성, 포용적 공감성 등으로 나타난다.

넷째, 미국의 행정부 공무원에 대한 윤리헌장(14개 원칙)을 살펴보면, 크게 1)공익우선과 헌법·법률·윤리 원칙에 대한 충성심, 2)금품·부정부패 금지, 3)성실 직무수행, 4)공정업무, 5)낭비·사기·남용·부패 공개, 6)재정적 의무 포함 시민의무 성실 이행, 7)차별금지 및 기회균등 제공, 8)윤리기준 준수 등이 포함되어 있다.

다섯째, 주요 OECD 선진국의 21세기 금융위기, 글로벌화, 고령화, 지식관리, 다양성 등 미래 문제를 해결하기 위해 필요한 정부 역량 조사에 의하면, 혁신, 창의성, 유연성, 경계를 뛰어넘는 협업, 변화 관리, 관계 구축, 비전, 미래 지향의 8개 핵심 역량으로 식별된다. 이것들은 창의적 사고(창의성 및 혁신), 유연성(유연성 및 변화관리), 협력(경계를 뛰어넘는 협업 및 관계구축), 전략적 사고(비전 및 미래 지향) 등과 같이 4개의 상위 역량으로 묶일 수 있다.

요약하면, 공무원 인재상의 사고태도역량 구성요소는 공감지향(공감·소통·

배려), 공익지향(헌신·열정), 적극지향(창의·혁신·변화), 공정지향(윤리·책임·청렴)
구성요소로 정리될 수 있고, 공무원 헌장은 5개 지향으로 공익지향(공익우선과 헌
법적 가치 준수), 공정지향(투명·공정·책임지향), 적극지향(창의·전문·적극 지향), 협
력지향(다양성존중과 소통협력지향), 봉사지향(청렴·봉사지향) 으로 요약되었고, 뉴
노멀 코로나·제4차산업혁명시대 신공공성 기반의 공직문화 지향은 공익지향(인
본적 보장성), 공정지향(공유된 책임성), 적극지향(민첩성), 협력지향(종합적 다양성),
공감지향(포용적 공감성) 등으로 5개 지향으로 정리된다. 미국의 행정부 공무원
윤리헌장은 공익지향(공익우선), 공정지향(공정업무·성실직무), 협력지향(차별금지
및 기회균등 제공), 봉사지향(금품·부정부패 금지, 시민의무 성실이행, 윤리기준 준수) 등
4개 지향, 주요 OECD 국가의 정부 미래 필요역량은 3개 지향으로 적극지향(창
의성, 혁신, 유연성, 변화관리), 협력지향(협업 및 관계구축), 공감지향(전략적 사고와 미
래지향) 등 3개 지향으로 정리된다.

　　이러한 공직문화 혁신과 지표 방향에 대한 종합적 고려를 통하여, 당초 6개
지향에서 공익지향과 봉사지향을 공익지향으로 통합하여 5개 공직문화 혁신 및
지표 방향으로 정리하여, 5대 공직문화지향 기준에 따른 공무원 인재상, 공무원
헌장과 공무원 실천강령, 뉴노멀 코로나·제4차산업혁명시대 신공공성, 미국의
행정부 공무원 윤리헌장, 주요 OECD 국가 정부미래 필요역량 등을 요약하면
<표 12-2>와 같다.

<표 12-2> 공직문화 혁신 지향 요약

공직문화 혁신지향	공무원 인재상	공무원 헌장과 공무원 실천 강령	뉴노멀 코로나와 4차 산업혁명 시대 신공공성	미국 행정부 공무원 윤리헌장	주요 OECD국가 정부 미래 필요역량
공익 지향	헌신·열정	공익 우선 청렴·봉사· 품격 문화	인본적 보장성	공익 우선 부정부패금지 시민의무이행 윤리기준준수	−
공정 지향	윤리·책임	투명·공정· 책임	공유된 책임성	공정업무· 성실 직무	−

적극 지향	창의·혁신	창의성·전문성 기반 적극행정	민첩성 (agility)	–	창의성, 혁신, 유연성,변화관리
협력 지향	–	다양성 존중 참여·소통· 협력	종합적 다양성	차별금지 및 기회균등 제공	협업, 관계 구축
공감 지향	공감·소통	–	포용적 공감성	–	전략적 사고 (비전 및 미래지향)

공직문화 혁신과 지표 방향으로서 5대 지향은 1)모든 공무원이 갖추어야 할 사고와 태도로서 보편적 인재상을 반영하고, 2)헌법가치를 실현하고 국가에 헌신하며 국민에 대한 봉사자로서 공무원 갖추어야 할 규범적 가치와 실천강령을 고려함과 동시에, 3) 새로운 초위험사회 행정환경에 국가와 정부가 지향해야 할 핵심 공공가치로서 신공공성을 구현하며, 4)동시에 선진외국의 공무원 윤리헌장과 미래정부에 필요한 역량 등을 종합적으로 반영하여 체계화한 결과로 공직문화 혁신 진단 모델과 지표 개발 기준과 근거, 그리고 지표 개선 방향으로서 그 의의가 있다.

<표 12-3> 공직문화 혁신 지표(46개 문항)

연번	지 표
1	나에게 국가와 국민을 위한 봉사는 매우 중요하다.
2	나는 업무를 수행하면서 사적 관계에 영향을 받지 않는다.
3	나는 공직 수행을 통하여 국가와 사회의 발전에 기여하고 있다.
4	우리 기관은 공공의 이익을 조직의 이익보다 우선 한다.
5	우리 기관은 직원들이 높은 도덕성과 청렴도를 확립할 수 있도록 체계적인 관리를 하고 있다.
6	우리 기관의 관리자는 업무수행 과정에 부당한 지시나 압력을 행사하지 않는다.
7	우리 기관은 부당한 지시, 우월적 지위 등을 이용한 욕설, 폭언 등을 예방·근절하기 위해 노력하고 있다.
8	우리 기관은 공직가치와 공공봉사동기를 갖춘 직원을 잠재력과 역량이 뛰어난 인재로 평가한다.

9	우리 기관은 바람직한 인재상을 확립하고 직원들이 이해할 수 있도록 지원하고 있다.
10	우리 기관은 업무수행 과정에서 불법 및 부당한 행위를 목격하거나 경험하였을 경우, 내부고발제도를 적극 활용할 수 있다.
11	나는 공무원으로서 국가와 국민에 대한 소임에 최선을 다한다.
12	나는 어떤 결정이나 행동을 할 때, 정치적 중립을 준수하는 등 공정하게 업무를 처리해야 한다고 생각한다.
13	나는 어떻게 하는 것이 공정한 업무수행인지 고민하고 실행에 옮긴다.
14	우리 기관은 업무수행 절차와 과정을 투명하게 하도록 노력한다.
15	우리 기관은 업무수행 결과뿐만 아니라 그 과정에 대한 공정성도 강조한다.
16	우리 기관은 업무 처리 시 적법한 절차와 환류 과정을 강조한다.
17	우리 기관은 업무 성과와 무관한 성별, 입직경로, 학연, 지연, 연공서열 등이 성과평가에 영향을 미치지 않는다.
18	우리 기관의 보상체계는 직무 중요도와 난이도의 차이를 잘 반영하고 있다.
19	내가 하는 업무와 비교할 때, 나의 급여 수준이 적절하다고 생각한다.
20	나는 단순히 선례를 따르기보다는 적극적 문제해결이 우선이라고 생각한다.
21	나는 내가 맡은 업무의 전문가가 되어야 한다고 생각한다.
22	나는 조직 목표를 확인하고 주도적으로 업무를 수행한다.
23	나는 업무수행 중 발생하는 문제를 창의적인 시각으로 바라보고 해결하고자 노력한다.
24	나는 스스로의 필요에 의해 업무수행 시 필요한 역량을 개발하고자 노력한다.
25	우리 기관은 직원들의 자율성을 강조하고 재량권을 충분히 인정하는 분위기이다.
26	우리 기관은 직원들이 직무 전문성을 높일 수 있는 적절한 학습기회 등을 보장하고 있다.
27	우리 기관의 관리자는 의사결정의 중요도를 감안하여 적절하게 권한을 위임하고 있다.
28	우리 기관은 직원들이 전문성을 가지고 창의적·적극적·혁신적으로 일할 수 있도록 장려한다.
29	나는 주변 사람들의 감정이나 분위기를 고려하여 나의 감정을 조절해야 한다고 생각한다.
30	나는 업무수행에 있어 국민적 감정과 정서를 고려해서 업무를 추진해야 한다고 생각한다.
31	나는 내 업무가 국민에게 어떠한 영향을 미치는지 충분히 고려해서 업무를 추진하고 있다.
32	우리 기관은 국민의 다양한 요구를 최대한 수용하고자 적극적으로 검토한다.
33	우리 기관은 중요한 문제해결 시 국민과 공감하기 위해 기관 내·외 활발히 소통한다.
34	우리 기관은 구성원 간 경험, 정보, 지식 등을 공유하는 다양한 활동을 권장한다.

35	우리 기관은 연가, 유연근무 등을 눈치 보지 않고 자유롭게 쓸 수 있다.
36	우리 기관은 일과 가정 양립을 위하여 직원들이 서로 돕고 지원한다.
37	나는 업무수행 시 조직 안팎의 관계자들과 함께 협력해야 한다고 생각한다.
38	나는 업무수행 시 국민들과 적극적으로 소통해야 한다고 생각한다.
39	나는 조직 내·외에서 발생하는 갈등을 해결하기 위해 적극적으로 협력한다.
40	나는 다른 부서 담당자들과 원활하게 의사소통하며 적극적으로 협력 관계를 구축한다.
41	우리 기관은 의사결정 시 소수의견일지라도 무시하지 않고 중요하게 고려한다.
42	우리 기관은 국민과의 소통과 협력을 통한 문제해결을 중시한다.
43	우리 기관은 조직·부서 이기주의를 극복하기 위해 업무 수행시 구성원 간 협업을 강조한다.
44	우리 기관은 외부 기관이나 이해관계자들과 협력적 관계를 구축하고 있다.
45	우리 기관에서는 민간 및 타 부처와의 인력 교류를 활성화하기 위해 다양한 기회를 제공한다.
46	우리 기관은 조직내 다양한 구성원 간 입장 차이에서 오는 갈등관리를 위해 적극 노력한다.

제 2 절 부패방지 대책

1. 부패4)의 개념과 영향

공무원 부패는 공직을 수행하는 공무원이 그 직무와 관련하여 부당한 이익을 취하기 위하여 공식적 규범이나 비공식적 행동규범이나 기준을 위반하는 행위이다. 따라서, 부패 행위는 공무원들의 부당한 직무 수행 또는 권력 행사와 관련이 있으며, 직무와 관련된 영향력의 불법적 형태의 하나로 볼 수 있다. 이러한 부패 행위 속에는 공무원들이 부당한 사적 이익을 추구하고자 하는 의도가 들어있으며, 횡령, 뇌물 수수와 같은 명백한 불법 행위는 물론, 직권의 남용 및 오용,

---

4) 일반적으로 부정·부패를 상호호환적으로 사용하는 예가 많은데, 본 서에서는 부정을 포함하는 부패로 통일하여 사용하기로 한다.

그리고 부정과 같이 비록 직접적인 물질적 혜택은 없다고 하더라도 민주적 절차를 벗어나거나 공정성을 잃은 행정처분 등 공식적·비공식적 행동규범이나 기준을 벗어난 일체의 행위도 포함된다.

공무원의 부패에 대한 국가 사회·경제적으로 부정적 영향을 미치는 것에 대해서는 이견이 없을 것이다. 공무원 부패는 공공서비스 공급 체계를 왜곡시키고 행정부에 대한 불신을 유발함으로써 사회의 총체적 부패와 불신 풍조를 조장하고, 규범을 제대로 지키지 않으려는 무규범 현상을 확산시키고 정부 정책의 수용성을 어렵게 만들어서 정부의 생산성과 경쟁력을 떨어뜨리는 효과를 낳을 수 있다.

조직 내에서 리더의 부패는 조직 신뢰를 저하시키고 부하로부터의 충성심이나 조직몰입을 기대하기 어렵게 만들며, 다른 부서나 조직으로 부패가 확산되어 건강하지 못한 조직문화로 연결될 가능성이 높게 되어 조직의 민주성과 효과성을 저하하는 결과를 초래할 수 있다. 한편 공무원 부패는 특히 발전도상국에서 행정의 효율성과 생산성을 떨어뜨리고 배분 및 규제 메커니즘이 제대로 작동되지 않으며, 궁극적으로 행정에 대한 불신을 초래하여 젊고 유능한 공무원들의 사기를 저하시키는 부정적인 영향을 준다고 지적한다(Gould, 1983). 결국, 공무원이 직무와 관련된 영향력을 부당하게 행사하여 사익을 추구하는 일체의 부패행위는 결과적으로 사회 전체의 이익, 즉 공익을 침해하게 되고 공공성을 훼손하게 되는 것이다.

2. 부패의 유형

부패의 유형은 그 기준에 따라 여러 가지로 구분하여 볼 수 있는데, 부패행위가 공무원 혼자 또는 둘 이상의 공무원의 행위 여부에 따른 일방적 부패와 쌍방적 부패로 구분되고, 법적으로나 윤리적으로 "해서는 안 될 일을 하는 행위"인 적극적 부패와 "해야 할 일을 하지 않은 행위"인 소극적 부패로 구분할 수 있다.

첫째, 쌍방적 부패는 공무원이 공직을 이용하여 타인에게 혜택을 주는 대가로 금품을 받는 금품수수행위를 말한다. 이러한 쌍방적 부패는 공무원과 외부인과의 부패 관계뿐만 아니라 공직 내부에서도 인사청탁이나 징계·감사·수사·예산배정·입찰개발정보 제공등과 관련하여 얼마든지 나타날 수 있는 행위이다. 한편, 일방적 부패는 공무원 자신을위하여 공직을 이용하는 사익 추구행위(예, 공금유용 및 횡령, 내부정보 활용 부동산 또는 주식투자 행위, 공유시설 및 재산 사적용도 활용 등)와 본인의 사익과는 관계없지만 맡은 직무를 적극적이고 책임감있게 수행하지 않은 불성실 행위(예, 불친절 행위, 업무처리 지연 또는 과잉단속, 무사안일행위 등)도 포함된다.

둘째, 적극적 부패는 개인의 이익을 추구하기 위하여 다수의 이익을 침해하는 행위로 금품수수 행위는 물론 공금유용 및 횡령, 정보의 사적 이용 등의 적극적 사익추구행위 등을 포함한다. 한편, 소극적 부패는 공무원이 맡은 직무를 수행하는데 성실성, 친절, 책임성, 신속성, 적극성 등을 보이지 않고 무관심·무배려, 늑장대응, 무사안일, 소극적 대응 등 다수에게 좋지 않은 영향을 미치는 행위 등이 포함된다. 이러한 소극적 부패는 직접적으로 적극적으로 공무원의 사익을 추구하고 있지는 않지만, 그 영향이 불특정 다수에게 부정적인 영향을 미칠 수 있기 때문에 상황에 따라서는 적극적 부정 이상으로 심각하게 다루어야 할 문제인 경우도 있다. 예를 들면, 공무원의 단순한 부주의로 인한 잘못된 의사 결정이 야기된 경우, 공무원이 본인의 사익을 위하여 그러한 단순 부주의 의사결정을 하지는 않았더라도 그 결과의 영향이 상당한 규모의 다수에게 영향을 미친다면 소극적 부패행위라 할 지라도 심각하게 접근하고 다루어야 할 상황이라 할 수 있다.

<그림 12-5> 부패의 유형

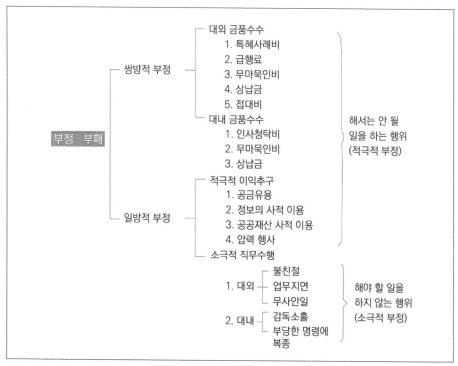

출처: 유민봉 외(2016). 인사행정론, p. 363.

3. 부패의 원인과 부패방지 대책

부패의 유형은 그 기준에 따라 여러 가지로 구분하여 볼 수 있는데, 부패 행위가 공무원 혼자 또는 둘 이상의 공무원의 행위 여부에 따른 일방적 부패와 쌍방적 부패로 구분되고, 법적으로나 윤리적으로 "해서는 안 될 일을 하는 행위"인 적극적 부패와 "해야 할 일을 하지 않은 행위"인 소극적 부패로 구분할 수 있다.

제도적 부패의 상황적 조건은 다음과 같다. 즉, 조직은 내부에서 잘 지켜지지 않는 공식적 행동규범을 대외적으로 내세우나, 이러한 공식적 행동규범의 위반을 조장, 방조, 은폐하는 경향이 있다. 공식적 행동규범을 고수하는 구성원이 제재를 받는 반면에, 공식적 행동규범을 위반하는 사람들은 보호를 받고, 부패사 실이 외부에 노출되는 경우에도 관대한 처분을 받는다. 부패에 저항하거나 그것 을 폭로하려는 사람은 여러 가지 보복을 당하며, 부패에 저항할 가능성이 있는 사람들에게는 갖가지 위협을 가하여 침묵시킨다. 또한 부패에 가담하지 않는 사 람들은 조직 내부에서 질시받는 한편, 외부로부터는 다른 사람들과 마찬가지로 불신을 받게 된다. 이러한 조직은 부패에 젖은 조직의 관행을 정당화함으로써 집단적인 죄책감을 해소시키며, 강력한 외적 압력이 없는 한 부패를 중단하려 하지않는다. 그리고 부패 적발의 공식적 책입을 진 사람들은 직무 수행을 꺼려 하며, 부패는 적발한 경우에는 그것이 고립적이며 드문 사건이라고 변명하는 데 급급하나. 이와 같은 제도적 부패는 정부에 대한 붐신은 물론 사회 전반의 불신 풍조를*장하고, 공공 자원의 오용과 행정의 비능률을 초래함으로써 국가사회의 생존과 발전을 심각하게 위협하게 되다.

1) 부패의 원인

공무원 부패는 공무원의 공직 의식과 태도, 가치관 및 행태 측면의 개인적 차원, 조직 분위기와 관리시스템 측면의 조직적 차원, 그리고 공직문화와 공직 동기부여제도 측면의 환경적 측면으로 원인을 찾아볼 수 있다.

(1) 개인적 차원

공무원 부패는 공무원 개인의 성격이나 심리 상태, 공직자로서 윤리의식의 결여 등이 원인으로 작용할 수 있다. 빈곤과 저임금으로 인한 개인이 처한 경제적·심리적 특성과 상황이 부패에 놓일 가능성이 높은 경우가 있다. 예를 들면, 개인이 처한 과도한 지출이나 부채, 유흥이나 도박 행위, 과소비 상태에 놓인 공무원은 금품수수나 공금횡령 등 부패에 연루될 가능성이 그렇지 않은 공무원 보다 높다. 또한 공직자로서 청렴의무, 성실·봉사의무, 창의성·전문성·책임성 확보 등의 직업윤리의식의 결여 또한 부패 행위에 연루될 가능성이 있다. 공직에 대한 자부심이나 공직 봉사동기가 높지 않은 공직자들은 주어진 직무를 수행하는데 소극적이며 그 결과 또한 불특정 다수에게 긍정적이지 못한 영향을 미치는 경우가 있을 수 있는데, 이러한 상황이 바로 공직자로서 직업 윤리의식의 결여나 부족으로 인한 결과로 이어질 수 있기 때문이다.

(2) 조직적 차원

조직 차원의 부패행위에 대한 묵인이나 관용적 분위기와 태도가 공무원의 부패행위를 사전에 차단하지 못하고 만연하는 결과를 낳기도 한다. 예를 들면, 과거부터 관행적으로 운영되어 왔던 초과근무 수당이나 시간외 근무 수당을 지급하는 경우, 부서단위로 일률적으로 실제 근무시간에 부합하는 수당을 정산하여 지급하는 것이 아니라 일류 정액지급을 하는 경우가 이에 해당된다. 잘못된 관행이고 개선을 해야 할 행위이지만 그동안 부서 내에서 내부적으로 처리하고 묵인해 주는 분위기와 풍토가 심지어 뇌물수수나 상납금과 같이 명백히 잘못된 관행에 대해서 조차도 잘못된 부패 관행을 거절하지 못하는 악순환이 지속되는 것이다.

둘째, 업무 성격이 전문적이거나 독점적이 강하여 상호 견제와 감시가 어려운 상황일수록 부패의 가능성이 높다. 예를 들면, 업무의 전문성과 독점성이 강한 경우 – 예를 들면, 인·허가, 감사, 감찰 등 – 업무 수행의 재량권 행사에 대한 감시가 소홀하거나 곤란한 경우 또는 업무가 전문화되어 있어 동료 공무원이나 일반시민들에 의한 상호 감시가 현실적으로 어려운 경우 부패의 가능성이 높다. 이러한 경우 정보의 비대칭성으로 인한 합리적 의사결정의 왜곡과 공정한 업무처리가 어려울 수 있다

셋째, 부패 관련 법규정의 비현실성이다. 공직윤리 확보를 위한 관련 법규가 매우 추상적이고 규범적인 내용을 포함한 경우가 많아서 실제 법규정을 현실에 적용하기 위한 어려운 측면이 있다. 지속적으로 공직윤리에 위반되고 있는 상황이나 사례를 발굴하여 공개하여 공직자들이 충분히 숙지하고 내재화할 수 있도록 관련 법규정을 실제로 적용하고 있지 않다는 사실이다. 예를 들면, 소극적 부패의 경우 불친절하고 불성실하게 늑장 대응을 하는 공무원들을 실제로 법규 위반으로 처분을 내리기가 현실적으로 쉽지 않은 조직 분위기 이며 공직문화

의 현 주소라 할 수 있다. 이러한 상황이 공무원들로 하여금 직무 수행과정에서 재량권 행사 또는 영향력의 행사로 여겨지면서 부패의 소지를 낳고 있다. 이러한 공직윤리 관련 법규정의 현실성을 감안하여 관련 부패행위에 대한 처벌이나 처분의 엄격성과 일관성을 유지해야 할 것이다.

넷째, 부패행위에 연루된 공무원에 대하여 일관되고 엄격한 처분의 행사는 공무원의 의식이나 공직가치, 그리고 행태를 변화시킬 수 있다. 잘못된 부패 관행에 대한 관용적인 처분이나 일관적이지 못한 처벌은 공무원들의 부패방지에 오히려 역효과를 가져올 수 있다. 또한 이러한 역효과는 공무원들로 하여금 부패행위에 대한 처벌을 두려워하기 보다는 부패행위를 겁내지 않고 오히려 처벌이 불공정하다며 조직에 불만을 갖는 경구가 많다. 부패행위에 대한 일관되고 엄격한 처분의 행사는 조직 내 구성원들로 하여금 상호 감시와 공직 윤리의식을 강화하는 효과를 거둘 수 있으며, 이러한 것이 궁극적으로 상호 신뢰와 조직의 충성심과 몰입도를 높이는 계기가 된다.

(3) 문화·환경적 차원

공무원의 부패에 영향을 미치는 문화·환경적 요인으로는 公社 불분명, 선물·청탁문화, 적정 보수 및 복리후생 수준 등이 있다. 공직을 수행하는 공무원은 맡은 바 직무를 수행하는 과정에 公과 社를 명확하게 구분하여 특정 집단의 이익이 아닌 국민 전체의 봉사자로서 다수의 이익을 우선하는 공정한 업무 태도와 자세를 요구받고 있다. 그럼에도 불구하고, 여전히 공과 사를 구분하여 공정한 업무를 수행하는 것이 아닌, 공적이 이익을 외면하고 사적인 관계(예, 학연, 혈연, 지연 등)로 인하여 공정하고 합리적인 의사결정이나 행동을 하지 못하는 경우를 종종 볼 수 있다. 우리 사회가 아직도 사적인 관계를 중요시 하고, 그 사적인 관계가 공직을 수행하는 과정에까지 영향을 미치는 현상을 목격하게 된다.

둘째, 우리 사회가 각종 선물과 청탁에 대하여 관용적 태도와 문화를 지속하고 있다는 것이다. 최근 청탁금지법의 시행으로 많이 개선되고 있기는 하지만, 여전히 사회관계를 유지하는데, 각종 선물과 청탁을 잘못된 관행이나 부패행위로 여기는 것이 아니라 유대 관계를 강화할 수 있다는 잘못된 관행과 행위를 근절하지 못하고 있다. 그리고 이러한 선물이나 청탁에 대하여 적절한 절차에 따라 관계 기관에 알리는 행위에 적극적이지 않다는 점에서 우리 사회에 여전히 근절되고 있지 않은 선물과 청탁문화에 대한 근본적인 변화와 개선이 필요하다.

셋째, 적정 보수와 복리후생의 보장이다. 공직자로서 사명감을 가지고 소신껏 직무를 수행하기 위해서는 기본적이고 안정적인 생계와 적절한 복리 후생 수준을 정부가 보장해 주어야 한다. 여기에서 적정 수준의 보수와 복리후생을 일률적으로 언급할 수는 없지만, 최근 공무원 연금개혁 조치와 하위직급들의 낮은 보수수준은 공직자로서 책임감을 가지고 적극적으로 직무를 수행할 경제적 동기부여 기제로 작동을 하고 있는지 의문시 될 수 있다. 경제적 동기부여기제가 공직사회에 작동되지 않을 경우에는 부패의 유혹에 쉽게 노출될 수 있고 부패행위에 대한 자정 능력을 상실할 가능성 또한 높다. 특히, 하위직 공무원의 보수와 복리후생에 대한 근본적인 검토가 부패행위 방지차원에서 이루어져야 할 것이다.

2) 부패방지 대책

공무원 부패 방지를 위한 대책은 부패의 원인과 연계된 대책을 마련해야 할 것이다. 첫째, 공무원 개인 수준의 대책으로는 공직 윤리의식을 제고할 수 있는 공직가치 함양이 필요하다. 현재 인사혁신처에서 공직문화 혁신 진단을 매년 주기적으로 실시하고, 그 실시결과에 근거한 부처별 맞춤형 컨설팅을 실시한다고 한다. 공직문화 혁신 진단 결과에서 부처별 공직 가치(공익, 공정, 적극, 협력, 포용 등)에 대한 수준과 변화 방향에 맞는 공직가치 함양과 공직 윤리의식 제고를 위한 교육훈련프로그램의 적극적 실시를 해야 할 것이다. 특히, 공과 사를 구분하는 공정한 업무처리 의식과 관행과 협업지향의 의식과 업무 태도 변화를 가져올 수 있는 공직문화 혁신에서 개인역량을 강화할 수 있는 부처별 인사제도지원 역량을 강화할 필요가 있다.

둘째, 조직 수준의 대책으로는 부패행위를 감시하고 고발하는 내부고발제도를 활성화할 필요가 있다. 현재도 부패방지법 제32조~제34조는 부패를 제보한

자 및 협조자의 신분을 보호하는 제도적 장치가 법적으로 마련되어 있지만, 현실적으로 내부고발제도에 대한 사회적 인식 결여와 철저한 신분보장과 적극적 보호조치에 대한 대책을 검토해 볼 필요가 있다. 내부고발 관련 법규와 현실 적용 사이의 격차가 존재하는 것은 아닌지 실제 내부고발자로 신분보장과 적절한 보호조치가 강구되지 않아 내부고발제도의 정착을 어렵게 만들고 있는 것은 없는지 검토가 필요하다. 왜냐하면, 여전히 조직 내부의 부패행위에 대한 내부고발에는 상당한 정도의 용기와 결심을 갖지 않으면 결행하기가 어렵다는 조직 내부 분위기와 풍토가 만연되어 있는 것이 사실이다. 내부고발자와 협조자에 대한 적극적인 경제적·금전적 유인조치(예, 상응 보상금 지급), 사회적 유인조치(예, 공익제보자 선정 및 인사상 우대조치 등) 등을 적극적으로 강구할 필요가 있다.

또한 부패 관련 위험성이 높은 직무나 업무는 상호 경쟁과 감사체계를 구축하고, 내부는 물론 외부 감시 및 통제체계를 확립할 필요가 있다. 적절한 순환근무와 상호 감시 업무프로세스를 도입할 수 있도록 하고 재량권의 행사가 많거나 전문적인 영역의 업무라 하더라고 주기적으로 업무처리 결과를 공개하고 관련자료를 공유하는 업무관리시스템을 구축할 필요가 있다. 이러한 시스템을 통하여 부패 위험성을 사전에 차단하고 부패행위를 확인하였을 경우에는 일관하고 엄격한 처벌규정을 적용하여 부패방지 대책의 신뢰성과 실효성을 확보할 수 있도록 관련 법규정을 지속적으로 현행화할 필요가 있다. 더 나아가 조직 내 부패방지 분위기와 관행의 개선이 부패근절 조직문화 변화로 연결되고 궁극적으로 개별 조직을 넘어서는 부패방지에 대한 공직문화 혁신으로 확산될 수 있도록 부패방지 조직문화와 공직문화 혁신에 심혈을 기울여야 할 것이다.

셋째, 문화·환경적 수준의 부패방지 대책으로는 사회문화 환경적으로 우리 사회에 아직도 남아있는 공사구분의 불분명성을 개선하기 위하여, 공직수행 과정의 사적 관계 보다는 공적 관계의 강화를 유인할 수 있는 투명하고 공개적인 업무처리시스템을 보다 강화하고, 더불어 선물과 청탁문화에 대한 관용적 태도와 접근을 개선하기 위하여 청탁금지법에서 열거하고 있는 선물의 적정 규모와 내용에 대한 사회적 합의 또한 도출해 보는 것도 좋을 것으로 판단한다. 그동안

청탁금지법이 일률적이고 강제적인 규제방식의 선물에 관한 규정이었다면, 이제
는 우리 사회의 경제규모와 적정한 미풍양속적 선물 방식과 내용에 대한 토론과
사회적 합의도 필요한 시기로 본다.

　　또한 공직자로서 사명감을 가지고 소신껏 직무를 수행하기 위하여, 안정적
인 생계와 적정 수준의 복리 후생을 정부가 보장해 주어야 한다. 최근 젊은
20－30대 공무원들의 높은 이직률 현상은 강도 높은 업무 부담에 비하여 낮은
보수와 복리후생 수준이 그들로 하여금 이직과 함께 공직 동기부여를 하고 있지
못한 상황에서 부패의 유혹과 유인에 놓일 가능성이 높다. 특히, 하위직 공무원
들에 대한 사기 진작을 위한 적정 보수와 복리후생의 보장은 부패방지 대책차원
에서 검토가 되어야 한다.

참고문헌

김상묵(2017). 국가공무원의 공직가치:공직가치모형의 개발과 검증. 한국행정연구, 26(2):1-41.

민경률 외. (2021). 공무원 공직사회의 자발적 혁신문화 조성을 위한 정부혁신 과제 연구. 경제인문사회연구회 협동연구총서 21-11-01. 경제인문사회연구회.

박광국. (2021). 「공공가치 창출을 위한 현대조직론」, 서울: 박영사

오석홍. (2013). 「행정학」, 서울: 박영사

유민봉·임도빈 (2016). 인사행정론, 서울: 박영사

윤태범(2015). 공직가치 재정립을 통한 정부신뢰의 제고방안. KIPA 조사포럼 15(4):20-25.

이상철 (2012). 공공기관의 조직문화, 학습조직, 조직효과성의 관계에 관한 연구, 한국행정학보, 46(4): 181-205.

인사혁신처(2016). 공무원 헌장 해설서

인사혁신처(2022). 공직문화 혁신지표 개발연구 보고서

최상옥(2016). 뉴노멀시대 신공공성 탐색. 정부학연구.

최상옥(2020). 뉴노멀 코로나 위기관리 거버넌스. 국정관리연구. 15(3):1-26.

최상옥(2022). 위험사회의 일상화와 정부역할 그리고 새로운 재난정책연구 방향. 한국정책학보. 30(5):57-75.

한국조세재정연구원(2022). 공무원 공직사회의 자발적 혁신문화 조성을 위한 정부혁신 과제 연구 보고서

Gould, David J. (1983). "The Effects of Corrup-tion on Administrative Performance: Illustration from Developing Countries". in World Bank Staff Working Papers (No. 580) Washington :D.C..The World Bank. pp. 1-41.

Hofstede, G., et al. (1990) Measuring Organizational Cultures: A Qualitative and Quantitative Study across Twenty Cases. Administrative Science Quarterly, 35, 286-316.

Riccucci, Norma M. "Cultural Diversity Programs to Prepare for Work Force 2000: What's Gone Wrong?" Public Personnel Management, Spring 1997, vol. 26, no.

1, pp. 35−41.

Whitesman, Eva M. and Lawrence C. Walters. (2015). Modeling Public Decision Preferences Using Context−Specific Value Hierarchies. American Review of Public Administration, 45(1): 86−105

Wise, Lois R. & Mary Tschirhart. 2000. Examining Empirical Evidence on Diversity Effects: How Useful is Diversity Research for Public Sector Managers? Public Administration Review 60(5): 386−395.

찾아보기

저자약력

조경호(趙慶鎬)
미국 University of Georgia 행정학박사
현 국민대학교 행정학과 교수
전 한국인사행정학회 회장

김정인(金貞忍)
미국 University of Georgia 행정학박사
현 수원대학교 행정학전공 교수
전 한국인적자원연구센터 선임연구원

전소희(全昭姬)
미국 University of Southern California 행정학박사
현 서울대학교 행정대학원 부교수
전 미국 Central Michigan University 정치행정학과 조교수, 부교수

최상옥(崔相鈺)
미국 Florida State University 행정학박사
현 고려대학교 행정학과 교수
전 미국 Virginia Tech 행정학과 조교수

최예나(崔睿娜)
서울대학교 행정대학원 행정학박사
현 충북대학교 행정학과 부교수
전 강원대학교 행정학전공 조교수

황은진(黃恩振)
미국 University of Georgia 행정학박사
현 제주대학교 행정학전공 조교수
전 한국행정연구원 초청연구위원

인사행정과 정책

초판발행	2024년 8월 25일
지은이	조경호·김정인·전소희·최상옥·최예나·황은진
펴낸이	안종만·안상준
편 집	우석진
기획/마케팅	박부하
표지디자인	Ben Story
제 작	고철민·조영환
펴낸곳	(주) 박영사
	서울특별시 금천구 가산디지털2로 53, 한라시그마밸리 210호(가산동)
	등록 1959. 3. 11. 제300-1959-1호(倫)
전 화	02)733-6771
f a x	02)736-4818
e-mail	pys@pybook.co.kr
homepage	www.pybook.co.kr
ISBN	979-11-303-1868-4 93350

정 가   24,000원